AKREBİN EVİ

AKREBİN EVİ

Yazarı: Nancy Farmer
Çeviri: Barış Şannan
Yayına Hazırlayan: Erim Bikkul
Düzelti: Sedat İmza
Düzenleme: Gülen Işık

1. Baskı Temmuz 2004

ISBN: 975 331 599-6

Baskı ve Cilt: Kelebek Matbaası
Litros Yolu 4/1 A Blok
Topkapı/İstanbul

Yayımlayan:
Epsilon Yayıncılık Hizmetleri Tic. ve San. Ltd. Şti.
Osmanlı Sk. 24/4 34437 Taksim/İstanbul
Tel: 0212.252 38 21 pbx Faks: 252 47 29
Internet adresi: www.epsilonyayinevi.com
e-mail: epsilon@epsilonyayinevi.com

Genel Dağıtım:
Yeni Çizgi Yayın Dağıtım Ltd. Şti.
Gürsel Mah. Alaybey Sk. No:7
Kâğıthane/İstanbul
Tel: 0212.220 57 70 pbx Faks: 222 61 55
İnternet adresi ve on-line alışveriş: www.yenisayfa.com

AKREBİN EVİ

NANCY FARMER

Çeviri
Barış Şannan

epsilon®

İÇİNDEKİLER

*Yeni Hayat
** Ölüler Günü

KARAKTERLER

ALACRÁN AİLESİ

Matt: Matteo Alacrán, klon.
El Patrón: Gerçek Matteo Alacrán, güçlü bir uyuşturucu patronu.
Felipe: El Patrón'un yıllar önce ölen oğlu.
El Viejo: El Patrón'un torunu ve Bay Alacrán'ın babası. Çok yaşlı bir adam.
Bay Alacrán: El Patrón'un torununun çocuğu; Felicia'nın kocası, Benito ve Steven'ın babası.
Felicia: Bay Alacrán'ın karısı; Benito, Steven ve Tom'un annesi.
Benito: Bay Alacrán ve Felicia'nın büyük oğlu.
Steven: Bay Alacrán ve Felicia'nın ikinci oğlu.
Tom: Felicia ve Bay MacGregor'un oğlu.
Fani: Benito'nun karısı.

ALACRÁNLARIN ZİYARETÇİ VE DOSTLARI

Senatör Mendoza: Birleşik Devletler'in güçlü senatörlerinden biri, Emilia ve Maria'nın babası.

Emilia: Senatör Mendoza'nın büyük kızı.

Maria: Senatör Mendoza'nın küçük kızı.

Esperanza: Emilia ve Maria'nın annesi. Maria beş yaşındayken ortadan kayboldu.

Bay MacGregor: Uyuşturucu patronu.

KÖLE VE HİZMETÇİLER

Celia: Baş aşçı ve Matt'ın bakıcısı.

Tam Lin: El Patrón'un ve Matt'ın koruması.

Daft Donald: El Patrón'un koruması.

Rosa: Temizlikçi, Matt'in gardiyanı.

Willum: Alacrán Malikânesi'nin başhekimi, Rosa'nın sevgilisi.

Bay Ortega: Matt'ın müzik öğretmeni.

Öğretmen: Bir *ebleh*.

Hugh, Ralf ve Wee Wullie: Çiftlik Devriyesinin çalışanları.

AZTLÁN'DAKİ İNSANLAR

Raúl: Gözetmen.

Carlos: Gözetmen.

Jorge: Gözetmen.

Chacho: Yitik çocuk.

Fidelito: Yitik çocuk, sekiz yaşında.

Ton-Ton: Yitik çocuk, karides toplama aracının sürücüsü.

Flaco: Yitik çocukların yaşı en büyük olanı.

Luna: Revirde görevli olan yitik çocuk.

Guapo: *El Dia de los Muertos* (Ölüler Günü)'u kutlayan yaşlı adam.

Consuela: *El Dia de los Muertos* (Ölüler Günü)'u kutlayan yaşlı kadın.

Rahibe Inéz: Santa Clara Manastırı'ndaki rahibelerden biri.

ÇEŞİTLİ KARAKTERLER

Furball: Maria'nın köpeği.

El Latigo Negro: Kara Kırbaç, eski bir televizyon karakteri.

Don Segungo Sombra: Bay İkinci Gölge, eski bir televizyon karakteri.

El Sacerdote Volante: Uçan Rahip, eski bir televizyon karakteri.

Eblehler: Beyinlerinde bilgisayar çipleri bulunan insanlar. Zombi de deniyor.

La Llorona: Ağlayan Kadın, geceleri kaybolan çocuklarını arayan efsanevi kadın.

Chupacabras: Keçilerin, koyunların ve kimi zaman da insanların kanını emen efsanevi yaratık.

ALACRÁN AİLESİNİN TARİHİ

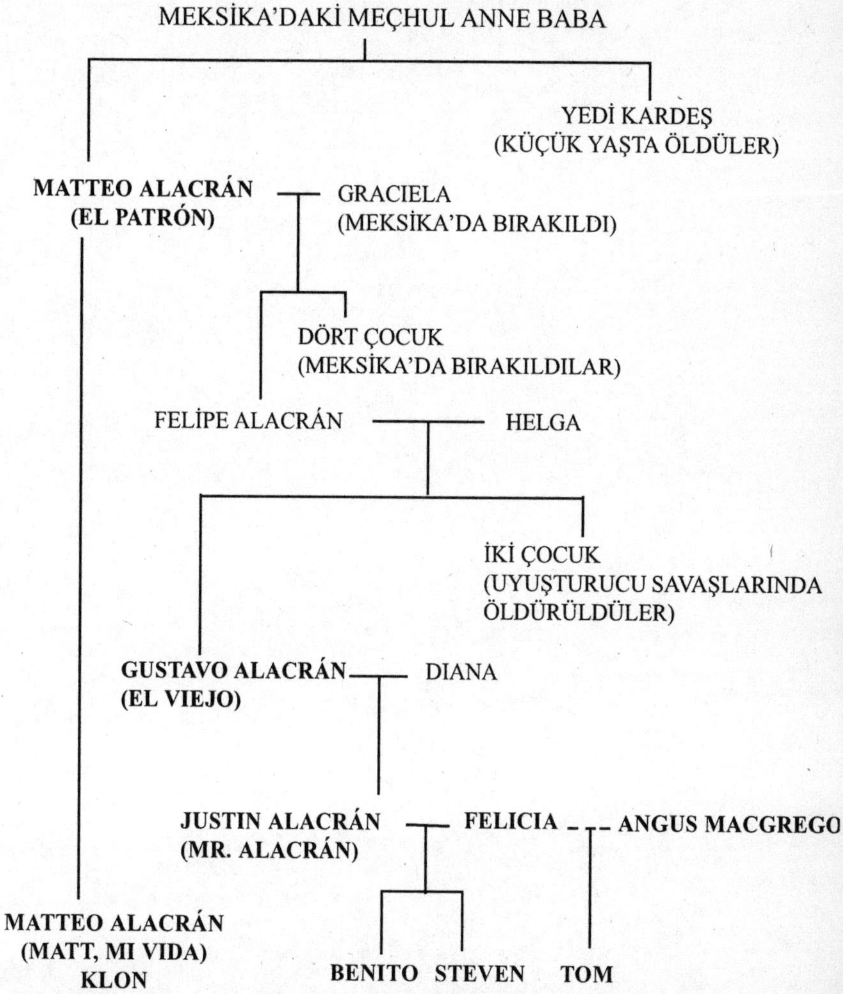

KOYU YAZILANLAR: YAŞIYOR	AÇIK YAZILANLAR: ÖLÜ

GENÇLİK:

0 - 6

1

BAŞLANGIÇTA

Başlangıçta otuz altı taneydiler, otuz altı yaşam damlacığı. Öylesine küçüktüler ki, Eduardo onları ancak mikroskop altında görebiliyordu. Karanlık odada, her birini kaygıyla inceliyordu.

Sıcak, nemli odanın duvarlarını çepeçevre dolaşan boruların içindeki su fıkırdıyor; büyüme odacıklarına hava veriliyordu. Önlerine dizilmiş olan küçük cam tabakları gözleyen işçilerin yüzünde donuk, kırmızı bir ışık parlıyordu. Her tabakta bir yaşam damlası vardı.

Eduardo, tabakları birbiri ardı sıra mikroskobun lenslerinin altına yerleştirdi. Hücreler kusursuzdu ya da öyle görünüyorlardı. Her biri büyümesi için gereken maddelerle donatılmıştı. Bu minicik dünyada ne kadar da çok bilgi saklıydı! Süreci çok iyi bilmesine rağmen, bu mucize Eduardo'yu bile büyülüyordu. Her hücre gelecekteki saç rengini, boyunu, hatta ıspanağı mı brokoliyi mi daha çok seveceğini şimdiden biliyordu. Dahası müzik ve çapraz bulmaca çözme konularında belli belirsiz bir eğilimi bile olabilirdi. Tüm bunlar damlacığın içinde gizliydi.

Sonunda hücrelerin yuvarlak dış hatları titredi ve onları ikiye bölen çizgiler ortaya çıktı. Eduardo bir oh çekti. Her şey yolunda gidecekti. Örneklerin büyümesini izledi ve sonra onları dikkatlice kuluçka makinesine götürdü.

Ancak her şey yolunda gitmedi. Besin, ısı ya da ışıkla ilgili bir sorun vardı ve adam sorunun hangisi olduğundan emin değildi. Çok kısa bir süre içinde hücrelerin yarısı öldü. Yalnızca on beş tane kalmıştı geriye ve Eduordo midesinde soğuk bir yumru hissediyordu. Eğer başarısız olur da Çiftliklere gönderilirse, Anna, çocukları ve yaşlı babası ne yaparlardı?

"Her şey yolunda," dedi Lisa. O kadar yakınındaydı ki, Eduardo yerinden sıçradı. Kadın kıdemli teknisyenlerden biriydi. Yıllardır karanlıkta çalışmaktan yüzünün rengi kaçmıştı. Bembeyaz cildinin altından mavi damarları görünüyordu.

"Nasıl her şey yolunda olabilir?" diye sordu Eduardo.

"Hücreler dondurulalı yüz yıldan fazla oluyor. Daha dün alınmış örnekler gibi sağlıklı olamazlar."

Adam şaşkınlık içinde, "O kadar uzun ha!" dedi.

Lisa ciddi bir sesle, "Ama bir kısmı büyüyecektir," diye karşılık verdi.

Eduardo yeniden kaygılanmaya başladı. Bir ay kadar her şey yolunda gitti. Sonunda embriyonları damızlık ineklerin rahimlerine ekme vakti geldi. Sıraya sokulmuş inekler sabırla bekleşiyordu. Tüplerle besleniyor ve bacaklarını kavrayan büyük metal kollar yardımıyla hareket ettiriliyorlardı. Kollar onları sanki sonu gelmez bir tarlada yürütüyordu. Ara sıra içlerinden biri geviş getirmek istercesine çenesini oynatıyordu.

'Karahindibaları mı hayal ediyorlar acaba?' diye düşündü Eduardo. Acaba uzun otları bacaklarına çarptıran hayali bir rüzgâr mı hissediyorlardı? Kafataslarına aşılanan parça beyinlerini huzur ve neşeyle dolduruyordu, peki acaba rahimlerinde büyüyen çocukların farkında mıydılar?

Belki de inekler kendilerine yapılanlardan nefret ediyorlardı. Çünkü bünyeleri embriyonları kesinlikle kabul etmiyordu. Henüz minicik bir balık büyüklüğündeyken bebekler birbiri ardı sıra öldüler.

Geriye yalnızca bir tane kaldı.

Eduardo o gece çok kötü uyudu. Uykusunda bağırınca, telaşlanan Anna sorunun ne olduğunu sordu, ama Eduardo ona anlatamazdı. Eğer bu son embriyon da ölürse, işinden atılacağını ve Çiftliklere gönderileceğini söyleyemezdi. Böyle bir şey olursa, Anna, çocukları ve babası sıcak, tozlu yollara düşmek zorunda kalacaklardı.

Ancak o tek embriyon büyümeyi başardı. Kolları ve bacakları gelişti, tatlı yüzlü, sevimli bir varlığa dönüştü. Eduardo onu tarayıcıdan seyrediyordu. "Hayatım senin ellerinde," dedi bebeğe. Bebek sanki duyabiliyormuş gibi küçük bedenini rahmin içinde çevirdi ve adama doğru döndü. Eduardo anlaşılmaz bir sevgi titreyişi hissetti içinde.

Doğum gerçekleştiğinde Eduardo yeni doğan bebeği kendi öz evladıymışçasına kollarına aldı. Onu beşiğine bıraktığında gözleri buğulanarak bebeğin zekâsını köreltecek olan iğneye doğru uzandı.

"Ona dokunma," dedi Lisa, telaşla adamın kolunu tutarak. "O bir Matteo Alacrán. Onlar her zaman sağlam bırakılır."

Bebeğin başını, kolalı beyaz üniformaları içinde koşuşturan hemşirelere doğru çevirdiğini gören Eduardo 'Sana iyilik mi yaptım acaba?' diye düşündü. 'Bir gün bunun için bana teşekkür edecek misin?'

2

HAŞHAŞ TARLALARINDAKİ KÜÇÜK EV

Matt kapının önünde durdu ve kollarını açarak Celia'nın evden çıkmasını engellemeye çalıştı. Küçük, tıkış tıkış oturma odası sabahın erken ışığında hâlâ mavimsiydi. Güneş henüz ufku belirleyen uzak tepeleri aşmamıştı.

"Bu olacak iş mi?" dedi kadın. "Koca çocuk oldun artık, altı yaşındasın. Çalışmak zorunda olduğumu biliyorsun." Yolu kapatan çocuğu tutup kucağına aldı.

"Beni de götür," diye yalvardı Matt. Kadının gömleğine yapışmış, bırakmıyordu.

"Yapma böyle." Celia gömleğini çocuğun parmaklarından yavaşça kurtardı. "Sen gelemezsin, *mi vida*. Minik uslu bir fare gibi yuvada gizlenmelisin. Dışarıda küçük fareleri yiyen şahinler dolaşıyor."

"Ben fare değilim!" diye köpürdü Matt. Rahatsız edici olduğunu bile bile avazı çıktığı kadar bağırdı. Celia'yı evde bir süre daha tutmak azarlanmaya bile değerdi. Bir gün daha evde tek başına kalmaya dayanamayacaktı.

Celia onu iteledi. "*Callate!* Kapa çeneni! Beni sağır etmek mi istiyorsun? Budala minik bir veletten başka bir şey değilsin!" Matt somurtarak kendini büyük koltuğa bırakıverdi.

Celia hemen dizleri üzerine çöküp onu kollarına aldı. "Ağlama, *mi vida*. Seni dünyadaki her şeyden çok seviyorum. Büyüdüğün zaman sana her şeyi açıklayacağım." Ancak bunu yapmayacaktı. Aynı sözü daha önce de vermişti. Matt birden gücünün tükendiğini hissetti. Celia'nın onu her gün terk etmesine yol açan şey her ne idiyse, ona karşı savaşabilmek için çok küçük ve çok zayıftı.

"Bana hediye getirecek misin?" dedi onu öpmek isteyen kadından kaçarak.

"Tabii ki! Daima!" diye bağırdı kadın. Böylece Matt onun gitmesine izin verdi, ama hâlâ öfkeliydi. Tuhaf bir öfkeydi bu, çünkü aynı zamanda kendini ağlayacak gibi hissediyordu. Şarkı söyleyen, tencereleri birbirine çarpan ve daha önce hiç görmediği ve asla göremeyeceği insanlar hakkında konuşup duran Celia olmayınca, ev öylesine boştu ki. Celia uyurken bile -Büyük Evde saatlerce yemek pişirdikten sonra çabucak uykuya dalardı- odalar onun sıcak varlığıyla dolup taşardı.

Matt küçükken bu hiç sorun olmamıştı. O zamanlar oyuncaklarıyla oynar, televizyon seyrederdi. Penceresinden gölgeli tepelere dek uzanan beyaz haşhaş çiçeklerine dalar gider, beyazlıktan kamaşan gözlerini evin içindeki serin loşluğa çevirirdi.

Ancak son zamanlarda Matt nesnelere daha bir dikkatli bakar olmuştu. Haşhaş tarlaları tamamen terk edilmiş değildi. Ara sıra beyaz çiçeklerin arasında dolaşan atlar görüyordu. Onları resimli kitaplardan biliyordu. O kadar aydınlıkta atları kimin sürdüğünü görmek zordu. Ancak bunlar yetişkinlerden çok kendisi gibi çocuklardı sanki.

Bu keşifle birlikte onları daha yakından görme arzusuyla yanıp tutuşmaya başlamıştı.

Matt televizyondaki çocukları seyretmişti. Çok ender yalnız kalıyordu onlar. Birlikte kumdan kaleler yapıyor, topa vuruyor ya da dövüşüyorlardı. Eğer çevrende başkaları varsa, kavga etmek bile ilginçti. Matt, Celia ve ayda bir uğrayan doktor dışında hiç kimseyi görmüyordu. Doktor suratsızın tekiydi ve Matt'dan hiç hoşlanmazdı.

Matt içini çekti. Herhangi bir şey yapabilmek için dışarıya çıkmak zorundaydı; ne var ki Celia defalarca ona bunun çok tehlikeli olduğunu anlatmıştı. Zaten kapılar ve pencereler kilitliydi.

Matt kitaplarından birine bakmak için küçük ahşap bir masaya oturdu. *Pedro el Conejo*, yazıyordu kapakta. Matt -az da olsa- hem İngilizce hem İspanyolca okuyabiliyordu. Aslında Celia ve o, aralarında iki dili karıştırarak konuşurlardı. Bu sorun yaratmazdı. Birbirlerini anlıyorlardı.

Pedro el Conejo, Sinyor MacGregor'un tarlasına girip onun marullarını yiyip bitiren, küçük yaramaz bir tavşandı. Sinyor MacGregor, Pedro'dan yahni yapmak niyetindeydi, ancak Pedro her defasında kurtulmayı başarıyordu. Keyifli bir öyküydü bu.

Matt kalkıp mutfağa gitti. Küçük bir buzdolabı ve bir mikrodalga vardı mutfakta. Mikrodalganın üzerinde PELIGRO!!! TEHLİKE!!! yazılı bir işaret ve kare şeklindeki sarı kâğıtların üzerinde HAYIR! HAYIR! HAYIR! HAYIR! uyarısı vardı. Daha da güvenli olması için, Celia mikrodalganın etrafına bir kemer takmış ve kemeri bir asma kilitle sağlama almıştı. Kendisi işteyken, Matt'ın bir yolunu bulup mikrodalgayı açması korkusuyla yaşıyordu kadın. Ona "Kursağını pişirirsin sonra," derdi hep.

Matt kursağın ne olduğunu bilmiyordu ve öğrenmeye de niyeti yoktu. Tehlikeli makinenin etrafından dolanarak buzdolabına gitti. Burası kesinlikle onun bölgesiydi. Celia dolabı her gece yiyecekle doldururdu. Büyük Ev için yemek pişiriyordu, bu yüzden her zaman bol miktarda yemek olurdu. Matt kendine suşi, tamales, pakoras ve meyveli çörek koydu. Bunlar Büyük Evdeki insanların yediği şeylerdi. Ayrıca daima koca bir karton süt ve şişeler dolusu meyve suyu da bulunurdu.

Bir tabağı bunlarla doldurdu ve Celia'nın odasına geçti.

Bir köşede Celia'nın dantelli yastıklar ve oyuncak hayvanlarla dolu yatağı vardı. Yatağın üstünde, büyük bir haç ve İsa'nın kalbine beş kılıç saplanmış bir resmi asılıydı. Matt bu resn... tücü bulurdu. Haç ise daha da beterdi, çünkü karanlıkta ışıldardı. Matt bunlara sırtını döndü. Her şeye rağmen Celia'nın odasından hoşlanırdı.

Yastıkların üzerine sere serpe uzandı ve oyuncak köpeği, ayıyı ve tavşanı -*conejo*, diye düzeltti Matt- şakacıktan beslemeye koyuldu. Bir süre böyle eğlendi. Derken içinde bir boşluk duygusu büyümeye başladı. Bunlar gerçek hayvanlar değildi ki. Onlarla ne kadar konuşursa konuşsun, anlayamazlardı. Tam olarak ifade edemiyordu ama sanki orada bile değildiler.

Matt, gerçek olmadıkları için yüzlerini duvara doğru çevirerek cezalandırdı onları ve kendi odasına çekildi. Yarısını yatağının kapladığı bu oda daha küçüktü. Duvarlar Celia'nın dergilerden kestiği resimlerle kaplıydı: film yıldızları, hayvanlar, bebekler -Matt için bebekler olmasa da olurdu ama Celia onlara bayılıyordu- çiçekler, haber öyküleri. Bu öykülerden biri birbiri üzerine çıkarak koca bir piramit oluşturmuş akrobatlarla ilgiliydi. ALTMIŞ DÖRT! diyordu yazıda. AY KOLONİSİ'NDE YENİ BİR REKOR.

Matt bu sözcükleri o kadar sık görmüştü ki, artık onları ezberlemişti. Bir başka resimde, bir adam elindeki iki ekmek dilimi arasında bir boğakurbağası tutuyordu. ÇAVDAR EKMEKLİ VRAKŞAN! diyordu yazıda. Matt *vrakşan* ne demektir bilmiyordu, ama Celia ne zaman bu resme baksa kahkahayla gülerdi.

Televizyonu açıp pembe dizileri seyretti. Pembe dizilerdeki insanlar sürekli birbirlerine bağırıyorlardı. Matt buna hiç anlam veremiyordu; zaten anlamlı olduklarında da ilginç değildiler. 'Gerçek değiller,' diye düşündü Matt ani bir dehşet duyarak. 'Tıpkı oyuncak hayvanlar gibi.' Ne kadar konuşursa konuşsun, onu duyamazlardı.

Matt öylesine yoğun bir yalnızlık duygusuna kapılmıştı ki, öleceğini zannetti. Bağırmamak için kollarını gövdesine doladı. Hıçkırıklara boğuldu. Gözyaşları yanaklarından aşağıya süzüldü.

Sonra Matt pembe dizinin gürültüleri ve kendi hıçkırıkları arasından birinin kendisini çağıran sesini işitti. Net ve güçlü bir çocuk sesiydi bu. Ve gerçekti.

Matt pencereye koştu. Celia onu dışarıya bakarken dikkatli olması konusunda uyarırdı her zaman, ama öylesine heyecanlıydı ki bunu umursamadı. İlkin haşhaş tarlalarının kör edici beyazlığını gördü. Daha sonra önünden bir gölge geçti. Matt öylesine hızla geri sıçradı ki poposunun üstüne oturdu.

"Bu çöplük de nesi?" diye sordu dışarıdan biri.

Bir başkası daha yüksek sesle, "İşçilerden birinin kulübesi," dedi.

"Haşhaş tarlasında birinin yaşamaya izni olduğunu bilmiyordum."

"Belki bir depodur. Haydi kapıya bakalım."

Kapının kolu oynadı. Matt yüreği ağzında zemine çömelmişti. Birisi içeriyi görebilmek için yüzünü pencereye dayadı, ellerini kaldırıp dışarının ışığını kesti. Matt donup kalmıştı. Arkadaş istemişti, ama her şey çok çabuk olmuştu... Kendini Sinyor MacGregor'un bahçesindeki Pedro el Conejo gibi hissetti.

"Hey! İçeride bir çocuk var."

"Ne? Dur bir bakayım." Pencereye ikinci bir yüz yapıştı. Kızın teni Celia gibi zeytin rengi, saçları siyahtı. "Camı aç çocuk. Adın ne senin?"

Fakat Matt öylesine dehşete kapılmıştı ki bir kelime olsun edemedi.

"Belki de geri zekâlıdır," dedi kız bir tespit yaparcasına. "Hey, sen geri zekâlı mısın?"

Matt başını sağa sola salladı. Kız gülümsedi.

"Burada kimin yaşadığını biliyorum," dedi oğlan aniden. "Masanın üzerindeki resmi tanıdım."

Matt, Celia'nın kendisine son doğum gününde verdiği portreyi hatırladı.

"Şu yaşlı şişko aşçı -adı neydi?" dedi oğlan. "Her neyse, hizmetçilerle birlikte yaşamıyor. Burası onun yeri olmalı. Bir çocuğu olduğunu bilmiyordum."

"Ya da bir kocası," dedi kız.

"A ha! Bu birçok şeyi açıklıyor. Acaba babamın haberi var mı? Ona soracağım."

"Sormayacaksın!" diye bağırdı kız. "Kadının başını belaya sokarsın."

"Hey, burası benim ailemin çiftliği ve babam bana gözümü açık tutmamı söyledi. Sen yalnızca ziyaretçisin."

"Olsun. Benim babam hizmetçilerin özel hayatları olması gerektiğini söyler ve o bir Birleşik Devletler senatörü, dolayısıyla onun düşüncesi daha değerli."

"Senin baban gömlek değiştirir gibi fikir değiştirir," dedi oğlan.

Matt kızın buna ne yanıt verdiğini duyamadı. Çocuklar evden uzaklaşıyorlardı ve tek duyabildiği kızın itiraz dolu sesiydi. Bütün vücudu titriyordu; sanki Celia'nın dış dünyada yaşadıklarını söylediği hortlaklardan birini görmüştü. Belki de *Chupacabras'*tı. Bu *Chupacabras* insanın kanını emer ve onu kurumuş bir kavun kabuğu gibi tükürürdü. Her şey çok hızlı gelişiyordu.

Fakat Matt kızdan hoşlanmıştı.

Günün geri kalanı boyunca Matt neşe ve korku arasında gitti geldi. Celia asla ama asla pencereye çıkmaması konusunda onu uyarmıştı. Eğer birisi gelecek olursa gizlenmesi gerekiyordu. Ancak bu çocuklar öylesine müthiş bir sürprizdi ki koşup onlara bakmaktan kendini alamamıştı. Yaşça kendisinden büyüktüler - ne kadar büyük olduklarını bilemiyordu- ama şurası kesindi ki yetişkin değildiler ve tehlikeli görünmüyorlardı. Yine de Celia bunu öğrenecek olursa, köpürebilirdi. Matt ona anlatmamaya karar verdi.

O gece Celia ona Büyük Evdeki çocukların fırlatıp attığı bir boyama kitabı getirmişti. Kitabın yalnızca yarısı boyanmıştı ve Matt yemekten önce onun daha önceden getirdiği minik boyama kalemleriyle keyifli bir yarım saat geçirdi. Mutfaktan kızarmış peynir ve soğan kokusu yayılıyordu. Matt, Celia'nın kendisine bir *Aztláno* yemeği hazırladığını anladı. Bu özel bir yemekti. Çoğu zaman Celia eve döndüğünde öylesine yorgun olurdu ki, genelde yalnızca önceki günden kalan yemekleri ısıtırdı.

Matt koca bir çayırı yemyeşil boyadı. Kalemi neredeyse bitmek üzereydi ve tamamını kullanabilmek için çok dikkatli tutmak zorundaydı. Yeşil kendini mutlu hissetmesini sağlıyordu. Keşke evleri kör edici beyaz çiçekler yerine böyle bir çayıra bakıyor olsaydı. Çimenlerin bir yatak kadar yumuşak olduğundan ve yağmur gibi koktuğundan emindi.

Celia onun omzunun üzerinden bakarak "Çok güzel, c*hico,*" dedi. Kalemin son parçası da Matt'ın parmakları arasında kırılıp dağıldı.

"*Que lastima!* Bir bakayım büyük evde başka kalem var mı? Veletler öylesine zenginler ki lanet olası koca kutuyu alsam bile farkına varmazlar." Celia içini çekti. "Sadece birkaç tanesini alacağım. Karda gezinip izini belli etmeyeceksin." Yemekte *kesadillas* ve *ençiladas* vardı. Matt tıka basa yedi.

"*Mama,"* dedi düşünmeden, "bana büyük evdeki çocukları anlatsana yine."

"Bana *'mama'* deme," diye tersledi Celia.

"Özür dilerim," dedi Matt. Ağzından kaçırmıştı. Celia uzun zaman önce ona annesi olmadığını söylemişti. Ancak televizyondaki bütün çocukların *mama*'ları vardı ve Matt da Celia'yı böyle görür olmuştu.

"Seni bu dünyadaki her şeyden çok seviyorum," dedi kadın çabucak. "Bunu asla unutma. Fakat sen bana yalnızca ödünç verildin, *mi vida.*"

Matt ödünç kelimesini anlamakta zorlanıyordu. Herhalde bir süre için elden çıkarılan bir şeydi bu, yani her kim onu ödünç verdiyse bir gün geri isteyecekti.

"Her neyse, inan bana Büyük Evdeki çocuklar bir haylaz sürüsü," diye devam etti Celia. "Bir kedi kadar tembel ve aynı ölçüde nankörler. Ortalığı kirletip hizmetçilere temizlemelerini emreder ve asla teşekkür etmeyi bilmezler. Saatlerce çalışıp şekerden gülleri, menekşeleri, yeşil yaprakları olan özel kekler hazırlasam bile teşekkür etmezler. Hem bencil ağızlarını tıka basa doldururlar hem de sana tadının çamur gibi olduğunu söylerler!"

Celia sanki anlattıklarını o an yaşıyormuş gibi öfkeli görünüyordu.

"Steven ve Benito var, değil mi?" diye ona anımsattı Matt.

"Benito en büyükleri. Gerçek bir şeytan! On yedi yaşında ve Çiftliklerde onun gazabından kurtulabilen bir tek kız yok. Ama sen kafanı takma. Bu büyükleri ilgilendiren sıkıcı bir konu. Her neyse, Benito da babası gibi, yani insan görünümünde bir kurt. Bu yıl üniversiteye başlayacak ve onu bir daha görmeyeceğimiz için hepimiz çok memnunuz."

"Ya Steven?" dedi Matt sabırla.

"O pek fena sayılmaz. Bazen bir ruhu olduğunu bile düşünürüm. Mendoza'nın kızlarıyla vakit geçiriyor. Fena insanlar değiller. Yine de bizimkilerle ne işleri olduğunu Tanrı bilir."

"Steven nasıl görünüyor?" Celia'yı bilmek istediği konulara sürüklemek bazen uzun zaman alırdı. Matt bu kez, pencereden gördüğü çocukların isimlerini öğrenmek istiyordu.

"On üç yaşında. Yaşına göre iri. Saçları açık kahverengi. Gözleri mavi."

'Bu o oğlan olmalı,' diye düşündü Matt.

"Şu sıralar Mendozalar ziyarete geldiler. Emilia da on üç yaşında, siyah saçlı, kahverengi gözlü çok güzel bir kız."

'Bu da o kız olmalı,' diye düşündü Matt.

"En azından terbiyeli bir kız. Kız kardeşi Maria aşağı yukarı senin yaşında ve Tom'la oynuyor. Hoş, oyun demeye şahit ister ya. İş çoğu zaman kızın iki gözü iki çeşme ağlamasıyla sona eriyor."

"Neden?" diye sordu Matt, Tom'un yaramazlıkları hakkında bir şeyler duymaktan hoşlanıyordu.

"Tom on Benito'ya bedeldir! İri masum gözleriyle herkesin kalbini kazanabilir. Herkes kanar bu gözlere. Ama ben asla!.. Bugün Maria'ya bir şişe limonlu gazoz vermiş ve 'Bu son şişe,' demiş, 'bak buz gibi, bunu özellikle senin için sakladım.' İçinde ne varmış biliyor musun?"

Matt merakla kıpırdanarak "Hayır," dedi.

"Çiş! İnanabiliyor musun? Çıkardığı kapağı bile geri takmış şişeye. Zavallı küçük kız ağlayıp duruyordu. Bu velet hiç akıllanmıyor."

Celia birdenbire konuşmayı kesti. Uzun uzun esnedi ve Matt'ın gözleri önünde bir bitkinlik çöküverdi üzerine. Şafaktan hava kararana, hatta daha geç saate dek çalışmıştı bugün. Bir de gelip evde yemek yapmıştı. "Üzgünüm, *chico.* Yatma vakti geldi. Çok yorgunum ve uykum var."

Celia duş alırken Matt tabakları sudan geçirdi ve bulaşık makinesine yerleştirdi. Geniş pembe bornozuyla duştan çıkan Celia temizlenmiş masayı işaret ederek uykulu uykulu, "Çok iyi bir çocuksun sen," dedi.

Onu kucağına aldı ve yatağa götürene dek sımsıkı göğsüne bastırdı. Celia ne kadar yorgun olursa olsun bu töreni asla ihmal etmezdi. Matt'ın üstünü örttü ve *Guadalupe Meryemi*'nin önündeki kutsal mumu yaktı. Ta Aztlán'daki köyünden getirmişti bunu. *Kutsal Meryem*'in eteğinin ucu kırıktı ve Celia orayı bir demet yapay çiçekle kapatmıştı. *Meryem*'in ayakları, tozlu, alçıdan güllere basıyordu ve yıldızlı eteği mum lekeleriyle kaplıydı. Fakat yüzü çok eski günlerde, Celia'nın yatak odasında durduğu zamanlardaki gibiydi, yanan kandilin üzerinden sıcak bir ifadeyle bakıyordu.

Kadın Matt'ı saçlarından öperek "Ben öbür odadayım, *mi vida,"* diye fısıldadı. "Korkarsan çağır beni."

Kısa sürede ev Celia'nın horultularıyla sarsılmaya başladı. Matt için bu ses, kimi zaman tepelerde yankılanan gök gürültüsü kadar olağandı; hiçbir şekilde uyumasına engel olmuyordu. "Steven ve

Emilia," diye fısıldadı, isimleri deniyordu. Eğer yabancı çocuklar tekrar gelirse ne diyeceğini bilmiyordu; fakat onlarla konuşmayı deneyecekti, bu konuda kararlıydı. Birkaç cümleyle deneme yaptı: "Benim adım Matt. Burada yaşıyorum. Resim boyamak ister misiniz?"

Hayır, boyama kitapları ve kalemlerinden söz açamazdı. Çalıntıydı onlar.

"Yiyecek bir şey ister misiniz?" Ancak yemek de çalıntı olabilirdi.

"Oyun oynamak ister misiniz?" Güzel. Bu durumda Steven ve Emilia'dan bir öneri gelirse Matt sıkıntıdan kurtulurdu.

"Oyun oynamak ister misiniz? Oyun oynamak ister misiniz?" diye mırıldanıyordu, gözleri kapanır ve *Kutsal Meryem*'in şefkatli yüzü mum ışığında yüzerken.

3

ALACRÁN MALİKÂNESİ'NİN MALI

Celia gittikten sonra, Matt bütün günü çocukları bekleyerek geçirdi. Tam umudunu kaybetmişti ki, gün batımından hemen önce haşhaş tarlalarından eve doğru yaklaşan sesler duydu.

Pencerenin önüne yerleşip beklemeye başladı.

"İşte orada! Gördün mü Maria, sana yalan söylemiyorum demiştim," diye bağırdı Emilia. Eli yanındaki küçük kızın omzundaydı. "Bizimle konuşmuyor, ama siz yaşıt sayılırsınız. Belki senden ürkmez." Emilia kızı öne doğru itti ve durup Steven'ın yaklaşmasını bekledi.

Maria pencereye yaklaşma konusunda hiç çekingen davranmadı. "Hey çocuk!" diye bağırdı pencereyi yumruklayarak, "Adın ne senin? Oynamak ister misin?"

Bir çırpıda Matt'ın özenle hazırladığı konuşmayı çalıvermişti. Söyleyecek hiçbir şey bulamayan Matt gözlerini ona dikti.

"Ee, bu evet mi demek, yoksa hayır mı?" Maria diğerlerine doğru döndü. "Kapının kilidini açtırın ona."

"Bu onun bileceği şey," dedi Steven.

Matt kendisinde anahtar olmadığını söylemek istedi ama kelimeleri toparlayamadı.

"En azından bugün gizlenmiyor," diye belirtti Emilia.

"Eğer kapının kilidini açamıyorsan pencereyi aç," dedi Maria

Matt işe yaramayacağını bildiği halde denedi. Celia pencereyi çivilemişti. Ellerini umutsuzca havaya kaldırdı.

"Söylediklerimizi anlıyor," dedi Steven.

Maria "Hey çocuk! Eğer hemen bir şeyler yapmazsan biz gidiyoruz," diye bağırdı.

Matt umarsızca düşündü. Onların ilgisini çekecek bir şeye ihtiyacı vardı. Parmağını aynen Celia'nın ondan beklemesini istediğinde yaptığı gibi havaya kaldırdı. Başıyla Maria'nın söylediğini kabul ettiğini ve bir şey yapmak üzere olduğunu işaret etti.

"Bu da ne demek?" dedi Emilia.

"Ne bileyim ben. Belki de bir dilsiz, konuşamıyor," diye tahminde bulundu Steven.

Matt yatak odasına fırladı. Duvardan elinde boğakurbağalı sandviç olan adamın resmini koparıp aldı. Bu Celia'yı güldürürdü. Belki çocukları da güldürebilirdi. Koşarak geri geldi ve gazeteyi pencereye yapıştırdı. Üç çocuk incelemek için yaklaştılar.

"Ne yazıyor?" diye sordu Maria.

"Çavdar Ekmekli Vrakşan," diye okudu Steven. "Çaktın mı? İki çavdar ekmeği arasında vrak vrak eden bir boğakurbağası. Amma komik ha."

Emilia kıkırdadı, ama Maria kararsız görünüyordu. "Boğakurbağası yenmez ki," dedi. "Yani canlı canlı."

"Bu bir şaka aptal."

"Ben aptal değilim! Boğakurbağası yemek çirkin ve iğrenç bir şey! Ve bence hiç de komik değil."

Steven gözlerini döndürerek "Sen beni *eblehlerden* koru Tanrım," dedi.

"Ben *ebleh* değilim!"

"Aa, hadi Maria, takma kafanı," dedi Emilia.

"Beni buraya bir çocuğu göstermek için kilometrelerce uzaktan getirip tarlaları yürüttünüz. Çok yoruldum... Çocuk da konuşmuyor. Sizden nefret ediyorum!"

Matt yılgınlık içinde olup biteni izliyordu. Amaçladığı şey hiç de bu değildi. Maria ağlıyor, Emilia öfkeli görünüyordu; Steven ise her ikisine de sırtını dönmüştü. Matt pencereye vurdu. Maria kafasını kaldırıp baktığında resmi salladı, avuçlarında tortop edip bütün gücüyle odanın bir ucuna fırlattı.

"Gördünüz mü o da benim gibi düşünüyor," diye bağırdı Maria gözyaşları içinde.

"Bu iş gittikçe acayipleşiyor," dedi Steven. "Bu *eblehi* buraya getirmekle hata ettik."

"Çocuğun kendi boyunda biriyle konuşacağını düşünmüştüm," dedi Emilia. "Hadi Maria, karanlık basmadan dönmek zorundayız."

"Hiçbir yere gitmiyorum ben!" Küçük kız pat diye yere çöktü.

"Kesinlikle seni taşıyacak değilim, şişko."

Steven, "Amaan, bırakalım onu burada," diyerek yürümeye başladı. Emilia da hemen peşi sıra gitti.

Matt afallamıştı. Eğer büyük çocuklar giderse, Maria burada yapayalnız kalırdı. Hava birazdan kararacaktı ve Celia'nın dönüşüne daha saatler vardı. Maria boş haşhaş tarlalarında yapayalnız kalacaktı.

Peki ya karanlık çökünce, insanın kanını emen ve sonra kurumuş bir kavun kabuğu gibi fırlatıp atan *Chupacabras* gelirse?

Birdenbire Matt ne yapması gerektiğine karar verdi. Maria pencereden uzaklaşıp birkaç adım geriye çökmüştü. Ortadan kaybolan Steven ve Emilia'ya ağzına geleni söylüyordu. Matt, Celia'nın *menudo* yapmakta kullandığı büyük demir tencereyi kaptığı gibi Celia'nın tepkisinin ne olacağını düşünemeden cama fırlattı. Celia buna kızacaktı, ama Matt ne yapsın? Maria'nın hayatını kurtarıyordu. Pencerenin camları kırıldı ve şangur şungur yere düştü. Maria korkuyla sıçradı. Steven ile Emilia anında haşhaş tarlasında gizlendikleri yerden fırlayıverdiler.

"Vay canına!" dedi Steven. Üçü de ağızları açık, az önce pencerenin bulunduğu boşluğa gözlerini dikmiş, kalakalmışlardı.

"Benim adım Matt. Burada yaşıyorum. Oyun oynamak ister misiniz?" dedi Matt; çünkü söyleyecek başka bir şey bulamamıştı.

"Konuşabiliyor," dedi ilk sarsıntıyı atlatan Emilia.

"Pencereyi hep böyle mi açarsın çocuk?" dedi Steven. "Yaklaşma Maria. Her yer cam dolu." Dikkatlice açıklığa doğru geriledi ve eline bir sopa alıp cam kırıklarını temizledi. Sonra eğilip içeri baktı. Matt öteki odaya kaçmamak için kendini zor tuttu. "Ne kadar korkunç! Pencere çivilerle kapatılmış. Sen bir mahkûm filan mısın?"

"Ben burada yaşıyorum," dedi Matt.

"Bunu zaten söylemiştin."

"Oyun oynamak ister misiniz?"

"Belki de bu papağan gibi bir şey ve yalnızca birkaç kelime biliyor," diye görüş belirtti Emilia.

"Ben oynamak istiyorum," dedi Maria. Matt onaylayan bir ifadeyle baktı ona. Kız Emilia'nın kollarından kurtulmaya çalışıyor, besbelli çocuğun yanına gitmek istiyordu. Steven başını sallayarak uzaklaştı; bu sefer gerçekten gidecek gibiydi.

Matt bir karara vardı. Korkunç bir şeydi bu, ama daha önce hiç böyle bir fırsat geçmemişti eline -bir daha da geçmeyebilirdi. Açıklığa bir sandalye sürdü, üzerine çıktı ve aşağı atladı.

Steven onu tutmak için ileri doğru atılırken, "Hayır!" diye bağırıyordu, ama çok geç kalmıştı.

Matt ayaklarında korkunç bir acı hissetti. Öne doğru düşmüş, elleri ve dizleriyle cam kırıklarının üzerine kapaklanmıştı.

"Ayakkabısı yok! Çok kötü! Çok kötü! Ne yapacağız şimdi?" Steven Matt'ı kaldırdı ve temiz bir yere sürükledi. Matt şaşkın şaşkın, elleriyle ayaklarından damlayan kana bakıyordu. Dizlerinden oluk oluk kan akıyordu.

"Camları çıkarın!" diye bağırdı Emilia korku dolu bir sesle. "Maria yaklaşma!"

"Görmek istiyorum!" diye bağırdı küçük kız. Matt, önce bir tokat sesi, sonra Maria'nın öfke dolu çığlığını duydu. Başı dönüyordu. Kusası geldi ama daha kusamadan gözleri karardı.

Uyandığında birileri onu taşıyordu. Midesi bulanıyordu ama bundan daha da kötüsü, bedeninin korkunç bir şekilde titremesiydi. Avazı çıktığı kadar bağırdı.

"Harika!" dedi Matt'ı omuzlarından tutan Steven soluk soluğa. Emilia da bacaklarından kavramıştı. Kızın gömleği ve pantolonu kan içindeydi. Onun kanı. Matt tekrar bağırdı.

"Sessiz ol!" diye bağırdı Steven. "Elimizden geldiği kadar hızlı koşuyoruz!"

Tepelerden uzayan gölgeler altında maviye çalan haşhaş çiçekleri dört bir yana yayılıyordu. Steven ve Emilia toprak bir yol üzerinde ilerliyorlardı. Matt'ın soluğu hıçkırıklarla kesiliyordu. Neredeyse nefes alamıyordu.

"Dur!" diye bağırdı Emilia. "Maria'nın bize yetişmesini beklemeliyiz." İki çocuk çömelip Matt'ı yere bıraktılar. Hemen sonra Matt iki küçük ayağın sesini duydu.

"Ben de dinlenmek istiyorum," dedi Maria. "Yürü yürü bitmiyor. Babama bana vurduğunu söyleyeceğim."

"Umurumda bile değil," dedi Emilia.

"Herkes sussun," diye emretti Steven. "Kanaman durdu ufaklık, sanırım tehlikeyi atlattın. Adın neydi?"

"Matt," Maria onun yerine cevap verdi.

"Evden çok uzakta sayılmayız Matt ve şansın varmış, doktor bu geceyi bizde geçirecek. Canın çok yanıyor mu?"

"Bilmiyorum," dedi Matt.

"Evet, biliyorsun," dedi Maria, "Bağırdın."

"'Çok' ne demek bilmiyorum," diyerek açıkladı Matt, "daha önce hiç böyle canım acımamıştı."

Matt yeniden titremeye başlayınca, "Evet kan kaybettin, ama aşırı değil," dedi Steven.

"Bence çok kan kaybetti," dedi Maria.

"Kapa çeneni *ebleh*."

Büyük çocuklar Matt'ı kavrayarak doğruldular. Maria mesafeden ve kendisine *ebleh* denmesinden bağıra çağıra yakınarak onları izledi.

Sallana sallana taşınırken Matt'ın üzerine uykulu bir ağırlık çöktü. Acısı dinmişti ve Steven'in söylediğine göre çok kan kaybetmemişti. Celia'nın camın kırıldığını görünce ne diyeceğini düşünemeyecek kadar bulanıktı kafası.

Son güneş ışıkları da tepelerin arkasından kaybolurken haşhaş tarlalarının kıyısına vardılar. Toprak yol geniş bir çimenlikte son bulmuştu. Akşamın mavisinde daha da yoğunlaşan pırıl pırıl bir yeşillikti bu. Matt tüm hayatında böyle bir yeşil görmemişti.

'Bu bir çayır,' diye düşündü yarı uykulu. 'Ve yağmur gibi kokuyor.'

Kararan havada donuk donuk parlayan, geniş bir merdivenin mermer basamaklarından çıktılar. Her iki yandaki portakal ağaçlarının dalları arasından birdenbire ışıklar yandı. Önlerinde yükselen geniş evin beyaz duvarları, kolonlar, heykeller ve nereye gittiği belli olmayan geçitler göründü. Bir kemerin ortasına bir akrep resmi oyulmuştu.

Bir grup kadın "Ah! Ah! Ah! Ah!" diye bağırarak Matt'ı, Steven ve Emilia'nın ellerinden almaya geldiler.

"Kim bu?" diye sordu hizmetçiler. Hepsi siyah elbiseler, beyaz önlükler giymiş, kolalı beyaz başlıklar takmışlardı. Bir kısmı kapıyı açmaya giderken, içlerinden sert görünüşlü, ağzının her iki yanında derin kırışıklar olan bir kadın Matt'ı kucağına aldı.

"Onu haşhaş tarlalarındaki bir evde buldum," diye cevap verdi Steven.

"Orası Celia'nın evi," dedi bir hizmetçi. "Bizimle yaşamayacak kadar burnu büyüktür."

"Eğer bir çocuk saklıyorsa buna şaşmam. Baban kim senin çocuk?" dedi Matt'ı taşıyan kadın. Önlüğü gün ışığı kokuyordu, aynı Celia'nın çamaşır ipinden indirdiği elbiseler gibi. Matt kadının yakasına taktığı broşu gördü, kuyruğu havaya dikilmiş gümüş bir akrepti bu. Akrebin altında ROSA yazıyordu. Matt kendini konuşacak gibi hissetmiyordu; hem sonra babasının kim olduğunun ne önemi vardı? Yanıtı da bilmiyordu zaten.

"Pek konuşmuyor," dedi Emilia.

"Doktor nerede?" diye sordu Steven.

"Beklememiz gerek. Büyükbabana bakıyor şimdi. En azından çocuğu temizleyebiliriz," dedi Rosa. Hizmetçiler bir kapıyı açtıklarında Matt hayatında gördüğü en güzel odayla karşılaştı. Tavanında ahşap oyma kirişler ve duvarlarda üzerlerini yüzlerce kuşun süslediği duvar kâğıtları vardı. Matt'ın şaşkınlık içinde bakan gözlerine kuşlar sanki hareket ediyormuş gibi göründü. Sonra, tıpkı bir güvercinin kanadındaki tüyler gibi, lavanta renginden gül pembesine kadar, rengârenk çiçeklerle bezenmiş bir örtüyle kaplı bir divan gördü. Rosa onu bu divana doğru götürüyordu.

"Çok kirliyim," diye mırıldandı Matt. Daha önce Celia'nın yatağına çamurlu ayaklarıyla tırmandığı için azarlanmıştı.

"Tam dediğin gibi," diye kesip attı Rosa. Öteki kadınlar tertemiz beyaz bir çarşaf açıp Matt'ı bırakmadan önce o harika divanın üzerine serdiler. Matt, kanı yalnızca çarşafa bulaşsa bile, başının derde gireceğini düşündü. Rosa bir cımbız alıp, ellerindeki ve ayaklarındaki cam kırıklarını ayıklamaya koyuldu. "Ay!" deyip duruyordu cam kırıklarını bir kabın içerisine bırakırken. "Cesursun, ağlamıyorsun."

Ne var ki Matt kendini hiç de cesur bulmuyordu. Hiçbir şey hissettiği yoktu ki. Bedeni çok uzaklardaymış gibiydi ve Rosa'yı sanki televizyon ekranındaki bir görüntü gibi algılıyordu.

"Daha önce bağırdı ama," diye belirtti Maria. Koşuşturup duruyor, olup biten her şeyi görmeye çalışıyordu.

"Çok cesurmuşsun gibi yapmaya kalkma sakın. Parmağın azıcık çizilse avazın çıktığı kadar bağırırsın sen," dedi Emilia.

"Bağırmam!"

"Bağırırsın!"

"Senden nefret ediyorum!"

"Çok umurumdaydı," dedi Emilia. Hem o hem Steven, Matt'ın yaralarından tekrar kan akmaya başladığında büyülenmiş gibi seyrettiler. "Büyüyünce doktor olacağım," dedi Emilia. "Bu benim için çok önemli bir deneyim oldu."

Diğer hizmetçiler bir kova su ve havlu getirdiler; fakat Rosa onlara izin vermeden Matt'ı temizlemeye davranmadılar.

"Dikkatli olun. Sağ ayağı çok kötü kesilmiş," dedi Rosa.

Matt kulaklarının çınladığını hissetti. Sıcak suyu hissettiği anda canı tekrar yanmaya başladı. Ayağından başının tepesine dek büyük bir acı yayıldı vücuduna. Bağırmak için ağzını açtı fakat hiç sesi çıkmadı. Can acısının yarattığı şok yüzünden boğazı tıkanmıştı.

"Ah Tanrım! İçinde cam kalmış olmalı," diye bağırdı Rosa. Matt'ı omuzlarından tuttu ve korkmamasını söyledi. Neredeyse öfkeli bir görünüşü vardı. Matt'ı çevreleyen pus silinip gitmişti. Ayakları, kolları, dizleri hayal edemeyeceği kadar acıyordu.

"Size daha önce de ağladığını söylemiştim," dedi Maria.

"Sessiz ol!" dedi Emilia. "Bakın! Ayağında bir yazı var," diye bağırdı küçük kız. Yaklaşmayı denedi ama Emilia onu geri itti.

"Doktor olacak benim. Off! Okuyamıyorum. Çok fazla kan var." Bir bez kapıp Matt'ın ayağını sildi.

Bu seferki acı o kadar da şiddetli değildi ama elinde olmadan inledi Matt.

"Seni domuz, onun canını yakıyorsun!" diye bağırdı Maria.

"Durun! Okuyabiliyorum... 'Alacrán...' –yazı o kadar küçük ki!– 'Alacrán Malikânesi'nin malıdır.'"

"'Alacrán Malikânesi'nin malıdır' mı? Bu biziz. Hiçbir şey anlamadım," dedi Steven.

Birden, "Ne oluyor orada?" diyen bir ses duyuldu. Matt daha önce bu sesi hiç duymamıştı. İrikıyım, vahşi görünüşlü bir adam odaya daldı. Steven hemen durdu. Emilia, hatta Maria bile korkmuş görünüyordu.

"Haşhaş tarlalarında bir çocuk bulduk baba," dedi Steven. "Yaralandı ve düşündüm ki doktor... Doktor..."

"Seni budala! Bu küçük hayvan için bir veteriner gerek!" diye gürledi adam. "Bu evi kirletmeye nasıl cüret edersin?"

Steven "Kanaması vardı," diye söze başladı.

"Evet! Bütün çarşafın üzerinde. Çarşafı yakmak zorundayız. Derhal dışarıya çıkarın şu yaratığı."

Rosa ne yapacağını bilemiyordu, şaşkınlığı apaçıktı.

Adam öne eğilip kulağına bir şeyler fısıldadı.

Rosa'nın yüzünü bir dehşet ifadesi kapladı. Matt'ı kaptığı gibi dışarı fırladı. Steven kapıları açmak için atıldı. Yüzü bembeyaz kesilmişti. "Benimle böyle konuşmaya nasıl cesaret eder," diye tıslıyordu.

Maria'yı peşi sıra sürükleyen Emilia, "Öyle demek istemedi," diyordu.

"Yoo, ciddiydi. Benden nefret ediyor," dedi Steven.

Rosa merdivenlerden paldır küldür indi ve Matt'ı çimenliğe fırlattı. Tek kelime etmeden döndü ve eve doğru koştu.

4

MARIA

Matt gözlerini gökyüzüne çevirdi. Yüzlerce yıldız kadifemsi simsiyah gökyüzüne parlak zerrecikler şeklinde dağılmıştı. Bu Samanyolu'ydu; Celia bunun *Bebek İsa*'yı ilk kez emzirdiğinde *Meryem Ana*'nın göğsünden fışkıran süt olduğunu anlatmıştı ona. Matt sırtında çimenleri hissediyordu; düşlediği kadar yumuşak değildi, ama taze bir kokusu vardı ve havanın serinliği de güzeldi. Hummaya tutulmuşçasına yanıyordu.

Öldürücü acı yerini sürekli bir ağrıya bırakmıştı. Matt yeniden dışarıda olmaktan memnundu. Gökyüzü tanıdık ve güvenliydi. Haşhaş tarlasındaki küçük evin üzerinde parlayan yıldızlar da aynıydı. Celia onu gün içinde asla dışarı çıkarmazdı, ama zaman zaman geceleri Matt ile küçük evin kapısı önüne otururlardı. Kadın ona kayan yıldızları gösterir, öyküler anlatırdı. "Bu, Tanrı'nın bir duayı kabul ettiğini gösterir," diye açıklardı. "Meleklerden biri Tanrı'nın emirlerini yerine getirmek için yeryüzüne iniyor."

Matt şimdi Celia'nın gelip onu kurtarması için dua ediyordu. Kadın pencereyi gördüğünde sinirlenecekti ama Matt bunu kaldırabilirdi. Ne kadar bağırırsa bağırsın, biliyordu ki içinden onu hâlâ sevecekti. Göğü seyretti fakat hiç yıldız kaymadı.

"Şuna bakın. Oracıkta tam bir hayvan gibi yatıyor," dedi Emilia pek de uzak olmayan bir noktadan. Matt sıçradı. Çocuklar aklından çıkmıştı.

"O zaten bir hayvan," dedi Steven, kısa bir duraksamadan sonra. Eve çıkan merdivenlerin ilk basamağında oturuyorlardı. Maria ağaçlardan portakal koparmak ve onları merdivenlerden aşağıya yuvarlamakla meşguldü.

"Anlamıyorum," dedi Emilia.

"Ne kadar aptalım. Onun, yani şu şeyin ne olduğunu ilk görüşte anlamalıydım. Hiçbir hizmetçinin bir çocuğa bakmasına ya da diğerlerinden uzakta yaşamasına izin olmadığını biliyordum. Benito bana durumu anlatmıştı; ama ben bu şeylerin başka bir yerde yaşadığını sanıyordum. Belki bir hayvanat bahçesinde. Bu şeyleri her nerede tutuyorlarsa..."

"Sen neden bahsediyorsun?"

"Matt bir klon," dedi Steven.

Emilia'nın ağzı açık kaldı. "Olamaz! O bir... Ben daha önce klon gördüm. Onlar korkunç olur! Salyaları akar ve altlarını kirletirler. Hayvan gibi sesler çıkarırlar!"

"Bu gördüğün farklı. Bana Benito anlattı. Yasaya göre klonlar doğduğunda teknisyenlerin onların zihinlerini köreltmeleri gerekir. Fakat El Patrón bunun gerçek bir çocuk gibi büyümesini istedi. Kendisi öylesine zengin ki, istediği yasayı çiğneyebilir."

"Bu iğrenç. Klonlar insan değildir," diye bağırdı Emilia.

"Tabii ki değildir."

Emilia kollarını dizlerine doladı. "Tüylerim diken diken oldu. Ona gerçekten dokundum. Kanı üzerime bulaştı. Maria, portakalları aşağıya yuvarlamayı bırak!"

"Gel de durdur," diye alay etti Maria.

"Birazdan ben seni merdivenlerden aşağıya yuvarlayacağım."

Küçük kız dilini çıkarttı. Bir meyveyi öylesine hızlı fırlattı ki meyve en son basamağın üzerinde patladı ve zemine düştü.

"Sana bir tane soyayım mı Matt?" diye bağırdı.

"Sakın," dedi Emilia. Sesindeki ciddiyet küçük kızın duralamasına neden oldu. "Matt bir klon. Yakınına gitmemelisin."

"Klon ne demek?"

"Kötü bir hayvan."

"Ne kadar kötü?" dedi Maria ilgiyle.

Emilia tam cevap verecekken vahşi adamla doktor merdivenlerin başında belirdiler.

"Hemen beni çağırmalıydınız," dedi doktor. "Klonun sağlıklı kalmasından ben sorumluyum."

"Oturma odasının önünden geçmesem öğrenemeyecektim. Her taraf kan içindeydi. Sanırım kendimi kaybettim ve Rosa'ya onu dışarıya fırlatmasını emrettim." Vahşi adam şimdi daha az tehlikeli görünüyordu, fakat Matt yine de sürünerek uzaklaşmayı denedi. Kıpırdamasıyla ayağında korkunç bir acı hissetmesi bir oldu.

"Onu başka bir yere götürmeliyiz. Çimenlikte operasyon yapamam."

"Hizmetçiler bölümünde boş bir oda var," dedi vahşi adam. Bağırıp Rosa'yı çağırdı. Kadın yüzünde hiddetli bir ifadeyle paldır küldür merdivenlerden indi. Matt'ı bir el arabasına atıp evin küf kokulu loş koridorlarla dolu bir başka bölümüne taşıdı. Steven, Emilia ve Maria'ya da gidip banyo yapmaları ve elbiselerini değiştirmeleri söylendi.

Matt'ı sert ve çıplak bir şiltenin üzerine bıraktılar. Oda uzun ve dardı. Kapının karşısındaki duvarda demir parmaklıklı bir pencere vardı.

Doktor sert bir sesle, "Işık yetersiz," deyince, vahşi adam bir lamba getirdi.

Doktor, Rosa'ya "Sıkıca bastır," diye buyurdu.

"Lütfen efendim. Bu iğrenç bir klon," diye itiraz etti kadın.

"Yerinde olsam yapardım," diye hırladı vahşi adam. Rosa, Matt'ın üzerine çöktü ve onu ayak bileklerinden kavradı. Matt ağırlıktan neredeyse soluk alamıyordu.

Matt, "Durun... Durun..." diye inledi. O çırpınıp yalvarırken doktor en derin kesiğe bir cımbız daldırdı. Sonunda cam parçası çıkarıldığında Matt bilincini tamamen yitirmişti. Ayak bileklerine sımsıkı yapışan Rosa'nın parmakları tenini ateş gibi yakıyordu. Sonunda yara temizlenip dikilince Matt'ı serbest bıraktılar. Matt tortop oldu ve korkuyla canilerin başka bir şey planlayıp planlamadığına baktı.

"Ona bir tetanos aşısı yaptım," dedi araç gereklerini toplayan doktor. "Sağ ayağında kalıcı hasar olabilir."

"Onu haşhaş tarlalarına geri yollayabilir miyim?" diye sordu vahşi adam.

"Çok geç. Çocuklar artık onu gördü." Adamlar ve Rosa çıktılar. Matt bir sonraki adımlarının ne olacağını merak etti. Eğer çok içten dua ederse Celia kesinlikle onun için gelirdi. Onu göğsüne bastırıp yatağına taşırdı. Daha sonra *Meryem*'in önündeki kutsal kandili yakardı.

Ne var ki *Meryem* uzaktaki küçük evdeydi ve Celia'nın kendisinin nerede olduğundan haberi bile olmayabilirdi.

Rosa gürültüyle kapıyı açtı ve bütün zemini gazete kâğıdıyla kapladı.

"Doktor senin eğitimli olduğunu söylüyor ama ben işimi şansa bırakmam," dedi. "Aklın varsa kovanın içine edersin." Yatağın yanı başına bir kova bıraktı ve lambayı aldı.

"Bekle," dedi Matt.

Rosa duraladı. Hiç de dost canlısı görünmüyordu.

"Celia'ya nerede olduğumu söyleyebilir misin?"

Hizmetçi kötü kötü sırıttı "Celia'nın seni görmesine izin yok. Doktorun emri böyle." Dışarı çıktı ve kapıyı çekti.

Pencere parmaklıklarından içeri sızan ölgün, sarı ışığı saymazsak oda karanlıktı. Matt boynunu uzatıp ışığın nereden geldiğine baktı. Tavandan sarkan bir kablonun ucuna asılı bir ampul gördü. Bu, Celia'nın yılbaşı ağacını süslemekte kullandığı kadar küçük bir ampuldü, fakat cesurca parlıyor ve o olmasa kapkaranlık olacak olan odanın havasını yumuşatıyordu.

Yatak ve kova hariç hiçbir şey görünmüyordu. Duvarlar çıplak, tavan yüksek ve gölgeliydi. Bu dar odada Matt kendini bir kutuya kilitlenmiş gibi hissediyordu.

Daha önce hiç ama hiç tek başına yatmamıştı. Her zaman, çok geç bile olsa, Celia'nın döneceğine güvenebilirdi. Geceleyin uyandığında onun yan odadan gelen horultuları kendini güvende hissetmesini sağlardı. Oysa burada hiçbir şey yoktu; ne haşhaş tarlaları üzerinde esen rüzgâr ne de çatıdaki yuvalarında guruldayan güvercinler.

Sessizlik korkunçtu.

Matt durmaksızın ağlıyordu ve kederi gittikçe artıyordu. Acısı geçer gibi olduğunda Celia'yı hatırlıyor ve tekrar ağlamaya başlıyordu. Yaşlarla buğulanmış gözlerini küçük sarı ışığa dikmişti. Birden ışık bir alev parçası gibi dalgalandı. Bu, *Meryem*'in önündeki kutsal mumun aleviymiş gibi geldi ona. Ne de olsa *Meryem* nereye istese gidebilirdi. Bir insan gibi kilitleyemezlerdi onu. Matt'ın televizyonda seyrettiği süper kahramanlar gibi havada uçabilir, hatta duvarları yıkabilirdi. Ama elbette böyle bir şey yapmayacaktı, çünkü o İsa'nın annesiydi. Şu anda gözlerini pencereye dikmiş dışarıda duruyor olabilirdi. Matt içinde bir hafifleme hissetti. Derin derin iç çekti ve kısa süre sonra uyuyakaldı.

Kapının açılmasıyla uyandı. Doğrulmaya çalıştı fakat acı onu tekrar olduğu yere yıktı. Gözlerine bir el feneri tutulmuştu.

"Güzel. Bunun yanlış oda olduğundan korkmuştum." Küçük bir gölge yatağa doğru koştu, sırtındaki çantayı indirdi ve içindeki yiyecekleri çıkarmaya başladı.

"Maria?" dedi Matt.

"Rosa sana akşam yemeği vermediklerini söyledi. Ne kötü kadın! Evde bir köpeğim var ve eğer ona yemek verilmezse ulur. Mango suyu sever misin? Benim en sevdiğim meyve suyudur."

Matt birdenbire çok susamış olduğunu fark etti. Bir dikişte koca şişeyi bitirdi. Maria büyük bir parça peynir ve sucuk getirmişti. "Bunları lokma lokma ağzına koyacağım; ama beni ısırmayacağına söz vermelisin."

Matt öfkeyle, asla insanları ısırmadığını söyledi.

"Ne bileyim! Emilia klonların kurt adamlar kadar tehlikeli olduklarını söylüyor. Televizyonda, şu dolunayda bütün vücudu kıllarla kaplanan çocuğun öyküsünü seyrettin mi?"

"Evet!" Matt, Maria'yla ortak bir yönleri olduğu için çok sevinçliydi. Bu filmden sonra Celia gelene dek kendini banyoya kilitlemişti.

"Senin vücudunda kıl falan çıkmıyor değil mi?" diye sordu Maria.

"Asla," diye yemin etti Matt.

"Güzel," dedi Maria. Matt daha fazla yiyemeyecek hale gelene dek onu beslemeyi sürdürdü.

Filmler hakkında konuştular ve daha sonra Celia'nın, karanlık çökünce insanı bekleyen tehlikelerle ilgili Matt'a anlattığı öykülerden söz ettiler. Matt eğer tamamen hareketsiz kalırsa yaralarının çok fazla acımadığını fark etti. Maria kıpırdanıp duruyor ve ara sıra canını yakıyordu, ama Matt onu uyarmaktan çekiniyordu; kızıp çekip gitmesinden korkuyordu.

"Celia, canavarları uzak tutabilmek için kapının üzerine tılsımlar asar," diye anlattı Matt.

"İşe yarar mı bu?"

"Tabii ki. Ayrıca bu tılsımlar henüz mezarlarında kalmaya hazır olmayan ölüleri de uzak tutar."

Maria, tedirginlikle "Burada hiç tılsım yok," dedi.

Bu Matt'ın da aklından geçmişti fakat kızın gitmesini istemiyordu.

"Büyük Evde tılsımlara gerek yok," diye açıkladı. "Çok fazla insan var ve canavarlar kalabalıklardan hiç hoşlanmazlar."

Maria'nın ilgisi Matt'ı coşturdukça coşturdu. Kendine engel olamıyor, ateşli ateşli konuşuyordu. Heyecandan dişleri kenetlenmişti.

Tüm hayatı boyunca böylesine ilgi görmemişti. Celia onu dinlemeye çalışırdı ama genelde çok yorgun olurdu. Maria sanki tüm hayatı söylediklerine bağlıymış gibi kulak kesilmişti.

"*Chupakapras* nedir biliyor musun?" dedi Matt.

"Ne, *Chupakapras* mı?" diye sordu Maria. Sesi daha tizdi ve soluğu kesilmiş gibiydi.

"Hani şu keçi kanı emen."

"Kulağa iğrenç geliyor."

Maria ona biraz daha yaklaştı.

"Gerçekten! Sırtı testere ağzı gibidir; pençeleri, sapsarı dişleri vardır ve kan emer."

"Şaka yapıyorsun!"

"Celia diyor ki yüzü aynı insan yüzüymüş, yalnızca gözleri boş delikler gibi kapkaraymış," dedi Matt.

"Ihh!"

"Keçilere bayılırmış, fakat atları ve inekleri ya da gerçekten çok açsa bir çocuğu da yiyebilirmiş."

Maria şimdi sımsıkı yapışmıştı ona. Kollarını ona doladı ve Matt acıdan sıçramamak için dişlerini sıktı. Kızın ellerinin buz gibi olduğunu fark etti.

"Geçen ay Celia onun bir kümes dolusu tavuk götürdüğünü söyledi," dedi Matt.

"Bunu duydum. Steven onları kanun kaçaklarının çaldıklarını söylemişti."

"İnsanların dehşete düşerek kaçıp gitmelerini istemediklerinden herkese böyle söylerler," dedi Matt, Celia'nın söylediklerini tekrarlayarak. "Ancak tavukları çölde bulduklarında bedenlerinde bir damla kan yokmuş. Kurumuş kavun kabukları gibi sağa sola savrulmuşlar."

Matt, Steven ile Emilia'dan çekiniyordu fakat Maria farklıydı. Aynı boydaydılar ve kız ona kendini kötü hissettirmiyordu. Rosa onun için ne demişti? "İğrenç bir klon." Matt'ın klonlar hakkında hiçbir fikri yoktu, fakat bir hakaret duyduğu zaman bunu anlayabilirdi. Rosa da tıpkı vahşi adam ve doktor gibi, ondan nefret etmişti. Hatta iki büyük çocuk da, onun ne olduğunu öğrendikten sonra değişmişlerdi. Matt, Maria'ya klonlarla ilgili soru sormak istedi fakat eğer hatırlatırsa onun da kendisinden nefret etmesinden korkuyordu.

Bu arada Celia'nın öykülerini anlatmanın verdiği gücü keşfetmişti. Bu öyküler onun soluğunu keserdi ve şimdi aynı öyküler Maria'yı öylesine etkiliyordu ki kız adamakıllı yapışmıştı ona.

"Dışarıdaki tek şey *Chupakapras* değil," dedi Matt büyüklenerek. "*La Llorona* da geceleri dolaşır."

Maria bir şeyler mırıldandı. Yüzü oğlanın gömleğine yapışmış olduğundan ne söylediğini çıkarmak zordu.

"*Llorona* sevgilisine kızdığı için çocuklarını boğmuş. Daha sonra üzülmüş ve aynı suda kendini de boğmuş," dedi Matt. "Cennete gidince aziz peder, 'Seni kötü kadın! Buraya çocukların olmadan giremezsin,' diye bağırmış. Kadın cehennemin dibine inmiş fakat iblis kapıyı yüzüne kapatmış. Şimdi bütün gece durup dinlenmeden gezinmek zorunda. Hep bağırır 'Uuuu... Uuuu... Bebeklerim nerede?' diye. Rüzgâr estiğinde onun sesini duyabilirsin. Pencereye gelir ve 'Uuuu... Uuuu... bebeklerim nerede?' diye uzun tırnaklarıyla camı tırma..."

"Kes artık!" diye çığlığı bastı Maria. "Sana kes dedim! Sağır mısın?"

Matt durdu. Öykünün nesi vardı ki? Aynen Celia'nın anlattığı gibi anlatıyordu.

"*La Llorona* diye bir şey yok, sen uyduruyorsun!"

"Hayır uydurmuyorum."

"Bak, eğer gerçekse, bilmek istemiyorum!"

Matt uzanıp Maria'nın yüzüne dokundu. "Ağlıyorsun!"

"Ağlamıyorum işte! Sadece iğrenç öykülerden nefret ederim!"

Matt dehşete düşmüştü. Maria'yı asla böyle korkutmak istememişti. "Özür dilerim," dedi.

Maria, burnunu çekerek "Evet, özür dilemelisin," diye mırıldandı.

"Pencere parmaklıklarından hiçbir şey geçemez ki," dedi Matt. "Ayrıca evde binlerce insan var."

"Koridorlarda kimsecikler yok," dedi Maria. "Eğer dışarıya çıkarsam canavarlar yer beni."

"Belki yemezler."

"Oo, harika! Belki ha! Emilia yatağımda olmadığımı fark edince, başım gerçekten büyük belaya girecek. Babama söyleyecek ve babam da bana saatlerce çarpım tablosu ezberletecek. Hepsi senin yüzünden!"

Matt ne diyeceğini bilmiyordu.

"Sabaha kadar burada kalmak zorundayım," dedi Maria. "Yine de başım derde girecek... Ama en azından *Chupacabras* yemeyecek beni..."

Matt ona yer açmaya çalıştı. Yatak çok dardı ve birkaç santim kımıldasa bile canı yanıyordu. Yatağın kenarına yapışmaktan elleriyle ayakları zonkluyordu.

"Sen gerçek bir domuzsun," diye yakındı Maria. "Örtü yok mu?"

"Hayır," dedi Matt.

"Bir saniye." Maria yataktan sıçradı ve Rosa'nın zemine serdiği gazete sayfalarını topladı.

"Örtüye ihtiyacımız yok," diye itiraz etti Matt. Kız elindekileri yatağın üzerine dizerken.

"Kendimi böyle daha güvende hissedeceğim." Maria gazetelerin altına sokuldu. "O kadar da fena sayılmaz. Hep köpeğimle yatarım ben. Isırmayacağına emin misin?"

"Tabii ki hayır," dedi Matt.

"Hımm, iyi o zaman," dedi Maria, ona daha fazla sokularak. Maria'nın kendisine yemek getirdiği için katlanmak zorunda kalacağı cezayı düşünmekten, Matt'ın kafası karmakarışık olmuştu. Çarpım tablosunun ne olduğunu bilmiyordu ama herhalde korkunç bir şeydi.

O kadar kısa bir sürede öyle çok şey olup bitmişti ki, Matt bunların yarısını bile kavrayamamıştı. Başlangıçta ona yardım etmek için herkes o kadar istekliyken, neden daha sonra onu çimenliğe fırlatıp atmışlardı? Neden vahşi adam ona "küçük canavar" demişti? Ve neden Emilia, Maria'ya kendisinin "kötü bir hayvan" olduğunu söylemişti?

Bunun klon olmakla ve ayağındaki yazıyla bir ilgisi olabilir miydi? Matt bir keresinde Celia'ya ayağındaki kelimelerin ne olduğunu sormuştu ve kadın bunun bebeklerin kaybolmasını engellemek için yazıldığını söylemişti. Matt de herkesin böyle bir dövmesi olduğunu varsaymıştı. Ancak şimdi, Steven'ın tepkisinden anladığı kadarıyla gerçek hiç de öyle değildi.

Maria kıpırdandı, içini çekti ve uykusunda kollarını savurdu. Gazete sayfaları hızla zemine düştü. Matt tekmelenmekten kurtulmak için sıçrayıp yatağın en ucuna yapışmak zorunda kaldı. Bir an kız kâbus görüyormuş gibi oldu. "Anne... Anne..." diye sesleniyordu. Matt onu uyandırmayı denedi ama Maria onu yumrukladı.

Şafağın ilk maviliğinde Matt kalkabilmek için kendini zorladı. Ayaklarındaki acıdan soluğu kesildi. Gecekinden de kötüydü. Kovayı beraberinde sürükleyerek ellerinin ve dizlerinin üstünde mümkün olduğunca sessiz ilerledi. Yatağın bir ucuna, Maria'nın kendisini göremeyeceğini düşündüğü bir yere varınca sessizce işemeye çalıştı. Maria yatakta döndü. Gürültü Matt'ın sıçramasına neden oldu. Kova devrildi. Pisliği temizlemek için gazete sayfalarını kullanmak zorunda kaldı ve daha sonra sırtını duvara dayayıp dinlendi, çünkü elleri ve ayakları çok acıyordu.

Kapıyı büyük bir gürültüyle açan Rosa, "Yaramaz kız!" diye bağırdı. Arkasında başlarını uzatıp içeride ne olduğuna bakan hizmetçilerden bir ordu vardı. Rosa, "Senin için evin altını üstüne getirdik," diye söylenmeye devam ediyordu. "Tüm bu zaman boyunca bu iğrenç klonun yanında saklanıyordun demek. Evlat başın dertte! Hemen eve gönderiliyorsun!"

Kapıdan giren ışıkla gözleri kamaşan Maria ayağa kalktı. Rosa yataktan çekip aldı kızı ve duvarın dibine sinmiş olan Matt'a burnunu çevirerek "Demek eğitimli değilmişsin, seni küçük vahşi," diye kükredi, ıslanmış gazeteleri tekmeleyerek. "Celia bunca yıl buna nasıl katlanabilmiş gerçekten anlamıyorum."

5

HAPİSHANE

O gece Rosa yemeğini getirdiğinde Matt ona Maria'nın ne zaman geri geleceğini sordu.

"Hiç gelmeyecek!" diye hırladı hizmetçi. "Onu ve ablasını evlerine gönderdiler ve başımız dertten kurtuldu. Babaları bir senatör diye Mendoza kızları bize burun kıvırabileceklerini zannediyorlar. Pöh! El Patrón para dağıtmaya başlayınca Senatör Mendoza'nın gururundan eser kalmaz."

Doktor her gün geliyordu. Matt ondan çekiniyordu, ama adam bunu fark etmiyor gibiydi. Yüzünde ciddi bir ifadeyle, Matt'ın ayağını kavrıyor, yıkayıp dezenfekte ediyor ve dikişlerini gözden geçiriyordu. Bir keresinde yarası şiştiği ve ateşi yükseldiği için ona antibiyotik verdi. Ancak doktorun konuşmaya hiç niyeti yoktu ve Matt de bu durumdan şikâyetçi sayılmazdı.

Öte yandan adam Rosa ile konuşuyordu. Birbirlerinden hoşlanıyor gibiydiler. Doktor uzun boylu ve zayıftı. Fırçamsı saçlarla kaplı kafası bir ördeğin poposunu andırıyordu. Konuştuğu zaman etrafa tükürük saçıyordu. Rosa da uzun boyluydu ve Matt'ın bir keresinde onu atlatmayı denediğinde fark ettiği gibi güçlüydü. Sürekli somurtsa da ara sıra, doktor berbat şakalarından birini yaptığında gülüyordu. Matt, Rosa'nın gülüşünü somurtmasından daha ürkütücü buluyordu.

"Yıllar var ki El Patrón hayvanı sormadı," dedi doktor.

Matt söz konusu hayvanın kendisi olduğunu anladı.

"Varlığını unutmuştur herhalde," diye mırıldandı Rosa. Odayı köşe bucak silmekle meşguldü. Yanında sabunlu su dolu bir kova vardı, elleriyle dizlerinin üzerine çökmüştü.

"Buna inanabilmeyi isterdim," dedi doktor. "Kimi zaman El Patrón tam anlamıyla bunamış gibi görünüyor. Günlerce konuşmuyor, sürekli pencereden dışarıya bakıyor. Bazen de bir zamanlar olduğu gibi uyanık mı uyanık, o eski *bandido* oluyor yeniden."

"O hâlâ bir eşkıya," dedi Rosa.

"Bu sözcüğü benim yanımdayken bile kullanma. El Patrón'un gazabı öyle bir şeydir ki, hiç bilmek istemezsin."

Matt'a, hem hizmetçi hem de doktor hafifçe ürperdiler gibi geldi. Yaşlı ve zayıf olduğunu söyledikleri El Patrón'un neden bu kadar ürkütücü olduğunu merak etti Matt. El Patrón'un klonu olduğunu biliyordu fakat bu kelimenin ne anlama geldiğinden emin değildi. Belki de El Patrón kendisini Celia'ya ödünç vermişti ve bir gün geri alacaktı.

Celia'nın anısıyla Matt'ın gözleri yaşardı. Kendini tuttu. Kendisine işkence edenlere karşı zayıflık göstermeyecekti. Açık verirse, kendisine daha da fazla acı vereceklerini sezinliyordu.

"Parfüm sürmüşsün Rosa," dedi doktor çapkınca.

"Ha! Sana hoş görünmeye çalıştığımı mı düşünüyorsun doktor?"

Hizmetçi ayağa kalktı ve sabunlu ellerini önlüğüne sildi.

"Sanırım kulaklarının arkasına sürmüşsün."

"Eskiden banyoyu temizlemekte kullandığım dezenfektan bu," dedi Rosa. "Bir doktora kokusu hoş geliyor herhalde."

"Öyle, benim dikenli küçük gülüm." Willum ona sarılmaya çalıştı fakat kadın adamın kolları arasından kaydı ve adamı kabaca iterek "Yapma!" diye bağırdı. Soğukluğuna rağmen doktor ondan hoşlanıyor gibiydi. Matt bundan rahatsız oldu. İkisinin kendisine karşı birleştiklerini hissediyordu.

Odadan çıktıklarında Rosa hep kapıyı kilitlerdi. Matt her seferinde tokmağı yoklar, unutup unutmadığına bakardı, ama kadın asla unutmazdı. Pencerenin parmaklıklarına asıldı; her zamanki gibi sapasağlamdılar. Hüzünle yere çöktü.

Keşke pencerenin ötesinde ilginç bir şey görebilseydi. Duvarın bir kısmı dışarının büyük bölümünü kapatıyordu. Küçük bir aralıktan yeşil bir çimenlik ve parlak pembe çiçekler görebiliyordu, ama bu daha fazlasını istemesine yol açmaktan başka bir işe yaramıyordu. İnce bir şerit halindeki gökyüzü, gün ışığının içeri girmesini ve geceleri birkaç yıldızın görünmesini sağlıyordu. Matt bir şeyler duyabilmek için boşu boşuna çabaladı.

Ayağının altında oradaki dokuların kalınlaşması yüzünden bir şişkinlik oluşmuştu. Yazıyı sık sık inceliyordu –ALACRÁN MALİKÂNESİ'NİN MALIDIR– ancak yara harfleri dilim dilim kesmişti. Kelimeleri çıkarmak daha zordu.

Bir gün Rosa ile doktor arasında korkunç bir tartışma patlak verdi. "El Patrón beni yanında istiyor. Ayda bir uğrayacağım buraya," dedi adam.

"Bu yalnızca benden uzaklaşmak için bir bahane," dedi Rosa.

"Çalışmak zorundayım akılsız kadın."

"Bana akılsız deme!" diye hırladı kadın. "Bir sahtekârı gördüğüm anda tanırım."

"Başka seçeneğim yok," dedi Willum gergin bir sesle.

"O zaman neden beni de götürmüyorsun? Kâhya olabilirim."

"El Patrón'un kâhyaya ihtiyacı yok."

"Ya, tabii! Sana göre hava hoş! Ama benim halime bak! Burada çalışmak korkunç bir şey," diye gürledi Rosa. "Öteki hizmetçiler bana gülüyorlar. 'Hayvan bakıcısı,' diyorlar. 'Kendinin de hayvandan farkı yok.' Bana pislik muamelesi yapıyorlar."

"Abartıyorsun."

"Hayır abartmıyorum!" diye bağırdı kadın. "Lütfen beni de götür Willum. Lütfen! Seni seviyorum. Senin için her şeyi yaparım."

Doktor kendini kadının kollarından kurtardı. "Senin sinirlerin bozulmuş. Giderken bazı ilaçlar bırakacağım ve bir ay içinde seni tekrar göreceğim," dedi.

Kapı kapanır kapanmaz Rosa kovayı duvara fırlattı ve doktora küfürler savurdu. Yüzü öfkeden bembeyazdı, yalnızca yanaklarının üzerinde iki kırmızı leke vardı. Matt ömrü boyunca böylesine öfkelenmiş birini görmemişti ve bunu dehşet verici buldu.

Rosa birden Matt'ı saçından tutup kaldırdı ve "Bunun sorumlusu sensin!" diye haykırdı.

"Ah! Ah!" diye bağırdı Matt.

"Melemek bir işe yaramaz, seni hayvan. Hiç kimse sesini duyamaz. Sırf sen buradasın diye evin bu kanadı bomboş! Buraya domuzları bile koymuyorlar!" Rosa yüzünü onunkine yaklaştırdı. Elmacık kemikleri gergin derisinin altından fırlamıştı. Matt kadının kocaman gözlerinin akını görebiliyordu. Celia'nın kiliseden getirdiği çizgi romanlardan birindeki bir kadına benziyordu.

"Seni öldürebilirim," dedi Rosa alçak sesle. "Cesedini toprağın altına gömebilirim ve belki de yapacağım bunu." Çocuğu tekrar yere bıraktı. Matt kadının çektiği saçlarını ovalıyordu. "Belki de yapmam, ama sakın bundan emin olma. Ayrıca bir şeyi anlasan iyi edersin: Artık senin efendin benim ve beni kızdırırsan... Dikkatli ol!"

Kapıyı çarpıp çıktı. Matt birkaç dakika boyunca felç olmuş gibi oturdu. Kalbi hızla çarpıyordu ve bedeni terden yapış yapış olmuştu. Kadın ne demek istemişti? Daha başka ne yapabilirdi? Bir süre sonra titremesi geçti ve nefesi normale döndü. Kapıyı yokladı, fakat tüm öfkesine rağmen, Rosa onu kilitlemeyi unutmamıştı. Matt aksayarak pencereye gitti, duvarın ötesindeki parlak çimenleri ve çiçekleri seyretmeye koyuldu.

O gece iki bahçıvan geldi ve Matt'a hiç bakmadan yatağını dışarı çıkardılar. Rosa yüzünde büyük bir memnuniyetle seyrediyordu onları. Matt'ın geldiği günden beri kullanmak zorunda bırakıldığı pislik kovasını da alıp götürdüler.

"Bundan sonra, köşedeki gazete kâğıtlarına yapacaksın," dedi Rosa. "Aynen köpekler gibi."

Matt hiçbir örtü ve tabii ki yastık olmadan beton zemine uzanmak zorunda kaldı. Gece öyle kötü uyudu ki, sabah olduğunda bütün bedeni korkunç acılar içindeydi. Tuvalet olarak köşedeki gazeteleri kullanmak zorunda kaldığında, kendini çok pis hissetti ve utandı. Bu ne kadar sürebilirdi?

Rosa kahvaltı tepsisini yere çalar gibi bırakıp gidiyordu. Artık onu azarlamıyordu. Başlangıçta Matt rahatlamıştı ama bir süre sonra kendini kötü hissetti. Öfke dolu kelimeler bile sessizlikten daha iyiydi. Evde olsa oyuncak ayısı, köpeği ve *Pedro el Conejo* ona arkadaşlık ederdi. Konuşmazlardı fakat Matt onlara sarılabilirdi. Şimdi neredeydiler? Yoksa Celia kendisinin bir daha dönmeyeceğini düşünüp onları atmış mıydı?

Matt yemeğini yerken bir yandan da ağlıyordu. Gözyaşları ağzına süzülüyor ve Rosa'nın getirdiği kupkuru tostun üzerine damlıyordu. Tostun yanında yulaf ezmesi, sosisli yumurta, bir plastik kapta portakal suyu ve bir parça soğuk domuz pastırması vardı. Kadın en azından açlıktan öldürmeyecekti onu.

Akşam olunca Rosa ona çimento rengi bir sosun içinde tatsız bir güveç getirdi. Matt'a hiç kaşık çatal verilmediğinden yüzünü bir köpek gibi kâsenin içine daldırmak zorunda kalıyordu. Güvecin yanında haşlanmış kabak, bir elma ve bir şişe de su vardı. Yedi, çünkü açtı. Yediklerinden nefret ediyordu, çünkü bunlar ona Celia'nın ne kadar harika bir aşçı olduğunu anımsatıyordu.

Günler geçip gitti. Rosa onunla hiç konuşmuyordu. Yüzüne bir perde inmiş gibiydi. Ne Matt'a bakıyor ne de o bir soru sorduğunda yanıt veriyordu. Kadının sessizliği Matt'ı çılgına çeviriyordu. Kadın geldiğinde hummalı gibi konuşmaya başlıyordu ama öteki onunla hiç ilgilenmiyordu.

Bu arada odadaki koku dayanılmaz olmuştu. Rosa köşeyi her gün temizliyordu, ama koku zemine sinmişti. Matt buna alışmıştı, oysa Rosa bu kokuya dayanamıyor, her seferinde söyleniyordu. Bir gün adeta sinir krizi geçirdi.

"Sana bu kadar hizmet ettiğim yetmez mi?" diye bağırdı. Matt korkudan pencerenin dibine sinmişti. "Bir kümesi temizlemeyi tercih ederdim! En azından tavuklar bir işe yarar! Sen ne işe yararsın?"

Derken birdenbire kadının aklına bir fikir gelir gibi oldu. Durdu ve Matt'a öylesine hesaplı bir bakış fırlattı ki, çocuk iliklerine kadar ürperdi. Acaba kadının aklından neler geçiyordu?

Somurtkan bahçıvanlar yine geldiler. Kapının önüne alçak bir korkuluk yaptılar. Matt onları ilgiyle seyretti. Bariyer beline geliyordu, onu içeride tutamayacak kadar alçak, fakat kaçmaya çalışırsa onu yavaşlatacak kadar yüksekti. Rosa koridorda durmuş adamları izlerken, bir yandan da sürekli eleştiriyordu. Bahçıvanlar Matt'ın daha önce hiç duymadığı birkaç kelime ettiler. Rosa öfkeden mosmor oldu, fakat cevap vermedi.

Korkuluk bittikten sonra Rosa, Matt'ı dışarıya çıkarttı ve onu sıkıca tuttu. Matt hevesle etrafına bakındı. Gri ve boş koridor odadan daha ilginç sayılmazdı, ama en azından farklıydı.

Daha sonra öyle bir şey oldu ki Matt'ın ağzı şaşkınlıktan açık kaldı. Bahçıvanlar koridordan tepeleme talaşla dolu el arabalarını paldır küldür sürdüler. Arabaları birbiri ardı sıra odasına boşalttılar. Odanın zemini korkuluk hizasında talaşla dolana dek gidip geldiler.

Rosa birdenbire onu kollarından tuttuğu gibi içeriye fırlattı. Matt, pat diye zemine yapıştı ve öksürerek doğruldu.

Kadın, "Pis hayvanların yaşadıkları yerler böyledir işte," dedi ve kapıyı çarptı.

Matt öylesine afallamıştı ki ne düşüneceğini bilemedi. Bütün oda koyu kahverengi talaşla dolmuştu. Yumuşaktı bu, üzerinde bir yatak gibi uyuyabilirdi. Düşe kalka talaşın üzerinde yürüyor, dünyasında meydana gelen bu ani değişimi anlamaya çalıyordu. En azından farklı bir şeydi.

Matt talaşa daldı, tepeler yaptı. Avuçlayıp havaya fırlattığı talaşın bir toz bulutu halinde yere dökülüşünü seyretti. Bu şekilde uzunca bir süre eğlendi; fakat yavaş yavaş yapabileceği şeyler tükenmeye başladı.

Rosa hava kararırken yemeğini getirdi. Tek kelime etmedi. Matt evden gelen uzak seslere kulak vererek yavaşca yedi yemeğini.

Doktor Matt'ın yeni yerini görünce "Tanrı aşkına ne yapmışsın sen?" diye bağırdı.

"Yere talaş döktürdüm," dedi Rosa.

"Çıldırdın mı sen?"

"Senin umurunda mı?"

"Tabii ki umurumda Rosa," dedi doktor kadının elini tutmaya çalışarak. Kadın adamı itti. Doktor, "Bu klonun da sağlığını umursamak zorundayım. Yüce Tanrım, o ölürse ne olacağını biliyor musun?" diye söylendi.

"Sen yalnızca sana ne olacağını dert edersin. Ama uykuların kaçmasın Willum, ben bir tavuk çiftliğinde büyüdüm ve talaş zemin tavukları sağlıklı tutmak için bugüne kadar bulunmuş en iyi yoldur. Tavuklar talaşın içinde gezinebilir ve pislikleri zemine çöker. Böylelikle ayakları mikrop kapmaz."

Willum kahkahayla güldü. "Sen çok tuhaf bir kadınsın Rosa. Fakat itiraf etmeliyim ki yarattığın durumu iyi. Ancak hatırladığıma göre, Celia'nın evinde yaşarken konuşabiliyordu. Şimdi ağzından tek kelime çıkmıyor."

"Somurtuk, kötü huylu bir hayvan o," dedi kadın.

Doktor içini çekti. "Klonların sonu budur. Ben bunun birçoğundan daha parlak olduğunu sanmıştım."

Matt hiçbir şey söylemedi. İkiliden mümkün olduğunca uzak bir köşede iki büklüm oturuyordu. Celia'nın evinde geçen uzun yalnızlık günleri ona sessiz olmayı öğretmişti. Ayrıca Willum ya da Rosa'dan gelecek en küçük bir ilgi acıyla sonuçlanabilirdi.

Günler ezici bir yavaşlıkta geçiyor ve ıstırap dolu gecelerle son buluyordu. Matt parmaklıklı pencereden pek az şey görebiliyordu. Pembe çiçekler solmuştu. Tüm görebildiği gündüzleri mavi, geceleri siyah bir parça gökyüzüydü. Küçük evi, Celia'yı, yemyeşil çayırı düşlerinde görüyordu, ama uyandığında bunlar onu ağlatıyordu.

Yavaş yavaş Celia'nın onu unuttuğunu, kendisini bu hapishaneden asla kurtarmayacağını düşünmeye başladı. Canını yakan bu düşünceyi aklından kovmaya çalışıyor, artık Celia'yı hatırlamak istemiyordu. Aklına geldiğinde hemen farklı bir şey düşünüp onun hayalini zihninden atmaya çalışıyordu. Bir süre sonra Celia, gördüğü rüyalar dışında belleğinden silindi.

Matt hâlâ kendisini boğan yalnızlık ve iç sıkıntısına karşı savaşıyordu. Talaşın altına yiyecek saklamaya başlamıştı. Bunu daha sonra yemek için değil, böcekleri çekebilmek için yapıyordu. Pencerenin camı yoktu ve bu yüzden parmaklıklardan içeri her türlü küçük yaratık girebiliyordu.

Önce bir parça elmanın üzerine yaban arılarını çekti. Daha sonra görkemli bir sineği bir parça kokmuş etle baştan çıkardı. Hayvan sanki bir yemeğe davet edilmişçesine etin üzerine kondu ve mest olmuş gibi, tüylü kollarını birbirine sürttü. Daha sonra Matt etin üzerinde vıcır vıcır bir kurtçuk kitlesi keşfetti ve onların büyümelerini ve vızıldayan sineklere dönüşmelerini seyretti. Bunu çok ilginç buldu.

Tabii ki hamamböcekleri de vardı. Küçük, kahverengi olanlar talaş içinde geziniyorlardı. Büyük, tüylü ve bombardıman uçağı gibi olanlarsa havada uçuşup Rosa'yı yerinden sıçratıyorlardı.

"Sen bir canavarsın!" diye bağırmıştı kadın bir keresinde. "Onları yesen şaşmazdım!"

Böcekler öylesine eğlenceliydi ki...

Birgün bir sihir gerçekleşti, bir güvercin parmaklıklardan içeri süzüldü ve talaşı tozutarak yere kondu. Matt kuşun güzelliğiyle kendinden geçmişti, hiç kıpırdamadan oturdu. Kuş uçup giderken geriye, inci grisi tek bir tüy bıraktı. Matt bunu Rosa'dan sakladı. Güzel olan her şeyin bu kadın tarafından yok edileceğini hissediyordu çünkü.

Kendi kendine içinden –Rosa orada onu duyamazdı– Celia' nın ninnilerinden birini söylüyordu: *Buenos dias paloma blanca. Hoy te vengo a saludar. Günaydın beyaz güvercin. Seni karşılamaya geldim bugün.* Celia bunun *Kutsal Meryem*'e ait bir şarkı olduğunu söylemişti. Matt hücresine giren güvercinin *Meryem*' den geldiği ve tüyünün de *Meryem*'in, onu küçük evde olduğu gibi gözetmeye devam ettiğinin bir işareti olduğu fikrine kapıldı.

Bir gün dışarıda birinin yürüdüğünü duydu. Başını kaldırdığında yepyeni, yabancı bir yüz vardı parmaklığın öbür tarafında. Yaşça kendinden biraz büyük, fırça gibi kızıl saçları olan, çilli bir oğlandı bu.

"Ne çirkin şeysin sen," dedi oğlan. "Ahırdaki domuzlar gibi görünüyorsun."

Matt karşılık vermek istedi fakat sessizliğe çok alışmıştı. Davetsiz misafire gözlerini dikmekle yetindi. Aklının bir köşesinde bulanık bir isim hatırladı: Tom. Kötü bir çocuktu bu.

"Bir şeyler yap hadi," dedi Tom. "Eşin. Kıçını duvara sürtüp kaşı. Maria'ya anlatacak bir şeylerim olmalı."

Matt irkildi. Kendisi için kaygılanan ve ona yemek getirdiği için cezalandırılan neşeli, esmer küçük kızı anımsadı. Demek ki o dönmüştü. Ve... Onu görmeye gelmemişti.

"Meraklandın değil mi? Senin ne kadar şeker bir yaratık haline geldiğini anlatayım ona. Pislik gibi kokuyorsun!"

Matt çaktırmadan talaşların altında böcekleri beslemek için sakladığı bir şeyi araştırdı. Koca bir portakaldı bu. İlk başta yeşildi fakat zamanla maviye dönüşmüş ve yumuşacık olmuştu. İçi, kıpır kıpır bedenleriyle Matt'ı eğlendiren kurtçuklarla doluydu. Parmakları portakalı kavradı. Meyve neredeyse dağılacak kadar yumuşamıştı.

"Unutmuşum. Konuşamayacak kadar gerzeksin. Altını pisleyen ve üstüne başına kusan aptal bir klonsun sen. Belki senin dilinden konuşsam anlarsın beni." Tom yüzünü parmaklıklara dayadı ve domuz hırıltıları çıkarttı. Aynı anda Matt portakalı fırlatıverdi. Hedeflere meyve fırlatmakla geçen onca günden sonra, bu sefer de hedefi on ikiden vurmuştu.

Çürümüş portakal Tom'un yüzünde dağıldı. Çocuk bağırarak geri sıçradı, "Kıpırdıyor! Kıpırdıyor!" Dağılan meyve çenesinden süzülüyordu. Kurtçuklar kıpır kıpır yakasından içeri kaydı. Çocuk kaçarken, "Bunu sana ödeteceğim!" diye haykırıyordu.

Matt derin bir huzur hissetti. Oda Rosa'ya özelliksiz bir çöl gibi görünebilirdi, ama onun için burası gizli zevklerle dolu bir krallıktı. Talaşların altında –kendisinin tam olarak bildiği noktalarda– ceviz kabuğu, meyve çekirdeği, kemikler, meyve ve kıkırdak zulaları vardı. Kıkırdak özellikle değerliydi. Eğilip bükülebilir, ışığa doğru tutulabilir, hatta çok bayat değilse emilebilirdi. Kemikler onun kuklalarıydı. Onlarla konuşabilir, onlara çeşitli maceralar yaşatabilirdi.

Matt gözlerini kapadı. Rosa'yla doktoru bir yere kilitlemeyi çok isterdi. O zaman onları kurtlu portakallar ve ekşimiş sütle beslerdi. Serbest bırakması için kendisine yalvarırlardı ama o ikisini de asla bırakmazdı.

Eliyle yoklayıp güvercin tüyünü buldu ve onun ipeksi renklerini seyre daldı. Bu tüy genelde kendini güvende hissetmesini sağlardı, ama şimdi onu huzursuz etmişti. Celia, *Kutsal Meryem*'in bütün iyi ve güzel şeyleri sevdiğini anlatmıştı ona. Böyle bir şeyi hak etmiş olsa bile, Tom'un suratına kokmuş bir portakal fırlatmasını onaylamazdı. Sonra, eğer *Kutsal Meryem*, Matt'ın içini görebiliyorsa, onun Rosa ile doktor hakkındaki kötü düşüncelerini okuyup üzülürdü.

Matt kendisi de üzgündü. 'Aslında onlara zarar vermezdim,' diye düşündü *Meryem*'in bunu görebilmesi ve gülümsemesi için. Yine de Tom'un hakkından gelmiş olduğu için keyiflenmekten kendini alamadı.

Ancak bir zamanlar Celia'nın da söylediği gibi, akıllı adam rüzgâra karşı tükürmezdi. Eğer birinin suratına çürük bir portakal fırlatırsan, bunun er ya da geç uçarak sana geri geleceğinden emin olabilirdin. Bir saat geçmemişti ki, Tom elinde bezelye tüfeğiyle geri döndü. Matt'ın üzerinde yalnızca bir şort vardı; bu yüzden bezelyeler çıplak tenine çarpıyordu. Başlangıçta kaçmaya çalıştı, ama daracık odada koşabilecek hiçbir yer yoktu. Matt yüzünü korumak için başını kollarının arasına alarak bir köşeye sindi.

İçinden bir ses karşılık vermezse Tom'un ilgisini kaybedeceğini söylüyordu. Yine de bu uzun bir zaman aldı. Oğlanın sonsuz miktarda bezelyesi var gibiydi, ama sonunda Matt'a birkaç küfür savurdu ve çekip gitti.

Matt emin olabilmek için uzun süre bekledi. Gerekirse çok sabırlı olabilirdi. Senyor MacGregor'un bahçesine dadanan ve tüm elbiselerini kaybeden *Pedro el Conejo*'yu düşündü. Matt da şortu hariç bütün elbiselerini kaybetmişti. Rosa onun elbiseleri berbat edeceğini söylemişti.

Sonunda başını kaldırdı ve krallığının darmadağın olduğunu gördü. Oradan oraya koşuşurken, kendisine altta ne olduğunu gösteren bütün işaretlerin bozulmasına neden olmuştu. İçini çekerek talaşın üzerinde dolaştı. Eliyle yoklayarak hazinelerini buldu. Parmaklarıyla zemini düzeltti ve her şeyin nerede olduğunu ona gösteren çizgi ve çukurları yeniledi. Bu, Celia'nın halıların tozunu almak için mobilyaları dışarı çıkarıp sonra tekrar içeriye alması gibi bir şeydi.

İşini bitirdiğinde bir köşeye oturdu ve Rosa'nın yemeğini getirmesini bekledi. Ancak onu şoka sokan, inanılmaz bir şey oldu.

"*Mijo! Mi hijo*!" diye bağırıyordu Celia pencereden. "Yavrum! Ah yavrum benim! Burada olduğunu bilmiyordum. Ah Tanrım! Bana senin El Patrón'la olduğunu söylemişlerdi. Bilmiyordum!" Kucağında tuttuğu Maria'yı pencereye kadar kaldırmıştı.

"Farklı görünüyor," dedi Maria.

"Aç bırakmışlar onu hayvanlar! Elbiselerini de almışlar! Gel buraya aşkım. Sana dokunmak istiyorum." Celia koca ellerini parmaklıkların arasından geçirdi. "Bırak sana bir bakayım *mi vida*. Olanlara inanamıyorum."

Matt bakakalmıştı. Ona gitmek istiyordu. Hep bunun hayalini kurmuştu ve şimdi gerçekten kavuşma anı gelmişti ama o yerinden kıpırdayamıyordu. Gerçek olamayacak kadar güzeldi bu. Eğer kendini bırakır da Celia'ya koşarsa kötü bir şeyler olacaktı. Celia Rosa'ya, Maria da Tom'a dönüşecekti. Düş kırıklığı paramparça edecekti onu.

"Hey *ebleh*, buraya gelmek için başıma bayağı dert açtım," dedi Maria.

"Ayağa kalkamayacak kadar güçsüz mü düştün?" diye bağırdı Celia aniden. "Ah Tanrım! Yoksa bacaklarını mı kırdılar? En azından bir şey söyle, dilini kesmediler ya?" Kollarını parmaklıkların arasından geçirip açarak La Llorona gibi ağlamaya başladı. Kadının acısı Matt'ın içine işliyordu, fakat ne konuşabildi ne de kıpırdayabildi.

"Çok sıkıyorsun beni, suyumu çıkardın," diye yakındı Maria. Celia onu yere bıraktı. Küçük kız parmaklarının ucunda yükselerek pencereden içeriye bakmayı becerdi. "Köpek toplayıcıların eline düştüğünde köpeğim Furball da aynen böyleydi. Babam onu geri getirene dek hiç durmadan ağlamıştım. Furball geri geldiğinde, bir bütün gün ne yemek yedi ne de yüzüme baktı. Fakat sonra bunun üstesinden geldi. Eminim Matt da üstesinden gelecektir."

"Çocuktan al haberi demişler," dedi Celia.

"Ben çocuk değilim!"

"Tabii ki değilsin aşkım. Sadece bana en önemli şeyin Matt'ı buradan çıkarmak olduğunu hatırlattın," dedi Celia, Maria'nın saçlarını okşayarak. "Diğer konuları daha sonra düşünürüz. Eğer sana bir mektup versem bundan hiç kimseye söz etmemeye söz verir misin? Özellikle Tom'a."

"Tabii ki," dedi Maria

"Bunu yapmaktan nefret ediyorum," dedi Celia kendi kendine konuşur gibi. "Bunu yapmaktan delice nefret ediyorum, ama Matt'ı kurtarabilecek bir tek kişi var. Maria, bu mektubu babana götürmelisin. O nereye yollayacağını bilir."

"Oldu bil," dedi Maria neşeyle. Sonra, "Hey Matt. Celia bugün Tom'un sıcak çikolatasına acı biber koyacak. Sakın kimseye söyleme ha," diye ekledi.

"Sen de söylememelisin," dedi Celia.

"Olur."

"Kaygılanma sen," diye seslendi kadın Matt'a. "Bende çareler tükenmez. Seni buradan çıkaracağım aşkım."

Matt açıkçası onların gidişiyle ferahladı. Yarattığı düzenli dünyada davetsiz misafir gibiydiler. Onları şimdi unutabilir ve tekrar krallığına dalabilirdi. Talaşın üstü dümdüz taranmıştı. Hazineler yalnızca onun, kralın bildiği izlerin altında gizliydi. İçeri dalan bir arı hiçbir şey bulamayıp ayrıldı. Bir örümcek tavandaki ağını onarıyordu. Matt güvercin tüyünü çıkardı ve onun ipeksi kusursuzluğuna dalıp gitti.

ORTA YAŞ:

7 - 10

6

EL PATRÓN

"Uyan! Uyan!" diye bağırdı Rosa. Matt kendi bedeninin oluşturduğu bir çukurda uyumaktaydı. Uyurken bedeni tamamen talaşların altında kalana dek gömülürdü. Bu ani uyanış soluğunu kesti. Burnuna talaş kaçtı ve öksürmekten iki büklüm oldu.

"Kalk! Ah, başa çıkılır gibi değilsin! Seni yıkamak, giydirmek, daha neler neler yapmak zorundayım. Dertten başka bir şey değilsin!" Rosa saçından tutup odanın dışına sürükledi onu.

Matt'ı hızla loş koridorlardan, tıkış tıkış ve kasvetli odalara açılan kapı önlerinden geçirdi. Bir hizmetçi büyük bir fırçayla yeri temizliyordu. Rosa onu sürükleyip götürürken kadın umutsuz gözlerini kaldırıp onlara baktı.

Rosa onu buharla dolmuş bir banyoya soktu. Su dolu paslanmış bir küvet onu bekliyordu. Kadın, Matt'ın şortunu çekip çıkarttı ve çocuk daha ne olduğunu anlayamadan onu suya daldırdı.

Matt hapse atıldığından beri ilk kez yıkanıyordu. Kendini suyu emen kupkuru bir sünger gibi hissetti. Suyla öylesine dolmuştu ki, neredeyse hareket edemiyordu. Sıcak su acıyan, kaşınan derisine iyi geldi. "Kalk, çok vaktim yok," diye homurdandı Rosa. Eline koridordaki kadının fırçası kadar büyük bir fırça alıp onu temizlemeye davrandı.

Kadın, Matt'ı pembeleşinceye dek ovaladı, sonra kocaman, uzun tüylü, yumuşacık bir havluyla kuruladı ve birbirine girmiş saçlarını taramaya çalıştı. Beceremeyince öfkeye kapılıp eline bir makas geçirdi ve hepsini kesti. "Temiz istiyorlarmış, pekâlâ, öyle olsun," diye mırıldandı. Matt'ı uzun kollu bir gömlekle bir pantolonun içine soktu ve giymesi için ona bir çift sandalet verdi.

Hemen sonra çocuğu bir avludan geçirerek evin bir başka bölümüne sürükledi. Yürümekten Matt'ın bacakları ağrımaya başlamıştı. Avlunun ortasında, ayakları alışık olmadığı sandaletler yüzünden birbirine takıldı ve Rosa'nın üzerine kapaklanır gibi oldu.

Kadın fırsatı değerlendirip ona bir nutuk çekti: "Doktor orada olacak," dedi. "Ailenin önemli üyeleri de. Senin sağlıklı olup olmadığını görmek isteyeceklerdir. Eğer soru sorarlarsa cevap vermeyeceksin. Her şeyden önemlisi benim hakkımda hiçbir şey söylemeyeceksin." Eğilip yüzünü çocuğun yüzüne yaklaştırdı. "O küçük odada benimle yapayalnız kalacaksın, unutma," diye fısıldadı. "Yemin ederim ki bir sorun çıkarırsan seni öldürür, yerin altına gömerim."

Matt ona inanmakta zorluk çekmedi. Titreyen bacaklarını zorlayarak, evin bir başka bölümüne doğru izledi Rosa'yı. Hücresi burayla karşılaştırılınca güneşin yanındaki muma benzerdi. Duvarlar krem rengi, pembe ve soluk yeşildi. Bu parlak ve neşeli renkler Rosa'nın karanlık tehditlerine karşın ona keyif verdi. Cilalanıp parlatılmış zemin üzerinde yürürken Matt kendini suyun üzerindeymiş gibi hissediyordu.

Pencereler çeşmeli bahçelere bakıyordu. Fışkıran sular güneşte pırıl pırıldı. Uzun yeşil kuyruklu, gösterişli bir kuş, yürüyüş parkurunu zarafetle adımladı. Matt durmak istedi, ama Rosa alçak sesle hakaret etmeyi sürdürürken ileri doğru itti onu.

Nihayet üzerinde kuş ve sarmaşık desenleri olan harika bir halıyla kaplı büyük bir odaya vardılar. Matt eğilip ona dokunmak istedi. "Kalk ayağa," diye tısladı Rosa. Başını kaldıran Matt, zeminden tavana dek mavi perdelerle örtülü pencereler gördü. Çiçekli bir koltuğun yanındaki küçük bir masanın üzerinde bir çaydanlık, fincanlar ve kurabiyelerle dolu gümüş bir tabak vardı. Kurabiyeleri anımsayan Matt'ın ağzı sulandı.

"Yaklaş evlat," dedi yaşlı mı yaşlı bir ses.

Rosa'nın soluğu kesildi. Eli Matt'ın omuzlarından düştü. "El Patrón," diye fısıldadı.

Matt boş olduğunu düşündüğü koltukta birinin oturduğunu gördü. Adam aşırı zayıftı; özenle taranmış beyaz saçları omuzlarına dökülmüştü; yüzü inanılmayacak miktarda yara izi ve kırışıkla doluydu. Üzerinde bir sabahlık ve dizlerinde bir battaniye vardı. Matt'ın yaşlı adamın koltuğun bir parçası olduğunu düşünmesine neden olan şey bu battaniyeydi.

"Her şey yolunda," dedi Celia arkasından. Matt arkasına dönüp onu kapının önünde görünce yüreğine su serpildi. Celia sürtünerek Rosa'nın yanından geçti ve Matt'ın yanına gelip elini tuttu. "Çok zor günler geçirdi, *Mi Patrón.* Altı aydır onu vahşi bir hayvan gibi kilit altında tutuyorlardı," dedi.

"Yalan söylüyorsun!" diye hırladı Rosa.

"Hem kendi gözlerimle gördüm, hem de Maria Mendoza anlattı bana."

"O bir bebek. Kim bir bebeğe inanır ki?"

"Ben," dedi Celia sükûnetle. "Maria altı aydır evden uzaktaydı. Döndüğünde Matt'ı görmek istediğini söyleyince, Tom onu vurup öldürdüğünü söyleyerek böbürlenmiş. Kız da koşup bana geldi."

"*Vurmuş mu?* Canı yanmış mı?" dedi yaşlı adam.

"Zaten canı yanmıştı." Celia kırılmış camların yol açtığı yaraları anlattı.

"Neden hiç kimse bana bir şey anlatmadı?" diye buyurdu El Patrón. Sesi yüksek değildi, fakat öyle bir sesti ki şu durumda başı derde giren kendisi olmadığı halde, Matt'ı titretti.

"Bu doktorun göreviydi," diye bağırdı Rosa.

"Bu herkesin göreviydi," dedi yaşlı adam aynı soğuk tonda. "Çıkar bakayım gömleğini evlat."

İtaat etmemek Matt'ın aklından bile geçmedi. Hızlı hızlı gömleğinin düğmelerini çözdü ve yere bıraktı.

"*Dios mio!* Ulu Tanrım!"

"Bu yaralar Tom'un bezelye tüfeğinden olmalı," dedi Celia, neredeyse ağlayacaktı. "Ne kadar zayıf olduğunu görüyor musunuz *mi patrón?* Sanki kurdeşene yakalanmış gibi. Benim evimdeyken böyle değildi efendim."

"Doktoru çağırın!" Bir anda Willum içeri girdi. Büyük olasılıkla kapının dışında bekliyordu. Matt'ı muayene etmeye başladı. Çocuğun durumuna gerçekten şaşırmış gibi başını salladı. "Hafif bir kötü beslenme vakası," dedi. "Ağzında yaralar oluşmuş. Derisi sanırım pislik ve çer çöpe karşı alerjik bir reaksiyonun sonucu bu hale gelmiş."

"Çer çöp mü?" dedi yaşlı adam.

"Anladığım kadarıyla masraftan kısmak için talaşla dolu bir odada tutulmuş."

"Sen de biliyordun bunu, Willum," diye bağırdı Rosa. "Bana bunun yanlış olduğunu söylememiştin."

"Bugüne kadar bu konuda hiçbir şey bilmiyordum," dedi doktor.

"Yalan söylüyorsun! Söyle onlara Willum, bunun komik olduğunu düşünmüştün. Hayvan... Yani çocuğun iyi durumda olduğunu söylemiştin!"

"Bu kadın sanrılar görüyor," diye açıkladı doktor El Patrón'a. "Böyle dengesiz bir insana sorumluluk verilmesi ne yazık."

Rosa bir anda doktorun üzerine atıldı ve adam bileklerini yakalayana dek yüzünü tırmaladı. Bir yandan da tekme atıp haykırıyordu. Öfkenin verdiği kuvvetle Willum'u geriye doğru sürüklemişti. Dişleri kurbanına saldıran vahşi bir hayvanınkiler gibi ortaya çıkmıştı. Matt merakla onun adamın boynuna saldıracağı anı bekledi. Her şey gerçek dışı gibi geliyordu ona; Celia'nın aniden belirivermesi, yaşlı adam, iki düşmanı arasındaki bu dehşetli kavga. Televizyon seyretmek gibi bir şeydi.

Rosa doktora ciddi bir zarar veremeden içeri dalan bir çift irikıyım adam onu yakalayıp sürükleyerek götürdüler.

Kadın, "Willum! Willum!" diye inliyordu. Sesi gitgide duyulmaz oldu. Matt bir kapının çarptığını işitti, daha sonra ses kesildi.

Celia'nın kendisini kucakladığını fark etti. Yanında duran kadının titrediğini hissediyordu.

Doktor yüzünü bir mendille sildi. Düzinelerce kesikten kan akıyordu. Yalnızca El Patrón sakin görünüyordu. Koltuğuna oturmuş solgun dudakları gerilmiş gülümsüyordu.

"Güzel, aylardır böylesine heyecan yaşamamıştım," dedi.

"Özür dilerim, Mi Patrón," dedi zangır zangır titreyen Willum. "Bu sizin için korkunç bir şok olmalı. Tansiyonunuzu ölçeyim hemen."

"Of, kes yaygarayı," dedi El Patrón onu başından savmak istercesine. "Bugünlerde hayatım aşırı sakin. Bu... Bayağı eğlenceliydi." Dikkatini Matt'a yöneltti. "Demek seni bir kümes hayvanı gibi kapattılar ha. Söyle bakalım gıdaklamayı öğrendin mi?"

Matt gülümsedi. İçgüdüsel olarak El Patrón'dan hoşlanmıştı. Yaşlı adamın görünüşünde öylesine yerli yerinde bir şey vardı ki... Gözlerinin rengi iyiydi. Matt neden iyi olduğunu bilmiyordu ama öyleydi. El Patrón'un yüzü tuhaf bir şekilde tanıdık geliyordu ona ve elleri –kemikli ve damarlıydılar– ellerinin biçimi içinde bir şeylere dokunuyordu.

"Gel buraya."

Matt en küçük bir kararsızlık göstermeden sandalyeye gitti ve yaşlı adamın kâğıt gibi kuru elleriyle yüzünü okşamasına izin verdi.

"Ne kadar genç..." diye mırıldandı El Patrón.

"Şimdi konuşabilirsin, *mi vida*," dedi Celia, fakat Matt henüz bu kadarına hazır değildi.

"*Mi Vida,* ha! Hoşuma gitti bu," dedi yaşlı adam kıkırdayarak. "Öylesine hoşuma gitti ki, artık ona böyle sesleneceğim. Konuşabiliyor mu?"

"Sanırım şokta. Benim evimdeyken kuşlarla dolu bir ağaç gibi cıvıldardı. Hem İngilizce hem İspanyolca okuyabilir. Çok akıllıdır, *mi patrón.*"

"Tabii ki, benim klonum o. Söyle bakalım *Mi Vida,* kurabiye sever misin?"

Matt başını yukarı aşağı salladı.

"Öyleyse yiyebilirsin. Celia, ona gömleğini giydir ve bir sandalye bul. Konuşacak çok şeyimiz var."

Bir sonraki saat rüya gibi geçti. El Patrón hem doktoru hem de Celia'yı göndermişti. Yaşlı adam ve çocuk karşılıklı oturup yalnızca kurabiye değil, kremalı tavuk, patates püresi ve elma püresi yediler. Bir hizmetçi mutfaktan getirmişti bunları. El Patrón, bunların en sevdiği yemekler olduğunu söyleyince, Matt kendisinin en sevdiği yemeklerin de bunlar olduğuna karar verdi.

El Patrón konuşacak çok şeyleri olduğunu söylemişti, ama bütün konuşmayı kendisi yapıyordu. Aztlán'da geçen gençliğiyle ilgili bir şeyler anlatıp duruyordu. Dediğine göre kendisi çocukken oranın adı Meksiko'ydu. El Patrón, Durango adında bir yerden gelmişti.

"Durangolulara, *alacránes* –akrepler– denirdi çünkü orada her yer akrep kaynardı. İlk milyonumu kazandığımda kendime isim olarak bunu seçtim: Matteo Alacrán. Senin adın da bu."

Matt gülümsedi, El Patrón'la ortak bir yönlerinin olması onu çok keyiflendirmişti.

Yaşlı adam konuşurken Matt'ın aklında tozlu mısır tarlaları ve Durango'nun mor dağları canlandı. Yılın iki ayı boyunca gürül gürül çağlayan ve bunun dışında bir kemik gibi kuruyan ırmağı gördü. El Patrón erkek kardeşleriyle birlikte yüzerdi orada, ama ne acıdır ki, hepsi büyüyemeden çeşitli nedenlerle ölmüştü. El Patrón'un kız kardeşlerini de tifo alıp götürmüştü. Daha minicik-tiler, pencereden dışarısını bile göremiyorlardı –hayır, parmak uçlarında dikilseler bile.

Matt, Maria'yı düşündü ve kaygılandı. Bu küçük kızlar tifodan öldüklerinde Maria kadar bile değilseler, acaba bu canavar *Chupacabras*'a filan mı benziyordu? Bütün kardeşlerden yalnızca biri sağ kalmıştı: Matteo Alacrán. Bir deri bir kemikti ve birbirine sürtecek iki pezosu bile yoktu; fakat hayatta kalma arzusuyla yanıp tutuşuyordu.

Sonunda yaşlı adamın sesi kesildi. Matt başını kaldırınca, El Patrón'un koltuğunda uyuyakaldığını gördü. Matt da bitkindi. Çok yemişti. Bir süredir yarım yamalak uyuyordu. Rosa'yı dışarı çıkaran iki adam içeriye girdiler ve El Patrón'u yavaşça kaldırıp bir tekerlekli sandalyeye oturttular, sonra da alıp gittiler.

Matt artık kendisine ne olacağının kaygısına düşmüştü. Rosa dönüp onu tekrar talaşa mı fırlatacaktı. Yeminini tutup onu canlı canlı gömecek miydi? Ancak onu alıp zafer kazanmış bir kumandan edasıyla götüren Celia oldu. Matt'ı büyük evdeki yeni dairesine götürmüştü. Celia'nın eşyalarını eski evden oraya taşıdıkları için, Matt yuvaya dönemediğini düşünüp düş kırıklığına uğramadı. *Meryem* her zamanki gibi yatağının baş ucundaki bir masanın üzerinde duruyordu. Şimdi elbisesinin etrafında plastik güllerden yeni bir çember ve altında da beyaz dantelli bir masa örtüsü vardı. Bu, Matt'ı kurtardığı için Celia'nın ona duyduğu minnetin bir işaretiydi.

Her şey düşünüldüğünde Matt değişiklikten memnundu. Çatı üzerinde ötüşen güvercinleri ve haşhaş çiçekleri arasında esen rüzgârı özlese bile.

"Beni dinle, *ebleh*," diye buyurdu Maria. "Seni konuşturmam gerek." Matt omuz silkti. Konuşmaya meraklı değildi. Maria'nın çenesi her ikisine de yeterdi. "Bunu yapabileceğini biliyorum. Celia senin şokta olduğunu söylüyor, ama bence sen sadece tembelsin."

Matt esnedi ve koltukaltını kaşıdı.

"El Patrón bugün gidiyor."

Maria, şimdi Matt'ın dikkatini çekmişti işte. Matt yaşlı adam ayrılacağı için hüzünlendi. Kurtarıldığı günden beri onu görmemişti. Celia yüz kırk yaşındaki biri için bu heyecanın fazla olduğunu söylemişti. El Patrón, Chiricahua Dağları'ndaki öteki evine seyahat edebilecek duruma gelene dek yatakta kalmak zorundaydı.

"Ona veda etmemiz gerekiyor. Herkes orada olacak ve sen ağzını açıp konuşsan iyi edersin yoksa başın büyük derde girer." Maria sanki kelimeleri sökebilirmiş gibi, elini çocuğun ağzına götürdü ve dudaklarını sıktı. Matt elini ısırıverince, küçük kız geri kaçtı. "Isırmadığını söylemiştin!" diye bağırdı. Eline bir yastık geçirdi ve kendini yatağın üzerine bırakana dek Matt'a birkaç kere vurdu.

Sonra, yastığı göğsüne yapıştırarak "Kötü klon!" dedi.

Matt, 'Ne yaparsan yap, klon olmak kötü,' diye düşündü, öyleyse neden iyi olmak için nefes tüketecekti ki? Uzanıp kızın eline dokundu.

"Söylesene neden konuşmuyorsun?" diye gürledi Maria. "Bir haftayı geçti. Köpek avcıları onu yakaladıktan sonra Furball'ın beni affetmesi için bir gün yetmişti."

Matt onu üzmek istemiyordu, ama konuşamıyordu işte. Kelimeleri söylemeye çalıştığında dehşete kapılıyordu. Konuşmak onun dikkatlice kurulmuş kalesine bir kapı açmak demekti ve içeriye her şey girebilirdi o zaman.

"Matt senin köpeğinden çok daha uzun süre kilitli kaldı," dedi Celia odaya girerken. Dizleri üzerine çömeldi ve Matt'ın yüzünü okşadı. "Furball yalnızca iki gün evden uzakta kalmıştı. Matt ise altı ay. İyileşmek vakit ister."

"Bu hep böyle midir?" diye sordu küçük kız. "Ne kadar uzun süre hasta kalırsan iyileşmek de o kadar uzun süre mi alır?"

Celia başıyla onayladı. Matt'ın yüzünü, saçlarını ve kollarını okşamaya devam etti. Sanki çocuğun bedenindeki duyguları uyandırmak istiyor gibiydi.

"Öyleyse," dedi Maria yavaşça, "El Patrón'un iyileşmesi yıllar alacak."

"Bu konuda konuşma!" dedi Celia. Bunu öylesine sert söyledi ki, Maria yastığa iyice sarıldı ve kocaman açılmış gözlerini kadına dikip bakakaldı.

"El Patrón hakkında hiçbir şey söyleme tamam mı! Seni eğlendirecek vaktim yok." Celia önlüğüyle kıza vurdu; kız da tek kelime etmeden kaçtı.

Matt, Maria için üzülmüştü. Kendisini giydiren Celia'nın işini zorlaştırmak için bilerek vücudunu kastı fakat Celia öfkelenmedi. Ona sarıldı ve en sevdiği ninniyi söyledi: *"Buenos dias paloma blanca. Hoy te vengo a saludar."* Matt ürperdi; bu *Meryem*'in şarkısıydı, iyiliği seven ve hapishanedeyken onu gözeten *Meryem*'in. Celia'ya kabalık etmenin yanlış bir şey olduğunu hissetti ve vücudunu tekrar gevşek bıraktı.

"Aferin akıllı oğluma," diye mırıldandı kadın. "Sen akıllı bir çocuksun ve ben seni seviyorum."

Kadın onu dışarı götürmek istediğinde, Matt anlık bir panik yaşadı. Eski yatağında, doldurulmuş hayvanları ve *Pedro el Conejo*'nun eski bir kopyasıyla kendini güvende hissediyor; pencereler çok güzel, kapalı bir bahçeye bakıyor olsa da perdeleri kapalı tutuyordu. Ne kadar güzel olursa olsun hayatında yeni bir şey istemiyordu.

Celia, onu kucağına alıp kaldırarak "Her şey yolunda, kimsenin seni incitmesine izin vermeyeceğim," dedi.

Matt büyük evin ön cephesini henüz görmemişti. Mermer duvarlarla sınırlanan giriş yolu ve minik kanatlı tombul bebek heykelleri onu büyüledi. Ortada nilüfer çiçekleriyle kaplı karanlık bir göl vardı. Matt derinliklerden telaşsızca yükselen büyük bir balığı ve balığın ona bakan yuvarlak sarı gözünü görünce Celia'ya sımsıkı sarıldı.

Yivli beyaz sütunlar arasından yürüyerek geniş merdivenleri araba yoluna inen bir sundurmaya vardılar. Herkes sundurmanın üzerine dizilmişti. Hizmetçiler bir tarafta, aile diğer tarafta. Matt, dikkat kesilmiş haldeki Steven, Emilia ve Maria'yı gördü. Maria oturmaya kalkınca Emilia onu tutup kaldırdı. Matt, Tom'un Maria'nın elini tuttuğunu gördü ve içinde zor kontrol ettiği bir öfkenin yükseldiğini hissetti. Bu oğlan nasıl olur da onunla arkadaşlık etmeye cüret edebilirdi! Ve kız nasıl olur da onunla arkadaşlık ederdi. Matt'ın elinde bir başka kurtlanmış portakal olsa sonucunu düşünmeden fırlatıp atardı yine.

El Patrón dizinde bir battaniye, tekerlekli sandalyesinde oturuyordu. Matt'ın daha önce gördüğü irikıyım adamlar kolluyorlardı onu. Yüzü terden parlayan Willum, kalın gri bir takım elbise içinde, yaşlı adamın yakınında duruyordu. Rosa'ysa görünürlerde yoktu.

"Gel buraya *Mi Vida,"* dedi El Patrón. Yaşlı adamın sesi kuşların ve fıskiyelerin sesini bastırdı. Güçsüzlüğüne rağmen bu seste saygı uyandıran bir şeyler vardı. Celia, Matt'ı yere bıraktı.

Matt hevesle tekerlekli sandalyeye doğru yürüdü. El Patrón'un her şeyini seviyordu. Sesini, yüzünün biçimini; derinlerinde balığın gizlendiği havuza benzeyen karanlık gözlerini.

"Aile ile tanıştır onu, Willum," dedi yaşlı adam.

Doktorun eli nemliydi. Matt ona karşı bir tiksinti hissetse de kendisini sundurmaya çıkarmasına izin verdi. Matt'ı ilk gece fırlatıp atan, aynı zamanda Benito, Steven ve Tom'un babası olan Bay Alacrán'la tanıştırıldı. Benito'nun üniversitede olduğu ve Matt'ın onunla bir başka gün tanıştırılacağı söylendi. Bay Alacrán, Matt'a yüzünde açık bir küçümseme ifadesiyle baktı.

Bay Alacrán'ın karısı olan Felicia sıska, uzun ve titrek parmakları olan bir kadındı. Doktorun söylediğine bakılırsa, hastalığı onu emekliliğe zorlayana dek büyük bir konser piyanistiydi. Felicia, Willum'a baktı ve ona, Matt'ı gördüğü anda yüzünden silinen bir gülümseme fırlattı. Kadının yanında Bay Alacrán'ın babası olan ve neden sundurmada bulunduğuna dair hiçbir fikri olmayan yaşlı bir adam vardı.

Matt daha sonra Steven, Emilia, Maria ve Tom'la tanıştırıldı. Tom, Matt'a kötü kötü baktı, Matt da aynı şekilde karşılık verdi.

Maria hariç hiç kimse onunla karşılaşmaktan memnun görünmüyordu fakat hepsi arkadaşça duygular içindeymiş gibi numara yapıyordu.

'Hepsi El Patrón'dan korkuyorlar,' diye düşündü Matt. Nedenini bilmiyordu ama bu çok iyiydi.

Matt sonunda tekerlekli sandalyenin yanına döndüğünde "Dilini kedi mi kaptı?" diye sordu yaşlı adam. Matt başını salladı. "Celia bununla ilgilenecek. Hepiniz dinleyin," dedi El Patrón birazcık daha yüksek bir sesle. "Bu benim klonum. Hayatımdaki en önemli kişi o. Eğer bunun kendiniz olduğunu düşündüyseniz domuzun dölleri, tekrar düşünün." Yaşlı adam yumuşakça kıkırdadı.

"Matt'a saygı gösterilecek, sanki onun yerinde ben varmışım gibi. Eğitim alacak, iyi beslenecek ve eğlendirilecek. Ona kötü davranılmayacak." El Patrón gözlerini kıpkırmızı kesilen Tom'a dikti. "Her kim –kim olursa olsun– Matt'a zarar verirse şiddetle cezalandırılacak. Yeterince açık mıyım?"

"Evet, *mi patrón,"* diye yanıtladı birkaç ses.

"Kesinlikle emin olmak için korumalarımdan birini burada bırakıyorum. Hanginiz bu iş için gönüllü?"

Korumalar isteksizce kıpırdandılar ve başlarını öne eğdiler.

"Bakıyorum da utançtan eziliyorsunuz," dedi El Patrón. "Şunu İskoçya'da bir futbol sahasının dışında önüne gelenin kafasını kırarken buldum. Korumalarını her zaman yabancı bir ülkeden seç Matt. İşbirliği yapacak birilerini bulmaları ve seni satmaları daha zor olur. Pekâlâ Matt, seçimini sen yap. Bu utangaç menekşelerden hangisiyle oynamak istersin?"

Afallayan Matt adamlara baktı. Oyun fikriyle bunlardan daha az uyuşan birileri her halde düşünülemezdi. Enseleri kalın, burunları dümdüz, kolları ve yüzleri yara bere içinde kaba saba tiplerdi. Her ikisinin de kan damlayan yanaklarının ve parlak mavi gözlerinin üzerinde, alınlarına düşen kıvırcık kahverengi saçları vardı.

"Şu gördüğün Daft Donald; bowling toplarıyla cambazlık etmekten hoşlanır. Şu tuhaf kulakları olansa Tom Lin."

Matt bakışlarını birinden diğerine kaydırdı. Daft Donald daha genç ve daha az hırpalanmış görünüyordu. Sanki yanınızda olmasından güven duyabilirdiniz. Tom Lin'in kulakları öylesine biçimsizdi ki sanki kemirilmiş gibiydi. Ancak Matt, Tom Lin'in gözlerine baktığında bir dostluk kıvılcımı görüp şaşırdı.

Dostluk Matt'ın hayatında öylesine ender rastlanan bir şeydi ki, hemen adamı işaret etti.

"Doğru karar," diye fısıldadı El Patrón. Merasim sona erdiğinde gücü bitmiş gibiydi. Tekerlekli sandalyesine gömüldü ve gözlerini kapadı.

"Allahaısmarladık, *Mi Vida*... Bir dahaki sefere dek," diye mırıldandı.

Alacránlar etrafına toplanıp El Patrón'a saygılarını sundular. Adam onları görmezden geldi. Daha sonra Daft Donald onu sandalyesiyle birlikte kaldırdı ve merdivenlerden indirip limuzine taşıdı. Herkes iyi dileklerini sunarak izledi onu. Araba gittiğinde bütün aile üyeleri hemen dağıldılar. Hizmetçiler sanki ırmakta bir kayaymış gibi Matt'ın etrafından süzülüp gittiler ve evin içinde kayboldular.

Görmezden geliniyordu. Kötü muamele görmüyor, basitçe görmezden geliniyordu. Yüksek sesle yakınan tek kişi Maria'ydı, onu da oradan çekip götürdüler.

Celia sabırla kalabalığın dağılmasını bekledi. Bir de Tam Lin.

"Pekâlâ ahbap, bakalım seni neden yapmışlar," dedi Tam Lin ve kaslı koluyla tuttuğu gibi Matt'ı omzuna attı.

7

ÖĞRETMEN

Matt, Celia'nın dairesinin güvenli atmosferini bırakıp dışarı çıkmaktan mümkün olduğunca uzun süre kaçındı. Fakat Celia ile Maria, onu yavaş yavaş kapalı bahçeye, oradan da büyük evin diğer bölümlerine çekmeyi başardılar.

Matt bu gezintilerden hoşlanmıyordu. Hizmetçiler ondan sanki pis bir şeymiş gibi kaçıyorlar, Steven ile Emilia ne zaman onun geldiğini görseler yollarını değiştiriyorlardı. Tabii bir de Tom'la karşılaşma tehlikesi vardı.

Tom, Maria'yla oynama konusunda ısrarlıydı. Kızı ağlatıyordu fakat o her seferinde Tom'u bağışlıyordu. Matt'ın düşmanca tavrına rağmen –belki de bu yüzden– Tom kızı Celia'nın dairesine dek izliyordu. İstenmediği yerde bulunmaktan hoşlanıyordu sanki.

"Burası güzel," dedi Tom, Matt'ın biricik oyuncak ayısını eline alarak. "Yakala Maria." Ayıyı yıpranmış kulaklarından birinden tutup kötücül bir tavırla savurdu ve kızın yüzüne indirdi. Tom, ayının elinde kalan kulağını yere fırlattı.

Maria, "Hii!" diye bir ses çıkardı ve Matt yere düşen kulağa atıldı, ama Tom ayağını kulağın üzerine koydu. Bunun üzerine Matt, Tom'un üzerine sıçradı ve ikisi birden tekme tokat yere yuvarlandılar. Maria, Tam Lin'i çağırmaya koştu.

Koruma bir süre, kavgayı kayıtsızca seyretti, daha sonra eğilip iki çocuğu ayırdı. "Size Matt'ı rahat bırakmanız söylenmişti Efendi Tom," dedi.

"İlk o bana vurdu!" diye bağırdı Tom.

"Evet," dedi Maria "fakat Tom onunla alay etti."

"Sen bir yalancısın!" diye bağırdı Tom.

"Değilim!"

Matt hiçbir şey söylemedi. Tom'u yere çalmak, hatta Tam Lin'i tekmelemek istiyordu. Küfür etmeyi denedi fakat kelimeler ağzından çıkmadı, içinde kalıp ona bulantı verene dek büyüdükçe büyüdüler.

"Haklısın," dedi Tom aniden. "Gerçekten Matt'la alay ettim, bu yüzden çok üzgünüm." Matt şaşkına dönmüştü. Tom gözleri önünde değişivermişti. Öfkeden kızaran yanakları yumuşadı. Gözlerine açık ve samimi bir ifade oturdu. Bunun daha bir dakika önce tekmeleyip bağıran çocuk olduğuna inanması zordu.

Matt da olayların bu kadar kolay üstesinden gelebilmeyi istedi umutsuzca. Ne zaman incinse ya da öfkelenip üzülse bu duygular pençelerini ona geçiriyor ve ancak hazır olduklarında yok olup gidiyorlardı. Bazen bu saatler alıyordu.

Tam Lin, Tom'un ciddi yüzünü bir an için inceledi ve daha sonra sıkıca tuttuğu tişörtünü bıraktı. "Pekâlâ," dedi. Matt'ı da serbest bıraktı. Matt hemen Tom'u ve Maria'yı ellerinden tutup kapıya sürükledi. Onlara bağırmak istediği kelimelerle taşıyordu içi.

"Gitmemizi mi istiyorsun?" diye bağırdı Maria. "Barıştıktan sonra ha?"

Matt başını salladı.

"Bence sen bir domuzsun! Sırf sen ondan hoşlanmıyorsun diye Tom'a kötü davranmayacağım. Üstelik, herkes senin berbat biri olduğunu düşünüyor." Maria kıpıyı arkasından çarptı.

Matt gözyaşları içinde yere çöktü. Bir domuz gibi sesler çıkarıyordu ve bunu yaptığı için kendinden nefret ediyordu. Fakat buna engel olamıyordu. Celia orada olsa onu yatıştırırdı. Tam Lin şöyle bir omuz silkip spor gazetelerine geri döndü. Daha sonra Matt kendini toparladığında ayının kulağını aradı, ama bulamadı.

Tom bir sinirlendirme ustasıydı. Matt'ın başının etrafındaki havayı yumrukluyor, karate egzersizleri yaptığını söylüyordu. Matt'a kimseye duyurmayacak şekilde hakaret ediyor, "Sen bir klonsun," diye fısıldıyordu. "Bu ne demek biliyor musun? Bir tür kusmuk. Seni bir inek kustu."

Oysa önemli insanların yanında çok kibardı Tom. Onlara nasıl olduklarını soruyor ve nezaketle yanıtlarını dinliyordu. Annesine içki götürüyor, büyükbabası için kapıları açıyordu.

Düşünceliydi fakat yine de Tom'un yaptığı her şeyde bir tuhaflık vardı. Annesine içki götürüyordu; ama bardak her zaman temiz görünmüyordu. Büyükbabası için kapıları açıyordu; ama kapıyı hemen bıraktığı için yaşlı adamın topuğunu kıstırmasına neden oluyordu. Bu büyükbabasının düşmesine neden olmuyordu, ama yine de bir kaza yaşanabilirdi. Herkes Tom'a güveniyordu, öylesine temiz ve masum bir yüzü vardı ki... Ancak Tam Lin yine de, "Bu çocuk küçük bir ucube," diye homurdanmıştı. Korumanın da Tom'dan hoşlanmıyor olması Matt'ın içini rahatlatmıştı.

Tam Lin.

Matt ilk haftalar onu etrafında parmak uçlarında dolaştı. Adam öylesine irikıyımdı ve öyle tehlikeli görünüyordu ki evde bir boğa besliyor gibi hissediyordunuz. Tam Lin, Celia'nın koltuğuna kurulur; Maria ve Celia, Matt'ı okuması, bulmaca çözmesi ya da bir şeyler yemesi için baştan çıkarmaya çalışırken sessizce onları seyrederdi. Matt bu etkinliklerden hoşlanıyordu, ama özellikle üzerine düşülmesinden çok hoşlanıyordu. Maria'yı çaresizlikten bağırtabilirdi. Celia yalnızca onun başını okşar ve içini çekerdi. Koruma ise okuyormuş gibi görünürdü; fakat olanları izlerken, gözleri bir aşağı bir yukarı oynardı.

Matt bunu fark ettiğinde, onun rahatının kaçtığını düşünürdü ama bundan emin olması da zordu. Ancak Tam Lin'in yüzündeki genel ifade pek hoş sayılmazdı.

Matt sürekli öksürüp durduğu için, doktor sık sık geliyordu. Başlangıçta bunu pek önemsemiyordu ama bir gece Matt boğazı sıvıyla dolu olarak uyandı. Nefes alamıyordu. Paldır küldür Celia'nın odasına gitti ve iki büklüm zemine yapıştı. Celia bağırıp Tam Lin'i çağırdı.

Kapıdan hışımla giren koruma Matt'ı tepe taklak etti ve sırtına eliyle küt diye vurdu. Matt katı bir balgam topu tükürdü. Tam Lin telaşsızca parmaklarını Matt'ın ağzına sokup temizledi. "Babamın çiftliğinde kuzulara da böyle yaparlardı," diyerek çocuğu Celia'ya geri verdi.

Daha sonra Willum geldiğinde Tam Lin doktorun yaptığı her şeyi gözledi. Koruma hiçbir şey söylemedi fakat onun varlığı Willum'un ellerini terden yapış yapış etmişti. Matt doktorun Tam Lin'den neden bu kadar korktuğunu bilmiyordu ama bundan büyük bir keyif aldı.

Bu olaydan sonra Celia ile Maria'nın paniğe kapılması için Matt'ın tek yapması gereken şey öksürmekti. Bazen Matt gerçekten nefes almakta zorlanıyordu, ama bazen de tek istediği şey birilerinin onu umursadığını bilmekti.

"Okula gitmek zorundayım *ebleh*, tatil bitti," dedi Maria. Matt pencereden dışarıya baktı, kendisini bırakıp gittiği için küçük kızı cezalandırıyordu. "Biliyorsun ki ben burada yaşamıyorum. İlerde belki benim evimi ziyaret etmene izin verirler. Emin ol çok hoşuna giderdi. Bir köpeğim, bir kaplumbağam ve küçük bir papağanım var. Papağan konuşuyor, ama söylediklerinin hiçbir anlamı yok."

Matt duruşunu değiştirerek onu reddettiğini daha anlaşılır kılmaya çalıştı. Eğer Maria Matt'ın onu önemsemediğini fark etmeyecekse boşuna çabalamış olurdu.

"Bence sen istesen konuşabilirsin," diye devam etti Maria. "Herkes senin çok aptal olduğunu söylüyor ama ben buna inanmıyorum. Lütfen Matt," diye sızlandı. "Beni özleyeceğini söyle ya da bana sarıl. Ben bunu anlarım. Furball ben evden ayrılırken hep ulur."

Matt ona sırtını döndü.

"Çok adisin! Seni okula götürürdüm ama klonları sokmazlar. Hem zaten diğer çocuklar da..." Maria'nın sesi uzayıp söndü. Matt tahmin edebiliyordu. Diğer çocuklar da Steven ve Emilia gibi ondan kaçarlardı. "Hafta sonları döneceğim. Senin de burada bir öğretmenin olacak." Elini ürkekçe uzattı. Matt itti onu. Küçük kız, "Ah, canım," dedi boğazı düğümlenmiş gibi. 'Hemencecik ağladı,' diye düşündü Matt.

Açılan kapının neden olduğu esintiyi hissetti. Nasıl böyle çekip gidebilir ve ona ihanet edebilirdi? Herhalde şimdi Tom'u ziyaret ediyor ve kendisiyle birlikte okula gitmesini istiyordu, çünkü ondan, o küçük ucube böcekten daha çok hoşlanıyordu.

Matt pencereden bakmayı sürdürürken Tam Lin "Daha nazik olabilirdin," dedi. Maria için tasalanmak Tam Lin'in işi miydi? O, Matt'ın korumasıydı, kızın değil.

"Beni anlayabiliyorsun," dedi adam. "Uzun zamandır seni izliyorum, küçük keskin gözlerin var. Herkesin söylediğini anlıyorsun. Tıpkı ihtiyar gibisin. Bu klon işinden pek çakmam –okulun eşiğine son ayak bastığımda on iki yaşındaydım– ama senin onun bir kopyası olduğunu biliyorum. Sanki yaşlı akbabaya ikinci bir şans verilmiş gibi bir şey."

Tam Lin'in seçtiği kelimeler Matt'ın ağzını açık bırakmıştı. Hiç kimse asla El Patrón'u eleştirmezdi.

"Sana şu kadarını söyleyeyim: El Patrón'un bir iyi bir de kötü yanı vardır. Majesteleri istediğinde son derece karanlık olabilir. Gençken bir seçim yaptı; aynen bir ağacın şu ya da bu yöne büyümeyi seçmesi gibi. Bütün ormanı gölgede bırakacak gibi dallanıp budaklandı, ama bu arada dallarından birçoğu eğilip büküldü."

Tam Lin, Celia'nın koltuğuna çöktü; Matt yayların adamın ağırlığıyla gıcırdadığını duydu.

"Büyük olasılıkla anlayamayacağın laflar ediyorum ahbap. Demek istediğim şu: Küçükken hangi biçimde büyüyeceğine karar verebilirsin. Eğer iyi ve dürüst biriysen, iyi ve dürüst bir adam olur çıkarsın. Eğer El Patrón gibi biriysen... Bu konuda bir düşün." Koruma onu bırakıp odadan çıktı. Matt, onun dışarıda kapalı bahçede olduğunu biliyordu.

Tam Lin'in tükenmek bilmeyen bir enerjisi vardı. Celia'nın dairesini korumak da pek zahmetli bir iş sayılmazdı. Duvarın dibinde bulundurduğu ağırlıkları kaldırırken, Matt onun çıkardığı sesleri duydu.

Matt, Tam Lin'in söylediklerinden pek bir şey anlamamıştı. Büyümek konusunu hiç düşünmemişti daha önce. Matt teoride bunun gerçekleşeceğini biliyordu, ama şimdikinden daha büyük olduğunu hayal edemiyordu. Adi bir insanın adi kalabileceği fikri daha önce hiç aklına gelmemişti.

Celia sürekli somurtup duranların yüzlerinin öylece donacağını söylerdi. Böyleleri hiç gülemezlerdi ve bir aynaya bakacak olsalar ayna kırılıp paramparça olurdu. Celia, kavun çekirdeklerini yutarsan içinde dal budak salıp kulaklarından çıkacağını da söylerdi.

Maria'yla birlikte Emilia da gitmişti. Kısa bir süre sonra, Steven ile Tom yatılı okul için evden ayrıldılar ve Matt, Büyük Evdeki tek çocuk olarak kaldı. Tabii ona çocuk denebilirse. Tom klonların çocuklardan farklı olduğunu söylemişti. Çocuklarla ilgileri bile yoktu.

Matt, Celia'nın banyosundaki aynaya baktı. Kendisiyle Tom arasında pek bir fark göremiyordu. Fakat belki de farklılık onun içindeydi. Doktor bir keresinde Rosa'ya klonların yaşlandıklarında parçalandığını anlatmıştı. Bu ne demek oluyordu? Gerçekten dağılıp parça parça mı oluyorlardı?

Matt kollarını vücuduna doladı. Kolları ve bacakları vücudundan kopup düşebilirdi. Başı Celia'nın odaya dalıp kapattığı televizyonda seyrettiği o canavar filmindeki gibi dönecekti. Bu düşünce onu dehşete düşürdü.

"Okul vakti ahbap," diye seslendi Tam Lin.

Matt kolları hâlâ vücuduna dolanmış olarak banyodan çıktı. Oturma odasında tuhaf bir kadın vardı. Ona gülümsüyordu fakat gülüşünde doğru olmayan bir şey varmış gibi geldi Matt'a. Ağzının kıyısında, sanki daha fazla açılmasını engelleyen bir duvar varmışçasına duran bir gülümseyişti bu. "Merhaba! Ben senin yeni öğretmeninim," dedi kadın. "Bana Öğretmenim diyebilirsin, ha ha. Hatırlaması daha kolay olur." Kadının kahkahası da bir acayipti.

Matt utana sıkıla odaya girdi. Tam Lin evin geri kalanına açılan kapının önünü kapattı.

"Öğrenmek eğlencelidir!" dedi Öğretmen. "Akıllı bir çocuk olduğuna bahse girerim. Bütün dersleri hızla öğrenip anneciğini gururlandıracağına bahse girerim."

Matt ve Tam Lin şaşkın şaşkın birbirlerine baktılar.

"Çocuk yetim," dedi Tam Lin

Öğretmen pek anlamamış gibi duraladı.

"Konuşmuyor," diye açıkladı koruma. "Bu yüzden onun yerine ben cevap vermek zorundayım. Biraz okuması var ama..."

"Okumak eğlencelidir," dedi Öğretmen yürekten bir sesle.

Yelken bezinden çantasından kâğıt, kalem, boyama kitabı ve boya kalemleri çıkardı. Matt sabahı harfleri kopyalamak ve resim boyamakla geçirdi. Ne zaman bir ödevi bitirse Öğretmen "Aferin!" diye bağırıyor ve kâğıdının üzerine gülen bir yüz yapıyordu. Bir süre sonra Matt masadan kalkmak istedi, ama Öğretmen onu güçlü kollarıyla tutup yerine oturttu.

"Hayır, hayır, hayır," diye öttü. "Eğer böyle yaparsan kırmızı kurdele vermem sana."

"Bir araya ihtiyacı var," diye homurdandı Tam Lin. "Benim

de," dedi alçak sesle, Matt'ı bir bardak süt ve kurabiye yemesi için mutfağa götürürken. Öğretmene kahve getirdi ve kadın içerken titizlikle seyretti onu. Kadın onu da en az Matt kadar şaşırtmıştı.

Günün geri kalanı sayı saymakla geçti –bezelyeler, elmalar ve çiçekler. Matt sıkılmıştı, çünkü aynı şeyi ha babam tekrar edip duruyordu. Sayı saymayı, bunu sessizce yapmak ve sonucu yüksek sesle söylemek yerine kâğıda yazmak zorunda olsa da zaten biliyordu.

Nihayet akşama doğru Öğretmen, Matt'ın çok iyi olduğunu ve annesini çok gururlandıracağını söyledi.

Celia döndüğünde Tam Lin yemekte ona Matt'ın çalışmalarını gösteren bir rapor sundu. "Benim akıllı oğlum," dedi kadın, Matt'a fazladan bir dilim elma turtası verirken. Tam Lin'e de koca bir parça verdi.

"Valla çocuk konusunda haklısın," dedi koruma ağzı yemekle dolu. "Fakat şu Öğretmende acayip bir şeyler var. Aynı şeyi tekrar edip duruyor."

"Küçük çocuklara böyle öğretilir," dedi Celia.

"Belki," dedi Tam Lin. "Eğitim konusunda uzman olduğum söylenemez."

Bir sonraki gün de tıpkı ilk günkü gibiydi. Matt daha önce de sıkıldığını düşünmüştü fakat hiçbir şey aynı harfleri yazmak, aynı resimleri boyamak ve aynı lanet olası fasulyeler ve çiçekleri durmaksızın saymaktan daha beter olamazdı. Yine de Celia'yı gururlandırmak adına çok çalıştı. Üçüncü, dördüncü ve beşinci günler de böyle geçti.

Tam Lin dışarıda ağırlık kaldırmaya çıkmıştı. Celia için kapalı bahçede bir sebze tarhı hazırlıyordu. Matt kendisi de böyle kolayca kaçabilmeyi isterdi.

"Kim bana burada kaç tane elma olduğunu söyleyebilir?" diye şakıdı Öğretmen altıncı gün. "Bahse girerim, benim uslu oğlum yapar!"

Matt birden patladı. "Ben senin uslu oğlum filan değilim!" diye bağırdı. "Ben kötü bir klonum! Sayı saymaktan da senden de nefret ediyorum!" Öğretmenin dikkatlice dizdiği elmaları kaptı ve dört bir yana savurdu. Boyama kalemlerini zemine saçtı ve kadın onları yerden toplamak için davrandığında, Matt onu bütün gücüyle itti. Daha sonra yere oturdu ve gözyaşlarına boğuldu.

"Birisi kâğıdının üzerine gülen bir yüz alamayacak," dedi Öğretmen. Soluk soluğa duvara dayanmıştı. Korkmuş bir hayvan gibi iniltili sesler çıkarıyordu.

O sırada Tam Lin içeri daldı ve kolunu Öğretmenin omzuna attı. "Ağlama," dedi kadının kulağına. "Çok büyük iş başardın. Bizim nasıl çözeceğimizi hiç bilmediğimiz bir sorunu hallettin." Yavaş yavaş Öğretmenin soluk alması düzeldi ve iniltisi durdu.

Matt öylesine afallamıştı ki ağlamayı kesti. Az önce olağanüstü bir şeyin oluverdiğini ancak fark etmişti.

"Konuşabiliyorum," diye mırıldandı.

"Bugün adının yanına iki tane altın yıldız aldın, şekerim," dedi Tam Lin Öğretmenin kulağına. "Zavallı, mahzun yaratık. Şu ana dek neye baktığımı bilmiyordum." Kadını usulca daireden dışarıya çıkardı ve Matt koridor boyunca adamın Öğretmenle konuştuğunu duydu.

Matt, "Benim adım Matteo Alacrán," diyerek, yeniden kazandığı sesini denedi. "Ben uslu bir çocuğum." Mutluluktan başı dönüyordu. Celia onunla o kadar gurur duyacaktı ki! Dünyanın en iyi öğrencisi olana dek okuyacak, sayacak ve boyayacaktı. Daha sonra öteki çocuklar ondan hoşlanacak ve ondan kaçmayacaklardı.

Tam Lin, Matt'ın büyülü düşüncelerine bir son verdi. "Umarım tek seferlik değildir bu," dedi. "Yani sen gerçekten konuşabiliyor musun?"

"Evet, evet, konuşabiliyorum!" diye şarkı söyledi Matt.

"Harika. Şu fasulye sayma işinden gına gelmişti. Zavallı şeyin... Şu kadının tek bildiği buydu."

"O bir *ebleh*," dedi Matt, Maria'nın en büyük hakaretini kullanarak.

"Sen bu kelimenin anlamını bile bilmezsin," dedi Tam Lin. "Ama kutlayacak bir şeyimiz var ahbap. Hadi pikniğe gidelim."

Matt kelimenin anlamını hatırlamaya çalışırken, "Piknik mi?" diye karşılık verdi.

"Bunu sana yolda açıklarım," dedi Tam Lin.

8

KURUMUŞ TARLADAKİ *EBLEH*

Matt son derece heyecanlıydı. Yalnızca pikniğe gitmekle kalmıyorlardı, üstelik ata binerek gideceklerdi. Matt önceden küçük evin penceresinden baktığında –ve tabii ki televizyonda– at görmüştü. Kovboyların ve iriyarı sert *bandido*'ların bindiği atlar. En sevdiği kahraman Kara Kırbaç, yani El Latigo Negro'ydu. El Latigo Negro her cumartesi televizyondaydı. Siyah bir maske takıyor ve fakir insanları kötü yürekli zenginlerin elinden kurtarıyordu. En gözde silahı bir elmayı dalından koparmadan soyabildiği uzun kırbacıydı.

Tam Lin, El Latigo Negro'nun bindiği hırçın küheylan yerine uyuntu gri bir atla ortaya çıkınca, Matt adamakıllı düş kırıklığına uğradı. "Mantıklı ol evlat," dedi koruma eyerin kolanlarını sıkıştırırken. "Hız değil, güvenlik peşindeyiz. Kafa üstü düşersen, bu El Patrón'un hiç hoşuna gitmez."

Matt eyere, Tam Lin'in önüne kurulur kurulmaz düş kırıklığını tümüyle unuttu. Ata biniyordu! Atın kokusu dört bir yanını sarmıştı ve havada uçuyor gibiydi. Hayvanın sert yelesine yapıştı ve ayak bileklerini sıcak derisine bastırdı.

Hiç konuşmadan geçen bunca aydan sonra Matt arayı kapatmak için yanıp tutuşuyor, gördüğü her şey hakkında gevezelik ediyordu: mavi gökyüzü, kuşlar, atın kulaklarının etrafında vızıldayan sinekler...

Tam Lin onu susturmuyordu. At toprak yolda ilerlerken ara sıra onu dinlediğini göstermek için mırıldanıyordu. Haşhaş tarlalarını ağır ağır geçtiler ve yavaşça büyük evden uzaklaşıp ufuktaki kahverengi tepelere doğru yol aldılar.

Geçtikleri tarlalar yeni yeşil yapraklarla örtülüydü. Bunlar fidelerdi. Matt bunların büyüme evrelerini küçük evin penceresinden izlemişti ve ne beklemesi gerektiğini biliyordu. Yaşlı bitkiler daha büyük ve daha yuvarlaktı –küçük lahanalar gibi– ve yaprakları menevişliydi. Onlar ilerledikçe bitkilerin boyu da uzamaya başladı; sonunda atın karnına dek geldi. Sıcak güneşin altında tomurcuklar kıvrımlı taçyapraklarını açmışlardı. Havada belli belirsiz bir koku vardı.

Derken taç yaprakların tümüyle dökülmüş olduğu tarlalara vardılar. Yapraklar zeminde top top olmuş, geride bıraktıkları tohumluklar yeşil başparmakları gibi kalakalmıştı. Tavuk yumurtası büyüklüğüne ulaşmış olan haşhaş topları hasada hazırdı.

Matt ilk Çiftlik işçilerini gördü. Daha önce de görmüştü, ama Celia onu yabancılardan saklanması konusunda uyardığı için onlara yakından bakamamıştı. Hem erkeklerin hem de kadınların boz üniformalar ve geniş hasır şapkalar giydiğini gördü. Ağır ağır yürüyor, eğilip küçük bıçaklarla haşhaş toplarının üzerini çiziyorlardı. "Neden bunu yapıyorlar?" diye sordu Matt.

"Afyonu çekmek için," diye cevap verdi Tam Lin. "Özsu dışarı sızar ve bir gecede sertleşir. Sabah olunca işçiler bunu kazırlar. Aynı bitkiden dört beş kez toplanabilir."

At ağır ağır uzaklaştı. Tarlalar sıcağın altında donuk donuk parlıyordu, havada çürümüş bir şeyleri hatırlatan tatlı bir koku vardı. İşçiler robot gibi, eğilip eğilip haşhaş toplarını çiziyorlardı. Hiç konuşmuyor, yüzlerindeki teri bile silmiyorlardı.

"Onlar hiç yorulmaz mı?" diye sordu Matt.

"Aa, evet. Yorulurlar," dedi Tam Lin.

Sonunda at terk edilmiş bir tarlaya vardı. Buradaki bitkiler kurumaya yüz tutmuştu. Sıcak bir esinti yaprakları hışırdattı. "Bak! Orada yere uzanmış bir adam var," diye bağırdı Matt.

Tam Lin atı durdurdu ve indi. "Dur," diye emretti hayvana. Matt atın yelesine sıkıca yapışmıştı. Zeminden böylesine uzakta kendisini güvende hissetmiyordu. Tam Lin adamın yanına gitti, eğildi ve parmaklarını onun boynuna götürdü. Başını sallayıp geri döndü.

"Ona... Ona yardım edemez miyiz?" diye kekeledi Matt.

"Bu zavallı ruh için çok geç," diye homurdandı koruma.

"Ya doktor?"

"Çok geç dedim! Kulaklarını açsana!" Tam Lin kendini çekip eğere yerleşti ve ata devam etmesini emretti. Matt ardına baktı. Gözleri dolmuştu. Onlar yol aldıkça, adam haşhaş tarlalarının ardında kaldı.

Neden çok geçti? Matt merak etmişti. Adam güneşin ortasına öylece uzanmış yatarken, sıcaktan yanıyor olmalıydı. Neden durup ona su veremiyorlardı ki? Matt suları olduğunu biliyordu. Tam Lin'in sırt çantasından gelen su sesini duyabiliyordu.

Matt, "Geri dönebilirdik..." demeye kalktı.

"Lanet olsun!" diye kükredi koruma. Atı durdurdu ve sık sık nefes alarak bir süre sessizce oturdu. Matt yere baktı ve eğer Tam Lin daha fazla öfkelenirse aşağıya atlamaya cesaret edip edemeyeceğini düşündü.

"Unutmuşum. Senin yaşındaki çocukların hiçbir şey bilmediğini unutmuşum," dedi Tam Lin en sonunda. "Adam ölmüş. Sıcaktan ya da susuzluktan. Günün sonunda temizlik personeli onu bulur."

At ilerlemeye devam etti. Matt şimdi daha da fazla meraklanmıştı, ama Tam Lin'e soru sormaya korkuyordu. Adam hastalandığında neden evine dönmemişti? Diğer işçiler neden ona yardım etmemişlerdi? *Neden onu orada bir çöp gibi terk etmişlerdi?*

Matt bunları düşünürken, tarlaları sınırlayan bir dizi tepenin yamacında ilerlediler, derken tepelere doğru giden kuru bir dere yatağına saptılar. Tam Lin attan indi ve hayvanı gölgeli bir uçurumun altına götürdü. Yakında bir su yalağı ve bir tulumba vardı, Tam Lin tulumbayı devreye sokup suyu akıtabilmek için büyük bir gayret harcadı. At terlemişti. Gözleri su yalağındaydı ama kımıldamıyordu.

"İç," dedi Tam Lin. At birkaç adım attı ve burnunu suya daldırdı. Suyu iştahla içerken etrafa gürültülü baloncuklar saçtı. Koruma, "Günün geri kalanı boyunca yürüyeceğiz," dedi.

"Atı alamaz mıyız?" dedi Matt. Tepelere doğru döne kıvrıla ilerleyen dere yatağına kuşkuyla bakarak.

"Gelmez. Çiftlikte kalmak üzere programlandı o."

"Anlamadım."

"Bu bir *güvenli at.* Yani beyninde ekilmiş bir parçacık var. Seni sırtından atmaya ya da sıçramaya kalkışmaz. Sen söylemedikçe su bile içmez."

Matt bir süre bu fikri içine sindirmeye çalıştı. "Çok susamış olsa bile mi?" dedi en sonunda.

"Zaten yeni susamaya başlamıştı," dedi Tam Lin. "Eğer ona içmesini söylemeseydim ölene dek hendeğin başında beklerdi. Dur," diye seslendi ata.

Sırt çantasını yüklenip kurumuş dere yatağı üzerinde yürümeye başladı. Matt da adamın peşine takıldı. Başlangıçta yol çetin değildi fakat kısa sürede önlerine, tırmanmak zorunda kaldıkları kayalar çıktı. Matt'ın bedeni hamdı ve kısa sürede nefesi tükendi. Ne var ki durmadı, çünkü Tam Lin'in onu arkada bırakacağından korkuyordu. En sonunda koruma onun soluğunun kesildiğini duyup döndü. Sırt çantasını karıştırdı. "İşte. Biraz su iç. Bir parça da kavurma ye. Tuz iyi gelir."

Matt kavurmayı midesine indirdi. Tadı harikaydı.

"Az kaldı ahbap. Bir sera bitkisi için hiç fena sayılmazsın."

Matt'ın, ortasındaki deliği görene kadar, yolu kapattığını düşündüğü dev bir kayanın yanına geldiler. Bir simit gibi pürüzsüzce oyulmuştu bu delik. Deliğe önce Tam Lin tırmandı, sonra da Matt'a yardım etmek için elini uzattı.

Öteki taraftaki manzara büsbütün beklenmedik bir şeydi. Ortasında bir su birikintisi olan küçük, dar bir vadi boyunca katran ağaçlarıyla paloverde ağaçları uzanıyordu. Matt vadinin ucunda insan yapımı bir kameriyeyi sarıp sarmalayan devasa bir üzüm asması, suyun içinde ise onun gölgesinden ürküp kaçışan bir sürü küçük, kahverengi balık gördü.

"Vaha dedikleri işte bu," dedi Tam Lin çantasını yere indirip piknik için yiyecekleri çıkarmaya koyulurken. "Fena değil ha?"

Tam Lin'in uzattığı sandviçi alırken "Hiç fena değil!" diyerek onayladı Matt.

"Yıllar önce, El Patrón için ilk kez çalışmaya başladığımda bulmuştum burayı. Alacrán'lar burayı bilmez. Bilseler buraya bir boru döşetir, bütün suyunu çekip alırlardı. Umarım bu sırrı saklaman konusunda sana güvenebilirim."

Matt başıyla onayladı, ağzı tıka basa doluydu.

"Maria'ya da anlatma. Onun ağzında bakla ıslanmaz."

"Olur," dedi Matt, Tam Lin'in kendisini bir sırrı saklayabilecek sorumlulukta görmesinden gurur duymuştu.

"Seni buraya iki nedenle getirdim," dedi koruma. "Bir, çünkü burası güzel. Ve iki, gözetim altında olmaksızın sana birkaç şey anlatmak istiyorum."

Matt şaşkınlıkla başını kaldırdı.

"O evde seni kimin dinlediğini asla bilemezsin. Pek çok şeyi anlayamayacak kadar küçüksün ve gerçek bir çocuk olsaydın zaten sana hiçbir şey anlatmazdım." Tam Lin göle ekmek kırıntıları fırlattı.

Küçük balıklar yemlenmek için yüzeye çıktılar. "Fakat sen bir klonsun," diye devam etti. "Sana bir şeyler açıklayacak hiç kimsen yok. Gerçek insanların anlayamayacağı bir yalnızlığın var senin. Yetimler bile fotoğraflara bakıp, 'Bu benim babam, bu benim annem,' diyebilirler."

Matt, "Ben bir makine miyim?" diye sordu.

"Makine mi? Yo, hayır."

"O zaman ben nasıl doğdum?"

Tam Lin bir kahkaha attı. "Eğer gerçek bir çocuk olsaydın sana böyle hassas küçük soruları gidip ağabeyine sormanı söylerdim. Bak ahbap, bunu en iyi şöyle anlatabilirim: Uzun, çok uzun zaman önce bazı doktorlar El Patrón'dan bir parça deri aldılar. Çürümesin diye bunu dondurdular. Derken yaklaşık sekiz yıl kadar önce bu deri parçasının bir kısmını kesip, ondan büsbütün yeni bir El Patrón çıkardılar. Ne var ki bir bebekle başlamaları gerekiyordu. Bu sendin."

"Ben miydim?" diye sordu Matt.

"Evet."

"Öyleyse ben yalnızca *bir deri parçası mıyım*?"

"İşte, söyledim ve kafanı karıştırdım," dedi Tam Lin. "Deriyi bir fotoğraf olarak düşünebilirsin. Gerçek bir adamın gerçek bir kopyasını büyütmek için bütün bilgiyi taşıyan bir fotoğraf –deri, saç, kemikler, beyin– sen tam olarak El Patrón'un yedi yaşındaki halisin."

Matt başını öne eğdi. İşte buydu bütün olup olacağı: Bir fotoğraf.

"Bu deri parçasını özel bir tür ineğin içine yerleştirdiler. Sen orada büyüdün ve vakti geldiğinde de doğdun. Ne var ki senin bir annen ya da bir baban yoktu elbette."

"Tom benim bir ineğin kusmuğu olduğumu söyledi," dedi Matt.

"Tom küçük, iğrenç bir solucan," dedi Tam Lin. "Ailenin geri kalanı da öyle. Bu söylediklerimden birilerine söz edersen, inkâr ederim. Şimdi, devam edelim: Bir klon olduğun için sen farklısın ve birçok insan senden çekiniyor."

"Benden nefret ediyorlar," diye kestirip attı Matt.

"Evet. Bazıları." Tam Lin ayağa kalktı ve koca pazılarını ileri doğru uzatarak gerindi. Piknik yaptıkları yerde ileri geri yürüdü. Uzun süre hareketsiz duramıyordu. "Fakat bazıları da seviyor seni. Maria'dan ve tabii ki Celia'dan bahsediyorum.

"Ve El Patrón."

"Aa evet. El Patrón'unki özel bir durum. Dürüst olmak gerekirse, seni seven insanların sayısı az, senden nefret edenlerinki çok. Senin bir klon olduğun gerçeğini asla içlerine sindiremezler. Bu, seni okula göndermelerini de zorlaştırıyor."

"Biliyorum." Matt acı acı Maria'yı düşündü. Eğer kendisini gerçekten sevseydi onu da birlikte götürür ve diğer çocukların ne düşüneceğini hiç umursamazdı.

"El Patrón senin eğitim görmen ve mümkün olduğu ölçüde normal bir hayat sürmen konusunda ısrarlı. Sorun şu ki, hiçbir özel öğretmen bir klona ders vermek istemez. İşte bu yüzden Alacránlar bir *ebleh* buldular."

Matt afallamıştı. Bu kelimeyi öylesine sık -en çok da Maria'-dan- duymuştu ki bunun bir küfür filan olduğunu düşünmüştü. Budala ya da mankafa gibi bir şey...

"Bir *ebleh*, kafasına küçük bir parça ekilmiş olan bir hayvan ya da bir insandır," dedi Tam Lin.

"Bizim at gibi mi?" dedi Matt, aklına korkunç bir düşünce gelmiş gibi.

"Doğru. *Eblehler* yalnızca basit şeyler yapabilirler. Meyve toplar, yeri süpürür ya da senin de gördüğün gibi afyon hasadında çalışırlar."

"Çiftlikteki işçiler de *ebleh*!" diye atıldı Matt.

"İşte bu yüzden işçibaşı onlara dur diyene dek dinlenmeden çalışıyorlar ve birisi onlara söylemeden su içmiyorlar."

Matt allak bullak olmuştu. Eğer at orada bir su hendeğinin önünde dikilip ölebiliyorsa, bir insan da...

"O adam," dedi yüksek sesle.

"Cin gibi akıllısın evlat," dedi Tam Lin. "Yerde gördüğümüz adam büyük olasılıkla öteki işçilerden uzaklaştı ve işçibaşının dur dediğini duymadı. Bütün gece çalışmış olmalı, susadıkça susamış ve..."

"Yeter!" diye inledi Matt. Kulaklarını kapadı. Korkunç bir şeydi bu! Daha fazlasını öğrenmek istemiyordu.

Tam Lin hemen onun yanına geldi. "Bugün yeterince şey öğrendin. Pikniğe çıktık ama henüz hiç eğlenmedik. Hadi gel, sana bir arı kovanı ve bir çakal ini göstereceğim. Çölde her şey suyun etrafında yaşar."

Günün geri kalanını oyukları, gedikleri ve gizli vadinin saklı köşelerini keşfetmekle geçirdiler. Tam Lin okula pek de uzun bir süre gitmemiş olabilirdi, ama doğa hakkında çok şey biliyordu. Matt'a kıpırdamadan durmayı ve nesnelerin kendisine gelmesini beklemeyi öğretti. Ona bir arı kovanının durumunu uğultusundan nasıl anlayacağını anlattı. Dışkıları, ayak izlerini ve kemik parçalarını gösterdi ona.

Nihayet gölgeler vahayı doldurmaya başlarken Tam Lin, Matt'ın kayadaki oyuğa çıkmasına yardım etti ve atın yanına geri döndüler. Hayvan tam olarak bıraktıkları yerde bekliyordu. Tam Lin ona yola çıkmadan önce bir kez daha su içmesini emretti.

Tarlalar boştu ve tepelerin uzun gölgeleri arazi üzerine akıyordu. Gölgelerin bittiği yerde, akşamüstü güneşi haşhaş çiçeklerini altın rengine boyamıştı. Ölen adamın yattığı kuru tarladan geçtiler fakat ceset gitmişti.

Matt, "Öğretmen bir *eblehti,"* diyerek sessizliği bozdu.

"Akıllılarından biriydi," dedi Tam Lin. "Öyle de olsa, sadece aynı dersi tekrar tekrar verebilirdi."

"Geri gelecek mi?"

"Hayır." Koruma içini çekti. "Onu perdeleri onaracağı ya da patates soyacağı bir işe koyarlar. Hadi daha neşeli bir şeylerden konuşalım."

"Beni sen eğitebilir misin?" diye sordu Matt.

Tam Lin içten bir kahkaha patlattı. "Elbette, eğer karate darbeleriyle nasıl tahta kırılacağını öğrenmek istersen. Sanırım televizyon okulundan bir şeyler öğrenebilirsin. Eğer çalışmazsan seni ayaklarından tutup camdan sarkıtmak için hazır bekleyeceğim."

9

GİZLİ GEÇİT

Görünüşte Matt'ın hayatı hoş bir düzene kavuşmuştu. Televizyonun yaygın eğitim kurslarına katılmıştı ve Tam Lin'in postaladığı ev ödevleri olağanüstü notlarla geri geldikçe, Celia, Matt'ı övgülere boğuyordu. Ziyaretine geldiğinde Maria da övüyordu onu. Tom'un berbat notlar almasına karşın sırf Bay Alacrán müdüre büyük bir bağışta bulunduğu için yatılı okulda kalabilmeyi başarması da Matt'ın o kadar canını sıkmıyordu.

Ancak içinde hep bir boşluk hissediyordu. Yalnızca bir insanın fotoğrafı olması, onun aslında önemli olmadığı anlamına geliyordu. Fotoğraflar çekmecelerde yıllarca unutulup kalabilir, fırlatılıp atılabilirlerdi.

Tarladaki ölü adam, haftada en az bir kez Matt'ın rüyalarına giriyordu. Gözleri açık olan adam sürekli güneşe bakıyordu. Delicesine, ölecek kadar susamış oluyordu her zaman. Matt onun ağzının ne kadar kuruduğunu görebiliyordu, ama hiçbir yerde su yoktu, yalnızca kupkuru, hışırdayan haşhaş çiçekleri vardı. Bu rüya öyle kötü bir hale geldi ki, sonunda Matt yatağının yanına bir sürahi su koydurdu. Keşke bu sürahiyi rüyalarına götürebilseydi. Keşke sürahiyi rüyasında görebilseydi de adamın kurumuş dudaklarını ıslatabilseydi, ama olmuyordu. Uyandığında haşhaş tarlalarının içinde yarattığı, kuru, ölümcül duygudan kurtulabilmek için bardak bardak su içiyordu. Sonra da tuvalete gitmek zorunda kalıyordu tabii.

Matt tuvalete giderken, Celia'nın yatak odasının önünden parmaklarının ucunda geçerdi. Celia'nın horlamalarına koridorun karşı tarafından Tam Lin'in gökgürültüsünü andıran yanıtını duyardı. Bu belki kendisini iyi hissetmesini sağlamalıydı, ama Matt banyonun kapısını açmak üzereyken, ölü adamın kapının arkasında, gözlerini tavandaki büyük ışığa dikmiş olarak yerde yatmadığından asla emin olamıyordu.

Maria ziyaretlerinde Furball'ı da yanında getirmeye başlamıştı. Furball cırlak, sıçan büyüklüğünde bir köpekti ve heyecanlandığında aldığı eğitimi unutuveriyordu. Tam Lin sık sık, onu ortaya bıraktığı pisliğiyle birlikte elektrik süpürgesiyle çekeceği tehdidinde bulunuyordu. Maria'nın korkulu itirazlarına karşılık 'Sığar, inan bana sığar,' diye homurdanıyordu.

Matt'ın en çok nefretini uyandıran şey, herkesin Furball'la kendisinin aynı olduğunu varsaymasıydı. Matt'ın harika notlar almasının ve terbiyeli olmasının hiçbir önemi yoktu. Her ikisi de hayvandılar, dolayısıyla önemsizdiler.

Paskalya tatili sırasında Tom nezaket kurallarını öğrenmenin ölü taklidi yapmaktan ya da yerde taklalar atmaktan daha zor olmadığını söyleyince, Matt onun üzerine atıldı ve Maria, çığlık çığlığa haykırarak Tam Lin'i çağırdı. Tom akşam yemeği yemeden odasına gönderildi. Matt ise bir ceza görmedi.

Matt açısından bu iyiydi, ne var ki Furball da suç işlediğinde ceza görmüyordu. Doğru ve yanlış arasındaki farkı anlayamıyordu çünkü. Budala bir hayvandı o; görünüşe göre Matt da öyleydi.

Maria ziyaretine gelmediğinde Matt evi keşfederek eğleniyordu. Kendini düşman kalesini kolaçan eden El Latigo Negro yerine koyuyordu. Siyah bir pelerini ve kırbaç yerine uzun ince bir deri kemeri vardı. Perdelerin ve mobilyaların arkasına pusuya yatar, Alacránlardan birini uzaktan gördüğünde saklanırdı.

Benito, Steven ve Tom'un anneleri Felicia öğlenleri piyano

çalardı. Hırçın notaları müzik odasından yankılanırdı. Kadın piyanoya geneldeki ağır havasından sıyrılıp büsbütün farklı bir ateşle saldırıyordu ve Matt saksıların ardına gizlenip onu dinlemekten hoşlanıyordu.

Felicia'nın parmakları tuşların bir ucundan diğerine uçarken, gözlerini kapar, ağzı acıdan değilse de ona yakın bir nedenle kasılmış olurdu. Müzik harikaydı ama.

Bir süre sonra Felicia'nın enerjisi tükenirdi. Rengi uçmuş ve titreyerek tuşların üzerine yığılırdı. Bu, hizmetçinin ona, güzel kristal bir camda kahverengi bir sıvı getirmesi için bir işaretti. Hizmetçi bir içki hazırlar –Matt buzun şıkırtısına bayılırdı– ve bunu Felicia'nın eline verirdi.

Titremesi geçene dek içerdi kadın. Daha sonra, aynen Tam Lin bahçeyi sulamayı unuttuğunda Celia'nın boynunu büken ıspanakları gibi, piyanonun üzerinde bükülür kalırdı. Hizmetçiler de onu dairesine götürmek zorunda kalırlardı.

Bir gün Felicia her zamanki saatte gelmedi ve Matt saksıların arkasına gizlenerek piyanoya yaklaşmak için cesaretini toplamaya çalıştı. Kadın onu yakalarsa, odaya girmesinin sonsuza dek yasaklanacağını biliyordu. Öte yandan parmakları çalma isteğiyle gıdıklanıyordu. Bu ona o kadar kolay görünüyordu ki. Müziği kafasının içinde bile duyabiliyordu.

Sonunda Matt gizlendiği yerden sürünerek çıktı. Tuşlara dokunmak için elini uzattı ve Felicia'nın koridordan gelen halsiz sesini duydu. Bir hizmetçiye kendisine içki getirmesini söylüyordu. Matt paniğe kapıldı. Piyonunun ardındaki dolaba daldı ve Felicia odaya girmeden hemen önce dolabın kapısını kapattı. Kadın hemen çalmaya başladı. Matt dolaptaki tozdan hapşırıyordu fakat piyanodan o kadar çok ses çıkıyordu ki, Felicia bunu duyamıyordu. Matt bir elektrik düğmesi bulana dek etrafını yokladı.

İç karartan bir yerdi burası. Duvarlara müzik notaları yerleştirilmişti. Bir dizi katlanabilir sandalye bir köşede duruyordu; toz ve örümcek ağları her yeri öylesine kaplamıştı ki, Matt yeniden hapşırdı. Bir müzik notasını rulo yapıp iç duvarı süpürmeye koyuldu, merakından değil, yalnızca bir şeyler yapmış olmak için.

İç duvarın üzerinde, Drakula'nın şatosuna yakışır bir örümcek ağı yığınının altında Matt bir başka elektrik düğmesi buldu ve ona bastı.

Duvarın bir kısmı kayarak açılıp kendisini öksürten bir toz bulutu püskürtünce, geriye sıçrayıp müzik notalarına sırtını dayadı. Celia'nın her zaman yanında taşıması konusunda ısrar ettiği astım solutucusunu çıkardı. Toz çöktüğünde Matt karanlık dar bir koridor gördü.

Köşeden burnunu uzatıp baktı. Sağa ve sola doğru uzanan boş bir geçit vardı. Felicia piyano çalmayı kesmişti. Matt bardağın içine atılan buzun şıkırtısını duyabilmek için hareketsiz kaldı. Bir süre sonra hizmetçilerin Felicia'yı alıp götürdüklerini duydu.

Matt tekrar düğmeye bastı ve duvarın yeniden kapandığını görüp derin bir soluk aldı. Dolaptan kayıp dışarı çıktı ve arkasında halının üzerinde tozlu ayak izleri bırakarak kendini dışarı attı. Celia saçının başının halini görünce bir güzel azarladı onu.

'Bu El Latigo Negro'nun macerasından bile daha iyiydi,' diye düşündü Matt. Sırrını kimseye açmayacaktı. Bu yalnızca kendisine ait olan bir yerdi. Eğer gizlenmek isterse Tam Lin bile bulamazdı onu.

İzleyen birkaç hafta boyunca, Matt yavaş yavaş ve özenle yeni mekânını araştırdı. Evin iç ve dış duvarları arasında dolanıyor gibiydi burası. Duvarda dikiz delikleri buldu, ama deliklerden baktığında yalnızca sandalye ve masalarla dolu boş odalarla karşılaştı. Bir tek kez mobilyaların tozunu alan bir hizmetçi gördü.

Dikiz deliklerinden birkaçı tıpkı müzik odasındakilere benzeyen karanlık dolaplara bakıyordu. Matt eli duvara dayalı, koridor boyunca yolunu bulmaya çalıştığı bir gün, başka bir düğmeye rastlayana dek hiç anlam veremedi bu duruma.

Düğmeye bastı.

Tıpkı müzik odasındaki gibi bir panel kayıp açıldı. Matt'ın

yüreği ağzına gelmişti. Basbayağı dolabın içine girebilirdi. Küflü elbiseler ve eski ayakkabılarla doluydu burası, fakat onları yana ittiğinde diğer taraftaki kapıya ulaşabildi. Birtakım sesler duydu. Doktor ile Bay Alacrán boğuk sesiyle onları yanıtlayan üçüncü bir kişiyi ikna etmeye çalışıyorlardı. Doktor, Matt'ın kötü anılarını canlandıran o sert sesiyle konuşuyordu yine. "Yap bunu!" diye hırladı Willum. "Bunu yapmak zorunda olduğunu biliyorsun!"

"Baba lütfen," dedi Bay Alacrán. Matt onu hiç bu kadar cana yakın görmemişti.

"Hayır, hayır, hayır," diye inledi Bay Alacrán'ın babası.

"Kemoterapi yaptırmazsan ölürsün," diye yalvardı oğlu.

"Tanrı yanına gitmemi istiyor."

"Fakat ben seni burada istiyorum," dedi Bay Alacrán.

"Burası gölgeler ve kötülükle dolu bir yer!" Anlaşıldığına göre, yaşlı adam mantıksız davranıyordu.

"En azından yeni bir karaciğer taktırın," dedi Willum sert sesiyle.

"Gidin başımdan," diye inledi yaşlı adam.

Matt koridora döndü ve paneli kapattı. Adamların neyi tartıştığını anlamamıştı fakat birisi onu dinlerken yakalarsa ne olacağını biliyordu. Hapsedilirdi. Rosa'ya geri bile verilebilirdi.

Matt müzik odasına geri döndü ve uzun bir süre gizli geçide tekrar gitmeyi göze almadı. Ne var ki Felicia'nın müziğini dinlemeyi sürdürdü. Bu müzikte içine işleyen bir şey vardı ve ne kadar tehlikeli olursa olsun bu müziği dinlemeden uzun süre duramıyordu.

Bir öğleden sonra Matt, Felicia'nın içkisini hizmetçi yerine doktorun getirdiğini görünce heyecanlandı. "Ah, Willum," diye inledi kadın adam içkisine buz koyarken. "Artık benimle konuşmuyor. Sanki ben yokmuşum gibi görmezden geliyor beni."

Doktor onu, "Üzülme," diye yatıştırdı. "Ben buradayım. Ben sana bakarım."

Sonra siyah çantasını açtı ve bir şırınga çıkarttı. Matt nefesini tuttu. Doktor hastalandığında kendisine de iğne yapardı ve Matt bundan nefret ederdi! Yüreği ağzında Felicia'nın kolunun pamukla silinmesini ve iğnenin batışını izledi. Neden bağırmıyordu bu kadın? Hiçbir şey hissetmiyor muydu?

Willum yanına oturup kolunu kadının omuzlarına attı. Matt'ın duyamadığı bir şeyler mırıldandı. Adamın söyledikleri Felicia'nın hoşuna gitmiş olmalıydı, çünkü gülümseyerek başını doktorun göğsüne bıraktı. Bir süre sonra adam onu alıp müzik odasından çıkardı.

Matt vakit kaybetmeden gizlendiği yerden çıktı. Bardağı kokladı ve içindekinin tadına baktı. İğğ! Çürümüş meyve gibiydi tadı. Hemen tükürdü. Koridordaki ayak seslerini dikkatlice dinledi ve piyanonun başına oturdu. Bir tuşa özenle bastı.

Nota yumuşakça çınladı müzik odasında. Matt kendi yaptığından büyülendi. Diğer tuşları denedi. Hepsi harikaydı. Öylesine kendinden geçmişti ki neredeyse koridordan gelen hizmetçiyi duyamayacaktı. Neyse ki saksıların arkasına seğirtecek kadar erken uyandı.

O günden sonra Matt müzik odasına gitmenin ne zaman güvenli olduğunu öğrenebilmek için hizmetçilerin geliş gidişlerini izledi. Felicia sabahları hiç uğramıyordu oraya. Aslını isterseniz o öğleye dek yatar ve yalnızca bir saat kadar hareket ederdi.

Matt, Celia'nın kendisine söylediği şarkıları tek parmağını kullanarak çalabildiğini fark etti. Felicia on parmağını da kullanıyordu, ama kendisi bunun nasıl yapıldığını henüz kavrayamamıştı. Yine de müzik yaratma yeteneği onu taşkın bir neşeyle dolduruyordu. Kim olduğunu unutmuştu. Bir klon olduğunu unutmuştu. Müzik, hizmetçilerin sessiz tiksintisini, Steven ve Emilia'nın burun kıvırışını ve Tom'un nefretini, her şeyi telafi ediyordu.

"Demek buradasın ha," dedi Tam Lin. Matt hızla döndü, neredeyse tabureden düşecekti. "Devam et. Gerçek bir yeteneğin var bu konuda. Komik doğrusu, El Patrón'u hiç müzikle bir arada düşünmemiştim."

Matt'ın kalbi deli gibi atıyordu. Odaya girişi yasaklanacak mıydı şimdi?

"Eğer sen müziğe yatkınsan o da yatkındır," dedi koruma. "Ancak eminim El Patrón'un bu konuya eğilecek vakti hiç olmadı. Onun yaşadığı yerde piyanoları odun niyetine kırarlardı."

"Sen çalabilir misin?" diye sordu Matt.

"Şaka ediyor olmalısın. Şunlara baksana."

Matt adamın koca hantal ellerinin kısa tombul parmaklarını gördü. Parmaklardan bazıları sanki kırılmış, yeniden kaynamış gibi eğri büğrüydü. "Tek parmağını kullanabilirsin," diye bir öneride bulundu.

Tam Lin güldü. "Müzik ilk önce kafanda olmalı ahbap. Yüce Tanrı yetenek dağıtırken beni es geçmiş. Ama sende yetenek var ve bunu kullanmazsan yazık olur. Sana bir eğitmen bulunması konusunda El Patrón'la bir konuşayım."

Bu kolay olmadı. Hiç kimse bir klonu eğitmek istemiyordu, *eblehler* de yeterince akıllı değildiler. Sonunda Tam Lin sağır olmuş ve umarsızca iş arayan bir adam buldu. Duyamayan birinin müzik öğretebilmesi Matt'a tuhaf geldi fakat durum buydu. Bay Ortega elleriyle hissediyordu müziği. Matt çalışırken ellerini piyanonun üzerine koyuyor ve onun her hatasını yakalıyordu.

Büyüyen başarı listesine bir de müziği eklemek Matt'ın çok vaktini almadı. Kendinden on yaş büyük çocukların okuyabildiği gibi okuyabiliyor, Tam Lin'i şaşkına çeviren –ve sinir eden– ölçüde işlem yapıyor ve hem İngilizce'yi hem de İspanyolca'yı akıcı bir şekilde konuşabiliyordu. Dahası her geçen gün sanatında ustalaşıyordu. Önüne ne gelse öğrenmeye koyuluyordu. Matt gezegenlerin isimlerini, en parlak yıldızları ve gökyüzündeki bütün burçları tek tek sayabilirdi. Ülkelerin isimlerini, başkentlerini ve belli başlı ihraç ürünlerini ezberlemişti.

Öğrenmek için çıldırıyordu. Kendini aşacaktı ve böylece herkes bir klon olduğunu unutup onu sevecekti.

10

DOKUZ CANLI BİR KEDİ

"Yabani bir hayvan gibisin," diye şikâyet etti Maria, Matt'ın odasının kapısında beklerken. "İninde saklanan bir ayı gibisin burada."

Matt perdeleri kapalı pencerelere umursamazca baktı. Güvenli ve rahat karanlığı seviyordu. "Ben zaten bir hayvanım," diye yanıt verdi. Önceleri bu kelimeler ona acı verirdi, ama artık konumunu kabullenmişti.

"Bence sen yalnızca mızmızlanmayı seviyorsun," dedi Maria, perdeleri ve pencereleri açmak için içeri girerken. Dışarıda Celia'nın mısır, domates, fasulye ve bezelye ektiği bahçe uzanıyordu. "Her neyse, bugün El Patrón'un doğum günü. Surat asmaktan vazgeçsen iyi edersin."

Matt içini çekti. Somurtmasıyla herkesi sinirlendirebilirdi – Maria hariç. O yalnızca gülerdi buna. Tabii ki yaşlı adamın bu seyrek ziyaretlerinde, ona somurtmak gibi bir şeyi aklından bile geçirmezdi. Böylesi bir şey düşünülemezdi. El Patrón her seferinde daha güçsüz görünüyordu; aklı da daha bir zayıflamış gibiydi.

Ona bakmak Matt'ın içini acıtıyordu. El Patrón'u seviyordu. Her şeyini ona borçluydu.

Matt kümeste kapalı tutulduğu, böceklerle arkadaşlık ettiği ve oyuncak niyetine kurumuş tavuk kemikleriyle oynadığı üç yıl önceki o korkunç günleri zar zor hatırlıyordu. Fakat biliyordu ki yaşlı adam onu kurtarmamış olsaydı, hâlâ orada olacaktı –ya da Rosa onu yerin altına gömmüş olurdu şimdiye kadar.

"El Patrón yüz kırk üç yaşına bastı bugün," dedi Matt.

Maria ürperdi. "Bu kadar yaşlı olmayı hayal bile edemiyorum!"

"Celia, eğer pastanın üzerine bu kadar çok mum dikersek duvardaki boyaları eriteceğini söyledi."

"En son gelişinde biraz tuhaftı," dedi Maria.

'Öyle de denebilir,' diye düşündü Matt. El Patrón öylesine unutkan olmuştu ki, aynı cümleyi durmaksızın tekrar ediyor, "Öldüm mü yoksa?" diye soruyordu. "Öldüm mü yoksa?" ve elini yüzünün önüne kaldırıyor, her parmağını sanki hâlâ orada olduğundan emin olmak istercesine tek tek inceliyordu.

"Hazır mısın?" diye bağırdı Celia odaya dalarak. Matt'ı çevirdi ve gömleğinin yakasını düzeltti. "Bu gece El Patrón'un yanına oturacağını unutma. Dikkatli ol ve bütün sorularını yanıtla."

"Ya... Tuhaflaşırsa?" dedi Matt. Yaşlı adamın son ziyaretinde tekrar tekrar "Öldüm mü yoksa?" sorusunu yanıtladığı günü hatırladı.

Celia gömlekle didişmeyi kesti ve önünde diz çöktü. "Beni dinle aşkım. Eğer bu gece kötü bir şey olursa, doğrudan bana gelmeni istiyorum. Mutfağın arkasındaki kilere gel."

"Kötü mü? Ne demek istiyorsun?"

"Söyleyemem." Celia etrafa kaçamak bir bakış attı. "Yalnızca bu dediğimi hatırlayacağına söz ver bana."

Matt böyle bir söz vermenin zor olacağını düşündü; yine de başıyla onayladı.

"Ah, *mi hijo* seni öylesine seviyorum ki!" Celia kollarını ona doladı ve gözyaşlarına boğuldu. Matt hem afallamış hem de içi kararmıştı. Onu böylesine sarsan ne olabilirdi? Göz ucuyla Maria'ya baktı. Kızın yüzünde kadını ne kadar *sulugöz* bulduğunu gösteren bir ifade vardı. Bu, Maria'nın gözde kelimesiydi bugünlerde: *sulu-göz.* Tam Lin'den kapmıştı bunu.

"Söz veriyorum," dedi Matt.

Celia kendini koltuğa bıraktı ve önlüğüyle gözyaşlarını sildi. "Ne aptalım. Anlasan bile ne faydası olurdu? İşleri daha da kötüleştirmekten başka." Kendi kendine konuşuyor gibiydi. Matt onu kaygıyla seyretti. Daha sonra ayağa kalktı ve yüzünü önlüğüyle ovaladı. "Hadi *chicos,* gidin de eğlenin partide. Bugüne kadar gördüğünüz en iyi yemeği sunmak için mutfakta olacağım. İkiniz de harika görünüyorsunuz, sanki bir filmden fırlamış gibi..." Celia eski özgüvenine kavuşmuştu. Matt'ın içi rahatladı.

"Furball'ı odamdan almak zorundayım," dedi Maria ayrıldıktan sonra.

"Yo hayır, onu yemeğe getiremezsin!"

"İstersem getirebilirim. Onu kucağımda saklarım."

Matt ofladı. Onunla tartışmanın hiçbir yararı yoktu. Maria, Furball'ı her yere götürürdü. Tam Lin onun bir köpek değil, Maria'nın kolundaki kıllı bir tümör olduğunu söyleyerek yakınırdı. Kıza kendisini doktora götürüp tümörü aldırmayı önermişti.

Tom, Maria'nın odasındaydı ve Furball ortalarda yoktu.

"Onu dışarıya bırakmadın ya?" diye bağırdı Maria yatağın altına bakarken.

"Onu görmedim bile," dedi Tom, Matt'a dik dik bakarak. Matt da gözlerini ona dikti. Tom'un fırça gibi kızıl saçları taranıp yatırılmıştı, tırnaklarıysa tertemiz beyaz hilaller gibiydi. Bu tür günlerde hep iki dirhem bir çekirdek olurdu ve bu El Patrón'un doğum günü partilerine gelen kadınlardan büyük övgüler kazandırırdı ona.

"Kaybolmuş!" diye inledi Maria. "Kaybolunca o kadar korkar ki! Ah, lütfen yardım edin onu bulmama!"

Tom ile Matt birbirlerini süzme yarışından isteksizce vazgeçtiler ve yastık altlarını, perde arkalarını ve elbise çekmecelerini araştırmaya başladılar.

Av sonuçsuz sürüp giderken Maria yumuşak bir sesle mızıldanıyordu.

"Büyük ihtimalle evin etrafında koşuşturup eğleniyordur," dedi Matt.

"Dışarıya çıkmaktan nefret eder," dedi Maria ağlayarak. Matt buna inanabilirdi. Bu küçük köpek öylesine zavallı bir yaratıktı ki, kırlangıçlardan bile kaçardı. Fakat şimdi büyük olasılıkla dışarıdaydı ve binlerce delikten birinde saklanıyordu. Onu yemekten önce asla bulamazlardı. Derken tuhaf bir şey dikkatinin çekti.

Tom.

Tom araştırıyor gibi görünüyorsa da, aslında köpeği aradığı filan yoktu. Anlatması zordu ama Tom'un hareket ederken yaptığı tek şey Maria'yı seyretmekti. Matt birden durdu ve kulak kesildi.

"Bir şey duydum!" diye bağırdı. Banyoya daldı ve tuvaletin kapağını kaldırdı. Furball oradaydı; öylesine sırılsıklam ve yorgundu ki inlemesi neredeyse duyulmuyordu. Matt köpeği çekip çıkardı ve hemen yere bıraktı. Bir havlu alıp Furball'ı sardı. Köpek öylesine yorgundu ki ısırmayı bile denemedi. Maria onu kapıp kucağına aldığında vücudu tamamen gevşemişti.

"Nasıl girmiş oraya? Kapağı kim kapatmış? Ah aşkım, tatlı Furball'ım." İğrenç yaratığı yüzüne sevgiyle dayadı. "Bir şeyin yok. Sen benim iyi köpeğimsin. Aşkımsın benim."

"Suyunu hep tuvaletten içiyor," dedi Tom. "İçine düşüp kapağı kapatmış olmalı. Onu yıkaması için bir hizmetçi çağıracağım."

Dışarı çıkmadan önce Matt onun yüzünde anlık bir öfke ifadesi yakaladı. Tom bir şey istemiş ve elde edememişti. Matt, Furball'ı tuvalete Tom'un tıktığından emindi. Çocuk daha önce köpekten hoşlanmadığını hiç göstermemiş olsa da, Tom böyle biriydi. Görünüşte nazik ve yardımsever olmayı başarıyordu ama kafasından geçeni asla bilemezdiniz.

Matt bir an ürperdi. Eğer Furball'ı bulmamış olsaydı hayvan ölebilirdi. Bir insan nasıl böylesine acımasız olabilirdi? Ve nasıl olur da Maria'yı incitmek isterdi? O öylesine yufka yürekli bir kızdı ki, karadul örümceklerini bile kurtarırdı. Matt, Tom'u suçlamaya kalksa kimsenin ona inanmayacağını biliyordu. Yalnızca bir klondu o ve fikirlerinin önemi yoktu.

'Ya da genelde önemi yok,' diye düşündü Matt, harika bir plan gelmişti aklına.

Hizmetçiler çoğu zaman Matt'ı görmezden gelir, Alacránlar ise ondan cama konmuş bir sinek gibi gözlerini kaçırırlardı. Müzik eğitmeni Bay Ortega da, Matt yanlış bir nota çaldığında "Hayır! Hayır! Hayır!" diye bağırmaktan başka pek bir şey söylemezdi ona. Bay Ortega bu aralar pek sık "Hayır! Hayır! Hayır!" demiyordu. Matt harika bir piyanist olup çıkmıştı. Adam ara sıra "Güzel!" dese ölmez ya, diye düşünüyordu Matt, ama bunu asla söylemezdi. Matt iyi çaldığında Bay Ortega'nın yüzünden bir neşe ifadesi geçiyordu ve bu da herhangi bir iltifat kadar iyiydi. Matt gerçekten, gerçekten iyi çaldığında kendisi de öylesine kopup giderdi ki, müzik eğitmeninin ne düşündüğünü umursamazdı.

Yıllık doğum günü partisinde her şey değişirdi. Bu gerçekte El Patrón'un partisiydi ama Matt için de bir kutlama halini almıştı. En azından Celia, Tam Lin, Maria ve El Patrón onu kutluyordu. Geri kalanlar dişlerini sıkıp günü öldürmeye çalışırlardı.

Bu Matt'ın arzuladığı her şeyi isteyebileceği bir gündü. Alacránları kendisine dikkat göstermeye zorlayabilirdi. Arkadaşları önünde Steven'ı ve hatta Tom'u kendisine nazik davranmak zorunda bırakabilirdi. El Patrón'u kızdırmaya kimse cüret edemezdi. Bu yüzden de kimse Matt'ı görmezden gelmeye cesaret edemezdi.

Büyük evi çevreleyen geniş bahçelerden birine parti için masalar yerleştirilmişti. Çimenlik kusursuzdu, bütün çimler aynı boydaydı: Partiden hemen önce, *eblehler* ellerinde makaslarla özenle düzeltmişlerdi çimleri. Ertesi gün unutulup gidecekti, fakat şimdi yumuşak öğle sonrası güneşinde yeşil bir mücevher gibi parlıyordu bahçe.

Lekesiz beyaz örtüler serilmişti masalara. Tabakların kenarları altındandı, gümüş çatal bıçak takımları yeni parlatılmıştı ve her tabağın yanında kristal bir kadeh duruyordu.

Bir köşede, bir begonvil çardağının altında devasa bir hediye yığını vardı. Herkes El Patrón'a hediye getirmişti. (Aslında adamın her şeyi vardı ve yüz kırk üç yaşında keyif aldığı pek bir şey de kalmamıştı.) Matt için bile birkaç hediye vardı –Celia ve Maria'dan küçük, sevgi dolu armağanlar, Tam Lin'den kullanışlı bir şey ve El Patrón'dan kocaman pahalı bir hediye.

Misafirler etrafta dolanıyor, hizmetçilerin dolaştırdığı tepsilerdeki özel yiyeceklerden alıyorlardı. Garsonlar her tür içki servisi yapıyor ve isteyene nargile getiriyordu. Konukların arasında senatörler ve ünlü aktörler, generaller ve dünyaca ünlü doktorlar, birkaç sabık devlet başkanı, ve Matt'ın televizyonda adını duyduğu bazı ülkelerden yarım düzine kadar diktatör, solgun görünüşlü bir prenses ve tabii ki diğer çiftlik sahipleri vardı. Çiftlik sahipleri buranın gerçek aristokratlarıydı. Birleşik Devletler ile Aztlán sınırını oluşturan uyuşturucu imparatorluğunu yönetiyorlardı.

Çiftlik sahipleri Matt'ın daha önce görmediği bir adamın etrafına toplanmışlardı. Adamın kızıl saçları fırça gibiydi, yüzü etliydi ve gözlerinin altında derin halkalar vardı. Sağlıksız görünmesine rağmen keyfi yerindeydi. Kulak tırmalayan bir sesle diğerlerine nutuk çekiyor ve cümlelerini onların göğsünü parmağıyla dürterek noktalıyordu. Bu bile Matt'ın adamın bir çiftlik sahibi olduğunu anlamasına yetmişti. Onlardan başka hiç kimse böylesine kaba davranmaya cesaret edemezdi.

Matt'ın arkasında belirdiğinde, "Bu Bay MacGregor," dedi Maria. Kurutulup kabartılmış olan Furball, kolunun üzerine sere serpe uzanmış yatıyordu.

"Kim?" Matt bir an için haşhaş tarlalarındaki küçük eve geri dönmüştü. Altı yaşındaydı ve *Pedro el Conejo* hakkında –hani şu Senyor MacGregor'un bahçesinde kısılıp kalan– eski püskü bir kitap okuyordu. Senyor MacGregor, *Pedro*'yu pişirip yemek niyetindeydi.

"San Diego yakınlarında bir çiftliği var," dedi Maria. "Bu adamı görünce tüylerim ürperiyor."

Matt adamı daha bir dikkatle inceledi. Kitaptaki Senyor MacGregor gibi görünmüyorsa da kesinlikle nahoş bir şey vardı adamda.

"Herkesi salona çağırıyorlar," dedi Maria. Furball'ı daha rahat bir pozisyona kaydırdı. "Ulumasan iyi edersin," dedi köpeğe, "etrafındakiler ne kadar berbat olursa olsun."

"Çok teşekkürler," dedi Matt.

Salon bahçeden yükselen mermer basamakların tepesindeydi. Davetliler El Patrón'u karşılamalarını söyleyen sese dikkatlice uyarak odaya akmaya başladılar. Matt kendini şoka hazırladı: El Patrón'u ne zaman görse adam daha da kötülemiş oluyordu.

Davetliler bir yarım çember oluşturdular. Salonun bütün köşelerinde çiçekli büyük vazolar ve El Patrón'un gözü gibi baktığı mermer heykeller vardı. Sohbet yavaş yavaş kesildi. Kuşların ve çeşmelerin sesi daha bir belirginleşti. Yakındaki bir bahçeden bir tavuskuşu ciyakladı. Matt, El Patrón'un motorlu tekerlekli sandalyesinin uğultusunu bekledi gerginlik içinde.

Derken salonun uzak köşesindeki perdeler ayrıldı ve El Patrón herkesi şaşkınlığa boğarak içeri doğru yürüdü. Hareketleri yavaştı elbette, fakat yürüyordu. Matt büyülenmişti. Daft Donald ile Tam Lin tekerlekli sandalyeyi iterek yaşlı adamın arkasından geliyorlardı.

Salonda herkes soluğunu tutmuştu. Birden biri "Çok yaşa!" diye bağırdı. Matt bu bağıranın prenses olduğunu düşünmüştü. Daha sonra rahatlayan ve içi neşeyle dolan Matt dahil, herkes bu sese katıldı.

Matt'ın arkasından bir ses, "Yaşlı vampir. Kefeni yırtmayı yine başardı demek," dedi. Matt sesin sahibini bulmak için hızla arkasına döndü, ama suçlunun davetlilerden hangisi olduğunu anlayamadı.

El Patrón salonun ortasına ulaştığında, Tam Lin'e tekerlekli sandalyesini getirmesini işaret etti. O, sandalyeye çökünce, Tam Lin arkasına ve iki yanına yastıklar yerleştirdi. Bay MacGregor ilerleyip diğer tekerlekli sandalyeye oturunca Matt şaşırdı.

'Demek arkadaşlar,' diye düşündü. Öyleyse Matt, Bay MacGregor'u neden daha önce hiç görmemişti?

"Hoş geldiniz," dedi El Patrón. Sesi yüksek değildi, ama bir anda herkesin dikkatini üzerine topladı. "Yüz kırk üçüncü doğum günü partime hoş geldiniz. Hepiniz eşim dostum... Ya da akrabalarımsınız." Yaşlı adam hafifçe güldü. "Sanırım onlar beni şimdiye mezarımda görmeyi umarlardı fakat hiç şansları yok. Dünyanın en iyi doktorları, en yeni, en müthiş tedavi yöntemleri elimin altında ve şimdi eski dostum MacGregor da aynı insanlar tarafından tedavi edilecek."

Bay MacGregor sırıttı ve El Patrón'un kolunu, zafer kazanmış bir boksörün kolunu kaldıran bir hakem gibi tutup kaldırdı. Bu adamı bu denli itici yapan şey neydi? Matt midesinin düğümlendiğini hissetti, ne var ki adamdan hoşlanmamak için hiçbir nedeni yoktu aslında.

"Öne çıkın, siz sihirbazlar," dedi El Patrón. İki adam ve iki kadın kalabalıktan ayrıldı. Tekerlekli sandalyelere yaklaşıp başlarını eğerek onları selamladılar. "Yürekten teşekkürlerimle yetineceğinizden eminim." Doktorlar düş kırıklıklarını gizlemeye çalışırken, El Patrón sırıtıyordu. "Ama bu birer milyon dolarlık çekler sizi daha da mutlu edecek." Doktorların o anda yüzleri güldü, yalnızca kadınlardan biri kızaracak kadar incelik gösterdi. Alkışlar arasında doktorlar El Patrón'a teşekkür ettiler.

Tam Lin, Matt'ın bakışlarını yakaladı ve başıyla işaret etti. Matt bir adım öne çıktı.

"*Mi Vida,*" dedi El Patrón, gerçek bir sevecenlikle. Eciş bücüş elleriyle onu yanına çağırdı. "Şöyle yaklaş da bir bakayım sana. Ben hiç bu kadar yakışıklı oldum mu? Oldum herhalde." Yaşlı adam içini çekti ve sustu. Tam Lin, Matt'a tekerlekli sandalyenin yanında durmasını işaret etti.

Önündeki devlet başkanları, diktatörler, generaller ve diğer ünlü şahsiyetlerin oluşturduğu topluluğa bakarak, "Fakir bir köyün fakir bir çocuğuydum ben," diye anlatmaya başladı El Patrón,. "Bir yıl Cinco de Mayo boyunca, bizim toprağın sahibi olan çiftçi bir yürüyüş düzenlemişti. Ben ve beş erkek kardeşim izlemeye gitmiştik. Annem küçük kız kardeşlerimi de getirmişti. Bir tanesi kolundaydı ve diğeri eteğine yapışmış peşinden izliyordu onu."

Matt, Drongo'nun mor dağlarını ve tozlu mısır tarlalarını gözünün önüne getirdi. Yılın iki ayı suları gürül gürül akan ve geri kalanı boyunca bir kemik gibi kuruyan dereleri hayal etti. El Patrón'dan bu öyküyü öyle sık dinlemişti ki, artık ezbere biliyordu.

"Yürüyüş boyunca vali, güzel, beyaz bir atın üzerinde kalabalığa para saçmıştı. Paraları kapmak için nasıl da birbirimize girmiştik! Çamurların içinde domuzlar gibi nasıl da yuvarlanmıştık! Fakat paraya ihtiyacımız vardı. Öylesine fakirdik ki, birbirine sürtecek iki pezomuz bile yoku. Daha sonra çiftlik sahibi büyük bir ziyafet verdi. İstediğimiz her şeyi yiyebildik ve bu insanlar için harika bir fırsattı. Mideleri öylesine küçülmüştü ki fasulyeler içeri girmek için sıraya girmek zorundaydı.

"Küçük kız kardeşlerim tifüse yakalandılar bu ziyafette. O saat öldüler. O kadar küçüktüler ki pencereden bakamazlardı –hayır, parmaklarının ucuna kalksalar bile."

Salona ölüm sessizliği çökmüştü. Matt uzaktan bahçedeki bir güvercinin sesini duydu. *Umut yok,* diyordu ses. *Umut yok. Umut yok.*

"Daha sonraki yıllarda beş kardeşim de bir bir öldüler: İkisi boğuldu, birinin apandisti patladı –doktor için paramız yoktu. Kalan iki erkek kardeşimse polisler tarafından dövülerek öldürüldü. Sekiz kardeştik," dedi El Patrón, "ve yalnızca ben büyüyebildim."

Matt gizlemeye çalışsalar da dinleyicilerin sıkıldığını düşündü. Aynı konuşmayı yıllardır dinliyorlardı.

"Düşmanlarımı mezara yolladığım gibi onlardan çok yaşadım. Tabii her zaman daha fazla düşman edinebilirim." El Patrón gözlerini dinleyenler üzerinde gezdirdi; birkaç kişi gülümsemeye çalıştı. El Patrón'un soğuk bakışlarıyla karşılaşınca hemen toparlandılar. "Kedi gibi dokuz canlı olduğumu söyleyebilirsiniz. Yakalanacak fare olduğu müddetçe avlanmaya kararlıyım. Ve doktorlar sağ olsun, hâlâ keyif alıyorum bundan. Şimdi alkışlamaya başlayabilirsiniz." Gözlerini dinleyenlere dikti, onlar da –önce kararsızca daha sonra gürültüyle– alkışlamaya başladılar. "Aynı robot gibiler," dedi El Patrón bıyık altından. Sonra daha yüksek bir sesle, "Şimdi kısa bir süre dinleneceğim, daha sonra hep birlikte yemeğe otururuz," diye ekledi.

11

HEDİYE VERME TÖRENİ

Matt bahçede gezinip buzdan heykelleri, portakal dilimlerinin kırmızı bir gölde yüzdüğü şarap çeşmesini hayranlıkla süzdü. Parmağını daldırıp şarabın tadına baktı. Göründüğü kadar hoş değildi.

Masanın üzerindeki yerleşim kartlarına baktığında, kendisinin her zamanki gibi El Patrón'un yanında oturacağını gördü. Bay MacGregor da El Patrón'un diğer tarafındaydı. Diğer gözde misafirler, Bay Alacrán ve Felicia, üniversiteden dönen –daha doğrusu atılan– Benito, Steven ve Tom'du. Bay Alacrán'ın babası baş masadaki konukları dolaştı. Herkes bugünlerde ona El Viejo diyordu, çünkü El Patrón'dan bile daha yaşlı görünüyordu.

Matt kimseye çaktırmadan Tom'un kartını alıp bebeklerin oturduğu masaya koydu. İki yanında yüksek bebek iskemlelerinin sıralandığı masanın her bir ucunda, düzeni sağlamak üzere bir dadı oturuyordu. Matt, Maria'nın kartını buldu ve onu kendi kartının yanına bıraktı.

Matt daha sonra bahçenin sınırlarını keşfe çıktı. Korumalar somurtkan, karanlık yüzleriyle yan yana dizilmişlerdi. Devlet başkanları, diktatörler ve generaller kendi korumalarını getirmişlerdi ve tabii ki Alacránlar da parti için küçük bir ordu kiralamıştı. Matt iki yüzden fazla adam saydı.

'Kime karşı koruyorlar ki onları?' diye düşündü. Haşhaş tarlalarından kim onlara saldırabilirdi? Aslında Matt bütün aile işlerinde gördüğü bu korumalara alıştığı için, adamların orada olması ona doğal gibi görünüyordu.

Güneş batarken bahçe serin, yeşil bir ışıkla dolmuştu. Uzaktaki Ajo Dağları, hâlâ mor bir parıltı içindeydi ve haşhaş tarlaları Matt'ın gözleri önünde gittikçe soluklaşan bir altın rengine bürünmüştü. Ağaçlardaki lambalar yandı.

"Seni domuz!" diye bağırdı, Furball'ı sırtına attığı bir çantaya saklamış olan Maria. "Bir kerecik olsun Tom'a iyi davranamaz mısın?" Tom'un isminin yazdığı kartı alıp eski yerine koydu.

"Onu Furball'ı boğmaya çalıştığı için cezalandırıyorum," dedi Matt.

"Neden bahsediyorsun sen?"

"Furball'ın tuvalete düşüp kapağı indirmesi imkânsızdı. Mümkün değildi bu. Tom yaptı."

"O, bu kadar kötü olamaz," dedi Maria.

"Ne zamandan beri? Dahası bu benim partim ve kimin nerede oturacağını ben söylerim." Maria, Matt'ın sabrını taşırmaya başlamıştı. Ona karşı iyi olmaya çalışıyordu ama o Matt'ı hep yanlış anlıyordu.

"Bebek masasında lapa yedirirler ama."

"İyi ya," dedi Matt. Tom'un kartını alıp tekrar oraya koydu. Maria elini yine uzattı fakat Matt onun bileğini sıkıca kavradı.

"Ah! Canımı yakıyorsun! Burada kalacağım!"

"Hayır kalmayacaksın," dedi Matt.

"Ne istersem onu yaparım!"

Matt elinden kurtulmaya çalışan Maria'yla birlikte masasına geri döndü. Kız kendi yerleşme kartını kapmaya çalışıyordu. El Patrón, yanında MacGregor ve diğerleriyle birlikte gelmişti.

"Ne oluyor? Bu da nesi?" dedi El Patrón. Matt ile Maria donup kaldılar.

"Onun yanıma oturmasını istiyorum," dedi Matt.

Yaşlı adam güldü. Kuru, hışırtılı bir sesle. "Küçük sevgilin bu demek, *Novia*'n?" dedi.

"Bu iğrenç," dedi Bay Alacrán.

"Öyle mi?" diye güldü El Patrón. "Onun yaşındayken ben de aynen böyleydim."

"Matt bir klon!"

"O benim klonum. Buraya otur kız. Ona yer aç Tam Lin." Tam Lin, Maria için bir yer ayarlarken Matt'a bakıp kaşlarını çattı.

"Tom nerede?" dedi Felicia. Herkes dönüp ona baktı. Öylesine sessizdi ve o ortalıkta kadar az görünürdü ki, birçok insan onun varolduğunu unutmuştu sanki.

"Tom nerede oturuyor?" dedi El Patrón, Matt'a dönerek.

"Onu bebek masasına yerleştirdim," dedi Matt.

"Seni domuz!" diye bağırdı Maria.

El Patrón güldü. "İşte böyle, *Mi Vida*. Fırsatını bulduğunda düşmanlarından kurtulacaksın. Tom'dan ben de hoşlanmam ve onsuz yemek daha güzel olacak."

Felicia peçetesini avuçlarına alıp sıktı fakat hiçbir şey söylemedi.

"Burada kalmak istemiyorum! Tom'la birlikte olmak istiyorum!" diye bağırdı Maria.

"Olmaz," dedi Matt dümdüz bir sesle. Neden her zaman Tom'a arka çıkmak zorundaydı ki? Hem de hiç düşünmeden. Furball'ın tuvaletin kapağını kendi üstüne düşürmesine imkân ihtimal yoktu, ama Maria, Matt'a inanmıyordu çünkü o *'iğrenç bir klon'*du. Bu adaletsizlik karşısında Matt karanlık bir öfkeye kapıldı.

El Patrón, "Ne söyleniyorsa yap, kız," dedi. Bu gösteriye olan ilgisini kaybetmişti; diğer yanındaki Bay MacGregor'a döndü.

Tam Lin, gözyaşlarını yutmaya çalışan Maria'yı masadaki yerine götürdü. "Bizimle aynı yemeği almasını sağlayacağım," diye fısıldadı.

"Hayır sağlamayacaksın," dedi Matt.

Tam Lin kaşlarını kaldırdı. "Bu doğrudan bir emir mi, Efendi Matt?"

"Evet." Matt dikkat çekmemek için çabalayan Maria'nın alçak sesle sızlanmasını umursamamaya çalışıyordu. Eğer Tom'u cezalandırmaya yüreği yetmiyorsa, bunu onun yerine kendisi yapabilirdi. Yemekler getirilip servis yapıldı. Maria, Furball'ı beslemek için minik parçalar koparırken gözlerini kucağından ayırmadı.

"Cenin beyni aşısı ha?" dedi MacGregor. "Bunu bir gün denemeliyim. Sende mucizeler yaratmış."

"Sakın çok fazla geciktirme," diye önerdi El Patrón. "Hazırlık evresi için doktorlara en az beş ay vermelisin. Sekiz ay daha iyi olur."

"Şeyi kullansam diyorum..."

"O olmaz, çok fazla yaşlandı."

Gözlerini tavana dikmiş olan Felicia da Maria gibi yıkılmıştı. Yemek yiyormuş gibi bile yapmıyordu. Bir hizmetçinin düzenli olarak doldurduğu uzun bir bardaktan içki içip duruyordu. Yalvaran gözlerle MacGregor'a bakıyordu; Matt onun bu adamdan ne isteyebileceğini bilmiyordu. Zaten, adam onu görmezden geliyordu; tıpkı kocasının ve diğer herkesin yaptığı gibi.

El Viejo, Bay Alacrán'ın babası, yemeğini döküp masa örtüsünü berbat etti. Kimsenin ona da aldırdığı yoktu.

"Al işte, aşılarını zamanında yaptırmayanların bir örneği karşında duruyor," dedi El Patrón, parmağıyla El Viejo'yu göstererek.

"Babam bu işe karşı," dedi Bay Alacrán.

"O zaman tam bir geri zekâlı. Şuna bak Matt. Onun benim torunum olduğuna inanır mıydın?"

Matt, El Viejo ile El Patrón arasındaki ilişkiyi tam olarak çıkaramamıştı daha önce. Bu konuyu pek de önemsememişti. El Patrón bir antika kadar yaşlı görünüyordu –bu konuda kuşku yoktu– fakat zihni hâlâ keskindi. En azından şimdi öyleydi, şu ne olduğunu şeytanın bildiği aşılardan sonra. El Viejo iki kelimeyi bir araya getiremez, kimi zaman odasında çığlıklar atardı. Celia bunun bazı yaşlı insanların başına geldiğini, Matt'ın kaygılanmasına gerek olmadığını söylemişti.

"Bana sorarsan o senin deden gibi görünüyor," dedi Matt.

El Patrón tabağına yemek parçacıkları püskürterek kahkaha attı. "Kendine bakmazsan sonun işte böyle olur."

"Babam bu aşıların ahlaki olmadığı kararına vardı," dedi Bay Alacrán, "ben de onun bu kararına saygı gösterdim."

Matt, masadakilerin aniden soluklarını tutmasından Bay Alacrán'ın tehlikeli bir şey söylediğini anladı. "O çok dini bütündür. Tanrı'nın kendisini belli bir zaman için yarattığını ve daha fazlasını istememesi gerektiğini düşünüyor."

El Patrón gözlerini uzunca bir süre Bay Alacrán'a dikti. "Kabalığını görmezden geliyorum," dedi en sonunda. "Bu benim doğum günü partim, keyfim yerinde. Fakat bir gün sen de yaşlanacaksın. Bedenin çürümeye, beynin sulanmaya başlayacak. O zaman da böyle yüce düşüncelerden bahsedecek misin, göreceğiz bakalım." Tekrar yemeğe başlayınca herkes rahatladı.

"Tom'a bir bakabilir miyim?" dedi Felicia, kuşkulu bir sesle.

"Sen karışma bu işe," diye hırladı Bay Alacrán.

"Ben, ben yalnızca yemeği olup olmadığına bakmak istemiştim."

"Saçmalama! Tom kendi ayakları üzerinde durabiliyor, yiyecek bir şeyler bulabilir kendine!"

Matt da böyle düşünüyordu, fakat Bay Alacrán'ın Felicia'ya karşı gösterdiği bu öfke onu şaşırtmıştı. Nasıl olur da insan ona kızabilirdi? Öylesine çaresizdi ki. Felicia başını önüne eğip sessizliğe gömüldü.

Yemekten sonra Tam Lin, hediye paketlerini açmak için El Patrón'u begonvilli çardağa götürdü. Bay MacGregor bir ameliyat için erkenden yatması gerektiğini söyleyerek ayrıldı. Matt adamın gidişine sevindi.

El Patrón hediyelere büyük önem verirdi. "Birinin seni ne kadar sevdiğini verdiği hediyenin büyüklüğünden anlayabilirsin," derdi sık sık Matt'a. Hediye vermektense almayı tercih ederdi. El Patrón sanki birine sarılmak üzereymiş gibi kollarını geniş geniş açtı, "Servet dışarıdan içeri doğru akmalı," dedi. El Patrón kollarını kapatıp kendi kendine sarıldı. Matt'a çok komik geldi bu.

Daft Donald ve Tam Lin kutuları El Patrón'a getirdiler. Matt kartları okudu, ambalajları yırtıp attı. Bir sekreter kimin ne verdiğini ve hediyenin değerini not ediyordu. Saatler, mücevherler, tablolar, heykeller ve çimenliğin üzerine bırakılmış ay taşları. Matt ay taşlarının Ajo Dağları'nda herhangi bir yerde bulabileceğiniz taşlara benzediğini düşünüyordu fakat bunlar bir sertifikayla gelmişti ve çok pahalıydılar.

Solgun prenses, El Patrón'a çıplak ve kanatlı bir bebek heykeli verdi. Yaşlı adamın hoşlanır gibi olduğu pek az hediyeden biriydi bu. Matt ona katalogda görüp hoşlandığı, ama şimdi diğer hediyelerin yanında süprüntü gibi duran bir cüzdan verdi. "El Patrón'un paralarını koyması için ona Büyük Kanyon kadar kocaman bir cüzdan vermelisin," demişti Celia, "bozukluklar için de Kaliforniya Körfezi'ni boşaltman gerekir."

Bütün çiftlik sahipleri silah hediye ettiler: Sahibinin sesine göre çalışan tabancalar, duvarın arkasındaki davetsiz misafiri yakıp kavurabilecek lazerler, düşmanın derisine kenetlenen, uçan mini bombalar. Bu sonuncusu belli insanları seçebilecek şekilde programlanmıştı. Matt ambalajları açar açmaz, Tam Lin bu silahları alıp oradan uzaklaştırdı.

"Aç bakalım hediyelerini, *Mi Vida,*" dedi El Patrón uzun bir süre sonra. Gözleri yarı kapalıydı ve aldığı hediyelerden neredeyse şişmiş gibi görünüyordu. Tekerlekli iskemlesinin çevresini hediyelerden oluşan bir dağ çepeçevre sarmıştı.

Matt, Celia'nın verdiği küçük bir kutuyu hevesle yırtıp açtı. El örgüsü bir kazaktı bu. Bunu örecek vakti nerede bulduğuna şaştı Matt. Tam Lin çöldeki yenebilir bitkileri gösteren bir kitap verdi ona. El Patrón, içine oturabileceği kadar büyük, pille çalışan bir araba hediye etti. Farları ve bir kornası vardı. Matt bu tür şeyler için büyümüştü artık; ama arabanın çok pahalı olduğunu ve bunun El Patrón'un kendisini ne kadar çok sevdiğinin bir işareti olduğunu biliyordu.

Maria onun için getirmiş olduğu hediyeyi kaptı. "Sana hiçbir şey vermek istemiyorum!" diye bağırdı.

Matt, "Geri ver onu," dedi. Maria'nın herkesin önünde olay çıkarmasına sinirlenmişti.

"Sen hak etmiyorsun bunu!" Maria kaçmaya çalıştı, ama babası Senatör Mendoza durdurdu onu.

"Uzat ona kutuyu," dedi Senatör Mendoza.

"Tom'a kötü davrandı!"

"Uzat dedim."

Maria bir an duraladı, sonra kutuyu fırlatabildiği kadar uzağa fırlattı.

"Onu al ve bana getir," dedi Matt. Soğuk bir öfkeye kapılmıştı.

"Rahat bırak onu," dedi Tam Lin alçak bir sesle, fakat Matt kimseyi dinleyecek durumda değildi. Maria herkesin gözü önünde ona hakaret etmişti ve Matt bunu ona ödetmeye kararlıydı.

"İşte böyle," dedi El Patrón keyifle. "Kadınlarına haddini bildireceksin."

"Getir onu şimdi," dedi Matt, El Patrón'un dehşete düşmüş hizmetçilere karşı kullandığını duyduğu, aynı soğuk, ölümcül sesle.

"Maria, lütfen," diye yumuşak bir sesle iknaya çalıştı Senatör Mendoza.

Maria, hıçkırarak hediyeyi geri getirdi ve tükürür gibi verdi Matt'a. "Boğazında kalsın!"

Matt titriyordu, bir an kendini kaybedip Maria gibi ağlamaktan korktu. Birdenbire, El Patrón'un daha önce söylediğini hatırladı: "Senin küçük sevgilin mi bu?" Neden Maria onun sevgilisi olmasındı? Bir klon diye, neden diğerlerinden farklı olmalıydı? Aynaya baktığında kendisiyle diğerleri arasında hiçbir fark görmüyordu. İyi notlar alırken, gezegenlerin, en parlak yıldızların ve bütün burçların adını bilirken kendisine Furball gibi davranılması haksızlıktı. "Bir şey daha," dedi Matt. "Bana bir doğum günü öpücüğü vereceksin."

Kalabalıktan şaşkınlık uğultuları yükseldi. Senatör Mendoza'nın yüzü kireç gibi oldu ve koruyucu ellerini Maria'nın omuzlarına koydu. "Bunu yapma," diye mırıldandı Tam Lin. El Patrón'un gözleri neşeyle parladı.

"Bu benim de partim," dedi Matt, "ve istediğim her şeyi alabilirim. Öyle değil mi, mi patron?"

"Evet öyle, benim küçük, asi horozum. Öp onu kız."

"O bir klon!" diye bağırdı Senatör Mendoza.

"Benim klonum." Birdenbire El Patrón sıcak doğum gününün ev sahibi olmaktan çıkmıştı. Gecenin bir yarısı karşınıza çıkabilecek bir yaratık gibi, karanlık ve tehlikeli bir görünüşü vardı. Matt, Tam Lin'in efendisi hakkında söylediklerini hatırladı: "O, bütün ormanı gölgede bırakacak gibi dallanıp budaklandı, ama bu arada dallarından birçoğu eğilip büküldü." Matt bu olayı başlattığı için üzgündü fakat artık çok geçti.

"Yap bunu Maria," dedi Senatör Mendoza. "Bir daha buna izin vermeyeceğim. Söz veriyorum."

Senatör, Maria'nın, Matt'ı daha önceleri birkaç kez, Furball'ı ya da hoşuna giden herhangi bir şeyi öptüğü gibi öpmüş olduğunu bilmiyordu. Ne var ki Matt şimdiki durumun farklı olduğunun bilincindeydi. Maria'yı aşağılıyordu. Eğer öpücük isteyen Tom olsaydı, kimsenin umurunda olmazdı bu. İnsanlar bir oğlanın *novia*sıyla flört etmesinin çok şeker bir şey olduğunu düşünürlerdi.

Matt çocuk değildi. Bir hayvandı.

Maria yanına geldi, artık öfkeli ya da isyankâr değildi. Ona hüzünle başını önüne eğmiş oturan Felicia'yı anımsatmıştı. Matt bir an, "Dur, bu bir şakaydı. Ciddi değildim," demek istedi. Ancak artık çok geçti. El Patrón onları apaçık bir keyifle seyrediyordu ve Matt şu an geri çekilmenin tehlikeli olabileceğinin farkındaydı. Yaşlı adamın neşesi kaçarsa Maria'yı nasıl cezalandıracağını kim bilebilirdi?

Maria ileri uzandı. Matt kızın dudaklarının tenindeki soğuk temasını hissetti. Kız hemen sonra gözyaşları içinde babasına koştu. Adam ona sarıldı, omzuyla kalabalığı yararak kızını oradan götürdü. Herkesi felç eden hava dağıldı. İnsanlar konuşmaya koyuldular; konuşmaları olup bitenler hakkında değildi. Matt herkesin gözünü üzerinde hissediyordu. Suçlayıcı, tiksinmiş, irkilmiş bakışlardı bunlar.

El Patrón heyecandan yorgun düşmüştü. Tam Lin ile Daft Donald'a kendisini götürmelerini işaret etti. Matt onun gittiğinin farkına vardığında çoktan merdivenlere ulaşmışlardı.

El Patrón gidince parti yeni bir canlılıkla devam etti, fakat kimse Matt'la konuşmuyordu. Onun orada olduğunun bile farkında değil gibiydiler. Matt bir süre sonra küçük hediyelerini topladı, hizmetçileri de pilli arabasının başına dikti.

Celia'nın dairesine gidip onun hediyesi olan kazakla Tam Lin'in kitabını bıraktı. Sonra Maria'nın hediyesini açtı. Bu, kızın kendi elleriyle hazırladığı bir kutu şekerlemeydi. Bunu biliyordu çünkü Maria daha evvel söylemişti. Sır saklama konusunda pek iyi sayılmazdı.

Matt, Maria'nın eşyalarını kıskançlıkla sakladığını biliyordu –eski püskü gömlekler, kırılmış oyuncaklar, hediye ambalajları– en ufak bir şeyi kaybolacak olsa ne yapacağını şaşırırdı kız. Annesini küçücükken, daha beş yaşındayken kaybettiği için böyle olduğunu söylemişti Celia.

Maria'nın annesi bir gün evden ayrılmış ve bir daha da geri dönmemişti. Kimse nereye gittiğini bilmiyordu, biliyorlarsa bile bu konuda konuşmuyorlardı. Maria küçükken annesinin çölde kaybolduğunu hayal ederdi. Geceleri ağlayarak uyanır, annesinin sesini duyduğunu söylerdi, ama böyle bir şey yoktu tabii ki. Celia o günden beri Maria'nın eşyalarına yapışıp kaldığını söyledi. İşte bu yüzden Furball'ın gözünün önünden ayrılmasına neredeyse hiç izin vermiyordu ve köpek bu yüzden böylesi zavallı bir yaratık olup çıkmıştı.

Maria, Matt'ın şekerlemelerini paketlemek için, kendine ait o paha biçilmez ambalaj kâğıtlarından bir kare kesmişti. Şekerlemelere bakarken kendini çok kötü hissetti Matt. Tam Lin onu rahat bırakmasını söylediğinde neden onu dinlememişti? Kutuyu kapatıp bir köşeye koydu.

Celia odasındaki perdeleri çekmiş, her zamanki gibi *Meryem*'in önündeki mumu yakmıştı. *Meryem* çatlak eteği ve ucuz plastik çiçekleriyle yıpranmış görünüyordu ama Matt onun başka türlü görünmesini zaten istemezdi. Yorganın altına kaydı. Elleriyle etrafı yoklayıp doldurulmuş ayısını buldu. Hâlâ onunla yattığını Maria'ya itiraf etmektense ölmeyi yeğlerdi.

12

YATAKTAKİ ŞEY

Matt ter içinde, her yerini pütür pütür hissederek uyandı. *Meryem*'in önündeki mum tükenip sönmüş, perdelere kokusu sinmişti. Pencereyi açınca gözleri içeri birdenbire dolan ışıkla kamaştı. Çoktan sabah olmuştu. Celia işe gitmişti bile.

Gözlerini ovuşturan Matt, rafta Maria'nın hediyesini gördü ve doğum günü partisi korkunç bir berraklıkla zihninde belirdi. Kendini Maria'ya affettirmesi gerektiğini biliyordu, ama onun biraz yumuşaması için zamana ihtiyacı olduğunun da farkındaydı. Eğer şimdi yanına giderse, Maria kapıyı suratına çarpardı.

Matt üzerine, serin tutacak giysiler giydi. Kahvaltıda kalmış pizza yedi. Daire boştu ve kapalı bahçede sadece kuşlar vardı. Dışarı çıkıp sebzeleri suladı.

Doğum günü partilerinin ertesi günü her zaman moral bozucu olurdu. Matt'ın, El Patrón'un klonu olarak elde ettiği güç kaybolur giderdi. Hizmetçiler yeniden onu görmezden gelme oyununa başlamışlardı. Alacránlar ona Furball'ın halıya kustuğu bir şey muamelesi yapıyorlardı.

Saatler uzayıp gitti. Matt biraz gitar çalıştı. Bay Ortega'nın yardımı olmaksızın geliştirmekte olduğu bir beceriydi bu. Müzik eğitmeni ellerini enstrüman üzerinde tutamıyor ve bu yüzden hatalarını yakalayamıyordu. Bir süre sonra Matt, Tam Lin'in hediye ettiği kitabı okumaya başladı. Koruma onları akla ziyan bir yavaşlıkta okuyor olsa da, doğa kitaplarına düşkündü. Matt'ın şimdiden vahşi yaşam, kampçılık, harita okuma ve sağ kalma üzerine yazılmış ve Tam Lin'in kendisinden adamakıllı çalışmasını istediği kitapları vardı. Tam Lin, Ajo Dağları'na keşfe çıktıklarında onu sınıyordu.

Matt'ın bütün etkinliklerinin riskten arınmış olması gerekiyordu. Bu yüzden yalnızca *güvenli atlar* sürmesine izin veriliyor ve yanı başında iki koruma olmadan yüzemiyordu. Ancak altında yataklardan bir dağ olduğunda ipe tırmanabiliyordu. Vücudundaki herhangi bir yara ya da kesik, aşırı bir telaşla tedavi ediliyordu.

Fakat Tam Lin, Matt'ı haftada bir kez eğitsel gezilere çıkarıyordu. Alacránların nükleer enerji istasyonlarını ve –bir *ebleh*'in bile dayanılmaz bulacağı kadar korkunç bir koku ve pislik içindeki– afyon işleme fabrikalarını ziyaret görüntüsü altında yapıyorlardı bu gezileri. Yarı yolda Tam Lin atın burnunu tepelere doğru çeviriyordu.

Matt bu geziler için yaşıyordu. El Patrón, Matt'ın kaç uçurumdan tırmandığını ve kaç çıngıraklı yılanı kandırıp kayaların arasından çıkardığını bir bilse, kalp krizi geçirirdi. Fakat bunlar Matt'ın kendini özgür ve güçlü hissetmesini sağlıyordu.

"Girebilir miyim?" dedi ölgün ve kararsız bir ses. Matt yerinden sıçradı. Dalmıştı. Konuşanın odaya girdiğini duydu. "Ben... Felicia," dedi Felicia kararsızlıkla, sanki kendi kimliğinden emin değilmişçesine.

'Bu büsbütün acayip,' diye düşündü Matt. Şimdiye kadar Felicia ona en küçük bir ilgi göstermemişti. "Ne istiyorsun?" diye sordu Matt.

"Ben... düşündüm ki... Ziyaret edebilirim." Felicia'nın gözleri sanki her an uykuya dalacakmış gibi baygındı. Etrafına belli belirsiz bir tarçın kokusu yayıyordu.

"Neden?" Matt kaba olduğunun farkındaydı fakat Alacránlar da kendisine karşı hep öyle değil miydiler? Ayrıca Felicia'nın ileri geri sallanmasında insanı ürperten bir şeyler vardı.

"Ben... oturabilir miyim?"

Matt ona bir sandalye verdi çünkü kadın bunu kendi başına yapabilecek gibi durmuyordu. Oturmasına yardım etmeyi denedi ama kadın onu itti.

Tabii ki. O bir klondu. İnsanlara dokunmamalıydı. Felicia kendini sandalyeye bıraktı ve bir süre için bakıştılar. "Sen i-i-i-yi bir müzisyensin," diye kekeledi Felicia, bunu itiraf etmek canını yakıyor gibiydi.

"Nereden biliyorsun?" Matt o etraftayken piyano çaldığını hiç hatırlamıyordu.

"Herkes... Öyle olduğunu söylüyor. Bu o kadar şaşırtıcı ki. El Patrón'un hiç... Onun... Müzik damarı yoktur."

"Dinlemekten hoşlanır," dedi Matt. El Patrón'un eleştirildiğini duymaktan hoşlanmazdı.

"Biliyorum. Bir zamanlar beni dinlerdi."

Matt kendini rahatsız hissetti. Felicia'nın diğer insanlardan gördüğü az buçuk ilgiyi elinden almış olmalıydı.

"Bir zamanlar büyük bir konser piyanistiydim," dedi.

"Seni çalarken dinledim."

"Öyle mi?" Felicia'nın gözleri açıldı. "Ah, müzik odası. Eskiden daha iyiydim, şeyden önce..."

"Sinirsel çöküntünüzden önce," dedi Matt. Kadının kararsız konuşmaları sinirine dokunuyordu.

"Fakat... Buraya bu yüzden değil..."

Sabrı taşan Matt bekledi.

"Sana yardım etmeye geldim," diye bitirdi Felicia.

Matt ne tür bir yardıma ihtiyacı olduğunu düşünürken uzun bir duraklama daha oldu. "Maria'yı sarstın. Bütün gece ağladı."

Matt rahatsız hissetti. Felicia'nın ne ilgisi vardı bu olayla?

"O... seni görmek istiyor."

"Olur," dedi Matt.

"Fakat o... Göremiyor musun? Babası onun buraya gelmesine izin vermez. Bu sana bağlı."

"Ne yapmalıyım?"

"Ona git," diye bağırdı Felicia, Matt'ın hiç beklemediği bir enerjiyle. "Şimdi, haydi." Bu çaba kadını tüketmiş gibiydi. Başı sarktı ve gözleri kapandı. "İçecek bir şeyin... Var mıydı?" diye fısıldadı.

"Celia burada alkol bulundurmaz," dedi Matt. "Hizmetçilerden birini çağırayım mı?"

"Boş ver." Felicia derin bir nefes aldı ve zar zor ayağa kalktı. "Maria hastanede bekliyor. Bak bu... Önemli." Bunu söyledikten sonra Felicia kapıya gitti ve tarçın kokulu bir hayalet gibi koridora bıraktı kendini.

Hastane Matt'ın gitmekten hoşlandığı bir yer değildi. Diğer yapılardan ayrı, çorak bir arazi ve alçak, boğa boynuzu sarmaşıklarıyla çevrili bir binaydı bu. Sarmaşıklar yapraklarını ayakkabıları bile delip geçebilen bu sert, acımasız dikenlerle koruyorlardı.

Matt çorak arazide dikkatle ilerledi. Yerden yayılan sıcaklık penceresiz gri binayı parlatıyordu. Hastane, her yere tuhaf, irkiltici bir kokunun sindiği bir hapishane gibiydi. Matt yılda iki kez, acılı ve aşağılayıcı testlerden geçmek üzere, istemeye istemeye sürüklenirdi buraya.

Girişteki merdivenlere oturdu ve sandaletlerinde diken olup olmadığına baktı. Maria büyük olasılıkla bekleme odasındaydı. Sandalyeler, dergiler ve bir soğuk içecek makinesiyle fena yer sayılmazdı orası. Matt'ın yüzünden ter damlıyordu ve gömleği bedenine yapışmıştı. Kapıyı açtı.

"Seninle neden konuşacağımı anlamadım," dedi Maria. Kucağında bir dergi, sandalyelerden birinde oturuyordu. Gözleri şişmişti.

"Bu senin fikrindi." Matt dilini tuttu hemen. Onunla barışmaya gelmişti, kavga çıkarmaya değildi. "Yani iyi bir fikirdi."

"Beni davet eden sensin," dedi Maria. "Neden hoş bir yer seçmedin? Burası ürkünç."

Matt'ın içine kuşku düştü. Maria ayağa kalkmaya davranınca ona "Seni ben davet etmedim. Dur! Bir dakika!" diye bağırdı. "Seni gerçekten görmek istiyordum. Galiba... Galiba partide domuzluk ettim."

"Galiba mı?" dedi Maria azarlar gibi.

"Pekâlâ, tam bir domuz gibi davrandım. Ama sen de hediyeni geri almak zorunda değildin."

"Tabii ki zorundaydım. Eğer bir hediye öfkeyle verilirse hiçbir işe yaramaz."

Matt düşündüğü ilk yanıt ağzından kaçmadan durdu. "Bugüne kadar aldığım en güzel hediyeydi."

"A tabii, ne demezsin! El Patrón'un verdiği minik süper arabadan da güzeldi!"

Matt onun yanına oturdu. Kız mümkün olduğunca uzaklaştı ondan.

"Şekerlemeyi paketleme biçimin gerçekten çok hoşuma gitti."

"Hangi kâğıdı kullanacağıma karar vermek çok vaktimi aldı." Maria'nın sesi titredi. "Fırlatıp atarsın sen onu şimdi."

"Hayır atmam," diye söz verdi Matt. "Özenle düzelttim, sonsuza dek saklayacağım."

Maria hiçbir şey söylemedi. Başını öne eğip ellerine baktı. Matt daha bir yaklaştı ona. Gerçek şuydu ki, onun kendisini öpmesinden hoşlanıyordu –Furball'ı günde atmış kez öpüyor olsa bile. Kendisi onu hiç öpmemişti fakat şimdi barışmak için bunu deneyebilirdi.

"Güzel. İkiniz de buradasınız."

Matt geri sıçradı. Tom kapıda dikilmiş duruyordu. "Bizi nasıl buldun?" diye hırladı Matt.

"Bizim nerede olduğumuzu tabii ki biliyordu. Beni buraya getirmesini ona sen söyledin," dedi Maria.

"Bu da nereden çıktı," dedi Matt. Parçalar şimdi yerine oturuyordu. Tom, Maria'ya, Felicia da Matt'a mesaj taşıma numarası yapmıştı. Birlikte bir dolap çeviriyorlardı. Matt şimdiye kadar

Felicia'nın tehlikeli olabileceğini düşünmemişti, ama onu hiç tanımıyordu ki.

"Görmekten hoşlanacağınızı düşündüğüm bir şey var," dedi Tom. Yüzü aydınlık ve arkadaşçaydı, mavi gözleri masumca parlıyordu. Matt onu dikenlerin içine yuvarlamayı istedi.

"Burada mı?" dedi Maria kuşku dolu bir sesle.

"Cadılar Bayramı gibi, hatta daha da beter. Gördüğünüz en çirkin, en dehşetli şey ve eminim onu görünce ikiniz de altınıza yapacaksınız," dedi Tom.

Maria, "Senin gözlerini yerinden uğratacak şeyler yaptım ben," diye dudak büktü. "Tam Lin bana akrepleri nasıl elime alacağımı gösterdi, hatta kolumda bir tarantulanın yürümesine bile izin verdi."

Matt, Maria'nın cesaretine şaştı. Tam Lin aynı şeyleri ona da göstermişti, ama Matt neredeyse Tom'un dediği gibi...

"Bu daha beter," dedi Tom. "Matt'ın yatağına tavuk pislikleri koyduğu ve *Chupacabras*'ın dışarıda olduğunu düşündüğün o Cadılar Bayramı'nı hatırladın mı?"

"Ben öyle bir şey yapmadım. Sen yaptın!" diye bağırdı Matt.

"Hani elini tam içine daldırdın da..." dedi Tom, Matt'ı umursamadan. "Bağırmaktan aklını yitirecektin hani."

"Çok kötüydü," dedi Maria.

"Ben yapmadım!" diye itiraz etti Matt.

"Her neyse, bu daha da beter," diye şişindi Tom. "Yeterince cesaretiniz var mı bilmiyorum."

"Onun cesareti yoktur," dedi Matt.

"Ne yapıp yapamayacağımı söyleme bana!" Maria'nın gözlerinde katır gibi inatçı bir bakış vardı. Matt'ın yüreği sıkıştı. Tom'un iğrenç bir şey yapacağından emindi, ama bunun ne olduğunu henüz çıkaramamıştı.

"Hadi... Yalnızca sorun çıkarmak istiyor." Matt, Maria'nın elini yakalamaya çalıştı fakat kız kolunu kurtardı ondan.

"Dinleyin." Tom bekleme odasında hastanenin geri kalanına

açılan kapıyı araladı. Matt içinde bir kasılma hissetti. Bu odalarla ilgili bazı kötü anıları vardı.

Tom'un yüzü keyifle aydınlanmıştı. Matt bu ifadenin Tom'un en tehlikeli olduğu zamanlar ortaya çıktığını keşfetmişti. Tam Lin'in söylediği gibi, Tom'u tanımayan biri, onun kutsal kapıların anahtarını taşıyan bir melek olduğunu düşünebilirdi.

Uzaktan miyavlamayı andıran bir ses geliyordu. Ses bir süre için devam ediyor, sonra duruyor derken yeniden duyuluyordu.

"Kedi sesi mi bu?" dedi Maria.

"Eğer öyleyse süt için miyavlamadığı kesin," diye düşündü Matt. Seste öylesine bir dehşet ve umutsuzluk vardı ki, Matt'ın tüyleri diken diken olmuştu. Bu sefer Maria'nın elini yakalamayı başardı.

"Kediler üzerinde deneyler yapıyorlar!" diye bağırdı Maria birden. "Ah, ne olur! Onları kurtarmam için bana yardım etmek zorundasın!"

"Önce izin istesek iyi ederiz," dedi Matt. Kapının ötesine geçmeye hiç niyeti yoktu.

"Kimse bize izin vermez," diye hırçınlaştı Maria. "Görmüyor musun? Yetişkinler bu deneylerde hiçbir yanlışlık görmüyorlar. Kedileri buradan uzaklaştırmak zorundayız. Babam onlara yardım eder, doktorlar onların nereye gittiğini bulamaz."

Matt durmak bilmeyen sesi dinlerken buz kesmişti. "Daha fazla kedi bulurlar," diye fısıldadı.

"İnsanların hep kullandığı bahane bu! Kimseye yardım etme. Nasılsa köleleştirecek daha fazla kanun kaçağı bulabilir, fakir insanları açlıktan öldürebilir ya da kedilere işkence edebilirler." Maria'nın öfkesi gittikçe artıyordu. Matt umutsuzluk içinde onu sakinleştirmeye çalıştı.

"Bak, önce babana sormalıyız," diye başladı.

"Bu kedinin acı çekmesine bir saniye daha dayanamam! Benimle misin değil misin? Değilsen tek başıma gidiyorum!"

"Seninle geliyorum," dedi Tom.

Artık Matt için kararsızlığa yer yoktu. Tom'un, Maria'yı hazırladığı dehşeti göstermeye tek başına götürmesi söz konusu olmazdı.

Maria koridorda yürümeye başlamıştı, ancak çığlıklar yaklaştıkça adımları yavaşladı. Matt hâlâ onun elini tutuyordu. Eli soğuk ve terliydi –belki de soğuk ve terli olan Matt'ın eliydi. Ses tam da kedi sesine benzemiyordu. Matt'ın daha önce duyduğu hiçbir sese benzemiyordu, ama bu sesteki acı tartışılmazdı. Kimi zaman bir çığlık halini alıyor, sonra sanki sesi çıkaran şey tükenmiş gibi yavaşlayıp duruyordu.

Bir kapının önüne geldiler. Kapalıydı. Matt ödlekçe kilitli olmasını diledi.

Kilitli değildi.

Tom kapıyı itip açtı. Matt önlerindeki yatakta uzanan şeyin ne olduğunu bir an algılayamadı. Gözlerini deviriyor, kendisini bağlayan kayışları çekiştirerek umutsuzca çırpınıyordu. Çocukları gördüğünde ağzı dehşetli bir yuvarlak halini aldı ve Matt'ın hayal edemeyeceği kadar şiddetli bir çığlık kopardı. Bu nefesi tükenene kadar sürdü ve daha sonra gücü tükeninceye kadar hırladı ve nihayet soluksuz kalakaldı.

"Bu bir çocuk," diye fısıldadı Maria.

Öyleydi. Ancak yüzü öylesine yabancı ve korkunçtu ki, Matt önce onun bir tür hayvan olduğunu düşündü. Hamur gibi sağlıksız bir teni ve kızıl, fırça gibi dikilmiş saçları vardı. Hiç güneşe çıkmamış gibiydi. Elleri bileklerini tutan kayışlardan eciş bücüş pençeler gibi çıkmıştı. Yaşadığı dehşet yüzünden, üzerindeki yeşil hastane pijamalarını kirletmişti. En berbat olanı kıstırılmış bedeninde dönenip duran korkunç enerjiydi. Yaratık durmaksızın hareket ediyordu. Sanki derisinin altında görünmez yılanlar kıpırdıyordu. Kollarını ve bacaklarını aralıksız bir özgürlük çabasıyla çeviriyordu.

"Bir çocuk değil bu," dedi Tom kibirle. "Bir klon."

Matt midesine bir yumruk yemiş gibi hissetti. Daha önce hiç

başka bir klon görmemişti. Yalnızca insanların bu tür şeylere olan nefretinin ağırlığını hissetmişti. Bunu anlayamıyordu, çünkü ne de olsa klonlar da insanların pek sevdiği köpeklerle kediler gibiydiler. Üzerinde biraz düşünecek olsa, kendisinin bir ev hayvanı, ancak akıllı bir ev hayvanı olduğuna karar verirdi.

Matt, Maria'nın artık elini tutmadığını fark etti. Tom kendisine sokulan kızı kollarıyla sarmıştı. Yaratık –klon– yeniden enerji kazanmış gibi tekrar çığlıklar atmaya başladı. Çocuklardaki bir şey onu dehşete düşürmüştü ya da belki her zaman böyleydi. Dili ağzından fırlamıştı ve salyaları çenesine akıyordu.

"Kimin klonu bu?" diye fısıldadı Maria.

"MacGregor'un. Adam gerçek bir enkaz, karaciğeri alkolden tamamen erimiş," dedi Tom telaşsız, sohbet eder bir tonda. "Annem bunun Azrail'in geçerken almayı unuttuğu bir şeye benzediğini söylüyor."

'Annesi,' diye düşündü Matt, 'Felicia.'

"Onlar bunu... Yapacaklar mı?" dedi Maria.

"Bu gece," dedi Tom.

"Ona bakmaya dayanamıyorum!" diye inledi Maria. "Bu konuda düşünmek istemiyorum!" Tom onu oradan uzaklaştırdı. Matt bu kötü ruhlu veledin yaşananların her anından keyif aldığını biliyordu.

"İkinizi yalnız bırakalım mı?" diye sordu Tom kapıdan.

Matt gözlerini yataktaki şeyden alamıyordu. Bu yaratıkla aynı türden bir şey olması imkânsızdı. Mümkün değildi bu! Yaratık bir başka korkunç çığlık atmak üzere ağzını açtı ve Matt aniden bu şeyin kime benzediğini fark etti.

Tabii ki MacGregor'a benziyordu, ne de olsa onun klonuydu; fakat adamda yetişkinliğin verdiği kimi farklılıklar yüzünden MacGregor'la bu yaratık arasındaki benzerliği görmekte zorlanmıştı. Daha çok... Bir yakınlık düşündürecek ölçüde... Matt birden, "Sana benziyor bu," dedi Tom'a.

"Dilek tut! Dilek tut!" diye bağırdı Tom. Neşeli sırıtması yüzünden silinmişti.

"Maria baksana. Aynı kızıl saçlar ve aynı kulaklar."

Fakat Maria bakmayı reddetti. "Çıkar beni buradan," diye inledi yüzü Tom'un gömleğine gömülmüş olarak.

"Ben bu şey gibi değilim!" diye bağırdı Matt. "Kör müsün!"

Onu Tom'dan çekip ayırmaya çalıştı, fakat kız bağırdı: "Dokunma bana! Bunu düşünmek istemiyorum!"

Matt öylesine bir hayal kırıklığı ve öfke hissediyordu ki patlayacak gibiydi. "Buraya bir kediyi kurtarmaya gelmiştin. Şimdi şuna bakar mısın! Kurtarılması gerekiyor!"

"Hayır, hayır, hayır," diye inledi Maria. Müthiş bir paniğe kapılmıştı. Tom'a yapışıp "Götür beni buradan!" diye bağırdı.

Tom onu hemen koridora çıkardı. Arkasına dönüp vahşi bir zafer edasıyla Matt'a baktı. Matt peşinden koşup onu öldüresiye dövmemek için dişlerini sıkarak kendini tuttu. Bunun Maria'ya da Matt'a da hiçbir yararı olmazdı; yalnızca Maria'yı kendisinin gerçekten bir hayvan olduğuna inandırırdı.

Maria'yla Tom'un ayak sesleri uzaklaşırken, Matt bir süre koridorda durup yataktaki şeyin miyavlayan sesini dinledi. Daha sonra kapıyı kapayıp onların peşinden gitti.

13

NİLÜFERLİ GÖL

Matt biriyle konuşmak zorundaydı. Dehşetten bir köpek gibi ulumamak için bir şeyler yapmalıydı. Bir klon değildi o! Olamazdı! Bir yerlerde bir şeyler yanlış olmuştu. Doktorun kazara duyduğu sözleri geldi aklına: "Klonlar yaşlandıklarında parçalanırlar." Ne olacaktı ona? Nefesi kesilene dek bağırıp çağıracağı bir yatağa bağlanmak mı olacaktı sonu?

Tam Lin, El Patrón'la birlikteydi ve evin sıkıca korunan bu kısmına Matt bile izinsiz giremezdi. Onun yerine mutfağa koştu. Celia onun yüzünü görünce önlüğünü astı. "Şu çorbayı benim için karıştırır mısın?" dedi bir aşçı yamağına. Matt'ın elini tuttu ve, "Bir öğle tatili yapalım olur mu, *chico*?" dedi. "Alacránlar varsın pabuçlarını yesinler, umurumda değil."

Bütün hizmetçiler arasında yalnızca Celia, Alacránlara aklına estikçe hakaret edebilirdi –yüzlerine karşı değil tabii ki. Hiç onların kölesiymiş gibi davranmazdı. Matt gibi o da El Patrón'un koruması altındaydı.

Celia dairesine girip kapıyı kapatana kadar hiçbir şey söylemedi. Sonra, "Tamam. Kötü bir şey oldu," dedi. "Maria hâlâ öfkeli mi?"

Matt nereden başlayacağını bilmiyordu.

"Eğer üzgün olduğunu söylersen seni bağışlar," dedi Celia. "İyi bir çocuktur o."

"Özür diledim ama..." diyebildi Matt.

"Kabul etmedi demek ki. Eh, bazen böyle şeyler olur. Bazen nasıl hissettiğimizi gösterebilmek için biraz sürünmemiz gerekir."

"Sorun bu değil."

Celia, Matt artık büyüdüğünden, şimdilerde pek seyrek yaptığı bir şeyi yapıp onu kucağına aldı ve ona sıkıca sarıldı. Matt kendini daha fazla tutamadı. Kontrolünü kaybedip hıçkırarak ağlamaya başladı, kadının kendisini itmesinden korkarak sımsıkı yapışmıştı ona.

"Hadi ama, Maria kin tutmaz. Ona öfkelendiği insanların bir listesini yaptırman gerek çünkü bunu yarım saatten fazla hatırlayamaz." Celia onu ileri geri sallarken bir yandan da zar zor anlaşılan yatıştırıcı sözler mırıldanıyordu. Matt'ın tüm hissettiği, Celia'nın sesindeki müzik, kollarının sıcaklığı ve onun yanında olduğu gerçeğiydi.

Sonunda hastanede olup biten her şeyi anlatabilecek kadar sakinleşti.

Celia bir an için hareketsiz kaldı. Soluk bile almadı. "O... Küçük... Sürüngen..." diyebildi en sonunda.

Matt kaygıyla baktı ona. Kadının yüzü sararmış, gözleri uzaklara dalmıştı. "Aslında Tom'un babası MacGregor'dur, biliyor musun?" dedi Celia. "Sana bu yaşta bunları anlatmamam lazım, fakat Alacránların evinde hiç kimsenin çocukluğu doğru düzgün geçmemiştir. Hepsi akreptir bunların. İnan ki El Patrón bu ismi çok doğru seçmiş."

"Tom nasıl MacGregor'un oğlu olabilir? Felicia Bay Alacrán'la evli."

Celia acı acı güldü. "Evliliğin bu takım için hiçbir anlamı yoktur. Felicia yıllar önce MacGregor'la kaçtı. Sanırım buralarda takılmaktan sıkılmıştı. Gel gör ki, hiçbir şey istediği gibi olmadı. El Patrón onu geri getirtti –kendisine ait nesnelerin elinden alınmasından hiç hoşlanmaz. MacGregor da itiraz etmedi buna. Felicia canını sıkmaya başlamıştı anlaşılan.

“Bay Alacrán çok ama çok öfkeliydi, çünkü o Felicia’yı geri istemediği halde, El Patrón bildiğini okumuştu. Bay Alacrán artık Felicia ile konuşmuyor. Ona bakmıyor bile. Kadın evde bir mahpus gibi. Sadece hizmetçiler içebildiği kadar içmesini sağlıyorlar, ki bu da ciddi bir miktardır, bana kalırsa.”

“Ya Tom?” diye üsteledi Matt.

“Tom, Felicia buraya döndükten altı ay sonra doğdu.”

Matt bu bilgiyi aldıktan sonra kendini biraz daha iyi hissetti. Felicia’nın onurunu kaybetmiş olması hoşuna gitmişti, ama hâlâ soracak soruları vardı. Cesaretini toplayıp en önemli olanını sordu. “MacGregor’un klonunun hastalığı ne?”

Celia tedirginlik içinde etrafa bakındı. “Seninle bu konuşu konuşmamam gerekiyor. Onun hakkında hiçbir şey öğrenmemeliydin.”

“Fakat biliyorum işte,” dedi Matt.

“Evet. Evet. Tom’un marifeti. Anlamıyorsun *mi vida*, hepimiz klonlar hakkında konuşmamak üzere uyarıldık. Bizi kimin dinlediğini asla bilemeyiz.” Celia tekrar etrafına bakındı ve Matt, Tam Lin’in evdeki gizli kameralar hakkında anlattıklarını hatırladı.

“Eğer bana söylersen, bu senin değil, Tom’un hatası olur,” dedi Matt.

“Doğru. Gördüklerinden sonra bunu nasıl olur da sana anlatmam, bilemiyorum doğrusu.”

“O zaman MacGregor’un klonunun hastalığı ne?”

“Onun... Beyni tahrip edildi.”

Matt bunu duyunca irkildi.

“Klonlar dünyaya geldiğinde onlara bir tür ilaç verilir. Bu onları budala haline getirir,” diye ekledi Celia, önlüğüyle gözlerini silerken.

“Neden?”

“Yasa böyle. Nedenini bana sorma. Sana söyleyemem.”

“Fakat bana ilaç verilmedi,” dedi Matt.

“El Patrón sana bunun yapılmasını istemedi. Kanunları çiğneyecek kadar güçlüdür o.”

Kendisini böylesi korkunç bir yazgıdan kurtaran yaşlı adama karşı, Matt'ın içi minnettarlıkla doldu. Matt okuyup yazabilir, tepelere tırmanabilir, müzikle ilgilenebilir ve gerçek insanların yaptığı her şeyi yapabilirdi, çünkü El Patrón onu seviyordu. "Benim gibi başkaları da var mı?" diye sordu.

"Hayır, sen teksin," dedi Celia.

Tek olmak! Biricikti o. Özeldi. Matt'ın göğsü kabardı. İnsan olmayabilirdi fakat daha iyi bir şey haline gelmesi, ailesi için bir utanç olan Tom'dan daha iyi biri olması mümkündü. Birden korkunç bir düşünce geldi aklına. "Doktorlar... Onlar, daha sonra ilaç verecekler mi bana?"

Celia onu tekrar kucakladı. "Hayır aşkım. Güvendesin sen. Yaşadığın sürece güvendesin." Matt nedenini bilmiyordu, ama kadın ağlıyordu. Belki gizli kameraların önünde ona söylediği şeyler yüzünden korkuyordu.

Matt rahatlayıp gevşedi. Olanlar tüketmişti onu, uzun uzun esnedi.

"Biraz kestir, *mi vida*," dedi Celia. "Daha sonra sana mutfaktan güzel bir şeyler getiririm." Onu yatak odasına götürdü, havalandırmayı açtı ve perdeleri çekti.

Matt örtülerin altına uzanınca üstüne tatlı bir hafiflik çöktü. O kadar çok şey olmuştu ki: Kâbus gibi geçen parti; o kasvetli hastane; MacGregor'un klonu... Maria'nın yataktaki şeyi gördükten sonra kendisinden kaçması incitmişti Matt'ı. Daha sonra Maria'yı arayacak ve ona kendisinin tamamıyla farklı olduğunu gösterecekti.

Matt uykuya dalarken, MacGregor'un bir oğlu olduğu halde neden bir klon istediğini düşündü. Bu, El Patrón'un Tom'u ondan alması yüzünden olabilirdi. Ve Tom hiçbir babanın yanında istemeyeceği acayip, küçük bir solucan olduğu için.

Uykuya dalarken, 'Ama o zaman, onu neden korkunç durumdaki bir klonla değiştirmek istesin ki?' diye bir düşünce geçti zihninden.

Maria, Matt'la konuşmayı reddediyordu. Babasının dairesinde gizleniyor ya da onu ne zaman görse yanında mutlaka bir grup insan bulunuyordu. Fakat Matt, Maria'nın zekâsına güveniyordu. Onu yalnız yakalayabilse ve kendisinin diğer klonlardan ne kadar farklı olduğunu açıklayabilse, Maria anlardı.

MacGregor ameliyatını olmuştu. Felicia'nın söylediği gibi hâlâ Azrail'in geçerken almayı unuttuğu bir şeye benziyordu, ama gün geçtikçe iyileşiyordu. O ve El Patrón yan yana iki tekerlekli sandalyede oturup eski günlerden konuşuyorlardı -yok ettikleri rakiplerinden ve devirdikleri hükümetlerden.

"Yeni bir karaciğer taktırdım," demişti MacGregor karnına pat pat vurarak, "Hazır açtırmışken bir çift de böbrek taktırdım." Sonra Tom'unkilere çok benzeyen parlak mavi gözlerini Matt'a dikmişti. Onu iğrenç buluyordu Matt. Adamın evine dönmesi için dua ediyordu.

Maria kısa bir süre içinde yatılı okula gidecekti. Matt hemen harekete geçmek zorunda olduğunu fark etmişti. Bahçenin öte tarafında çantasına Furball'ı koyduğu için yavaş adımlarla dolaşan Maria'yı seyrederken, aklına bir çözüm geldi. Maria köpeğini her zaman yanında taşımıyordu. Senatör Mendoza köpeği ara sıra apartmanlarındaki banyoya kapatıyordu. Matt köpeği çalıp ona da bir kurtarmalık notu yollasa nasıl olurdu?

Nilüferli havuzun yakınında bir tulumba kulübesi vardı. Devasa mor salkımların gizlediği bu yapı oldukça serindi. Matt, Furball'ı buraya gizleyebilirdi. Fakat hayvanın havlamasına nasıl engel olacaktı? Ağında sallanan bir örümcek bile Furball'ı telaştan çılgına çevirirdi.

'Eğer uyursa havlamaz,' diye düşündü Matt.

Matt müzik odasının arkasındaki gizli geçitte çok vakit geçirmişti. Düşmanlarının ensesinde sürünen bir süper kahraman numarası yapmak hoşuna gidiyordu. Kahramanı artık *El Latigo Negro* değil, uluslararası bir ajan olan *Don Segundo Sombra*'ydı –Bay

İkinci Gölge. *Kara Kırbaç* çocuklar içindi, oysa *Don* yarış arabaları sürmek, jetlerden paraşütle atlamak gibi yetişkin işi şeyler yapıyordu. Daha müthiş bir kahraman ise *El Sacerdote Volante – Uçan Rahip*'ti. *Uçan Rahip* kutsal suyunu püskürterek şeytanların derilerinde delikler açıyordu.

Gizli geçitten ulaşılabilen dolaplardan biri Felicia'ya aitti. Tepeleme içki doluydu. Daha ilginci –ve daha işe yarayacak olan– ise göz damlası şişelerinin bulunduğu bir raftı. Bunlarda afyon ruhu bulunuyordu. Afyon işini ev ödevlerinin bir parçası olarak incelemiş olan Matt, afyon ruhu hakkında her şeyi biliyordu. Afyon ruhu alkolde çözülmüş afyondu ve çok güçlüydü. Bir bardak meyve suyuna damlatılan üç damlası insanı sekiz saatliğine yere serebilirdi. Felicia bütün şehri devirecek kadarını depolamıştı dolabına. Her zaman öyle sarsak olmasında şaşacak bir şey yoktu.

Matt kadının bahçede bir şezlonga uzandığını görene kadar bekledi ve sonra gizli geçitten fırladığı gibi küçük şişelerden birini arakladı.

Nilülerli göl evin geniş bahçelerindeki bir düzine gölden biriydi. Yazları gölgesiz olduğundan burada kimsecikler olmazdı. Uçup gitmelerini engellemek için kanatlarının ucu kırpılmış balıkçıllar papirüs otları arasında dolaşarak zambak yaprakları arasına gizlenmiş olan kurbağaları avlıyorlardı. El Patrón'un antik Mısır bahçesi denen şeyden anladığı buydu. Etrafı çeviren duvarlara antik tanrıların figürleri resmedilmişti.

Matt mor salkımı eliyle itip tulumba kulübesine girdi. Karanlık ve rutubetliydi içerisi. Furball için boş çuvallardan bir yatak hazırladı ve bir kaseyi suyla doldurdu.

Dışarı çıktığında taş kesildi. Tom elleri ve dizleri üzerinde bahçenin diğer tarafında çökmüştü. Arkası dönük, çimenin üzerinde bir şeyi seyre dalmıştı. Matt mor salkımların altından yavaşça süzüldü. Papirüsler arasında sessizce yürüyerek eve tekrar dalmak istedi. Ancak birden balıkçıllardan biri çimenlerden kalktı. Kırpılmış kanatlarını çırparak havuzun üzerinden geçti.

Kuşun yaptığı gürültü Tom'u yerinden sıçrattı ve o anda Matt'ı gördü. "Aa! Sen burada ne yapıyorsun?"

"Seni seyrediyorum," dedi Matt soğuk soğuk.

"Bak bu seni ilgilendirmez! Evin ait olduğun bölümüne dön!"

"Bu evin bütün bölümleri bana ait," dedi Matt. Tom'un arkasına bakınca çimenin üzerinde bir kurbağa gördü. Arka ayakları zemine çivilenmiş olan hayvan çılgınca sıçrıyor, kurtulmaya çalışıyordu.

"İğrençsin!" dedi Matt. Yürüyüp kurbağanın ayaklarını serbest bıraktı. Yaratık suya sıçradı.

"Yalnızca bilimsel bir deney yapıyorum," dedi Tom.

"Evet, ne demezsin! Maria bile inanmaz buna."

Tom'un yüzü öfkeden kıpkırmızı kesildi ve Matt kavga için gardını aldı; fakat o anda içindeki öfke sanki hiç su yüzüne çıkmamış gibi silinip gitti. Matt ürperdi. Tom'da ne zaman böyle anlık kaymalar görse içi sıkışırdı. Bu tıpkı bir belgeselde timsahın suya dalışını izlemek gibi bir şeydi. Timsahın bir saldırı planladığını bilirdiniz, ama bunun ne zaman olacağını bilemezdiniz.

"Böyle bir yeri inceleyerek birçok şey öğrenebilir insan," dedi Tom sakin bir ses tonuyla. "Balıkçıllar kurbağa yiyerek, kurbağalar böcek yiyerek, böcekler de birbirlerini yiyerek hayatta kalıyorlar. Bu hayatın anlamını öğretiyor insana." Tom profesyonel *tatlı çocuk* gülüşünü takınmıştı yüzüne. Ama Matt'ı kesinlikle kandıramazdı.

"Dur tahmin edeyim. Sen balıkçılların tarafında oluyorsun," dedi Matt.

"Tabii ki. Kim besin zincirinin son halkası olmak ister?" dedi Tom. "İnsanlarla hayvanlar arasındaki fark budur işte. İnsanlar en tepededir, hayvanlarsa -ne diyeyim- yürüyen pirzolalar ve butlardan başka bir şey değildirler." Yürüyüp gitti. Matt'ın berbat oyununu bozmuş olmasını hiç umursamadığını gösterircesine, rahat, tasasız bir yürüyüştü bu. Matt onun eve girip gözden kaybolmasını seyretti.

'Ne kokuşmuş bir velet,' diye düşündü Matt. Kendisi Maria'yla konuşurken Tom'un etrafta dolaşmasını istemiyordu. Şu afyon ruhunu Tom'a içirebilseydi ya. Matt bir an için bu düşüncenin tadını çıkardı, fakat bunun aşırıya kaçmak olacağını biliyordu.

Maria ertesi günü, sabahtan akşam yemeğine dek köpeğine yapışık geçirdi. Sonunda Senatör Mendoza, "Allah aşkına Maria. Burnumun direği kırıldı," dedi.

Bunun üzerine kız, yaratığı kaldırıp yüzüne yaklaştırarak, yumuşak bir sesle, "Pislikle mi oynadın yoksa?" dedi. "Öyle mi yaptın şekerim?"

"Çıkar şunu buradan," diye patladı babası.

Matt duvardaki bir resmin ardından olanları gözlüyordu. Perdeler boyunca sürünerek Maria'yı izledi. Onunla şimdi konuşabilse bu salak köpeği kaçırmak zorunda kalmayacaktı. Kız Furball'ı dairesine tıktı ve kapıyı kapadı. Kapının öte tarafından iç sızlatan inlemeler yükseldi.

"Maria..." diye başladı Matt.

"Ah merhaba. Dinle koşturmak zorundayım. Eğer hemen dönmezsem babam çok kızar."

"Yalnızca konuşmak istiyorum."

"Şimdi olmaz!" diyerek atlattı onu Maria. Sandaletlerini zemine pat pat vurarak koridordan koşarak uzaklaştı.

Matt ağlamak istedi. Neden işleri bu kadar zorlaştırıyordu bu kız? Dinlese ölür müydü?

Hemen Celia'nın dairesine gitti. Daha önce buzdolabında gözüne çarpan pişmemiş hamburger köftelerinden bir kase aldı. Çıkarken koridordan hizmetçilerin gelip gelmediğine baktı. Maria'nın kapısını açtığı an, Furball koltuğun altına sıvışıp saklandı. Harika!

Matt, Maria'nın hayvanı dolaştırmak için kullandığı çantayı

buldu. Çantayı açıp içine baştan çıkarıcı bir parça hamburger koydu. Köpek salyaları akarak mızıldanıyordu. Maria veterinerin tavsiye ettiği özel bir diyet uyguluyordu hayvana; bu diyette pişmemiş et yoktu. Pişmemiş et fikri Maria'nın hiç hoşuna gitmezdi.

"İstiyorsun değil mi? Haydi, istiyorsun," dedi Matt.

Furball yalandı.

Matt bir parça köfte alıp kokusu köpeğe gidecek şekilde üfledi.

Furball titreyip birkaç kez yutkundu. Sonunda daha fazla dayanamayıp dışarı fırladı. Matt'ın onu çantanın içine hapsetmesi anlık bir iş oldu. Furball hırlayıp pençeleriyle çantanın içini tırmalayarak dışarıya çıkmaya çalıştı. Matt çantanın içine bir parça hamburger tıkıştırayım derken hayvan elini ısırıp kanattı. Furball acıklı bir biçimde uluyordu.

Matt, içeriye avuç avuç et doldurarak "Al kendin ye aptal!" diye bağırdı. Yutkunma, yalanma ve çılgın soluma sesleri duydu. Daha sonra mucizevi bir şekilde hayvan çantanın içine yayıldı ve uykuya daldı. Matt emin olmak için içeriye bir göz attı. Her şey umduğundan bile iyi gitmişti.

Çantayı sırtına attığında taşındığını hisseden hayvandan öfkeli havlama sesleri bekliyordu. Çıt çıkmadı. Furball çantanın içinde taşınmaya alışıktı. Sürekli çantada uyurdu ve bu karanlık, küçük mağaraya kapatılmak olmak ona güven veriyor olmalıydı. Matt bunu anlayabiliyordu. Kendisi de karanlık kuytuluklara düşkündü.

Maria'nın yastığının altına bir not bıraktı: *Nilüferli gölde gece yarısı buluşursak köpeğinin nerede olduğunu söylerim sana.* Kendi ismiyle imzaladı kâğıdı. Daha sonra, *P.S. hiç kimseye söyleme, yoksa köpeğini bir daha asla göremezsin!!!* yazdı. Matt bu satırın adice olduğunu hissediyordu ama çaresizdi, imkânsıza karşı savaşıyordu.

Daireden sıvıştı. Köpeğin kendisinin açtığını düşünsünler diye, kapıyı aralık bıraktı. Koridorlar boştu ve nilüfer bahçesinde, kurbağaların varoluşu üzerine düşünceye dalmış balıkçıllar dışında kimse yoktu. Her şey harika gidiyordu. Matt çantayı tulumba kulübesine bıraktığında Furball hafifçe kıpırdadı fakat havlamadı.

Matt onu çantada bırakmaya karar verdi. İstediği zaman çıkıp su ve hamburgerin kalanını bulabilirdi. Matt afyon ruhunu bir rafa koydu. Açıkçası bunu kullanmak zorunda kalmadığı için rahatlamıştı. Furball'dan hoşlanmasa da, ona Felicia'yı bir zombiye çeviren bu şeyden vermek yanlış görünüyordu.

Maria öğle yemeğinden hemen sonra Furball'ın kaybolduğunu fark etti. Matt hariç herkesi onu bulmak için örgütledi. Matt bağırmalar duyuyordu; fakat hayvanı tanıyan herkesin bileceği gibi bu boşunaydı. Köpek hep aynı numarayı yapardı: Gizlenecek bir yer bulup saklanır ortadan el ayak çekilene dek orada kalırdı.

Matt çıktığında Celia uyuyordu. Koridorların birçoğunda ışıklar söndürülmüştü; aralarında kara gölgeler vardı. Kısa bir süre öncesine kadar Matt bu kadar geç bir saatte dışarıya çıkmaya çekinirdi. Artık vampirlere ya da *Chupacabras*'a inandığı yoktu, ama gecenin karanlık, ölü hareketsizliği sanki hepsini geri getiriyordu. Ya Maria dairesini terk edemeyecek kadar korkak davranırsa? Matt bunu düşünmemişti. Eğer kız gelmezse bütün plan suya düşecekti.

Ayak sesleri zeminde yankılanıyordu. Kimsenin onu izlemediğinden emin olmak için birçok kez duraladı. Saatini kontrol etti. Gece yarısına çeyrek vardı. Celia'ya göre ölülerin tabutlarının kapağını battaniye gibi üzerlerinden attıkları vakitti bu. 'Saçmalama,' dedi Matt kendine.

Nilüferli bahçeyi yalnızca yıldızlar aydınlatıyordu ve ılık hava durgun su kokusuyla doluydu. Tek bir palmiye yaprağı oynamıyordu. Vızıldayan bir tek sivrisinek yoktu. Papirüslerin arasında bir yerlerde, balıkçıllar belki uyuyorlar; belki de onu dinliyorlardı. Eğer orada olduğunu fark etseler ne yaparlardı acaba?

'Vesveseyi kes,' dedi Matt kendi kendine. 'Sadece kuş onlar. Uzun bacaklı tavuklar.'

Vraklayan bir kurbağa, neredeyse Matt'ın elindeki feneri düşürmesine neden olacaktı. Matt feneri havuza tuttu. Bir su sesi ve kanat hışırtısı duydu.

Matt mümkün olduğunca ağır adımlarla tulumba kulübesine doğru yürüdü. Furball'ın şu anda inlemesi gerçekten berbat olurdu. Belki de Maria gelmezdi. Öyle ya, eğer kendisi bu kadar korkuyorsa, kızın dehşete düşmesi kaçınılmazdı. Fakat köpeği için gelecekti. Matt, önem verdiği bir şey söz konusu olduğunda, kızın ne denli cesur olduğunu çok iyi biliyordu.

Mor salkımlara ulaştı. Orada beklemek mi yoksa Furball'a bir göz atmak mı daha iyi olurdu? Karanlık küçük kulübeye hiç gidesi yoktu. Hem içeriye girerse Maria onu nerede bulacağını bilemezdi ki. Bir ses duydu. Bahçenin her köşesinde gece ışıkları yandı. Bu El Patrón'un güvenlik sistemiydi! Matt'ın gözleri kamaştı. Mor salkımlara doğru gerileyince iki güçlü el kavradı onu. "Bırak beni!" diye bağırdı Matt. "Ben düşman değilim! El Patrón'un klonuyum!" Daft Donald ve Tam Lin onu dizlerinin üzerinde çimenliğin ortasına kadar sürüklediler. "Benim! Benim!" diye bağırdı Matt. Fakat Tam Lin hâlâ sessizdi ve kaşları çatıktı.

Büyük evden Senatör Mendoza çıktı. Matt'ın önüne dikildi, elleri kendini kontrol etmekte zorlanıyormuş gibi oynuyordu. Uzun, çok uzun bir an hiçbir şey söylemedi. Daha sonra: "Sen bir hayvandan bile betersin," dedi. Sesinde öylesi bir zehir vardı ki, Matt irkilip kendini tutan ellere rağmen geri sıçradı.

"Yo, canını yakmayacağım. Bu tür bir adam değilim ben. Dahası kaderine El Patrón karar verecek." Bir başka uzun duralama. Matt adamın başka bir şey söylemeyeceğini düşünmeye başlamıştı ki, Senatör Mendoza tısladı. "Bir şeyden emin olabilirsin: Kızımı bir daha asla ama asla görmeyeceksin."

"Fakat... Neden?" dedi Matt şaşkınlıktan korkusu geçmişti.

"Nedenini biliyorsun."

Matt bilmiyordu. Tüm bu olanlar uyanamadığı korkunç bir kâbustu. "Ben yalnızca onunla konuşmak istedim. Furball'ı ona geri verecektim. Onu üzmek istemedim. Özür dilerim. Lütfen bırakın göreyim onu. Üzgün olduğumu söylemek için."

"Köpeğini öldürdükten sonra nasıl ondan özür dileyebilirsin?"

Bir an için Matt doğru duyduğundan emin olamadı. Sonra durum bütün korkunçluğuyla çöktü üstüne. "Fakat ben onu öldürmedim! Böyle bir şey yapmadım. Yapabilir miyim? Maria'ya böyle bir şeyi yapamam! Onu seviyorum!" Matt bunu söylediği an, korkunç bir hata yaptığının farkına vardı. Senatör Mendoza, Matt'ı oracıkta boğup bedenini nilüferli göle atmak istercesine baktı ona. Hiçbir şey Matt ile Maria'nın yakınlıklarını anıştıran bir şeyden daha çileden çıkarıcı olamazdı. (Öylesine bir yakınlık ki Matt, El Patrón'un doğum günü partisinde herkesin gözleri önünde ondan bir öpücük istemişti.)

Böyle bir şey düşünülemezdi. Bu sanki bir şempanzenin insan elbiseleri giyip onlarla aynı masada yemek yemeyi istemesi gibi bir şeydi. Daha da beteri. Çünkü Matt ormanda yaşayan bir hayvan bile değildi; yataktaki o şeydi.

"Üzgünüm. Üzgünüm." Matt'ın kafası işlemiyordu. Düşünebildiği tek şey Senatör Mendoza kendisini duyup affedene dek ondan özür dilemekti.

"El Patrón'un koruması altında olduğun için şanslısın." Senatör Mendoza dönüp eve doğru yürüdü.

"Yürü bakalım," dedi Tam Lin, Daft Donald ile birlikte onu bahçeden çıkarırken.

"Bunu ben yapmadım!" diye bağırdı Matt.

"Parmak izlerini afyon ruhu şişesinin üzerinde buldular," dedi Tam Lin. Matt daha önce onun hiç bu tonda konuştuğunu duymamıştı –böylesine soğuk, acı ve tiksinmiş.

"Afyon ruhunu alan benim fakat onu kullanmadım." Koridorlardan hızlı hızlı yürürken Matt'ın ayakları yere sürtüyordu. Celia'nın dairesine vardılar. Tam Lin kapıyı açmadan önce duraladı.

"Her zaman söylerim," dedi Tam Lin, çok uzun bir yolu koşmuş gibi sık soluyordu, "Derim ki, tatsız da bulsak gerçek her zaman en iyisidir. Her lağım faresi yalan söyleyebilir. Onlar böyledir. Bu yüzden lağım faresidirler. Fakat insanoğlu kaçıp karanlıklara saklanmaz, çünkü o bundan fazlasıdır. Yalan korkaklığın en kişisel biçimidir."

"Ben yalan söylemiyorum." Matt, bebekçe bir şey olduğunu bildiği halde, kendini tutamayıp ağlamaya başlamıştı.

"Hata yaptığına inanabilirim," diye devam etti Tam Lin. "Şişenin üzerinde üç damla diyor – yetişkin bir insanın alacağı doz. Fakat Furball bir köpekti. Bu doz onu öldürürdü. Öldürdü de."

"Bunu ona başkası verdi!" diye bağırdı Matt.

"Eğer Maria'yı görmemiş olsaydım senin için üzülebilirdim. Ve öne çıkıp işlediğin suçu üstlensen daha yumuşak olabilirdim."

"Yalan söylemiyorum!"

"Tamam, her neyse. Belki senden çok fazla şey bekliyorum. Maria gidene dek buradan ayrılmayacaksın. Ayrıca, El Patrón'un da aynı anda buradan gideceğini ve beni de birlikte götüreceğini söylesem iyi olacak."

Matt öylesine afallamıştı ki konuşamadı. Gözlerini Tam Lin'e dikti.

"Bir gün olacaktı bu ahbap," dedi Tanı Lin daha yumuşak bir sesle. "Artık kendi başının çaresine bakabilirsin. Eğer herhangi bir şey ters giderse Celia bana mesaj gönderebilir." Kapıyı açınca belli ki diğer tarafta beklemekte olan Celia, Matt'ı kucakladı.

Matt onunla konuşamadı. Daha önce de derinden sarsıldığında olan şey olmuş, konuşma yetisini kaybetmişti. Yine altı yaşındaki o küçük çocuktu; o küçük odadaki, kıkırdak, kemik ve çürümüş meyveleri talaşların altında saklayan kral.

14

CELİA'NIN ÖYKÜSÜ

Maria ayrıldığında Matt odasındaydı. Kalkmaya hazırlanan hovercraft'ın uğultusunu işitti. Yerçekimini yenen araç üstünden geçerken, havada çıkardığı sesi duyduğunda, cildinde tuhaf bir gıdıklanma hissetti. Daha önce hiç binmemişti bunlardan birine. Gençlik anılarındaki çiftliği yaşatmak isteyen El Patrón bu tür şeyleri teşvik etmezdi.

El Patrón çocukken, köylerinin sahibi olan zengin çiftlik sahibinin devasa mülkünü gözetlerdi. Kanatlı bir bebek heykelini, mavi yeşil taşlarla döşeli çeşmeyi, bahçede gezinen tavuskuşlarını hatırlıyordu. Matt'a anlattığına göre amacı bu anıyı her yönüyle yeniden canlandırmaktı; tabii ki çok daha görkemli bir şekilde; düzinelerce heykeli, çeşmesi ve bahçesi olabilirdi.

Alacrán *estancia* büyük bir alana yayılıyordu. Evin hiçbir bölümü bir kattan daha yüksek değildi. Duvarlar parlak beyaz boyalı, çatılar güzel kırmızı kiremitlerle kaplıydı. Hastane gibi özel mekânları sayılmazsa, modern araç gereçler en aza indirgenmişti. Bu yüzden El Patrón ziyarete geldiğinde, Celia yemekleri odun sobası üzerinde pişirirdi. Yaşlı adam yanan tatlı bakla çalısının kokusundan hoşlanırdı. Onun olmadığı zamanlar mikrodalga kullanmasına izin vardı.

Bahçeler hoş fıskiyelerle serinletiliyordu ve odaların çoğu sıcak çöl havasını yumuşatmak için gölgeli verandalara muhtaçtı.

Modern araç gereçler, sadece yıllık doğum günü partilerinde meydana çıkardı. Klimalar ve eğlence merkezleri olmazsa dünyaca ünlü konukların keyfi kaçardı.

Hoş, El Patrón'un konukları umursadığı yoktu aslında. O sadece insanları etkilemek isterdi.

Matt, El Patrón'un limuzininin motor sesine kulak verdi. Yaşlı adam kara yolunu kullanmayı tercih ederdi. Mümkün olsa ata binerdi aslında, ama kemikleri böyle bir şeyi göze alması için fazla kırılgandı. Kendisine arkadaşlık etmesi için, arka koltuğa Tam Lin'i alırdı. Daft Donald ise arabayı sürerdi. Uzun, göz kamaştıran ana yoldan El Patrón'un Chiricahua Dağları'ndaki öteki evine giderlerdi.

Matt gözlerini tavana dikti. Ne yemek yiyecek ne de televizyon seyredecek haldeydi. Tüm yapabildiği geçen birkaç günün olaylarını kafasında canlandırmaktı. Tekrar tekrar üzerlerinden geçti. Keşke Tom'u bebek masasına oturtmasaydı. Keşke herkesin önünde Maria'dan kendisini öpmesini istemeseydi. Keşke hastaneye hiç gitmeseydi.

Pişmanlıklar birbiri üzerine bindi, Matt'ın düşünceleri bir tekerliğin üzerinde koşuşturan bir hamster gibi kafasının içinde sürekli fır dönmeye başladı.

Herkes Furball'ı onun zehirlediğini düşünüyordu. Şişenin üzerinde parmak izleri vardı ve Maria'nın odasına bir not bırakmıştı, imzalı bir not! İnsan bazen ne kadar aptal olabiliyordu! Matt aleyhine olan delillerin adamakıllı sağlam olduğunu kabul etmek zorundaydı.

Tom onu tulumba kulübesinden çıkarken görmüş ve Furball'ı tuvalete tıktığı gün yarım kalan işini bitirmeye karar vermişti mutlaka. Fakat Tom kendi parmak izlerini şişe üzerine bırakmadan afyon ruhunu nasıl kullanmış olabilirdi?

Matt'ın kafası allak bullaktı. Kafasında fır dönen tekerlek attı. Limuzinin hareket ettiğini, uzaktan bir kapının çarptığını ve motorun gittikçe hafifleyen kükremesini duydu.

İşte El Patrón da gitmişti. Ve Tam Lin. Matt acı içindeydi. "Her lağım faresi yalan söyleyebilir," demişti Tom. "Fareler böyledir... Fakat insanoğlu kaçıp karanlıklara saklanmaz, çünkü o bundan fazlasıdır." Matt, Maria'yı bir görebilse, onun durumu anlamasını sağlayabileceğini biliyordu. Budala bir hayvan olan ve daha iyisini beceremeyen Matt'ı affederdi. Fakat Tam Lin, Matt'ı bir insan olarak görmüş ve ondan daha fazlasını beklemişti. Matt insanları affetmenin çok daha zor olduğunu anladı.

İlk kez korumanın ona davranışıyla diğerlerinin davranışı arasındaki büyük farkı görüyordu. Tam Lin cesaret ve sadakatten bahsediyordu. Gezileri sırasında Matt'ın tehlikeli şeyler yapmasına ve kendi başına keşfe çıkmasına izin veriyor, Matt'a eşit davranıyordu.

Tam Lin, sanki Matt bir yetişkinmiş gibi, sık sık İskoçya'da geçen çocukluğundan bahsederdi ona. Anlattıkları, artık rutine dönüşmüş olan El Patrón'un anılarına benzemiyordu. Matt bu anıları kelimesi kelimesine ezberlemişti. Tam Lin'in öyküleri, bir insan olmak için vermen gereken zor kararlarla ilgiliydi. "Tam bir aptaldım ben," demişti koruma. "Aileme sırtımı dönüp bir serseri çetesiyle kaçtım ve buraya gelmeme yol açan o şeyi yaptım." Bu şeyin ne olduğunu Tam Lin hiç açıklamamıştı.

O piknik günlerini hatırlayınca Matt'ın gözleri yaşardı ve gözyaşları yanaklarında süzüldü. Hiç ses çıkarmadı. Güvenliğin sessizlikte saklı olduğunu biliyordu. Fakat gözyaşlarına engel olamıyordu.

Yine de bu acısının ortasında Matt bir umut kıvılcımı buldu. Kendisinin bir köpekten daha iyi olmadığını düşünen onca insandan farklı olarak, birisi bundan daha fazla bir şey olabileceğine inanıyordu.

Matt buğulu gözlerini tavana dikerek 'Olacağım zaten,' diye söz verdi.

Her şey de iç karartıcı sayılmazdı. Tom evden uzaklaştırılmıştı. Maria köpeğini ararken masumca babasından hastaneye bakmasını isteyince, Senatör Mendoza orayı nereden bildiğini sormuştu ona. MacGregor'un klonu ve Tom'un Maria'yı onu görmesi için kandırmasıyla ilgili bütün hikâye açığa çıkmıştı. El Patrón, Tom'u bir yıllığına tatilsiz bir yatılı okula göndererek cezalandırdı.

"Eğer Tom oğluysa Bay MacGregor onu niçin sahiplenmiyor?" diye sordu Matt.

"Anlamıyorsun," dedi Celia, ona bir dilim taze ahududulu peynirli kek kesti. Normalde Matt bundan iki dilim isterdi. Fakat şimdi biri bile boğazından geçmeyecekmiş gibi geliyordu.

"El Patrón bir şeyin kendisine ait olduğuna bir kez karar verdi mi, onu asla bırakmaz."

"Asla mı?" dedi Matt

"Asla."

"Ya doğum gününde aldığı hediyeler?" Matt insanların yüz yıldan fazladır El Patrón'a verdikleri bütün o altın saatleri, mücevherleri, heykelleri ve ay taşlarını düşündü.

"Hepsini saklıyor."

"Nerede?"

Celia peynirli keki özenle tabağa yerleştirip parmaklarını yaladı. "Yer altında gizli bir depo var. El Patrón oraya gömülmek istiyor –Tanrı göstermesin." Celia haç çıkardı.

"Tıpkı," Matt elinde olmadan mırıldandı: "Tıpkı bir Mısır firavunu gibi."

"Tamamen. Peynirli kekini ye, *mi vida*. Gücünü korumalısın." Matt depoyu hayal ederken mekanik hareketlerle kekini yedi. Kral Tutankamon'un mezarının resimlerini görmüştü daha önce. El Patrón altın bir kutuda tüm saatleri, mücevherleri, heykelleri ve ay taşlarıyla çevrili olarak yatacaktı. Sonra Matt, El Patrón'un öldüğünü düşünmemek için, "İyi ama bunun Tom'la ne ilgisi var?" diye sordu.

Celia koltuğuna gömüldü. Şimdi herkes gitmişti ya daha bir

rahatlamıştı. "El Patrón bir ev, bir kedi ya da bir heykel nasıl kendisine ait ise, kişilerin de aynı şekilde kendisine ait olduğunu düşünür," dedi. "Parasını nasıl savurmazsa kimsenin uzaklaşmasına da izin vermez. Bu yüzden Felicia'nın kaçmasına göz yummadı. Herkesi hemen yanına çağırabilmek için böyle denetim altında tutuyor. O lanet veletten nefret etse bile, MacGregor'un Tom'u sahiplenmesine asla izin vermez."

"Sen ve Tam Lin de El Patrón'a mı aitsiniz?" diye sordu Matt.

Celia sıçradı. "Caramba! Şu senin soruların yok mu!"

Matt bekledi.

Celia, "Belki sana bazı şeyler açıklansa başın bu kadar belaya girmezdi," dedi içini çekerek.

"Furball'ı ben zehirlemedim."

"Bunu yapmayı istemedin aşkım. Kalbinin temiz olduğunu biliyorum."

Matt kendisini savunmayı çok isterdi, ama Celia'nın ona inanmayacağını biliyordu. Şişenin üzerinde parmak izleri vardı.

"Ben Aztlán'da büyüdüm," diye başladı, "El Patrón'un doğduğu köyde. O zamanlar fakir bir yerdi, şimdi daha da beter. Orada yabani otlardan başka hiçbir şey bitmezdi ve bunlar da eşekleri bile kusturacak kadar acıydı. Böcekler bile yakındaki kasabaya otostop yapmışlardı. O kadar kötüydü işte.

"Küçük bir kızken çalışmak için sınırdaki bir *maquiladora*'ya -fabrikaya- giderdim. Bütün gün bir üretim bandının başına otururur, elimde cımbız, minik minik kareleri küçük deliklere yerleştirirdim. Kör olacağımı sanırdım! Yaşadığımız büyük gri binanın pencereleri öylesine küçüktü ki, başını dışarı çıkaramazdın. Kızların kaçmasını engellemek için böyleydi bu. Geceleri çatıya çıkar sınırın ötesine bakar dalardık."

"Bizim sınırımız mı?" diye sordu Matt.

"Evet. Çiftlikler, Aztlán ile Bileşik Devletler arasında uzanır. Pek bir şey göremezdik, çünkü Çiftlikler geceleri kapkaranlık olurdu. Fakat ötede, Bileşik Devletler'in olduğu yerde, gökyüzünde harika bir ışıltı olurdu. Bu ışıltının altında dünyanın en harika yerinin olduğunu bilirdik. Herkesin kendi evi ve bahçesi vardı. Herkes güzel elbiseler giyer ve yalnızca en güzel yemeklerden yerdi. Hiç kimse günde dört saatten fazla çalışmazdı. Geri kalan vakitlerinde insanlar partilere gider, hovercraft'lara binerlerdi.

Çiftliklerle sınırı olan ülkeler hakkında neredeyse hiçbir şey bilmeyen Matt, "Gerçekten mi?" diye sordu,.

"Bilmiyorum," diye iç çekti Celia. "Sanırım bu doğru olamayacak kadar güzel."

Matt, Celia'nın bulaşıkları yıkamasına yardım etti. Bu ona geçmişi, haşhaş tarlasındaki küçük evde yaşadıkları günleri hatırlattı.

Matt sabırla Celia'nın öyküye kaldığı yerden devam etmesini bekledi. Eğer fazla ısrar ederse geçmişi hakkında konuşmayı keseceğini biliyordu.

"Hep o gri binada yaşadım, yaşlandıkça yaşlandım. Ne partiler, ne erkek arkadaş, ne de bir şey," dedi en sonunda tabakları yerleştirmeyi bitirince. "Yıllarca ailemden bir haber alamadım. Belki hepsi ölmüşlerdi. Bilmiyordum. Hayatımdaki tek değişiklik yemek pişirmeyi öğrendikten sonra oldu. Bu işi bana yaşlı bir *curandera*, kızlarla ilgilenen bir şifacı kadın öğretmişti. Her şeyi gösterdi bana.

"Onun en iyi öğrencisiydim ve kısa zamanda üretim bandından kurtulup bütün bina için yemek pişirmeye başladım. Artık daha özgürdüm; otlar ve yiyecek almak için pazara çıkabiliyordum. Ve bir gün bir çakalla karşılaştım."

"Bir hayvan mı?" Matt'ın kafası karışmıştı.

"Hayır aşkım. İnsanları sınırdan geçiren bir adam. Parasını verirsen Bileşik Devletler'e geçmene yardım eder. Ne var ki önce Çiftlikleri geçmen gerekir." Celia titredi. "Ne kadar da aptaldım! Bu insanlar senin hiçbir yere gitmene filan yardım etmezler. Seni dosdoğru Çiftlik Devriyesine götürürler.

"Neyim var neyim yok paketledim. Köyümden getirdiğim *Meryem* dahil. İçimizden yirmi kişi Ajo Dağları'na ulaştı ve orada çakal bizi terk etti. Bir küme korkmuş tavşan gibi paniğe kapıldık. Bir uçurumdan aşağıya inmeye çalışırken kadının teki boşluğa düşüp öldü. Daha hızlı hareket edebilmek için elimizdekilerin birçoğunu bıraktık fakat bu hiçbir işe yaramadı. Çiftlik Devriyesi bizi dağın dibinde bekliyordu.

"Beni bir odaya götürüp sırt çantamı boşalttılar. 'Dikkat edin!' diye bağırdım. '*Meryem*'e zarar vermeyin!' İşte eteğindeki kırık böyle oldu –Devriye onu yere düşürdüğünde.

"Hepsi güldüler ve içlerinden biri tam ayağıyla onu parçalamak üzereyken kapıdan birisi 'Dur!' diye bağırdı. Herkes dikkat kesildi. İçeri giren tekerlekli sandalyesindeki El Patrón'du. O günlerde daha güçlüydü ve mallarını kendi kontrol etmekten hoşlanırdı.

"'Aksanın tanıdık. Nerelisin sen?' diye sordu. Ona köyümün adını söyleyince şaşırdı. 'Orası benim memleketim' dedi. 'Sakın bana o eski fare yuvasının hâlâ orada olduğunu söyleme.' Ben, evet, dedim, yalnızca fareler daha iyi bir gecekonduya taşındılar.

"Gülüp bana elimden bir iş gelir mi diye sordu. O günden beri El Patrón'a aidim. Her zaman ona ait olacağım. Beni asla bırakmaz."

Matt içinin ürperdiğini hissetti. Celia'nın sınırı geçmesi güzeldi. Yoksa kendisine bakması için orada olamazdı. Fakat söylediği son cümlede kasvetli bir şeyler vardı: "Beni asla bırakmaz."

"Seni seviyorum, Celia," dedi Matt heyecanla kollarını ona dolayarak.

Kadın onu kucaklarken, "Ben de seni," dedi yumuşak bir sesle.

Matt kendini öylesine güvende hissetti ki, Alacránlar, aşağılayıcı hizmetçiler ve MacGregor'un klonuyla ilgili her şeyi unutup onun dairesinde sonsuza dek saklanabilmeyi istedi.

"Sınırı geçen diğer insanlara ne oldu?" diye sordu.

"Onlar mı?" Celia'nın sesi düz ve ifadesizdi. "Onların hepsi *ebleh*e dönüştürüldü." Bu konuda daha fazla bir şey söylemedi.

YAŞLILIK:

12 -14

15

AÇLIKTAN ÖLEN KUŞ

Günler tekdüze geçip gidiyordu. Matt'ın, Maria'nın ziyaretlerini heyecanla beklediği günler sona ermişti. Hem Maria hem de Emilia terbiyeli genç hanımlar haline gelsinler diye, bir manastıra gönderilmişlerdi. "Evcilleştirmek istedikleri Maria aslında," dedi Celia. "Bir serçe ne kadar vahşiyse, Emilia da o kadar vahşidir." Matt, Celia'dan Maria'ya bir mektup göndermesini istedi, ama kadın kabul etmedi. "Rahipler Senatör Mendoza'ya iletirler hemen," dedi.

Matt, Maria'nın ne yaptığını hayal etmeye çalışıyordu, ama manastırlar hakkında hiçbir şey bilmiyordu. O da kendisini özlüyor muydu? Onu affetmiş miydi? Yoksa Tom'u mu ziyaret ediyordu?

Maria ile Emilia artık evde olmadığı için Benito ile Steven tatilde başka yerlere gidiyorlardı. Bay Alacrán sık sık iş gezilerine çıkıyordu. Felicia ile El Viejo ise odalarından çıkmıyorlardı. Koridorlar ve bahçeler terk edilmişti. Hizmetçiler hâlâ işlerinin başındaydı, ama sesleri daha alçak çıkıyordu. Ev sanki oyuncuları kaybolmuş bir sahne gibiydi.

Matt bir gün tavladan bir *güvenli at* istedi ve talebinin karşılanıp karşılanmayacağını gerginlik içinde bekledi. Talebi karşılandı. Bir *ebleh* hayvanı getirdi. Matt huzursuzdu. *Eblehe* bakmamak için gözlerini yere indirdi. Evde pek az *ebleh* çalışıyordu ve Matt onlar hakkında düşünmemeyi tercih ediyordu. Dizginleri almak için elini uzatırken gözlerini kaldırdı.

Bu Rosa'ydı.

Matt sanki kendisi hâlâ küçük bir çocukmuş, o da gardiyanıymış gibi dehşet içinde ürperdi. Ancak bu kadının hiçbir tehditkâr yanı yoktu. Yüzündeki sert ve acı çizgilerin kafasında olup bitenlerle hiçbir ilişkisi yok gibiydi. Rosa elini uzatmış, burnunun dikine bakıyordu. Matt'ı görüp görmediği bile belli değildi.

"Rosa?" dedi Matt.

Kadın ona baktı. "Başka bir at mı istiyorsunuz efendim?" diye sordu. Ses aynıydı ama o eski öfke silinmişti.

"Yo. Bu güzel," dedi Matt.

Rosa arkasını dönüp tavlaya doğru yürüdü. Matt'ın anılarındaki kadınla karşılaştırıldığında hareketleri titrekti. Matt ata binip evden ayrıldı. At düzayak ilerliyordu. Matt ona sağa ya da sola dönmesini söylemedikçe burnunun dikine gidiyor, kafasına çizilmiş olan sınırı aşmıyordu. 'Rosa gibi,' diye düşündü Matt. İlk kez *ebleh* olmanın korkunçluğunun farkına varmıştı. Diğer *eblehleri* ameliyatlarından önce tanımamıştı. Yalnızca sıkıcı işleri yapmak için oradaydılar. Fakat Rosa acımasız ve hırçın bile olsa, bir zamanlar gerçek bir kişiydi. Şimdi ise yaşamın içinden çekilip alınmış bir gölgeden farkı yoktu. Birdenbire hayvanı doğuya değil de batıya çevirdi ve Celia'nın küçük evinin bulunduğunu düşündüğü haşhaş tarlalarının etrafında dolaştı. Gözlerini kısıp evin siluetini görmeye çalıştı. Çiftliğin bu kısmındaki ürünler henüz büyüme aşamasındaydı. Bitkiler gri yeşil bir gölgeden daha belirgin değildi ve zemindeki fıskiyelerden etrafa yayılan yumuşak bir sis içinde yüzüyordu. Havada ıslak, keskin bir toz kokusu vardı.

Birkaç *ebleh* toprağa eğilmiş yabani otları topluyor, böcekleri eziyorlardı. Burası onların ülkesiydi, *eblehlerin* ülkesi. Matt birden uyanıverseler ne olurdu diye düşündü. *Frankenstein* filmindeki köylüler gibi onun karşısına dikilirler miydi? Fakat uyanmazlardı. Uyanamazlardı. Kahya onlara durmalarını söyleyinceye dek toplamaya devam edeceklerdi.

Matt küçük evi bulamadı. Celia oradan taşındıktan sonra yıkılmış olmalıydı. Derin bir iç çekip doğuya, dağlardaki vahaya doğru döndü.

Su yalağının olduğu yere vardığında attan indi ve yalağı Tam Lin'in her zaman yaptığı gibi suyla doldurdu. "İç," dedi ata. Matt yeterli olduğuna karar verene dek, at uysal uysal içti suyu. Sonra Matt, "Dur," dedi ve atı gölgeye götürüp orada beklemesini söyledi.

Dağlara doğru yürürken içinde bir ürperti hissetti. Bu kez yalnız başınaydı. Bir kayadan düşecek ya da bir çıngıraklı yılan tarafından ısırılacak olsa yardımına gelecek kimse yoktu. Delikli kayaya vardı ve tırmandı. Mevsim kuru olduğundan ve ağustos-eylül yağmurları henüz başlamadığından göletin suyu alçaktı. Bir hayvan sıçrayıp gizlenince diğer taraftaki katran ağacının dalları titredi. Rüzgâr çıplak kayaları sert ve insana yalnızlık duygusu veren bir sesle yalıyordu. Matt oraya çöküp bir sandviç çıkardı. Burada ne aradığını bilmiyordu.

Küçük vadinin üst ucunda asmanın sarıp sarmaladığı bir kamelya vardı. Uzun zaman önce birisi yaşamış olmalıydı burada. Asma öylesine büyümüştü ki, kamelyanın bir kısmı çökmüştü. Matt serin gölgeliklerden hoşlandığını bildiği yılanları kollayarak dikkatlice gölgeye doğru yürüdü. Yerde büyük metal bir sandık, bir köşede katlanmış bir battaniye ve su dolu şişeler vardı. Matt duraladı. Kalbi hızla atmaya başladı. Davetsiz misafirin nerede saklandığını görmek için etrafa bakındı.

Sert esen rüzgârdan ve kayalıklarda bir yerde gizlenmiş olan bir çalıkuşunun cıvıltısından bir ses duyulmuyordu.

Matt bir katran ağacının altına sokuldu. Derisine sürtünen yağlı yapraklar yoğun bir koku bıraktı. Kim onun mekânını işgal etmeye cüret etmişti? Birleşik Devletler'e ulaşmaya çalışan bir kanun kaçağı mıydı bu? Yoksa *eblehlerden* biri mi uyanmıştı?

Bu olasılıkları değerlendirirken Matt hiçbir kanun kaçağının metal bir sandığı, Celia'nın anlattığı kanyonlardan ve tepelerden geçiremeyeceğine kanaat getirdi. Ve hiçbir *eblehin* uyandığı da yoktu.

Kalbi küt küt atarak gizlendiği yerden çıkıp sandığı inceledi. İki metal kopçayla kapatılmıştı sandık. Kopçaları özenle açıp kapağı kaldırdı.

Özenle paketlenmiş şeylerin üzerinde bir not vardı. *Sevgili Matt,* diye başlıyordu. Matt uğradığı şoku atlatabilmek için, yere çöküp derin derin soluk aldı. Bu şey kendisi için miydi? Sakinleştiğinde notu tekrar eline alıp okudu:

Sevgili Matt,

Yazim berbattır oyüzden kısa kesecem. El Patrón onunla gitmem gerektini söylüyo. Başka çarem yok. Bu sandığa malzemeler ve kitaplar kodum. Bunlara ne zaman ihtiyacın olacanı hiç bilemezsin.

Arkadaşn Tam Lin.

Büyük, çocuksu harflerle yazılmıştı bu. Öylesine zeki konuşan adamın el yazısının bu kadar kötü olduğunu görmek Matt'ı şaşırttı. Tam Lin hiç eğitim görmediğini söylemişti aslında. İşte kanıtı da buradaydı.

Matt heyecanla karıştırdı sandığı. İçinden kavurma, pirinç, fasulye, kurutulmuş soğan, kahve ve şekerleme çıktı. Bir şişe su arıtma hapı, bir ilk yardım çantası, bir çakı, kibrit ve çakmak gazı buldu. *Tencereler battaniyelerin içinde* diyordu bir başka not. Matt derhal battaniyeleri açıp çeşitli tabak çanak ve bir maşrapa buldu.

Sandığın dibinde kitaplar vardı. Biri aslında katlanmış bir haritaydı, bir diğeri "Opium'un* Tarihi" başlığını taşıyordu. Kampçılık ve hayatta kalma üzerine iki kitap daha vardı. En dipteki notta, "Sandığı kapalı tut, çakallar yiyecekleri yer, kitapları da" yazıyordu.

---

*Opium: Afyon

Matt oturup hayranlıkla hazinesine baktı. Demek ki Tam Lin onu terk etmemişti. Notun son kelimelerini defalarca okudu; bu aynen serin, berrak bir sudan bardak bardak içmek gibi bir şeydi: *Arkadaşın Tam Lin.* Daha sonra Matt her şeyi toplayıp sandığı gölge bir yere itti ve geri dönmek üzere yola çıktı.

Eve vardığında kıyamet kopuyor sandı. Hovercraftlar inip kalkıyor, hizmetçiler oradan oraya koşuşturuyordu. Matt, Celia'yı dairesinde kaygıyla kendisini beklerken buldu. "Nerelerdeydin, *mi vida*?" diye bağırdı kadın. "Neredeyse seni aramaları için adam yollayacaktım. Takım elbisen yatağın üzerinde."

"Ne oldu? Neden herkes koşuşturup duruyor?" diye sordu Matt.

"Kimse söylemedi mi sana?" Dalgınlıkla Matt'ın gömleğini çıkartıp eline bir havlu sıkıştırdı. "Giyinmeden önce çabucak bir duş al. El Viejo öldü." Celia telaşla haç çıkarıp odadan çıktı.

Matt gözlerini havluya dikmiş düşüncelerini toplamaya çalışıyordu. Yaşlı adamın ölümü bir sürpriz olmamıştı –aylardır odasından çıkmıyordu ve çok hasta olduğu besbelliydi. Matt üzüntü duymaya çalıştı ama bu çok zordu, çünkü adamı neredeyse hiç tanımıyordu.

Matt mümkün olduğunca hızlı duşunu alıp giyindi. "Sana saçını yıka demedim," diye bağırdı Celia onu gördüğünde. Sonra Matt'ın saçlarını alelacele taradı. Üzerinde kara boncuklar olan hoş siyah bir elbise giymişti, ama Matt onun önlüğü olmadan tuhaf göründüğünü düşündü.

"El Patrón bizim de bulunmamız konusunda ısrar etti," dedi Celia telaşla koridorlardan geçerken.

Salona vardılar. Heykeller yerlerini saksı çiçeklerine bırakmışlardı. Duvarlara çelenk biçiminde siyah tüller asılmıştı ve odanın bir ucundaki rafın üzerinde yüzlerce kutsal mum ışıldıyordu. Tütsü dumanları Matt'ın bir öksürük nöbetine tutulmasına neden oldu. Herkes –en az elli kişi vardı salonda– kaşlarını çatarak dönüp ona baktı. Celia hemencecik hep yanında taşıdığı solutucuyu Matt'a uzattı.

Nefesi normale dönen Matt etrafa şöyle bir göz gezdirdi. Tam ortada zarif pirinç tutamaklı ve oymalı bir tabut vardı. İçinde daha çok açlıktan ölmüş bir kuşa benzeyen El Viejo yatıyordu. Siyah bir takım elbise giymişti ve sivri burnu fildişi rengi astarda bir gaga gibi belirgindi.

Celia hafif hafif hıçkırarak ağlıyor, arada bir gözlerini mendiliyle kuruluyordu. Matt kendini kötü hissetti. Onun ağladığını görmekten nefret ederdi. Yastakiler tabutla aralarına belli bir mesafe koymuşlardı. Duvarların dibinde toplanmış, alçak sesle sohbet ediyorlardı. Matt, Benito'yu, Steven'ı ve Emilia'yı gördü. Steven ile Emilia el ele tutuşmuşlardı.

Salon gittikçe daha kalabalık oluyordu. Derken içeriye MacGregor girdi. Matt'ın onu son gördüğü halinden otuz yaş gençleşmiş görünüyordu. Şimdi gerçekten de Tom'a benziyordu. Matt müthiş bir tiksinti hissetti. Burnunun dibinde yanan mumların kokusu başını döndürüyordu. Dışarı çıkabilmek isterdi. Evden biraz uzakta, yalnızca kafası yerindeyken Felicia'nın kullandığı büyük bir yüzme havuzu vardı. Matt şimdi yüzme havuzunun serin mavi sularını düşünüyordu. Havuzun dibinde yüzdüğünü hayal etti.

Celia kulağına, "Sakın bir şey söyleme," diye fısıldadı. Eğer o uyarmamış olsa, Maria'nın salonun uzak yanındaki kapıdan içeri girdiğini kaçırabilirdi Matt. Kız, uzamış ve incelmişti, ince siyah elbisesinin içinde çok yetişkin bir havası vardı. Saçları parlak bir duvak gibi omuzlarına dökülüyordu. Elmas küpeler takmış, yine elmasla süslü küçük, siyah bir şapka giymişti. Matt kızın o güne dek gördüğü en güzel şey olduğunu düşündü.

Tom'la el eleydiler.

Matt, Celia'nın kolunu sıktığını hissetti. Maria'ya bakakalmıştı; Kendisine bakması, Tom'un elini bırakması ya da daha iyisi onu itmesi için dua ediyordu. Maria, Matt'ın bulunduğu köşeye bakmaksızın kalabalığa karıştı.

Tam Lin, El Patrón'un tekerlekli sandalyesini iterek salona

girdi. Bay Alacrán da onlarla birlikteydi ve Matt ilk kez birinin yüzünde gerçek acının belirtilerini gördü. Bay Alacrán, El Viejo'nun tabutuna yürüdü ve yaşlı adamı alnından öptü. Buna öfkelenen El Patrón, Tam Lin'e –insanların onu selamlayabilmesi için– tekerlekli sandalyesini salonda dolaştırmasını işaret etti.

Matt gergin bekliyordu. Tam Lin'e umarsızca teşekkür etmek isterdi, ama şimdi bunun sırası değildi. Matt bir biçimde metal sandığın içindeki şeylerin yasak olduğunu biliyordu. Tam Lin'in başını derde sokmak istemezdi. Kapı açılıp da içeri merasim papazı girince her şey durdu. Papazın peşinde ellerindeki buhurdanlıkları sallayan bir grup oğlan ve bir çocuk korosu vardı.

Çocukların tatlı sesi salondaki sohbeti durdurdu. Bir grup melek gibi beyaz elbiseler giymişlerdi. Saçları düzgün taranmıştı ve keselenmiş yüzleri parlıyordu. Yaklaşık yedi yaşlarındaydılar ve hepsi *eblehti.*

Matt yüzlerindeki boş ifadeden anlamıştı bunu. Çok güzel şarkı söylüyorlardı –hiç kimse iyi müziği Matt'dan daha iyi anlayamazdı– fakat söyledikleri şeyin anlamından haberleri yoktu.

Çocuklar tabutun başındaki yerlerini aldılar. "Durun," dedi rahip alçak sesle. Matt rahipleri yalnızca televizyonda görmüştü. Celia haşhaş tarlalarından bir mil uzaklıktaki küçük bir kiliseye giderdi. Pazar günü erkenden birkaç hizmetçiyle birlikte yola çıkardı. Yola çıkmadan önce yemek yemesine ya da bir şey içmesine izin yoktu ki, bu onun için çok zor bir şeydi. Hiçbir ayini kaçırmazdı, ama Matt'ı hiç yanında götürmemişti.

Rahip korodaki çocuklara "Susun," dedi. Anında sustular. Bir dua okudu ve duasını El Viejo'nun üzerine kutsal su serpiştirerek bitirdi. Su, *Uçan Rahip*'in televizyonda şeytanların derisini delen suyundan farklı olarak El Viejo'nun elbisesinde delikler açmadı. Matt'ın bunun aside benzer bir şey olduğuna dair bulanık bir fikri vardı.

"Dostumuzun hayatını bir hatırlayalım," dedi rahip derin ve etkileyici bir sesle. Kalabalığa baktı fakat kimse cevap vermedi.

Sonunda Bay Alacrán birkaç söz söyledi ve rahip herkese, ölüye son vedalarını yapmaları için sıraya girmelerini buyurdu. Matt, Celia'ya baktı, artık oradan gidebileceğini umuyordu. Kadının yüzünde kasvetli ve kararlı bir ifade vardı. Matt'ı tabutun yanından geçip giden yasçılara doğru iterek sıraya soktu.

'Şimdi ne yapmam gerekiyor?' diye düşündü Matt. Diğer insanların tabuta yaklaştıklarında neler yaptığını görmeye çalıştı. Birçoğu başlarıyla bir selam verip hızla salondan ayrılıyordu. Matt ile Celia tabutun yanına geldiklerinde, Celia haç çıkarıp mırıldandı, "Tanrı günahlarını bağışlasın." Matt birden omzuna inen ve onu sıranın dışına çeken bir el hissetti.

"Bu... Bu da ne?" diye hırladı rahip. Adam yakından çok daha iri görünüyordu.

"El Patrón onun gelmesini istedi," dedi Celia.

"Bu şey buraya ait değil!" diye gürledi rahip. "Bu vaftizsiz şeytan dölünün bu ayini rezil etmeye hakkı yok! Kiliseye bir köpek getirir miydiniz?" Sıradaki insanlar durmuşlardı, gözleri kötülükle parlıyordu.

"Lütfen. El Patrón'a sorun," diye yalvardı Celia. Matt onun neden tartışmak istediğini anlayamıyordu. Kazanamayacakları belliydi ve orada aşağılanırken bütün o gözlerin üzerine dikilmesine dayanamıyordu. Umarsızca gözlerini salonda dolaştırdı, fakat El Patrón çoktan gitmişti.

"Aziz Francis kiliseye bir köpek götürürdü," dedi Maria net ve yüksek bir sesle. O da nereden çıkmıştı? Matt dönüp baktığında, hemen yanı başında buldu onu. Yakından daha da güzeldi.

"Aziz Francis bir kurdu da kiliseye almıştır," dedi. "O tüm hayvanları severdi."

"Maria!" diye inledi çok geride olmayan Emilia. "Babam şu yaptığını öğrendiğinde kuduracak."

"Aziz Francis bir kurda vaaz verip ona kuzuları yememesini söylemiştir," diye devam etti Maria, Emilia'yı görmezden gelerek.

"Küçük hanım, Bayan Mendoza," dedi rahip, Celia'yla konuştuğundan daha saygılı bir tavır takınmıştı, "babanızın sizin düşüncelerinizi ifade etmenizden hoşlandığına eminim, fakat inanın bana ben bu konularda bir uzmanım. Aziz Francis kurtla kilisenin dışında konuşmuştur."

"O zaman ben de öyle yaparım," dedi Maria kibirle. Matt'ı elinden tutup matemdekilerden uzaklaştırdı.

"Babam öğrendiğinde başın büyük belaya girecek," diye seslendi Emilia.

"Git ona anlat da emin olalım!" diye yapıştırdı Maria.

Matt bir tür sarhoşluk içindeydi. Celia onlarla gelmemişti. Maria'yla baş başaydılar, kız onu koridorlarda güvenli olduğunu düşündüğü bir yere doğru sürüklüyordu. Matt yalnızca onun elinin yumuşak sıcaklığını hissediyor ve sürdüğü baharatlı parfümün kokusunu alıyordu. Ancak kapı kapanıp içeri girdiklerinde Matt müzik odasına geldiklerini fark etti.

Maria şapkasını çıkarıp parmaklarını saçlarında gezdirdi ve o anda tekrar küçük bir kız oluverdi. "Ne kadar sıcak!" diye yakındı. "El Patrón'un klimaya neden izin vermediğini anlamıyorum."

"Her şeyin eskiden köyünde olduğu gibi olmasını istiyor," dedi Matt. Ne kadar şanslı olduğuna inanamıyordu. Maria ordaydı! Onunla birlikte!

"Öyleyse neden farelerle karaböcekleri de ithal etmiyor? Duyduğuma göre, köyü bunlarla doluymuş."

Matt "Yalnızca iyi şeyleri istemiş," derken, şaşkınlığından kurtulmaya çalışıyordu.

"Ah, vaktimizi bununla harcamayalım!" diye bağırdı Maria. Sonra da kollarını Matt'a dolayıp kocaman bir öpücük verdi ona. "İşte! Bu seni affettiğimin işaretidir. Tanrım, nasıl da özledim seni!"

"Öyle mi?" Matt onun öpücüğüne karşılık vermek istedi, ama kız kollarından kayıp kurtuldu. "Öyleyse neden benden... Hastaneden sonra neden uzak durdun?" İşte yapmıştı yapacağını. Ona MacGregor'un klonunu anımsatmıştı.

"O bir şoktu," dedi Maria ciddileşerek. "Biliyordum... Sana anlatmak istemedim..."

"Neyi biliyordun?"

"Hey, koridordalar mı?"

Dışarıdaki sesleri Matt da duymuştu. Maria'yı dolaba çekti, gizli düğmeye bastı ve gizli geçit açılırken onun şaşkınlık dolu sesini duydu.

"Bir dedektif öyküsü gibi," diye fısıldadı Matt onu içeri çekerken. Kapıyı kapatıp girişte sakladığı feneri buldu. Geçitte parmak uçlarında ilerlediler. Sonunda Matt durup kızın soluklanmasına izin verdi.

16

KURT KARDEŞ

"Burası dışarıdan bile daha sıcak," dedi Maria yüzünü silerek.

"Gizlenebileceğiniz boş bir oda bulacağım," dedi Matt.

Maria'ya gizli gözetleme deliklerini gösterdiğinde kız hem irkildi hem de büyülendi.

"Sakın bana burada oturup insanları seyrettiğini söyleme," dedi

"Hayır!" Matt içerlemişti. Davet edilmediği yemeklerdeki konuşmalara kulak kabartmaktan fazlasını yapmamıştı. Bu da yalnızca kendisini küçümseyen insanlarla ödeşmek içindi. Oysa Maria'nın sözünü ettiği, anahtar deliğinden dikizlemek gibi çirkin bir şeydi.

"Benim bir sürüngen olduğumu düşünüyorsun herhalde!"

"Hey, gizli geçitler uzmanı olan ben değilim. Sence kim yapmıştır bunları?" Maria'nın fısıltısı Matt'ın kulağının dibinde patlamıştı sanki. Boynundan aşağıya doğru titrediğini ve gıdıklandığını hissetti.

"Sanırım El Patrón," dedi Matt.

"Mantıklı. Öylesine paranoyak ki insanları hep gözetim altında tutuyor."

"Belki böyle yapması gerek."

"Bu gözetleme deliklerini artık kullanıyor olamaz," dedi Maria. "Buraya bir tekerlekli sandalyenin sığacağını hayal edebiliyor musun?"

"Onunla dalga geçme."

"Geçmiyorum. Gerçekten. Dinle, muhallebiye dönmeden bir oda bulabilir miyiz sence?"

Matt daha önce içinde insanlar gördüğü için birkaç odayı geçti. Geçitteki bir kıvrımda içinde bilgisayarlar ve başka araç gereçler duran bir depo olduğunu hatırlamıştı birden. Her şey plastik örtülerle kaplıydı. El Patrón'un ihtiyaç duyduğu, fakat eski usul yaşanan evinin havasını bozacağı için ortalıkta bulundurmadığı şeylerin konduğu bir yerdi burası sanki.

Matt, Maria'nın bir kablo yumağı üzerinden geçmesine yardım etti. Karanlık bir odaya geldiler. "Bırr! Burası serin," dedi Maria.

Basbayağı soğuktu. Buz tutmuş gibiydi. Belli belirsiz kimyasal madde kokuları vardı. Hafif bir esinti, Matt'ın kolundaki tüyleri diken diken etti; uzaklarda zor duyulur bir uğultu vardı. "Sanırım bilgisayarların klimaya ihtiyacı var," dedi.

"Bunda şaşacak ne var," dedi Maria. "Biz sıcakta kırılırken makineler birinci sınıf otel odalarında kalıyorlar."

Malzemelerin etrafında parmak uçlarında ilerliyor, fısıldayarak konuşuyorlardı. Matt plastik örtülerin altındaki şeylerin ışıdığını görüyordu, öyleyse makineler çalışmaktaydı. Ne yapıyorlardı ve niçin açıktılar?

"Hadi bir yere oturup konuşalım," diye fısıldadı Maria. Matt daha sıcak olduğunu düşündüğü üzeri örtülerle kaplı iki yığın arasında bir kovuk buldu. Başlangıçta pek hoş gelen serinlik rahatsız edici olmaya başlamıştı.

Maria manastıra gönderilmeden önce sık sık yaptıkları gibi, yan yana oturdular. "Aziz Francis'in *Küçük Çiçekler*'ini okuduktan sonra seni bağışlamaya karar verdim," diye başladı Maria. "Sana bahsettiğim kurdu hatırlıyor musun? Her neyse, bu kurt, Aziz Francis onunla konuşana dek herkesi dehşete düşüren bir canavarmış. O günden sonra bir kuzu kadar zararsız olmuş ve sebzeden başka hiçbir şey yememiş."

"Kurtların sebzeleri sindirebildiklerini bilmiyordum," dedi biyoloji öğrenmiş olan Matt.

"Mesele bu değil. Aziz Francis, 'Yaptığın bütün kötülükler karşılığında seni cezalandıracağım,' dememiş. Demiş ki 'Kurt Kardeş bugün yeni bir gün ve sen beyaz bir sayfa açacaksın.'"

Matt dilini tuttu. Furball'ı kendisinin zehirlemediğini ve bağışlanmaya ihtiyacı olmadığını söylemek isterdi ama Maria'nın havasını bozmak istemiyordu.

"Bu yüzden ben de haksızlık ettiğimin ve seni affetmem gerektiğinin farkına vardım. Ne de olsa kurtlardan köylüleri yememeleri gerektiğini bilmeleri beklenemez." Maria malzeme odasının mavi gölgelerinde ona yaslandı. Matt'ın yüreği hopladı. O kadar güzeldi ve onu öylesine özlemişti ki.

"Teşekkür ederim," dedi.

"Öyleyse iyi olacağına söz vermek zorundasın."

"Olur," dedi Matt, o anda ona her sözü verebilirdi.

"Gerçekten inanman gerek buna Kurt Kardeş. Atıştırmak için kümeslere koşmak yok artık."

"Söz veriyorum. Sana ne diyeyim? Azize Maria?"

"Ah hayır!" dedi Maria. "Ben bir azize değilim. Öyle çok kusurum var ki."

"Buna inanmıyorum," dedi Matt.

Maria ona, Emilia'nın karşısında çileden çıkmamak için nasıl çabaladığını, ev ödevini yapmayı unuttuğu bir gün, birinin notlarından nasıl kopya çektiğini ve oruç tutması gerekirken nasıl dondurma yediğini anlattı. İyi olmak konusunda pek de tasalanmayan Matt, kusurlara üzülmenin bir vakit kaybı olduğunu düşündü.

"Sen vaftiz edildin mi?" diye sordu.

"Evet. Ben bebekken yapmışlar."

"Bu iyi bir şey midir?"

"A, tabii ki. Yoksa cennete gidemezsin."

Matt cennet hakkında pek bir şey bilmiyordu. Televizyonda seyrettiği programlarda cehennem kelimesi daha çok geçiyordu. "Benim vaftizsiz bir şeytan parçası olduğumu söylerken rahip ne demek istedi?"

Maria ona yaslanıp iç çekti. "Oh, Matt. Eminim Aziz Francis ondan farklı düşünürdü. Sen kötü değilsin, yalnızca..."

"Yalnızca ne?"

"Bir ruhun olmadığı için vaftiz edilemezsin. Bütün hayvanlar böyledir. Bence bu haksızlık. Bazen bunun doğru olamayacağını düşünüyorum. Söyler misin, kuşlar, köpekler ve atlar olmadan cennet neye benzerdi? Ya çiçekler ve ağaçlar? Onların da ruhu yok. Ne yani, cennet betondan bir otopark mı o zaman? Rahibelerin ilahiyat problemi derken kastettikleri bu olsa gerek."

"Hayvanlar öldüklerinde cehenneme mi gider?" dedi Matt.

"Yo! Elbette hayır! Ruhun yoksa oraya da gidemezsin. Bence –Furball öldüğünde bunu çok düşünmüştüm– öylece sönersin. Bir mum gibi. Eminim canın yanmaz. Bir varsın bir yoksun gibi. Oh, hadi başka şeylerden konuşalım!"

Matt onun ağladığını görünce şaşkına döndü. Onun sulugöz bir kız olduğunu anımsadı. Sarılıp gözyaşlarıyla ıslanmış yüzünü öptü.

"Umurumda değil," diye fısıldadı Matt. "Bir ruhum olsa bile büyük ihtimalle cehennemi boylardım."

Hiçbir şey söylemeden uzun süre yan yana oturdular. Soğuk odada tir tir titriyorlardı. "Seninle olmaktan gerçekten hoşlanıyorum," dedi Maria en sonunda. "Okulda böyle rahat konuşabileceğim hiç kimse yok."

"Beni tekrar ziyaret edemez misin?" dedi Matt.

"Babam senden uzak durmam gerektiğini söylüyor. Ona göre – ah hayır! Yine sesler duyuyorum."

Matt ile Maria sıçrayıp aynı anda kapıya koştular. Matt kablolara takılan Maria'yı yakalayıp koridora itti. Odanın diğer tarafındaki bir kapı açılır açılmaz geldikleri kapıyı kapadı. Soluklanmak için bir süre durdular.

"Nihayet sıcak." Maria kollarını ovuşturarak memnuniyetle içini çekti. Matt dışarıdaki seslere dikkatlice kulak verdi.

"Bu Tom," dedi alçak sesle.

"Gerçekten mi? Delik nerede? Dur bir bakayım."

"İnsanları dikizlemekten hoşlanmadığını sanıyordum."

"Yalnızca bir göz atmak istiyorum." Maria gözünü deliğe dayadı.

"Gerçekten Tom. Ve Felicia."

Matt daha iyi duyabilmek için kulağını duvara dayadı.

"Onları burada... Eğer evde herhangi bir... Yerde," Felicia'nın durgun kararsız sesiydi bu. Matt onun bir an için geçitten bahsettiğini düşündü, fakat daha sonra sürüklenen sandalyelerin ve açılan bir makinenin sesini duydu.

"Hey, burası salon," dedi Tom. "Tamamen boş. El Viejo yapayalnız."

"Kimin umurunda," diye mırıldandı Felicia. "O artık... İşe yaramaz."

"Ne demek istiyorsun?" dedi Tom.

Felicia kulak tırmalayan ürkünç bir kahkaha attı. "Karaciğeri çürümüş... Kalbi... Kurumuştur. Bir kanser hastasından organ kabul edilemez."

"Bence şimdi tam bir komposto olmuştur." Tom güldü. Felicia da.

Matt derinden sarsılmıştı. El Viejo için gözyaşı dökemezdi, fakat yine de oracıkta ipek döşemeli tabutunda kurumuş bir kuş gibi uzanan adam ona üzüntü veriyordu. Matt yumuşak bir hareketle Maria'yı köşeye itti. Beklediği gibi itiraz etmemişti kız. Duyduklarından o da Matt gibi afallamıştı.

Matt büyük bilgisayarlardan birinin ekranının parıldadığını gördü. Daha sonra bunun bir bilgisayar değil, bir kameranın monitörü olduğunu fark etti. Ekranda, bir gagayı andıran burnu tabutundan çıkmış El Viejo'nun görüntüsü vardı. Görüntü bulanıp kaydı. Tom kontrollerle oynuyordu.

"Bu müzik odası," dedi Felicia.

Matt büyük piyanoyu, notaları ve bir masanın üzerindeki Maria'nın siyah şapkasını gördü.

"Oradalar!" diye bağırdı Tom. Odayı bütün açılardan görmek için kameranın merceklerini oynattı.

Ekranın karşısına geçip işe el atan Felicia bu konuda bir hayli deneyimli görünüyordu. Hızla hizmetçilerin odaları ve depolama dolapları da dahil olmak üzere bütün evi taradı. Celia'nın dairesine gelince duraladı. Celia yanında Tam Lin ile bir koltuğa çökmüştü.

"Nereye gitmiş olabilirler?" dedi Tam Lin. Yerinde duramıyor, Matt'ın çok iyi hatırladığı o kendine özgü enerjisiyle volta atıyordu. Korumanın sesi -Felicia alıcının sesini yükseltene kadar- belli belirsiz geliyordu.

"Belki evde bile değiller," dedi Celia.

"Kızı oraya götürmüş olamaz," dedi Tam Lin.

"Nereden biliyorsun? Eğer yeterince umarsız ise..."

"Dikkat," dedi Tam Lin, doğrudan ekrana bakıyordu. Celia konuyu değiştirip cenazeden konuşmaya başladı.

"Tüh! Kameralardan haberleri var," dedi Tom.

"Tam Lin... Her şeyi bilir," dedi Felicia. "El Patrón üzerine titrer onun."

"Onu nereye götürmüş olamaz?" dedi Tom yumruğunu örtülü makinelerin bulunduğu bir masaya indirerek. Bir şey yere düşüp kırıldı. Felicia çocuğun elini kavradı.

Matt, Celia'nın neden bahsettiğini biliyordu. Tam Lin ona gizli vahadan bahsetmiş olmalıydı. Matt, Maria'yı oraya götürmeyi hiç düşünmemişti ve açıkçası şimdi herkes peşindeyken böyle bir şey yapamazdı.

"Belki de... Dışarıdalar," diye mırıldandı Felicia. Görüntüyle oynayarak, tavlaları, yüzme havuzunu, bahçeleri taradı. Matt, nilüferli gölü ve kanatlarını tembelce gerip duran balıkçılları görünce şaşakaldı.

"Dur bir bakayım," diye fısıldadı Maria. Matt kenara çekilip hiçbir şey kaçırmamak için kulağını tekrar duvara dayadı.

"Burayı hatırlıyor musun?" dedi Felicia ağır, manidar bir sesle.

"Furball'ın kıkırdadığı yer değil mi?" dedi Tom.

Maria'nın ağzı açık kaldı. Matt onların tulumba kulübesine bakmakta olduğunu anladı.

"Biliyor musun o gün... O küçük yaratığı görmüştüm," dedi Felicia.

"Furball'ı mı?" dedi Tom.

Felicia sırıttı.

"Klonu demek istemiştim. O harika, yetenekli Matt'ı görmüştüm... Mendoza'nın dairesinden çıkarken... Bir çantaya koyduğu köpekle birlikte. Neler oluyor, diye düşündüm ve peşine düştüm."

Bir boşluk oldu. Daha sonra Tom, "Harika! İçerisini görebiliyorsun!" dedi.

"Her yerde kamera var. El Patrón eskiden... Her şeyi izlerdi. Fakat artık çok yaşlandı. Bu işi güvenlik personeline bıraktı. Onlar da... Ziyaretçi olmadıkça umursamıyorlar. Burada çok vakit geçiririm ben."

"Çok soğuk!"

"Makineler... Soğukta daha iyi çalışıyor. Üzerime bir palto giyer ve hiç umursamam," dedi Felicia. Matt buna inanabilirdi. Öylesine içki içiyordu ki, vücudu tabutundaki El Viejo'dan daha sıcak olamazdı.

"Matt'ı köpeği öldürürken gördün mü?" diye sordu Tom hevesle. Matt şaşkına dönmüştü. Bunu kendisi yapmışken Tom neden bu soruyu soruyordu? Maria'nın bedeni hoşnutsuzlukla kımıldadı. Matt, kendini kaybedip onlara bağırmaması için dua etti.

"Bunu yapan... Matt değildi."

Maria vücuduna iğne batırılmış gibi sıçradı.

"Evet, afyon ruhu ondaydı," diye devam etti Felicia, "Fakat... Onu kullanmadı."

"Bana köpeğin şişeyi bulup kendi ipini çektiğini söyleme!"

"Ah... Hayır..." Felicia sustu. Kimi zaman düşüncelerini toplayıp konuşmaya devam edebilmesi birkaç dakika alırdı. Matt neler olup bittiğini görmek istedi fakat Maria'yı gözetleme deliğinden söküp almasına imkân yoktu şimdi. "Nilüferli göle gittim," dedi Felicia en sonunda. "O kadar... Öfkeliydim ki... Sana partide yaptıkları yüzünden. El Patrón'un dizinin dibinden ayırmadığı o Tanrının cezasını öldürmek istedim."

Matt buz gibi oldu. Felicia'nın kendisinden böylesine nefret ettiğini hiç bilmiyordu.

"Fakat Maria'nın köpek dediği o iğrenç salyalı fareyle yetinmek zorunda kaldım. Sinirlerimi gevşetmek için yanımda bir parça afyon ruhu taşırım."

'Bütün kenti bayıltacak kadar vardır,' diye düşündü Matt.

"Budala klonun bıraktığı hamburgerlerden birinin üzerine kendi şişelerimden birini boşalttım. 'Gel buraya Furball,' diye seslendim. Çantasından çıkmak istemedi, fakat onu tutup etin üzerine attım. Ne var ne yok yedi."

"Ölmesi ne kadar sürdü?" diye sordu Tom, fakat Matt cevabı duymadı. Maria kendini zemine bırakmıştı. Matt hemen onun yanına gitti. Kız hiç ses çıkarmıyordu, ama bedeni tir tir titriyor, başını büyük bir acı içinde sağdan sola savuruyordu.

"Acı çekmedi," diye fısıldadı Matt ona sarılarak. "Ne olduğunu bile fark edememiştir," Maria ona yapışmıştı, Matt'ın duvara dayamış olduğu fenerin ışığı yüzüne çarpıyordu. Sonunda kız sakinleşince Matt, Tom ve Felicia'ya bir göz atmaya gitti. İkisi de kaybolmuştu ve ekran plastik bir örtüyle kapatılmıştı.

Matt kızı geçitten geçirdi. Maria konuşmuyordu, Matt ise ne yapacağını bilmiyordu. Birkaç adım atmışlardı ki, elinde fenerle onlara doğru ilerleyen iri bir şekil gördüler. Şekil neredeyse duvarların arasına sığmıyordu.

"Sizi aptallar," dedi Tam Lin alçak sesle. "Bütün ev azgın bir arı kovanı gibi kaynıyor."

"Bizi nasıl buldun?" diye sordu Matt.

"El Patrón bana bu geçitten bahsetti. Senin burayı bulduğunu tahmin etti. Lanet olsun Matt, Maria'nın başına senin yüzünden yeterince dert geldi."

"Furball'ı Felicia zehirlemiş," dedi Maria.

"Neden bahsediyorsun sen?" Tam Lin açıkça afallamıştı.

"Onu Tom'la konuşurken duydum. Bu yüzden o kadar mutluydu ki. İnsanların bu kadar kötü olabileceğini düşünemezdim." Maria siyah elbisesi içinde bir hortlak gibi görünüyordu. Yüzü bembeyazdı.

"Dinlenmen lazım," dedi Tam Lin. "Seni El Patrón'un çalışma odasından çıkaracağım. Sürekli yanında olduğunu söyleyecek. O, tüm olup bitenlerin çok komik olduğunu düşünse de, Senatör Mendoza hiç aynı fikirde değil."

"Ah, babam!" dedi Maria. Babası olduğunu o an hatırlamış gibiydi.

"Matt, sen birkaç dakika burada bekle. Ortalık durulduğunda nereden girdiysen oradan çık," dedi koruma.

"Müzik odasından," dedi Matt.

"Tahmin etmeliydim. Maria'nın şapkası oradaydı."

"Matt," dedi Maria, Tam Lin'den bir an için uzaklaşarak, "yapmadığın bir şey için seni bağışlamama izin verdin."

"Fazladan affedilmenin ne zararı var?" dedi Matt. Bu Celia'nın en sevdiği sözlerinden biriydi.

Maria, "Eminim kendimi böylesine budala durumuna düşürmemden keyif aldın," dedi o eski kıpır kıpır haliyle.

"Senin bir budala olduğunu asla düşünmem," dedi Matt.

"Her neyse, sana karşı haksızlık ettiğim için üzgünüm."

"Burada kalamayız," dedi Tam Lin.

"İyi olmak için verdiğin sözü tutmanı bekliyorum," diye devam etti Matt'a bakarak.

"Olur," diye cevap verdi Matt.

"Ayrıca Kurt Kardeş, seni özleyeceğim." Maria, Tam Lin'in onu geçit boyunca sürüklemesine izin verdi. Matt kızın adımlarının uzaklaştığını duydu.

17

EBLEH AHIRLARI

Maria solgun ve yıkılmış bir halde El Patrón'un dairesinden çıkar çıkmaz Mendozalar oradan ayrıldılar. El Patrón da bir süre sonra korumalarıyla birlikte gitti.

Matt tekrar yalnız kalmıştı. Maria ya da Tam Lin ile konuşma şansı yoktu, ama onların hâlâ kendisinden hoşlandığını bilmek her şeyi bambaşka yapıyordu. Onların onaylayacağını düşündüğü konuları inceledi. Tam Lin için bir hayatta kalma el kitabı, Maria'yı sevindirmek için de Aziz Francis hakkında uzun, karışık bir kitap okudu.

Aziz Francis cani eşkıyalardan tutun da her yanından irinler akan (bunlardan birinin bir resmi vardı kitapta) insanlara kadar herkesi seviyordu. Bir ağustos böceğini parmağına çağırıp ona, "Hoş geldin kız kardeşim ağustosböceği, o güzel sesinle övgüler yağdır Tanrı'ya," diyordu. Aziz Francis her şeyle konuşuyordu. (*Kardeşim* dediği Güneş'le, *kız kardeşi* Ay'la, *kardeşi Ş*ahin'le ve *kız kardeşi* Tarlakuşu'yla.) Matt sanki bütün dünya sevgi dolu bir aileymiş gibi sıcak bir hisse kapıldı. Alacránlardan çok çok farklı bir aileydi bu.

Acaba Aziz Francis *klon kardeş* de der miydi?

Matt'ın içini ısıtan duygular buharlaşıp kayboldu. O doğal düzenin bir parçası değildi, bir lanetliydi.

Nerede olursa olsun, Matt izleniyormuş gibi hissediyordu. Güvenlik personelinin onu göz altında tuttuğu yetmezmiş gibi, şimdi bir de Felicia'yı hesaba katmak zorundaydı. En az Tom kadar korkunçtu bu kadın. Şu farkla ki, o çok uysal görünüyor, kimsede kuşku uyandırmıyordu. Matt'a, televizyonda gördüğü, okyanusta püsküllü yastıklar gibi yüzen ve arkalarında bir yüzücüyü felç etmeye yetecek kadar zehir bırakan deniz analarını hatırlatıyordu. Felicia'nın kendisinden nefret ettiğini nasıl da fark edememişti?

Dürüst olmak gerekirse, herhalde insanların çoğu ondan nefret ettiği içindi bu. Şaşılacak bir şey yoktu bunda. Fakat bu kadındaki kötülük bambaşka bir şeydi.

Matt haftada bir kez tavlalara gider, bir *güvenli at* isterdi. Yola çıkmadan önce Rosa'yla sohbet etmeyi denerdi. Ondan hoşlanmıyordu ve onu neden uyandırmak istediğini de bilmiyordu. Yalnızca kadını böylesine değişmiş görmek onu dehşete düşürmüştü. Rosa'dan bir şeyler kaldıysa bu herhalde demir bir kutunun içine kilitlenmişti. Onun duvarı yumrukladığını fakat kimsenin kapıyı açmaya gelmediğini hayal etti. Komaya girenlerin diğer insanların söylediği her şeyi duyduğunu ve beyinlerinin ölmemesi için seslere ihtiyaçları olduğunu okumuştu. Matt bu yüzden ona hafta boyunca gördüğü ve yaptığı her şeyden bahsediyordu. Fakat Rosa'nın tüm söylediği, "Başka bir at ister misiniz, efendim?" idi.

Bir saat kadar onunla konuştuktan sonra, Matt atını vahaya doğru sürerdi. "Merhaba Güneş Kardeş," diye seslenirdi. "Biraz soğusan olmaz mı?" Güneş Kardeş onu umursamazdı. "Günaydın kız kardeşlerim haşhaş çiçekleri," diye seslenirdi Matt göz kamaştırıcı beyazlıktaki çiçekler denizine. "Merhaba *ebleh* kardeşlerim," diye selamladı kahverengi giysiler içinde tarlalarda eğilip çalışan bir sıra işçiyi.

Aziz Francis ile ona inananların en şaşırtıcı yanlarından biri de ellerinde avuçlarında ne varsa dağıtmalarıydı. Aziz Francis ne zaman bir fakir görse düşünmeden gömleğini ve sandaletlerini çıkarıp ona veriyordu.

Aziz Francis'in arkadaşlarından Jüniper Kardeş'in birçok defalar evine çıplak döndüğü bile olmuştu. Matt, biri ona malını mülkünü elden çıkarmasını söyleyecek olsa, El Patrón kalp krizi geçirirdi herhalde, diye düşünüyordu.

Matt kayalıktaki delikten bir kez geçti mi sanki yeni bir dünyaya girmiş gibi olurdu. Şahinler parlak mavi gökyüzünde tembel tembel dolanır, tavşanlar katran ağaçlarının gölgelerine sinmiş olurdu. Balıklar Matt'ın elinden ekmek yer, çakallarsa sandviçlerini kapmak için ileri fırlarlardı. İnsan ya da klon olması onların umurunda değildi.

Matt asmalı kameriyenin altına bir tulum serdi ve katlanmış bir battaniyeyi yastık olarak kullandı. Ulaşabileceği bir mesafeye portakal suyuyla dolu bir termos koydu ve bir kitap seçti. Yaşamak buydu işte! Havada katran ağacı ve sarı salkım ağacı çiçeklerinin tatlı kokusu vardı. Al kanatlı, kocaman, siyah bir eşek arısı toprağın üzerinde gezinip kendine av olarak örümcek arıyordu.

"Selam, Kardeşim Yaban Arısı," dedi Matt tembelce. Böcek öfkeyle kazdı toprağı, hiçbir şey bulamayıp yoluna devam etti. Matt, Tam Lin'in sandığa bıraktığı kitaplardan biri olan "Opium-'un Tarihi"ni açtı. Kitabın tarımla ilgili bir el kitabı olduğunu düşünmüştü, ama bundan çok daha farklı ve heyecan uyandırıcı bir şeydi. Opium, diye okudu Matt, koca bir ülkeydi. Birleşik Devletler ve Aztlán arasında uzanan upuzun ince bir topraktı.

Yüzyıl önce Bileşik Devletler ve o zamanlar adı Meksika olan Aztlán arasında sorunlar vardı. Matt, Celia'nın bu konuda bir şeyler anlatmış olduğunu hayal meyal hatırladı. Binlerce Meksikalı iş bulma umuduyla sınırı geçiyorlardı. *Matteo Alacrán adındaki bir uyuşturucu kaçakçısı...*

Matt yerinde sıçradı. Bu El Patrón'du! Yüz yıl önce güçlü ve etkin bir adam olmalıydı.

Bu şahıs, diye devam ediyordu kitap, yasadışı işlerle uğraşsa da dünyadaki en zengin ve en güçlü kişilerden biridir.

'Uyuşturucular yasa dışı mı?' diye düşündü Matt. 'Ne tuhaf bir fikir.'

Matteo Alacrán diğer dağıtıcılarla bir ittifak kurarak Birleşik Devletler ve Meksika liderlerine gider. *"İki sorununuz var sizin,"* der. *"İlki, sınırlarınızı kontrol edemiyorsunuz; ikincisi, bizi kontrol edemiyorsunuz."*

Onlara bu iki sorunu bir arada düşünmelerini önerir. Eğer her iki ülke ortak sınırları boyunca belli bir toprak parçasını dağıtıcıların çiftlik kurması için verirse, yasadışı maddelerin akışı kesilirdi. Bunun karşılığında dağıtıcılar Birleşik Devletler ve Meksika vatandaşlarına uyuşturucu satmayacaklarına söz veriyorlardı. Tezgâhlarını Avrupa, Asya ve Afrika'da kuracaklardı.

Cehennemde imzalanmış bir antlaşmaydı bu, diyordu kitap.

Matt kitabı yere koydu. Bu planda bir yanlışlık göremiyordu. Verilen bütün vaatler tutulmuş gibiydi. Kitabın kapağına baktı. Yazarı Esperanza Mendoza, yayıncısı ise Kaliforniya Kölelikle Savaş Derneğiydi. Daha yakından bakınca kitabın ucuz, sarı bir kâğıda basılmış olduğunu fark etti. Ciddiye alınacak bir şey gibi görünmüyordu. Matt yine de okumaya devam etti.

Kitap şöyle açıklıyordu: Başlangıçta Opium sahipsiz bir toprak iken yıllar geçtikçe zenginleşmişti. Farklı bölgeler ortaçağ Avrupa'sındaki krallıklar gibi farklı ailelerce yönetiliyordu. Çiftlik sahiplerinden kurulmuş olan komite uluslararası sorunlarla ilgileniyor ve muhtelif çiftlikler arasındaki barışı koruyordu. Birçok aile küçük bölgeleri denetliyordu, ama iki büyük aile vardı ki, politikaları belirleyen onlardı. MacGregorlar San Diego yakınındaki toprakları yönetirken, Alacránlar, Kaliforniya'nın merkezinden Arizona'yı geçip New Mexico'ya dek uzanan geniş bir imparatorluğa sahipti.

Zamanla Opium sahipsiz bir toprak olmaktan çıkıp gerçek bir ülke halini aldı. Ülkenin önderi, diktatörü ve führer'i Matteo Alacrán'dı.

Matt kelimelerin tadını çıkarabilmek için okumayı kesti. Yüreği gururla kabarmıştı. Führer ne demek bilmiyordu, fakat belli ki iyi bir şeydi.

Daha korkunç, melun, adi ve bencil bir adam hayal edilemez, diye yazmıştı Esperanza sonraki satırda.

Matt kitabı bütün gücüyle fırlatıp attı. Sayfaları açık olarak suya düştü kitap. El Patrón'a hakaret etmeye nasıl cesaret edebilirdi? O bir dâhiydi.

Kim hiç yoktan, özellikle de geçmişinde El Patrón kadar fakirken bir ülke kurabilirdi? Esperanza kıskancın tekiydi.

Fakat Matt, büsbütün harap olmadan koşup kitabı kurtardı. Bunu ona Tam Lin vermişti ve bu yüzden değerliydi. Kitabı özenle kurutup metal sandığa yerleştirdi. Dönüşte su arıtma tesisinde durup kâhyayla konuştu. Tam Lin ayrıldığından beri Matt uzun uzun, aldığı kusursuz eğitimi düşünüyordu. Hayatının geri kalanını egzotik bir hayvan gibi geçirmesi anlamsız olurdu. El Patrón böyle para savurmazdı.

Hayır, Matt yaşlı adamın kendisi için çok daha büyük şeyler amaçladığını anladı. İnsan olmadığı için Benito ya da Steven'ın statüsüne asla ulaşamazdı, fakat onlara yardımcı olabilirdi. Böylece Matt bir afyon imparatorluğunun nasıl işletildiği üzerine çalışmaya başladı. Afyonun nasıl ekildiğini, işlendiğini ve pazarlandığını gördü. *Eblehlerin* tarladan tarlaya nasıl götürüldüğünü, onlara ne sıklıkla su verildiğini ve yemek yerine geçen haplardan kaç tane aldıklarını öğrendi.

'İşin başına geçtiğim zaman,' –Matt hemen düşüncesini düzeltti: 'İşin başındaki kişiye yardım etmeye başladığımda, eblehleri serbest bırakacağım.' Afyon normal insanlar tarafından da yetiştirilebilirdi. O kadar verimli olamayabilirlerdi, ama her şey akılsız bir köle ordusundan daha iyiydi. Matt, Rosa'yı göreli beri anlamıştı bunu.

Tesisteki kâhyaya, yüzlerce mil uzaktaki Kaliforniya Körfezi'nden gelen yeraltı ırmağını sordu. Bu su Alacrán Malikânesi için kullanılıyordu, fakat arıtılmadan önce dehşetli kötü kokuyordu.

Tesis kâhyası Matt'la göz temasına girmekten kaçınıyordu.

Diğer birçok insan gibi o da klonlarla konuşmak istemiyordu, ama El Patrón'u kızdırmak da istemiyordu. "Su neden böyle kokuyor?" diye sordu Matt.

"Ölü balıklar, kimyasallar," diye cevapladı kâhya başını kaldırmadan.

"Fakat bunları arıtıyorsunuz siz."

"Evet."

"Nereye koyuyorsunuz bunları?"

"Boş araziye," dedi adam kuzeyi göstererek. Yanıtlarını mümkün olduğunca kısa tutuyordu.

Matt eliyle gölge yaparak kuzeye doğru baktı. Çölün üzerinde bir sıcaklık bulutu parlıyordu ve bina olabilecek çeşitli kıvrımlar gözüne çarptı. "Oraya mı?" diye sordu kuşkuyla.

"Evet," diye yanıtladı kahya. Matt atını çevirip daha iyi görebilmek için kuzeye doğru sürdü. Koku öylesine korkunçtu ki, astım krizine yakalanmaktan korktu. Solutucusunu yokladı.

Bunlar gerçekten binaydı. Uzun kapıları ve küçük siyah pencereleriyle uzun sıralar halinde yayılmışlardı. Çatıları o kadar alçaktı ki, Matt içeride ayakta dikilmek mümkün mü acaba, diye düşündü. Pencereler demir parmaklıklarla kaplıydı. *Eblehlerin* yaşadığı yer burası olabilir miydi? Düşünmesi bile feciydi.

Matt yaklaştıkça koku da güçleniyordu. Çürümüş balık, dışkı, kusmuk ve tüm bunları bastıran tatlı kimyasal bir kokunun karışımıydı bu.

Matt solutucuyu kavradı. Hemen oradan ayrılması gerektiğini biliyordu fakat binalar o kadar merak uyandırıcıydı ki... Balık kılçıkları ve deniz kabukları etraftaki toprağa yayılmıştı. Sanki tüm bu yerleşim Kaliforniya Körfezi'nden gelen atıkların üzerine kurulmuş gibiydi.

Matt binalardan birinin etrafını dolaşıp atıklar için kullanıldığını düşündüğü bir çöküntüye indi. Gözlerini yaşartan korkunç koku yüzünden dipteki yoğun, sarı balçığı zar zor ayırt edebildi. At sendeledi. Bacakları balçığa saplandı ve Matt yere kapaklanmamak için kollarını hayvanın boynuna dolamak zorunda kaldı.

"Kalk! Kalk!" diye emretti. Fakat at emir dinleyecek durumda değildi. Bacakları altına katlanmış vaziyette zeminde oturdu. Derken Matt bir baş dönmesi hissetti. Atın üzerinden atlayıp solutucuyu emdi. Ciğerleri sıvıyla doldu. Boğulma korkusuyla hendekten sürünerek uzaklaşmayı denedi. Parmakları çürümüş balık kokan toprağa daldı.

Bir çift el tutup kaldırdı onu. Kısa bir yol boyunca sürükleyip bir taşıtın arkasına fırlattı. Matt bir motor sesi duydu. Hareket eden aracın arkasında bıraktığı toz bulutu öksürttü onu. Doğrulmaya yeltenince göğsüne dayanmış bir bot yere yapıştırdı onu.

Dehşete düşen Matt gözünü kaldırınca o güne dek gördüğü en soğuk bir çift gözle karşılaştı. İlkin Tam Lin'i gördüğünü düşündü, ama bu adam daha genç ve daha inceydi. Aynı dalgalı kahverengi saçlar ve mavi gözler, aynı fiziksel tetiktelik. Ancak Matt'ın korumanın gözlerinde görmeye alıştığı o hoş bakıştan eser yoktu.

"Atı nereden buldun?" diye sordu adam, "Ve onu kullanacak zekâyı?"

"O bir *ebleh* değil Hugh," dedi bir başka ses. Matt kafasını kaldırınca ilkine benzeyen bir başka adam gördü.

"O halde sen bir kaçaksın," diye hırladı Hugh. "Sanırım seni hastaneye götürüp beynine bir çip taktıracağız."

Matt korkmuştu, ama korkusunu göstermemesi gerektiğini biliyordu. Tam Lin ona zayıflık göstermenin aptallık olduğunu öğretmişti. "Kontrol sendeymiş gibi davran," demişti koruma, "bu sayede onda dokuz yırtarsın. Birçok insanın içi korkaktır." Matt bu adamların çiftlik güvenliğinden olduğunu ve –Celia'nın anlattıklarını dikkate alırsa– kendisi için ciddi bir tehlike oluşturduklarını anladı.

"Bunu yaparsanız..." dedi, kalbi güm güm çarparak. "Bunu yaparsanız, doktora El Patrón'un klonuna nasıl davrandığınızı söylerim."

"Ne söylersin?" dedi Hugh ayağını Matt'ın göğsünden kaldırarak.

"Ben El Patrón'un klonuyum. Su arıtma tesisini ziyaret ederken kayboldum. Eğer beni büyük eve götürürseniz iyi edersiniz, ben de kendisine bir mesaj gönderirim." Matt bunları söylerken müthiş bir güven içinde olduğu falan yoktu, ama El Patrón'u birçok kez emir verirken gözlemlemişti. Sonuç veren o ölümcül soğuk sesi nasıl çıkaracağını çok iyi biliyordu.

"İşe bak! Sesi bile o yaşlı vampirinki gibi," dedi ikinci adam.

"Kapa o pis çeneni!" diye hırladı Hugh "Bakın, sizi burada bulacağımızı ummuyorduk efendim eh, efendi... İsminiz neydi?"

"Matteo Alacrán," dedi Matt. Adamın sıçradığını görmek hoşuna gitmişti.

"Evet Bay Alacrán, sizi görmeyi ummuyorduk ve *eblehlerin* ahırları civarında olduğunuz için doğal olarak böyle bir hata yaptık."

Matt, El Patrón'un gerçekten tehditkâr olmak istediğinde yaptığı gibi gözlerini kısarak "Burada ne yaptığımı sormak aklınıza gelmedi mi?" dedi.

"Evet efendim, sormalıydık. Gerçekten, gerçekten çok üzgünüz. Sizi hemen büyük eve götürüyoruz ve önünüzde eğilerek affınızı diliyoruz, değil mi Raft?"

"Ah evet, kesinlikle," dedi diğer adam.

"Atıma ne olacak?"

"Biz o işi hallederiz." Raft kamyonetin önünü yumrukladı. Açılan pencereden içeriye emirler yağdırdı. "Devriyelerin atı almasını anons edeceğiz. Ölü havadan dolayı hayatta kalamayabilir."

"Ölü hava mı?" dedi Matt, öylesine şaşırmıştı ki El Patrón rolü oynamayı kesti.

"Hendek civarında ara sıra olur bu," dedi Raft. "Hava akımı olmadığı için karbondioksit birikir. Aynen bir madende olduğu gibi."

"Bir kardeşimi böyle kaybettim," dedi Hugh.

"Çok geç olmadan farkına varamazsın," dedi Raft. "Yakındaki ahırlarda genelde sorun olmaz, fakat durgun gecelerde *eblehleri* tarlalarda yatırırız."

Matt şaşkına dönmüştü. "Hendeği neden temizlemiyorsunuz?"

Bu fikir Raft'ı adamakıllı şaşırtmıştı. "Her zaman böyle yaparız Efendi Alacrán. *Eblehler* umursamaz."

'Evet bu doğru,' diye düşündü Matt. *Eblehler* tehlikenin farkında olsalar bile emir gelmedikçe kaçamazlardı.

Matt adamların özrünü kabul etmiş gibi göründüğünden, artık neredeyse arkadaş olmuşlardı. Bu adamlar, Matt'ın klon olduğunu bilen diğer insanlardan farklı davranıyorlardı. Çekingendiler fakat düşman değildiler. Aslında tavırları Tam Lin'inkine çok benziyordu.

"İskoç musunuz?" diye sordu Matt.

"Oh, hayır," dedi Hug. "Raft İngiliz ben de Galler'denim. Direksiyondaki Wee Wullie İskoç'tur. Fakat üçümüz de futbol oynamaktan ve kafa kırmaktan hoşlanırız."

Matt uzun zaman önce El Patrón'un Tam Lin ve Daft Donald hakkında söylemiş olduğu bir şeyi hatırladı. "Bu adamları İskoçya'dan seçtim, bir futbol sahasının dışında adam döverlerken. Korumalarını her zaman bir başka ülkeden seç. Sana karşı ittifak kurmaları ve sana ihanet etmeleri daha zor olur."

"Şu futbol dediğiniz, savaşa çok benziyor," dedi Matt. Hem Raft hem de Hugh güldüler. "Öyledir aslanım. Öyledir," dedi Hugh.

"Futbolun güzel yanı," dedi gözlerinde mesafeli bir bakışla Ralf, "hem oyunun hem de kırpıntıların keyfini çıkarırsın."

"Kırpıntılar mı?" dedi Matt.

"Oh evet. Bu oyunun etrafındaki şeyler –trenlerde taraftarların kapışması, gerilim..."

"Partiler," dedi yüzünde hülyalı bir ifadeyle Hugh.

"Partiler," diye katıldı Ralf. "Arkadaşlarınla bir barı doldurur, sahibi kıçına tekmeyi atana kadar içersin."

"Tabii seni dışarı atabilirse," diye düzeltti Hugh.

"Derken, ya öncesinde ya da sonrasında diğer takımın taraftarlarıyla karşılaşırsın. O zaman elbette onlara bir ders vermen gerekir."

"Kafa patlatma işi o zaman başlar," diye tahmin etti Matt.

"Öyle. Bundan daha güzeli yoktur, özellikle de kazandığında," dedi Ralf.

Kamyonet haşhaş tarlaları arasından zig zag çizerek ilerliyordu. Matt sabahleyin gözlemlediği *eblehleri* gördü yine. Hâlâ olgunlaşmış tohumların üzerine eğilmiş çalışıyorlardı, fakat içinden onlara kardeşlerim demek gelmiyordu. Onlar kardeşi değildiler, beyinlerindeki zincirlerden kurtulmadan da kardeşi olmayacaklardı.

"Eğer bu kadar hoşunuza gidiyorsa neden buraya geldiniz?" diye sordu Matt, Hugh ile Ralf'a.

Adamların yüzlerindeki hülyalı ifade silindi. Gözleri soğuk ve mesafeli bir bakış oturdu. "Bazen..." diye başladı Hugh, fakat sonra sustu.

"Bazen kafa patlatma işinde ipin ucunu kaçırırsın," diye bitirdi Ralf onun yerine. "Savaşta adam öldürmek mesele değil; o zaman bir kahraman olursun. Fakat futbolda –ki aynı ölçüde görkemlidir– maçtan sonra düşmanınla el sıkışman beklenir senden."

"Daha doğrusu onun kızarmış kıçını öpmen," dedi Hugh nefretle.

"Ve anlayacağın gibi biz de bundan hoşlanmazdık."

Matt anladığını düşündü. Hugh, Ralf ve direksiyondaki Wee Wulie katildiler. Çiftlik devriyeliği için ideal adaydılar hepsi. El Patrón'a sadık kalmak zorundaydılar yoksa onları kendilerini arayan polislerin avcuna bırakırdı.

Artık yemyeşil bahçeyle büyük evin kiremitleri görünmeye başlamıştı. Hiçbir şey *eblehlerin* yaşadığı alçak ve uzun binalardan bu kadar uzak olamazdı –yani gazdan boğulmamak için tarlalarda yatmadıkları günlerde.

Matt birden, "Tam Lin kimseyi öldürdü mü?" deyiverdi. Sormak istememişti, ama bu öğrenmek için eline geçen tek fırsat olabilirdi.

Hugh ile Ralf bakıştılar. "O apayrı bir sınıftandır," dedi Ralf. "Korkunç bir teröristtir o."

"El Patrón'un ona neden bu kadar güvendiğini anlayamıyorum," dedi Hugh.

"Baba oğul gibiler..."

"Hey kendine gel! Kiminle konuştuğumuzu görmüyor musun?" dedi Hugh.

Eve yaklaşmışlardı ve Matt, istediğini öğrenemeden adamların onu eve bırakmasından korkuyordu. "Tam Lin ne yaptı?" diye üsteledi.

"Yalnızca başbakanın Londra'daki evinin dışına bir bomba yerleştirdi," diye yanıtladı Hugh. "O bir İskoç milliyetçisiydi anlayacağın. Tatlı Prens Charlie'yi ya da bir başka şişko salyangozu tahta çıkarmak filan istiyordu. Onu tetikleyen bizdeki gibi bira değildi."

"Yo, o bir gömlek üstündür," dedi Ralf, "o ilginç ahlak anlayışı ve sosyal bilinciyle..."

"Yazık ki bir okul otobüsü yanlış zamanda durdu," dedi Hugh. "Patlamada yirmi çocuk öldü."

"Sosyal bilincin seni getireceği yer budur işte," dedi Ralf, Matt'ın inmesine yardım ederken.

Kamyonet Matt'ı bırakır bırakmaz uzaklaştı. Adamlar hemen oradan kaçıp gitmek istiyormuş gibiydiler. Belki de El Patrón'un uygar salonlarının çevresinde boy göstermeleri yasaklanmıştı.

18

EJDERHANIN HAZİNESİ

“Uyan!” dedi Celia. Kadının sesi öylesine kulağının dibinden gelmişti ki, Matt paldır küldür yataktan düştü.

“Ne oldu?” diye bağırdı Matt örtülerin arasından kurtulmaya çalışırken.

Kadın örtüleri çekip aldı ve Matt’ı sürüklemeye başladı. Matt’ın boyu Celia’nınkine ulaşmış olsa da kadın ondan daha güçlüydü. Yıllardır mutfakta taşıdığı tencerelerden olsa gerekti. Onu hemen banyoya itti.

“Giyinmeli miyim?” diye sordu Matt.

“Vakit yok. Yalnızca yüzünü yıka.”

Matt ayılmak için yüzüne su çarptı. Çiftlik devriyesi onu getirir getirmez uyumaya gitmişti. *Ebleh* ahırlarının havasından kötüleşmişti.

Kafası Çiftlik Devriyeleriyle ilgili birbiriyle çelişen görüntülerle doluydu. Onlarla tanışmadan önce, zihni Celia’nın onlar hakkında anlattığı kanını donduran masallarla doluydu. Kadın onların *Chupacabras* gibi gece yaratıkları olduklarını söylemişti. Ajo Dağları’ndan uzanan yolları istila edip ısıya duyarlı gözlükleriyle avlarını yakalıyorlardı.

Matt, kendisini kamyonetin kasasına yapıştırdığı sırada Hugh’un gözlerindeki soğuk bakışı hatırladı. Hugh için –en azından o anda– Matt sadece ezilecek bir fareydi.

Fakat Matteo Alacrán olduğunu açıklar açıklamaz Çiftlik Devriyeleri içki içmek için bir bara giden, içkiden sonra da tatlı yerine birkaç kafa patlatan terbiyeli çocuklara dönüşmüşlerdi.

'Evet, doğru,' diye hatırlattı kendine, 'zaten Tom da tam bir melek değil midir?'

"Çabuk ol! Çok önemli!" diye bağırdı Celia banyo kapısının arkasından.

Matt ellerini kurulayıp çıktı.

"Gitmeden önce bir şeyler ye." Matt hayal mi görüyordu yoksa Celia'nın eli ona tabağını uzatırken titriyor muydu?

"Aç değilim," diye itiraz etti.

"Ye dedim! Uzun bir gece olacak." Celia masaya yerleşti ve Matt mekanik olarak yemeği çiğnerken onu seyretti. Her lokmasını yedirdi ona. Salsanın tadı biraz tuhaf gibiydi, ama belki de kötü havanın etkisiyle ağzının tadı kaçmıştı. Matt'ın hâlâ midesi bulanıyordu. Yatağa gittiğinde ağzında metalimsi bir tat vardı.

Celia ve Matt daireden çıkar çıkmaz bir çift koruma onları karşılayıp telaşla koridorlar boyunca götürdü. Vakit çok geç olmalıydı, çünkü bütün koridorlar bomboştu.

Ön merdivenlerden aşağıya telaşla inip dolanan bir yol boyunca karanlık bahçelerden, çölün kıyısına gelene kadar ilerlediler. Matt beyaz kolonları, ışıklandırılmış portakal ağaçlarıyla arkalarındaki büyük malikâneyi gördü. Çıplak ayağına bir boğa dikeni saplanmıştı.

"Ah!" Matt dikeni çıkarmak için çömeldi.

Ayağına dokunamadan korumalar ayaklarını zeminden kestiler. Matt daha sonra onların nereye yöneldiğini fark etti.

"Hastane!" dedi soluğu kesilcrek.

"Her şey yolunda, *mi vida*," dedi Celia, fakat hiç de öyle görünmüyordu. Sesi boğulur gibi çıkıyordu.

"Hasta değilim!" diye bağırdı Matt. Yatağın üstündeki şeyi gördüğü günden beri hastaneye gitmemişti.

"Hasta olan sen değilsin, El Patrón," dedi korumalardan biri.

Bu söz üzerine Matt karşı koymayı kesti. Onu El Patrón'a götürmeleri çok doğaldı. El Patrón'u seviyordu ve yaşlı adam hasta düştüğünde kendisini görmek isterdi.

"Ne oldu?" diye sordu Matt.

"Kalp krizi," dedi Koruma.

"O... Ölmedi değil mi?"

"Henüz değil."

Matt aniden bayılıp düştü. Gözleri karardı ve kalbi küt küt atmaya başladı. Başını korumanın kolundan kurtarıp kustu.

"Bu da ne?" Afallayan adam, bağırıp bir dizi lanet okudu. "Lanet olsun! Bak elbiseme ne yaptın!"

Matt artık ayağındaki dikeni umursamıyordu. Daha berbat sıkıntıları vardı. Midesi sanki bir kaktüs yemiş gibi ağrıyordu. Gözlerinde de bir sorun vardı. Hastane duvarları acayip renklere bulanmıştı.

Hademeler onu tekerlekli bir sedyeye yerleştirip hızlıca koridordan geçirerek bir yatağa aktardılar. Birisi bağırdı, "Nabzı çok hızlı!" Bir başkası koluna bir iğne batırdı. Matt artık neyin gerçek neyin kâbus olduğundan emin değildi. Sanki *eblehlerin* ahırlarının oradaki çukurda, sarı balçığın içindeydi. Tekrar tekrar ağzından sadece safra gelene dek kustu. Yatağının dibinde, yüzünde içerlemiş bir ifadeyle Furball'ın oturduğunu gördü. Afyon ruhu verildikten sonra Furball da böyle mi acı çekmişti?

Daha sonra yatağının dibine Aziz Francis geldi. *Kurt kardeş, o kadar çok kötülük yaptın ki bütün insanları kendine düşman ettin. Yine de ben senin dostunum,* dedi.

'Tabii ki. Güzel,' diye düşündü Matt.

Aziz Francis, Tam Lin'e dönüştü. Korumanın yüzü kararmıştı ve bitkin görünüyordu. Başını dua edercesine eğmişti, her ne kadar dua etmek Matt'ın asla bu adamın yapacağını düşünemeyeceği bir şey olsa da...

Solgun mavi bir ışık pencereyi aydınlatıyordu. Şafak sökmek üzereyken gecenin dehşeti uzaklaşıp gidiyordu. Matt yutkundu. Boğazı öylesine kuruydu ki konuşabileceğinden emin değildi.

"Tam Lin," dedi kurbağamsı bir sesle. Koruma başını kaldırdı. Adam -Matt buna tam bir isim veremiyordu- hem rahatlamış hem de yıkılmış görünüyordu.

"Gerekmedikçe konuşma ahbap."

"El Patrón," diye fısıldadı Matt.

"Durumu iyi," dedi Tam Lin. "Ona bir organ nakli yapmak zorunda kaldılar." Matt kaşlarını kaldırdı. "Yani onunkinin yanına nabzını düzenleyebilmek için başka bir kalp yerleştirildi. Donör -yani kalp- bunu tek başına yapamayacak kadar küçüktü."

Matt biyoloji dersinde öğrendikleri nedeniyle bu süreci anlayabilmişti. Birisi bir kazada ölürse organları hasta insanların hayatını kurtarmak için kullanılırdı. Eğer El Patrón'a nakledilen kalp küçük ise, bu bir çocuğun kalbi olmalıydı. Belki de Tam Lin'i üzen buydu.

"Ben.. *ebleh* ahırlarındaydım," dedi Matt ve boğazındaki acının geçmesi için durdu. "Kötüledim. Çiftlik devriyesi... Buldu beni."

"Sen atık bölgesinde miydin?" diye patladı Tam Lin. "Aman Tanrım! Kalp atışlarının bozulduğuna şaşmamak gerek! Orada bir cadının kullanabileceği bütün kimyasallar bulunur. Bir daha oraya asla, ama asla gitmeyeceğine söz vermeni istiyorum."

Matt korumanın öfkesiyle afallamıştı. Hiç kimse ona anlatmadıkça nerenin tehlikeli olduğunu nereden bilebilirdi? Ödlek görünmemek için büyük bir gayret sarf ettiği halde, kendini tutamayarak ağlamaya başladı.

"Lanet olsun! Özür dilerim," dedi Tam Lin. "Bu kadar kötü bir durumdayken sana bağırmamalıyım. Bak, *ebleh* ahırlarının etrafında sürtmekle çılgınca bir şey yapmışsın, fakat belki o kadar da kötü bir hata değildi bu. Meleklerin budalaları hep gözettiği söylenir." Adam bir şey söylemek ister gibi düşünceli bir şekilde Matt'a baktı.

"Üzgünüm," diye fısıldadı Matt.

"Öyle olmalısın. Dışarıda saatlerdir Celia'nın içi içini yiyor. Biraz ağlayıp inlese dayanabilir misin?"

"Eğer sen... Dikeni ayağımdan çıkartırsan," diye inledi Matt.

Koruma örtüleri kaldırıp sorunu hemen buldu. "Salak herifler," diye söylendi. "Etrafını kara kalemle işaretlemedikçe hiçbir şey bulamazlar." Dikeni çıkarıp Matt'ın ayağını alkolle temizledi.

Matt ona sorular sormak istiyordu. (*Yirmi çocuğu öldürdüğün için üzgün müsün? Kendin çok daha kötüsünü yaptığın halde, Furball konusundan neden o kadar öfkelendin?* gibi.) Fakat Tam Lin'le yüzleşmek Matt'ın sahip olduğundan daha fazla özgüven gerektiriyordu.

Ağlayıp sızlamak tam da Celia'nın kafasındaki şeydi. Matt'ı çıldırtana kadar tepesinde dövünüp durdu. Yine de sevilmek güzel şeydi. Daha iyisi kadın hapishanedeki hademelerin karşısına dişi bir kaplan gibi dikilmişti. "Artık burada kalmasına gerek yok!" diye bağırdı kadın hem İngilizce hem İspanyolca.

Matt'ı bir sedyeye koyup taze ve serin sabah havasını soluyarak Celia'nın dairesine taşıdılar. Kadın onu yatağa yatırdı ve günün geri kalanını başında nöbet tutarak geçirdi.

El Patrón'a takılan kalp kahramanca çalışıyordu, fakat yaşlı adamın önemli bir dönemeçten geçtiği açıktı. Artık motorlu tekerlekli sandalyesinde dolaşıp durmuyordu. Kasları zayıflamasın diye fizyoterapistler kollarıyla bacaklarını çalıştırıyorlardı, ama yaşlı adamın içindeki hayati bir şey kaybolmuştu.

Eskiden Tam Lin, onun Birleşik Devletler ya da Aztlán hükümetindeki düşmanlarını nasıl aşağıladığını ya da adamların ne garip kazalara uğradıklarını anlattığında, El Patrón kükreyerek gülerdi. Şimdi ise yalnızca başını sallıyordu. Bu tür zevkler artık El Patrón'a uzaktı ve yüz kırk sekiz yaşında geriye pek az zevk kalmıştı.

Tam Lin yaşlı adamın yığdığı devasa hediye ambarından hazinelerini getirtmişti. El Patrón yamuk yumuk parmaklarını elmas dolu bir kutu içerisine daldırıp içini çekti. "Nihayetinde hepsi kaya parçaları."

El Patrón'un yatağının kıyısında bugünlerde çok vakit geçiren Matt, "Ama çok güzel," dedi.

"Artık bunlarda yaşamı göremiyorum. Beni bunlar için savaşmaya iten ateş söndü."

O zaman Matt, El Patrón'un kaybettiği şeyin bu taşların güzelliği değil de bir zamanlar hoş şeylere sahip olmaktan aldığı haz olduğunu anladı. Yaşlı adam için üzüldü, ama onu nasıl teselli edeceğini bilemiyordu.

"Aziz Francis mallarımızı fakirlere bağışlamamızın iyi olduğunu söyler," diye önerdi Matt.

El Patrón'un bu sözden sonra uğradığı değişiklik gerçekten sıra dışıydı. Yatakta doğruldu. Gözleri alev alev yanıyor, bilinmez bir kaynaktan etrafa bir güç yayıyordu. "*Bağış... lamak... mı*?" Yüz yaş gençleşmişçesine haykırdı. "*Bağışlamak* ha? Kulaklarıma inanamıyorum! Bunlar sana ne öğretiyorlar!"

Karşılaştığı tepki karşısında ağzı açık kalan Matt, "Yalnızca bir öneriydi," dedi. "Aziz Francis uzun zaman önce yaşadı."

"Bağışlamak ha?" diye düşüncelere daldı yaşlı adam. "Savaşıp kendimi Durango'dan bunun için mi kurtardım? Bunun için mi El Dorado'nunkinden daha büyük bir imparatorluk kurdum? El Dorado her gün altın tozuyla yıkanırmış. Bunu biliyor muydun?"

Matt biliyordu. El Patrón ona en az on kez anlatmıştı.

"Altından evinin sahanlığında dikilirmiş," dedi El Patrón kara gözleri ışıl ışıl, "ve hizmetçileri bir güneş gibi parlayana dek onu altın tozuyla ovarlarmış. İnsanlar ona bir tanrı gibi tapınırmış." Yaşlı adam kendini hayallere kaptırmıştı şimdi ve gözleri çok uzaklara, efsanevi kralın yaşamış olduğu ormanlara çevrilmişti.

Tam Lin daha sonra Matt'ın zekâsını övdü. "Ona ejderha hazinesini bağışlamayı önermekle, adamın yanaklarına yeniden kan getirdin. Ona karşı çok yumuşakmışım ben. Tüm ihtiyaç duyduğu arkadan bir darbeymiş."

"Ejderha hazinesi de ne?" diye sordu Matt. Tam Lin'le birlikte Celia' nın bahçesinde oturmuş bir sürahi limonatayı paylaşıyorlardı. Koruma El Patrón'un kalp ameliyatından beri Matt'ı pek seyrek ziyarete geliyordu. Ancak Matt'ın boş bulunup sarf ettiği sözler sayesinde, yaşlı adam artık evi kendi başına arşınlıyor olmuştu. Tam Lin adamın kaşıklarını saydığını söylüyordu.

"Aa, evet," dedi Tam Lin. "Bu bir ejderhanın yağmaladığı kalelerden yığdığı hazinedir. Servetini dağlarda karanlık derin bir mağarada tutar ve geceleri bunun üzerinde uyur. Tüm o mücevher kakmalı şeyler yüzünden pek rahatsız bir yatak olsa gerek. Fakat ejderha pullarla kaplı olduğu için, bunu hissetmez."

Matt, Tam Lin'in ona büyük olasılıkla çocukluğunda duymuş olduğu şeylerden bahsetmesine bayılıyordu. Yumuşak, melodik bir ton geliyordu adamın sesine. Matt onu, burnunu yamultan ve bedenini tepeden tırnağa yara izleriyle dolduran olaylardan çok önce, bir çocuk olarak hayal edebiliyordu.

"Bu ejderhayı mutlu eder mi?" diye sordu Matt.

"Bu ejderhayı mutlu eder mi?" diye tekrarladı Tam Lin. "Bak bunu hiç düşünmemiştim. Sanırım eder. Tüm hayatı başkalarını mutsuz etmek üzerine kurulmuş bir yaratık başka neden keyif alabilir ki? Nerede kalmıştık: Ejderhaların en şaşırtıcı tarafı, ne kadar ufak olursa olsun, hazinelerinden herhangi bir şey eksildiğinde bunu hissetmeleridir. Derin bir uykuya dalmış olabilir, ama eğer bir budala gece yarısı mekânına girip yalnızca bir tek bozukluk bile alsa ejderha hemen uyanır. Bu budala ufaklığın yerinde olmak istemezsin. Ejderha onu oracıkta yakıp kömüre çevirir. Ve onu daha önce kendisinden bir şey çalmaya kalkmış olanlardan oluşturduğu yığının üzerine fırlatıp atar."

Öğleden sonranın sıcak güneşinde arılar çiçeklerin etrafında uçuşuyordu. Her zaman sebze yetiştirmeyi tercih etmiş olan Celia, yakın zamanlarda çiçeklere merak salmıştı. Karagözlü süsenler duvara tırmanmış, bir çarkıfelek sarmaşığı bir diğerini örtmüştü. Hezaren çiçekleri ve yüksükotlarından minik bir tarhın etrafını, Matt'ın tanıyamadığı başka bitkiler çevirmişti. Bazıları gün ışığına duyarlı olduğundan Tam Lin onların üzerine bir gölgelik yapmıştı. Matt şimdi bahçeyi daha güzel buluyordu.

"El Patrón deposunda ne kadar malı mülkü olduğunu biliyor mu?" Matt elbette ejderha öyküsünün kimi ima ettiğini anlamıştı.

"Büyük olasılıkla hayır. Fakat bu konuda risk almak istemezdim doğrusu," dedi Tam Lin.

19

ERİŞKİNLİK

El Patrón'un coşkunluğu uzun sürmedi. Kısa bir süre sonra eskisi gibi solgun ve zayıf görünmeye başladı. Çocukluğunu ve hepsi genç yaşta ölen yedi kardeşini anlatıp duruyordu. Çocuğun parmakları gerçekten karmaşık parçaları çalacak kadar uzun olmasa da, Matt'ın gitar çalışını dinliyordu.

Matt'ın sesi ince ve tatlıydı. "Bir meleğin sesi," diyordu Celia. El Patrón onu dinlerken sessizce dalıp gidiyordu. Yaşlı adamı gözleri yarı kapalı ve dudaklarında yumuşak bir tebessümle görmek Matt'ın çok hoşuna gidiyordu. Bu bütün övgülerden daha iyiydi.

Bir gün Matt bir İspanyol baladı okurken, sesi bir oktavdan fazla düştü, bir çocuk sesinden çok anıran bir eşeğinki gibi çıktı. Mahcup, boğazını temizleyip yeniden denedi. Başlangıçta şarkı pürüzsüz gitti fakat birkaç dakika sonra tekrar aynı şey oldu. Matt şaşkınlık içinde ayağa kalktı.

"Sonunda oldu ha," diye mırıldandı El Patrón yatağından.

"Özür dilerim. Celia'dan öksürük pastili isteyeyim," dedi Matt.

"Sorunun ne olduğunu anlamadın ha? Dünyadan öylesine kopuksun ki ne olduğunu bilmiyorsun."

"Yarına düzelirim."

Yaşlı adam güldü. Kuru, hışırtılı bir sesle, "Celia ve Tam Lin' den sana açıklamalarını iste. Hadi, şarkı söylemeden çal benim için. Bu yeterince iyi," dedi.

Fakat Matt, Celia'ya bu sözleri aktardığı anda, kadın önlüğünü yüzüne kapatarak gözyaşlarına boğuldu.

"Bu da ne? Mesele ne?" diye bağırdı Matt büsbütün telaşlanarak.

"Büyüdün artık!" diye inledi Celia önlüğünün arkasından.

"Bu iyi değil mi?" derken Matt'ın sesi bir davul gibi gürleyip onu dehşete düşürdü.

"Elbette öyle, *mi vida*," dedi Celia gözlerini silip inandırıcı olmayan bir gülümseyişle. "Küçük kuzu boynuzları çıkıp da büyük güzel bir koça dönüştüğünde her zaman şaşırır insan. Fakat bu iyi bir şey aşkım, gerçekten öyle. Bunu kutlamak için bir parti yapmalıyız."

Matt odasında elinde gitarıyla, Celia'nın mutfakta tencereleri birbirine vurmasını dinleyerek oturdu. Büyümenin iyi bir şey olduğuna inanmıyordu. İstediği kadar gülsün, Celia'nın içini okuyabilirdi. Onun içten içe üzüldüğünü biliyor, bunun nedenini öğrenmek istiyordu.

Bir erkek olmuştu artık. Hayır, bu doğru değildi. Bir çocuk bile olmadığına göre, bir erkek olamazdı. Yetişkin bir klondu. Doktorun Rosa'ya anlattığı, klonların yaşlandıklarında parçalandıklarına ilişkin o eski anıyı hatırladı. Matt artık parçalanacağından filan korkmuyordu. Ama ne olmuştu?

Matt elini yüzünde dolaştırarak kıl çıkıp çıkmadığına baktı. Son sivilcelerden kalan birkaç pütür dışında hiçbir şey yoktu. 'Belki yanılıyorlardır,' diye düşündü. Baladı tekrar denedi fakat yalnızca ilk dizeyi çıkarabildi, sonra sesi onu yarı yolda bıraktı. Bu onu fena halde hayal kırıklığına uğrattı. Yeni sesi eski sesinin yanından bile geçemiyordu.

'Acaba Maria'nın sesi de değişecek mi?' diye düşündü.

O geceki parti durgundu. Celia ile Tam Lin, Matt'ın yeni statüsünü kutlamak için ellerinde şampanya bardakları, avluda oturuyorlardı. Bu özel durum nedeniyle Matt'ın da bir bardak şampanya içmesine izin verilmişti, ne var ki Celia limonatayla hafifletmek konusunda ısrar etti. Matt'ın bir katalogda görüp sipariş ettiği ateş böcekleri ılık, nemli bahçede ışıldıyordu. Duvarla çevrilmiş mekânı, Celia'nın yeni ve biraz ürkütücü bitkilerinden gelen ağır bir koku doldurmuştu. Celia, bunları Aztlán'daki bir *curandera*'dan sipariş ettiğini söylüyordu.

Matt'ın aklına birdenbire bir soru takıldı. "Kaç yaşındayım ben?" dedi bardağını yeniden doldurulması için kaldırarak. Celia, Tam Lin'in kaşlarını çatmasına aldırmadan şampanya yerine limonata doldurdu.

"İnsanlarınki gibi bir doğum günüm olmadığını biliyorum," dedi Matt, "fakat ben de doğdum. Ya da onun gibi bir şey."

"Sen üretildin," dedi Tam Lin. Dili peltekleşmişti –tek başına bir şişe şampanya içmişti. Matt, onu daha önce hiç içerken görmediğini fark etti.

"Bir ineğin karnında büyüdüm. Beni bir buzağı doğurur gibi mi doğurdu?" Matt ahırda doğmakta bir terslik görmüyordu. İsa bunu tamamen kabul edilebilir bulmuştu.

"Sen üretildin," diye tekrar etti Tam Lin.

"Ayrıntılara ihtiyacı yok," dedi Celia.

"Bence var!" diye gürledi adam yumruğunu sehpaya indirerek. Hem Celia hem de Matt yerlerinden sıçradılar. "Bu lanet yerdeki gizli saklı işler yetti artık! Bu lanet yalanlardan bıktım!"

Celia telaşla elini Tam Lin'in koluna koyarak, "Lütfen," dedi. "Kameralar..."

"Kameraların canı cehenneme! Bakın bakalım sizi yalancı gammaz alçaklar! Siz busunuz işte benim gözümde!" Adam eliyle duvarı örten süsenlere doğru aşırı kaba bir hareket yaptı. Matt bir keresinde bu hareketi kopya etmişti de Celia bağırıp çağırmıştı ona.

"Lütfen. Kendini düşünmüyorsan bizi düşün." Celia korumanın taburesinin dibine diz çökmüştü. Ellerini dua ederken yaptığı gibi birleştirmişti.

Tam Lin bir köpek gibi silkindi. "Ah! İçki konuşturuyor işte!" Şampanya şişesini kaptığı gibi duvara fırlattı. Matt cam parçalarının karagözlü süsenlerin üzerine yağdığını duydu.

"Sana şu kadarını söyleyeyim ahbap." Matt'ı gömleğinden tuttuğu gibi kaldırdı. Celia solgun, korkulu bir yüzle onu izliyordu. "O zavallı ineğin karnında dokuz ay boyunca büyüdün, daha sonra ineği kesip seni onun içinden çıkardılar. Ürün olarak seni aldılar ve inek kurban edildi. Zavallı bir laboratuvar hayvanını öldürmeye bu ismi veriyorlar. Üvey annen bifteğe dönüştürüldü."

Matt'ı bıraktı ve Matt onun ulaşamayacağı kadar uzağa kaçtı.

"Sakin ol, Tam Lin," dedi Celia yumuşak bir sesle ve onun yanındaki sandalyeye çöktü.

"Sakin olmak mı?" Adam başını masaya koyduğu kollarına gömdü. "Beş para etmez laboratuar hayvanlarıyız onlar için. İşe yaramaz hale gelene dek iyi muamele görüyoruz yalnızca."

"İstediklerini sonsuza dek elde edemezler," diye fısıldadı Celia kollarını ona dolayarak.

Tam Lin başını oynatıp kollarının altından ona baktı. "Aklında ne olduğunu biliyorum fakat bu çok tehlikeli," dedi.

Celia ona yaslanıp büyük yumuşak elleriyle sırtını sıvazladı. "Çiftlik yüz yıldır ayakta. Haşhaş çiçeklerinin altına sence ne kadar *ebleh* gömülmüştür?"

"Binlerce. Yüz binlerce." Tam Lin'in sesi neredeyse bir inleyiş gibiydi.

"Sence bu kadarı yetmez mi?" Celia korumanın sırtını sıvazlarken Matt'a gülümsedi. Bu seferki gerçek bir gülümsemeydi ve bahçenin gölgeli ışığında onu güzelleştirdi. "Hadi git yat, *mi vida*," dedi. "Daha sonra gelip sana bakarım."

Matt artık büyüdüğünü ve bu partinin kendi partisi olduğunu her ikisinin de unutmuş görünmesine içerlemişti. Yatak odasına gittiğinde somurtuyordu. Gürültünün bahçede birbirine sokulmuş olan çifti rahatsız edeceğini umarak biraz gitarını tıngırdattı. Fakat bir süre sonra öfkesi geçti.

Öfkenin yerini önemli bir şeyi gözden kaçırdığı duygusu aldı. Bahçedeki ateşböcekleri kadar belirgin ipuçları vardı. Umutla parlıyorlardı. Ne olduklarını Matt görene dek ışıltılı kaldılar. Fakat daha sonra ateşböcekleri gibi yok oldular. Tam Lin ile Celia aşırı dikkatli davranıyorlardı.

Yıllardır hep böyle olmuştu. Matt hayati bir bilgiyi ıskaladığını biliyordu. Klonlarla ilgiliydi bu. Klonların nasıl yapıldığını bilmesi istenmiyordu. Kendisi dışında hepsinin beyinlerinin ölü olduğunu da bilmemesi gerekiyordu.

Matt yüzüncü kez, 'İnsan neden bir canavar yaratmak ister ki?' diye düşündü. Sevilecek bir çocuk yerine koymak için olamazdı. Çocuklar sevilirken klonlardan nefret ediliyordu. Evcil bir hayvan edinmek için de olamazdı. Hayvanlar Matt'ın hastanede gördüğü, o korku içindeki korkunç şeye benzemezlerdi.

Matt, MacGregor ile El Patrón'un ameliyatlardan sonra yan yana iki tekerlekli sandalyede oturdukları o günü hatırladı. "Yeni bir karaciğer taktırdım," demişti MacGregor eliyle karnına vurarak, "ve hazır fırsat varken bir çift de böbrek taktırdım." Adam Tom'unkilere çok benzeyen o parlak mavi gözleriyle kendisine baktığında, Matt müthiş bir tiksinti hissetmişti.

'Hayır! Olamaz!'

Matt, El Patrón'un zihinsel yeteneklerinin birdenbire geri geldiği o doğum günü partisini hatırladı. "Cenin beyni aşısı... Bunu bir gün ben de denemeliyim," demişti MacGregor. "Sende harikalar yaratmış."

"Çok geciktirme," diye yanıtlamıştı El Patrón. "Doktorlara en az beş aylık bir süre tanımalısın. Sekiz ay daha iyi olur."

Olamaz! Matt elini şakaklarına dayayıp kafasındaki fikrin dışarı çıkmasını engellemek istedi. Eğer onu düşünmezse gerçeğe dönüşmeyecekti sanki.

Fakat düşünce parmaklarının arasından kayıverdi. MacGregor ihtiyaç duyduğunda organ nakledebileceği bir klon yaratmıştı. Hastanedeki şeyin inlemesi kadar doğal bir şey olamazdı! Ya El

Patrón'un cenin organlarının kaynağı neydi? Ya da eski kalbini çalıştırmak için kullandığı kalbin kaynağı?

Kanıtlar ortadaydı. Matt körlüğünden ve bu konuda düşünmek istemeyişinden gerçeği görememişti. Aptal değildi. İpuçları da hep oracıkta duruyordu. Ancak gerçek taşıyamayacağı kadar ağırdı.

El Patrón da organlarını kullanabilmek için klonlar yaratmıştı kendine, aynen MacGregor gibi.

'Hayır, aynı değil. Çünkü ben farklıyım,' diye düşündü Matt umarsızca, yatak odasının tavanına gözlerini dikerek. Celia bütün yüzeye fosforlu yıldızlar yapıştırmıştı. Matt onun dairesine taşındığı günden beri bu solgunca parlayan yıldızdan örtünün altında uyuyordu. Varlıkları şimdi onu yatıştırıp rahatlatıyordu.

'Ben farklıyım. Yedek parça sağlamak için yaratılmadım ben.'

El Patrón doktorların Matt'ın beynini zedelemesine izin vermemişti. Onu korumuş ve yanına arkadaş olarak Celia ile Tam Lin'i vermişti. Ona müzik öğretmesi için Bay Ortega'yı tutmuştu. Yaşlı adam çocuğun başarılarından büyük gurur duyuyordu. Bu onu daha sonra öldürmeyi planlayan bir insanın davranışı değildi.

Matt bilinçli olarak soluk alışını yavaşlattı. Köşeye kıstırılmış bir kuş gibi nefes alıyordu. Kapalı bir pencereden çıkmaya çalışıp panikten ölen kuşlar görmüştü. Durumu değerlendirmeli, akıllıca davranmalıydı. Öteki zavallı klonlara ne olmuş olursa olsun, Matt'ın onlardan biri olması planlanmadığı açıktı.

El Patrón'un amacı MacGregor'unkinden çok farklıydı. Bu Matt'a göre açıkça kibirdi. Yaşlı adam Matt'a baktığında kendini görüyordu: Genç, güçlü ve zeki. Aynen bir aynaya bakmak gibi. Eğer Matt hastane yatağındaki o şey gibi yüzü gözü şişmiş, salyalı bir şey olsa, bu etkiyi sağlayamazdı.

Matt yaşı henüz küçükken oyuncak ayısına sarıldığı gibi yastığına sarıldı. Kendini bir uçurumun kıyısından kurtarılmış gibi hissediyordu. Yine de diğer klonların korkunç yazgılarını düşünmeliydi.

'Kardeşlerim,' diye düşündü Matt.

Kendisini yaratan adama olan bağlılığını hatırlamaya çalışırken titredi. El Patrón onu seviyordu, ama çok kötü biriydi. *Daha kötü, adi ve bencil bir adam düşünülemez,* diye yazmıştı Esperanza, *Opium* topraklarını anlattığı kitabında.

Matt bunu okuduğunda kitabı öfkeyle fırlatıp atmıştı. O zamanlar çocuktu. Oysa artık adam olmuştu -ya da onun gibi bir şey. "Adam olan," derdi ona sık sık Tam Lin, "gerçekle yüzleşmeye cesaret eder."

Tam Lin'le birlikte ona iyi geceler demek için geldiklerinde, "Ateşin var!" diye bağırdı Celia. Bitki çayı yapmak için fırladı. Tam Lin durup kapıdan baktı. Korumanın silueti tehditkârdı. Matt birden, onun İngiltere Başbakanı için hazırladığı bombanın yirmi çocuğu öldürdüğünü hatırladı. Adam tavandan yayılan solgun yıldız ışıklarını topluyor gibiydi. Celia elinde çayla döndüğünde, Tam Lin omuzlarını silkti ve, "Sorduğun sorunun cevabına gelince ahbap, on dört yaşındasın," dedi ve odadan çıkıp El Patrón'un evin diğer kanadındaki sıkıca korunan odasına gitti.

20

ESPERANZA

Uyandığında Matt'ın midesi bulanıyordu ve ateşi vardı. Sanki göğsünün üzerinde koca bir kaya duruyordu. Onu üzerinden atabilmenin tek yolu, korkularının temelsiz olduğunu öğrenmekti. Celia'ya sorabilirdi ama kadın yanıtlamaya çekinecekti.

Matt üzerinde görünmez gözlerin baskısını hissediyordu. Casus odası boş muydu, yoksa birisi onu kameralardan izliyor muydu? Bunu asla bilemezdi. Felicia orada kürk paltosuna sarınmış, hevesle Matt'ı yok etmenin yollarını arıyor olabilirdi.

Tam Lin'e sormak istese de, Matt konuyu ona nasıl açacağını bilemiyordu. *Ha, sırası gelmişken, beni biftek yapmayı planlayan biri var mı?* Bundan daha dehşetli olanı korumanın verebileceği olası cevaptı: *Tam isabet evlat. Her zaman senin cin gibi akıllı olduğunu söylemişimdir.*

Gerçeğin ne kadarını kaldırabilirdi?

Yataktan kalkınca Matt'ın morali biraz düzeldi. Sıcak bir duş ve yumurtalı ekmek, korkusunu silmesine yardımcı oldu. El Patrón'un yalnızca organları için değer verdiği bir çocuğa böylesi bir eğitim aldırmasının hiç anlamı yoktu. Organların yıldızlı pekiyilere ihtiyacı olmazdı. Matt tavlaya gidip bir *güvenli at* istedi.

Atıyla ilerlerken, aşağılarda haşhaş tarlalarının üzerinde bir sis bulutu vardı. Sabahın erken saatlerinde genelde böyle olurdu, fıskiyeler toprağa yakın serin havayı sise dönüştürürdü. Güneşin daha sonra kaldıracağı sis o anda atının üzerindeki Matt'ın dizlerine kadar çıkan, sütümsü bir deniz gibiydi. Bu sis içinde, yalnızca başı ve arkası görünen atın üzerinde ilerlemek harika bir histi. Büyülü bir gölde yüzmek gibiydi...

'On dört yaşındayım,' diye düşündü Matt. 'Artık bir yetişkinim.'

Bu düşünce, kendisini güçlü ve maceracı hissetmesini sağladı. Ortaçağda prensler on dört yaşında, hatta daha da gençken savaşa giderlerdi.

Vaha gölgeli ve serindi. Yakın zamanda yağan yağmurlar, göleti asmalı kameriyenin sınırına kadar genişletmişti. Matt metal sandığı daha yüksek bir yere sürükledi. Elbiselerini çıkarıp suya girdi. Matt'ın birçok tehlikeli iş yapmasına izin veren Tam Lin, orada yüzmek konusunda onu yüreklendirmemişti; çünkü zeminde görünmeyen, umulmadık çukurlar vardı. Matt'a göre tehlike bu çekimin bir parçasıydı.

Gölette köpekleme yüzdü. Küçük gruplar halindeki balıklar ellerinin iki yanından kaçıştılar. Kıyıya ulaşıp kendini bir katran ağacının yanındaki kayaya çekti. Hafifçe titriyordu. Hava birazdan ısınacaktı, ama o sırada çöl havası gecenin ayazını taşıyordu.

Matt bakışlarını göğe kaldırdı. Gökyüzünün mavisi neredeyse gözlerini yaktı. Yağan yağmur tozu yıkamış, havayı öylesine berrak ve saf hale getirmişti ki, Matt sanki ışık soluyor gibiydi. İçini dolduran büyü giderek yoğunlaşıyordu. Onu bu dağları tırmanıp güneye, Aztlán'a gitmekten alıkoyan neydi? Celia'ya göre fakir bir ülkeydi orası, ama oradan bahsettiği zaman yüzü aydınlanıyordu. Orası insanlar ve hayatla doluydu. Kameralardan ve Felicia'nın nefretinden kaçabileceği yeni bir dünyaydı. Vücudu başkalarının parçalarıyla yamalı bohça haline gelmiş olan MacGregor'la karşılaşmak zorunda olmazdı orada.

Fakat Celia ile Tam Lin olmadan yaşamak ister miydi? Ya Maria?

Bu kahverengi dağlardan geçerek yolculuk yapma düşüncesi Matt'ın keyfini yerine getirdi. Kararını o anda vermek zorunda değildi. El Patrón yıllarca yaşayabilirdi –'Yaşayacak,' diye kendini teskin etti. Ne de olsa dünyanın en iyi doktorları onun emrindeydi. Matt yapacaklarını özenle planlayabilir hatta belki Maria'yı bile yanına alabilirdi. Gecenin hastalıklı korkuları zihninden silinip gitmişti; kendini bir kral gibi hissediyordu: Fatih Matt.

Yüzerek geri döndü. Tam Lin'in verdiği kitapları ve haritayı çıkartırken güneş küçük vadiyi doldurmaya başlamıştı. Şimdi ne işe yaradıklarını görebiliyordu ve gelecekteki kaçışı için onları dikkatlice incelemeye karar verdi.

Opium'un Tarihi, diye okudu Esperanza'nın kitabından, *kana bulanmış bir terör tarihidir.* Matt, elinde bir parça soğumuş yumurtalı ekmek, katlanmış battaniyelere dayandı. Yazarın vaaz verir gibi yazması hâlâ sinirine dokunuyordu, ama kanıtlarına karşı söyleyecek bir şey bulamıyordu.

Matteo Alacrán ya da kısa zamanda kazandığı ismiyle El Patrón, Pecos Irmağı'ndan Salton Denizi'ne kadar afyon ektirdi, diye okudu Matt. *Afyon yetiştirmek için devasa bir iş gücüne ihtiyacı vardı. Binlerce Meksikalı her gün sınıra aktığından pek sorun olmadı bu. Tüm yapması gereken onları yakalamaktı.*

Bu amaçla ilk Çiftlik Devriyesini kurdu. Ordusunu dünyadaki yozlaşmış hapishane sisteminin kustuğu en adi suçlulardan devşirdi.

Matt kitabı çarparak kapattı. Yazar yine El Patrón'a karşı bir tirada girişmişti işte. Esperanza cadının teki olmalıydı. Evden getirdiği bir şişe meyve suyunu içti ve yeniden okumayı denedi.

Yine de El Patrón kaçakları kontrol etmeyi zor buluyordu. Parmaklarının arasından kayıp gidiyorlardı. Birbirlerinin kaçmasına yardım ediyorlardı. Opium'dan Birleşik Devletler sınırına kaçıyorlardı. Sonunda Birleşik Devletler hükümeti El Patrón'u işlerine son vermekle tehdit etti.

Bu durum karşısında Uyuşturucu Baronu, köleler imparator-

luğunu kaybedeceği korkusuna kapıldı ve eblehler fikri ortaya çıktı.

Görünüşte, bundan daha insani hiçbir şey olamazdı. Öyle ya, acı çekmek bunun farkında olmaktan başka nedir? Eblehler ne soğuk ne sıcak, ne susuzluk ne de yalnızlık hissediyorlardı. Beyinlerindeki bir bilgisayar çipi bu duygularını silmişti. İşçi arıların eksilmez bağlılığıyla ter döküyorlardı. Hiç kimse onların mutsuz olduğunu söyleyemezdi. Dolayısıyla, zulmedildiğini de.

Ben söylerim! diye gürlüyordu Esperanza. *El Patrón bu insanların ruhunu şeytana sattı! Öldüklerinde bedenlerini gübre niyetine toprağa karıştırdı. Opium'un kökleri kanla sulanmıştır ve onun iğrenç otlarını satın alan herkes insan eti yiyen bir yamyamdan başka bir şey değildir.*

Bu kadar okuma bir gün için yeterliydi. Matt kitabı göğsüne dayayıp Esperanza'nın yüzünü hayal etmeye çalıştı. Yaşlı bir cadı gibi siğillerle kaplı olsa gerekti. Sarı dişleri ve çürümüş kabak gibi çökük yanakları olmalıydı. Kitabı karıştırıp kadının fotoğrafını aradı.

İki yüz kırk yedinci sayfada buldu onu. Üzerinde siyah bir elbise, boynunda inci bir kolye vardı. Siyah saçları solgun ve güzel yüzünün her iki yanına parlak bir peçe gibi düşüyordu.

Maria'ya çok benziyordu.

Matt fotoğrafın altındaki gösterişli yazıyı okudu: *Senatör Mendoza'nın eski karısı olan Esperanza Mendoza, Kaliforniya Kölelikle Savaş Derneği'nin kurucu bir üyesidir. Birçok çoksatan kitap yazmıştır. Nobel Barış Ödülü'nü kazanmıştır.*

Matt kitabı bıraktı. Maria kesinlikle bunu biliyor olamazdı. Annesinin öldüğünü sanıyordu. Maria beş yaşındayken, Esperanza evden ayrılmış ve bir daha geri dönmemişti. Küçük kız annesinin çölde kaybolduğunu hayal ediyor ve geceler boyu uyanıp ağlayarak annesinin sesini duyduğunu söylüyordu. Maria işte bu yüzden hatıralarına böylesine delice yapışıyordu. Sevdiği şeyleri kaybetmek düşüncesi onu dehşete düşürüyordu.

Ve tüm bu zaman boyunca annesi Kaliforniya'da yaşamaktaydı. Matt hem kadına hem de senatör Mendoza'ya karşı, içinde derin ve yakıcı bir öfke hissetti. Adam ne olup bittiğini kesin biliyordu, ama Maria'nın acı çekmesine göz yummayı tercih etmişti. Gel gelelim Matt durumun böyle sürüp gitmesine daha fazla izin vermeyecekti. Maria'nın bir sonraki ziyaretinde bu kanıtı gösterecekti. Steven ile Emilia'nın iki ay içerisinde olacak düğününe gelmek zorundaydı. Kızın neye uğradığını bilemeyeceğinden emindi.

O gece Matt, Tam Lin'in, vahada yüzmesini neden yasakladığını anladı. Hayatının en ağır mide üşütmesiyle yatağa düşmüştü. Saatler boyunca boğazı alev alev yanana dek, bir kovanın içine öğürdü. Celia onu kendisi tedavi etmek için ısrar etmişti. Ona zorla bardak bardak süt içirdi ve bir saniye olsun yalnız bırakmadı. Nöbetler arasında Matt kadının ellerinin de kendisininki gibi soğuk ve nemli olduğunu fark etti. Nihayet dinlenebilecek kadar düzeldiğinde, Matt uyuyup uyandıkça, yatağının yanına bir sandalye çekmiş olan Celia'nın bütün gece orada oturduğunu gördü. Bir keresinde uyandığında, Tam Lin'in yüzünü kendi yüzünden bir santim uzaklıkta buldu. Koruma doğrulurken, "Ağzı sarmısak kokuyor," dedi.

Matt yarı baygın, 'Neden sarmısak kokmasın ki?' diye düşündü. Neredeyse Celia'nın pişirdiği bütün yemekler sarmısaklıydı.

"Seni bunu deneme diye uyarmıştım. Konuşmak zorundayız," dedi Tam Lin, Celia'ya.

"Bir dahaki sefere doğru dozu bulacağım," dedi kadın

"Her şeyi mahvetmek mi istiyorsun?"

"Belki senin planın işe yaramaz. Yedekte bir şey bulundurmak lazım," dedi Celia.

"Onu öldüreceksin."

Başını kaldırıp gizli kameraya baktı. "Ben ölürüm de buna izin vermem."

Sesler kesildi. Matt uyanık kalıp daha fazla şeyi açık edip etmeyeceklerini görmek istedi, ama çok güçsüzdü.

Hastalık Matt'ın sinirlerini bozmuştu. Kendini gergin hissediyordu, günlerce başı ağrıdı durdu. Tam iyileştiğini düşünüyordu ki, bir başka mide bulantısı nöbeti geldi. İkinci nöbet ilki kadar kötü değildi, demek ki hastalığı alt ediyordu. Celia'nın neden doktor çağırmadığını çok merak ediyordu, ama bunun için minnettardı da. Bu, hastaneye gitme anlamına gelirdi ki, Matt ne pahasına olursa olsun bundan kaçınmak istiyordu.

Yeterince düzeldiğinde El Patrón'un yanı başında yaşlı adamın sayıklamalarını dinleyerek geçirdiği günlere geri döndü. Sanki yavaş yavaş El Patrón'un anılarını bir sis kaplıyordu. Matt'ı bazen başka bir isimle çağırıyordu ve başka şeyleri de birbirine karıştırıyordu. "Bu barakayı kendi ellerimle diktim," dedi Matt'a. Matt etrafına bakındı. Bahçeleri ve fıskiyeleriyle bu malikâneye kesinlikle baraka denemezdi.

"Üzüm asmasını da ben diktim," dedi El Patrón. "İyi büyüyor. Kameriyeyi yalnızca iki yılda kapladı. Sanırım sudan. Çöldeki bu göllerden daha iyisi yoktur."

Matt ürpererek 'Vahadan bahsediyor,' diye düşündü. Yıllar önce orada yaşayan kişi El Patrón olmalıydı. Baraka yıkılmıştı fakat üzüm asması hâlâ capcanlıydı. "Kayadaki oluğun arkasındaki yer mi burası?" diye sordu Matt haklı olduğundan emin olmak için.

"Elbette Felipe!" diye atıldı El Patrón. "Her gün o delikten tırmanıyorsun ya." Başka bir hayale daldı gözleri, hiç kimsenin göremeyeceği şeyler görüyordu. "Dünyanın en güzel yeridir orası," dedi iç çekerek. "Eğer bir cennet varsa ve ben oraya gidersem eminim bu göl ve üzüm asması da orada olacaktır."

Sonra daha da eski bir anıya daldı. El Patrón'un sesi uzun zaman önce şenliklere katıldığı büyük çiftliği anlatırken heyecanla doluyordu. "Bir fıskiye vardı," diye kendinden geçmiş, anlatıyordu El Patrón. "Suyun sesi müzik gibiydi ve ortasında küçük bir melek heykeli vardı. O kadar serin ve temiz görünüyordu ki... Yemekleri hayal bile edemezsin Felipe. İstediğin kadar *tamales* ve ızgara kaburga! Yucatán'dan moro yengeçleri, kırmızı biberli *rellenos*, minik tabaklarda karamelli pudingler."

Matt eğer bir cennet varsa, orada Yucatán'dan gelen yengeçler ve karamelli pudinglerle dolu bir masa olduğundan emindi. Fakat daha sonra El Patrón'un sesi hüzünlendi. "Annem küçük kız kardeşlerimi şenliğe getirmişti. Bir tanesini kucağında taşıyordu diğeri ise eteğine tutunmuş arkasından geliyordu. Kız kardeşlerim tifüse yakalanıp o saat öldüler. O kadar küçüktüler ki pencere pervazından dışarı bakamazlardı –hayır, parmak uçlarında dikilseler bile."

El Patrón geçmişi hatırladığında çok daha hoş bir insan olup çıkıyordu. Daha yufka yürekli ve daha kırılgan oluyordu. Matt yaşlı adamı hâlâ seviyordu, ama onun kötü biri olduğundan hiç kuşkusu yoktu.

Malikânenin büyük odun sobası kullanılan mutfağında, Celia'ya, "Felipe kim?" diye sordu Matt.

"Sosçuyu mu yoksa bahçıvanı mı soruyorsun?" dedi kadın.

"Başka biri olmalı. El Patrón beni hep böyle çağırıyor."

"Ah, hayır," diye mırıldandı Celia. Turta için hamur açma işini bir an keserek. "Felipe onun oğluydu. Neredeyse seksen yıl önce öldü."

"Peki neden beni bu isimle çağırıyor?"

"Bazı insanlar böyledir, *mi vida*. İlkin yaşlandıkça yaşlanır daha sonra durup gençleşmeye başlarlar. El Patrón şimdi otuz yaşında olduğunu ve senin de oğlu Felipe olduğunu sanıyor. Senin gerçekte kim olduğun konusunda hiçbir fikri yok."

"Çünkü ben daha yüz yıl varolmayacağım."

"Doğru," diye cevap verdi Celia.

"Öyleyse ne yapmalıyım?"

"Onun için Felipe ol," dedi Celia kısaca.

Matt müzik odasına gidip sinirlerini gevşetmek için piyano

çaldı. Eğer El Patrón bunamaya başladıysa bu bir başka doz cenin beyni transferi için hazır olduğu anlamına gelirdi. Yani bir embriyon –Matt'ın kardeşi– bir ineğin içinde büyüyordu. Embriyonlar ölümü anlayabilirler miydi, korkabilirler miydi? Matt, Mozart'ın "Türk Marşı"nı çalmaya başladı. Öylesine yüksekten çaldı ki koridordaki bir hizmetçi elindeki tepsiyi yere düşürdü. Matt bitirip yeniden çaldı. Sonra yeniden. Mozart'ın müziğindeki düzen, kendisine hayatının ellerinde olduğunu hissettiriyordu. Konağın boğucu dünyasından alıp götürüyordu onu.

Gitgide daha çok kaçmak istiyordu buradan. Bir keresinde aklına vahadayken gelmişti bu olasılık, özlem sürekli bir ağrı haline gelene dek. Bir cevizin içine kısılmış bir kurtçuk gibi hissediyordu. Esperanza'nın kitabı gözlerini açmış, El Patrón'un kurduğu imparatorluğun vahşetini görmesini sağlamıştı; ve *eblehlerin* yaşadığı, tabuttan daha iyi sayılamayacak, alçak ve karanlık barınakları kendi gözleriyle görmüştü.

Vahayı çevreleyen gri dağları aşarak kaçabilirdi. Aztlán'a gidebilirdi. Tam Lin ona haritalar ve yemekle dolu olan sandığı tam da bu yüzden vermişti. Matt bundan emindi.

Fakat Steven ve Emilia'nın düğününden önce buradan ayrılamazdı. O tarihte Maria gelecekti ve Matt onu görmeden gidemezdi.

21

BİR MANTIK EVLİLİĞİ

Konakta ana baba günüydü. Saksılardaki portakal ağaçları sürüklenip çepeçevre salonun etrafına yerleştirilmişti. Kokuları evi dolduruyordu. Bahçelere yaseminler, hanımelleri ve bebeknefesleri ekilmişti. Bu ağır kokular Matt'ın midesini bulandırmıştı. Vahada yüzdüğü günden beri midesi berbattı.

Mutfağın bitişiğindeki dondurucular buzdan heykellerle doluydu. Etrafı sisle çevrilmiş deniz kızları, aslanlar, kaleler ve palmiye ağaçları. Bunlar düğün resepsiyonu için punç kâselerinin içine yerleştirileceklerdi.

Eski perdeler ve halılar katlanıp götürüldü ve beyaz, pembe ve altın renginde yenileriyle değiştirildi. Duvarlar yeniden boyandı ve çatılardaki kiremitler temizlenip parlatıldı. Ev şekerlemeyle kaplı dev bir doğum günü pastasına benzemeye başlamıştı.

Matt bu şenliklerin kıyısında dolaşıyordu. Parti boyunca Celia'nın apartmanına kapatılacağını biliyordu. Ayaklarını yeni serilmiş beyaz halıda sürüyerek 'Ne de önemli!' diye düşündü. O aptal düğüne zaten gitmek istemiyordu. Herkes Steven ile Emilia'nın evleneceğini yıllar önceden biliyordu. El Patrón'un fermanı vardı. Alacránları Senatör Mendoza'nın Birleşik Devletler'de hükmettiği güçlü politik makineye bağlamak istiyordu. Steven ile Emilia'nın birbirinden hoşlanıyor olmaları sadece şanstı. Öyle olmasaydı da bir şey değişmeyecekti.

Steven'ın ağebiyi Benito, Nijerya devlet başkanının kızıyla evlenmişti. Çünkü Nijerya dünyadaki en zengin ülkelerden biriydi. Benito ile eşi Fani ilk görüşte tiksinmişlerdi birbirlerinden, ama El Patrón Nijerya parasından hoşlandığı için onların fikrini soran olmadı.

Düğün günü yaklaştıkça Matt kendini daha da yalıtılmış hissediyordu. Celia'nın kafası konuşamayacak kadar doluydu. Tam Lin, sağlığı ziyaretçi kabul edemeyecek kadar bozulan El Patrón'la birlikteydi. Matt vahaya gidebilirdi, ama üzerinde tuhaf bir yorgunluk vardı. Erkenden yatıyordu ve geceleri kötü kâbuslarla bölünüyordu. Uyandığında ağzında bir metal tadı oluyordu ve başı ağrıyordu. Yalnızca bir kez gidip, Esperanza'nın *Opium* hakkındaki kitabını almak için kısa bir yolculuk yaptı.

Ev misafirlerle doluydu. MacGregor yeni eşiyle gelmişti. 'Yedincisi,' diye düşündü Matt. Bu seferki Emilia kadar gençti. Felicia öylesine alkol tüketiyordu ki, nereye gitse peşinden bir viski bulutu sürüklüyordu. Bir bahçe partisinden diğerine kayıyor, parlak, ateşli gözlerini insanlara dikip rahatsız edip uzaklaştırıncaya kadar bakıyordu.

MacGregor'a gelince neşesi yerindeydi. Saç ektirmişti. Kafası parlak kızıl saçlarıyla aynen Tom'unki gibiydi ve onları sanki geri yatırmazsa döküleceklermiş gibi sık sık eliyle düzeltiyordu.

Matt her şeyi kolonların ve duvarların arkasından gözlüyordu. Kimsenin onu işaret edip, "Bu da ne? Bu yaratığı insanların bulunduğu yere kim getirdi?" demesini istemiyordu.

Düğün günü Benito, Fani ve Steven'ı taşıyan bir Nijerya hovercraft'ı geldi. Bay Alacrán onları karşılayıp Fani'yi öptü. Kadın sanki iğrenç bir şeye dokunmuş gibi yüzünü buruşturdu. Sert, keskin bir yüzü vardı. Benito'nun göbeği çıkmaya başlamıştı. Diğer yandan Steven bir masal prensi kadar yakışıklıydı.

Matt ondan diğer Alacránlardan ettiği gibi gibi nefret etmiyordu. Onu haşhaş tarlalarındaki küçük evden taşıyan Steven'dı. Ayrıca o ve Emilia, Matt'ı görmezden gelseler bile acımasız değildiler.

Matt kaynaşan misafir kalabalığını seyredip her birinin ismini, iş bağlantılarını ve skandallarını anımsadı. Alacrán İmparatorluğu'nun her ayrıntısını Steven kadar iyi bildiğini düşünüyordu. Matt yüzüncü kez kendisini insanlıktan ayıran uçurumu fark etti. Bütün insanlar Steven'ı onurlandırmak için gelmişti oraya. Oysa Matt ne evlenebilecekti ne de kimse onu onurlandıracaktı.

Tanıdık bir hovercraft indi ve Matt'ın kalbi yerinden sıçradı. Misafirler iniş alanına doğru yürüyüp gelini görmek için başlarını uzattılar. Emilia onları düş kırıklığına uğratmadı. Parlak mavi bir elbise giymişti, etrafı küçük kızlardan bir grupla çevriliydi. Her biri bir sepet gül yaprağı taşıyordu ve Emilia bunları avuç avuç kalabalığa atıyordu. Matt bu küçük kızların *ebleh* olduklarını anlayana dek çok güzel bir görüntü oluşturduklarını düşündü.

Gelin, Senatör Mendoza tarafından salonun merdivenlerine çıkarılırken herkes alkışladı. Fakat Matt'ın gözleri onlarda değildi. Umursadığı tek kişi şatafatsız bir tavırla hovercraft'tan dışarı çıkmıştı. Hiç kimse Maria'nın kalabalığın arasından geçtiğini ya da onun kız kardeşinden farklı bir yöne gittiğini fark etmedi. Ne var ki Matt anlamıştı ve kimseye çaktırmadan kalabalığın etrafından dolanarak müzik odasına yürüdü.

Birçok kişi müzik odasından kaçınıyordu. Hizmetçiler yalnızca temizlemek için gidiyordu oraya ve Felicia müziği büsbütün bırakmıştı. Oda Matt'ın bölgesiydi ve bu yüzden kirletilmişti.

Kapıyı arkasından kapatıp doğrudan dolaba gitti. Maria gizli geçitte bekliyordu. "Nihayet!" diye bağırdı kollarını ona dolayarak. "Beni özledin mi?"

"Her an," dedi Matt ona sarılarak. "Her gün seni düşündüm. Sana yazmak istedim fakat bunu nasıl yapacağımı bilemedim."

Maria, "Berbat bir manastırdayım," dedi kollarını çözüp kendini zemine bırakırken. "Yok yok, o kadar da kötü değil. Sadece bana göre değil. Kasabada hayırseverce işler yapmak istedim, rahibeler izin vermedi. Bir düşün! Aziz Francis'in yolundan gittiklerini düşünüyorlar, ama bir dilencinin yarasını temizlemektense ölmeyi tercih ediyorlar."

"Bir dilencinin yarasını yıkamayı ben de istemezdim," dedi Matt.

"Çünkü sen bir kurtsun. Onu midene indirmeyi isterdin."

"Önce sağlıklı bir dilenci bulurdum ama."

"Hiçbirini yememen gerekir. Neler yapıyorsun anlat bakalım. Tanrım, diğer kızlar o kadar sıkıcı ki! Pembe dizi okumaktan ve çikolata yemekten başka bir şey yaptıkları yok." Maria, Matt'a sokuldu ve Matt kendini inanılmaz iyi hissetti. Çok uzun zamandır böylesine mutlu olmadığını fark etti.

"Pembe dizi mi?" diye meraklandı.

"Kurtlara ilginç gelecek şeyler değil. Televizyonda neler seyrettiğini anlat bana. Bir program ruhumuzu geliştirmedikçe televizyon seyretmemize izin yok bizim."

"Benim bir ruhum yok," dedi Matt.

"Bence var," dedi Maria. "Ekolojiyle ilgili modern kilise öğretisini okuyorum bu aralar. Yakın incelemelere göre, insanlar Aziz Francis'in ilk çevreci olduğunu düşünüyorlar. Diyorlar ki, hayvanlara vaaz vermesinin nedeni onların gelişebilecek küçük ruhlar taşımasıymış. Çalışarak bir serçe, hatta bir ağustosböceği bile cennete gidebilirmiş."

"Ya da cehenneme," dedi Matt.

"Olumsuz düşünme." Maria daha sonra yeni fikirlerini ve manastırdaki ahlak hocasıyla giriştiği tartışmaları anlatmaya koyuldu. Derken bahçecilikten ne kadar hoşlandığını fakat zavallı küçük bitkileri kesmekten nefret ettiğini; matematikte birinci olduğunu, ama çatıda çırılçıplak güneş banyosu yaptığı için notlarının düşürüldüğünü filan anlattı.

İçinde ayların sohbetini biriktirmiş gibiydi ve hepsini anlatmak için sabırsızlanıyordu. Matt için hava hoştu. Kızın karanlıkta, başını göğsüne dayamış olarak onunla birlikte oturmasından memnundu.

"Ah! Hep ben konuştum ve tek kelime etmene izin vermedim!" diye bağırdı Maria nihayet. "Sürekli günah çıkardığım konulardan biri de bu. Ne var ki manastırdaki hiç kimse beni senin dinlediğin gibi dinlemiyor."

"Seni dinlemek hoşuma gidiyor," dedi Matt.

"Şimdi çenemi kapatıyorum, bana yaptığın her şeyi anlatacaksın."

Kollarını dolayınca Matt onun kokusunu aldı: Ilık, heyecan veren bir karanfil kokusu. Matt hiç hareket etmek istemedi.

Ona *ebleh* bölgesinde Çiftlik Devriyesiyle karşılaşmasını ve nasıl hastaneye gitmek zorunda kaldığını anlattı. El Patrón'un kalp krizinden bahsedince Maria titredi. "O kadar yaşlı ki," diye mırıldandı. "Bunda yanlış olan bir şey yok, ama çok, çok yaşlı."

"Takılan kalbin uzun süre işe yarayacağını sanmıyorum," dedi Matt.

"Taktırmamalıydı bile," dedi Maria.

"Onu nereden edindiğini biliyor musun?"

"Ben... Ben..." Maria'nın kafası karışmış gibiydi. "Bu konuda konuşmamam gerekiyor, ama evet, nereden edindiğini biliyorum! O kadar korkunç ki!" Matt'a daha sıkı sarıldı. Matt ne diyeceğini bilemiyordu. Kafasından attığı korkular geri gelmişti. Maria'ya ne demek istediğini sormak istedi, ama alacağı cevaptan korkuyordu.

"Diğer klonlar gibi değilim ben," dedi daha çok kendini teskin etmek istercesine. "El Patrón bana alabileceğim en iyi eğitimi verdi. Bana çalgılar, bilgisayarlar, ne istediysem aldı. Sınavdan A aldığımda ya da yeni bir piyano parçası çaldığımda gerçekten keyifleniyor. Bende deha olduğunu söylüyor."

Maria hiçbir şey demedi. Yüzünü onun göğsüne gömdü ve Matt hissettiği ıslaklıktan onun ağladığını tahmin etti. 'Harika. Neden ağlıyor bu şimdi?' diye düşündü. "Çok uzun yaşamayacak olsam..." Matt burada duraladı – "Umursamazdı."

"Bu doğru," dedi Maria gözleri yaşlı.

"Tabii ki doğru," dedi Matt kendinden emin. "Steven'dan daha iyi bir eğitim aldım. Bir gün malikâneyi yönetmesinde ona yardımcı olabilirim –perde gerisinden tabii ki. *Opium* büyük bir ülke ve kontrol edilmesi için çok çaba gerekiyor. Benito çok aptal, Tom'a gelince, o konuda da birtakım sıkıntılar var. Öncelikle... El Patrón onu görmeye bile dayanamıyor."

Maria gerildi. "Senin sandığından daha fazla hoşlanıyor ondan."

"Tom aileden bile değil. Yalnızca El Patrón elinin altındaki hiçbir şeyden vazgeçmek istemediği için burada."

"Bu bir yalan!" dedi Maria hararetle. "Tom varislerden biri ve aptal da değil."

"Onun aptal olduğunu hiç söylemedim. Yalnızca ahlaksız."

"Benimle evlenecek kadar iyi olduğu düşünülüyor!" dedi Maria.

"Ne?" Matt kulaklarına inanamıyordu. Maria yalnızca bir çocuktu. Yıllar sonra evlenebilirdi ancak.

"Ah, kavga etmeyelim," dedi Maria hüzünle. "Bu konuda bizim seçim hakkımız yok. Yani, Benito ve Fani'ye bir baksana. Fani, Benito'yla evlenmektense siyanür içeceğini söylemişti. Bak, bunun ona bir yararı oldu mu? El Patrón emri verdi ve babası, ne olduğunu anlayamaz hâlâ gelinceye dek uyuşturucuyla doldurdu kızı."

Matt'ın dili tutulmuştu. Maria'nın Tom'la evlenmesini nasıl isterlerdi? Tom öylesine... Kokuşmuş küçük bir salyangozdu o! Bu düşünülemezdi! Sürekli geçitte bulundurduğu feneri yaktı ve duvara dayadı. Kızın solgun ve gölgeli yüzünü görebiliyordu.

"Steven ile Emilia birbirlerinden hoşlanıyor; ben de Tom'u çok kötü bulmuyorum. Gittikçe MacGregor'a benziyor ve ben onu değiştirebilirim."

"Tom'u değiştiremezsin," dedi Matt.

"Sabır ve sevgiyle her şeyi yapabilirsin," dedi Maria. "Hem zaten düğüne yıllar var. Belki El Patrón fikrini değiştirir." Sesi pek umutlu değildi.

Matt'ın aklı umutsuzluktan durmuştu. Geleceği düşünmeyi hep

reddetmişti. Maria'nın günün birinde evleneceğini biliyordu elbette. Evlenince onu bir daha asla göremeyeceğini de biliyordu. Ancak içinin en karardığı anlarda bile, kızı o canavarla evlendirecekleri aklının ucundan geçmemişti.

"Bekle," dedi aklına bir fikir gelmişti. "Senin için bir şey var bende."

"Bir hediye mi?" Maria şaşırmış görünüyordu.

Matt *Opium'un Tarihi* kitabını gizlediği yerden çıkardı. İki yüz kırk yedinci sayfayı açıp feneri doğrudan Esperanza Mendoza'nın resmine tuttu.

Maria'nın nefesi tutuldu. "A... annem?"

"Neye benzediğini hatırlıyor musun?"

"Babamda resimleri var." Kitabı alıp gözlerini resme ve yanındaki yaşam öyküsüne dikti. Taş kesilmiş gibiydi. "Annem Nobel Barış Ödülü'nü almış," diye fısıldadı en sonunda.

"Ve daha neler neler," dedi Matt.

"Fakat o as-asla geri dönmedi." Maria'nın yüzü öylesine hüzünlüydü ki Matt'ın içi acıdı.

"Dönemedi bir tanem," dedi Matt, farkında olmadan Celia'nın kelimelerinden birini kullanmıştı. "*Opium*'a ve babanın temsil ettiği şeylere baştan ayağa karşı. Sanıyor musun ki, baban onun geri dönmesine izin verirdi? Hele El Patrón?" Matt sessizce fark etti ki, El Patrón istese kadının ölümüne bile karar verebilecek güçteydi. İlk kez bir düşmanından kurtuluyor olmazdı.

"Ama bana hiç, hiç mektup yazmadı," diye mırıldandı Maria.

"Anlamıyor musun? Baban onun yollayacağı her mesajı yok ederdi. Fakat şimdi ona ulaşabilirsin. Senin manastır neredeydi?"

"Aztlán'da, Colorado Irmağı'nın ağzında. San Luis adında bir kasabada."

"Annenin kitabını okudum," dedi Matt, *Opium'un Tarihi* kitabını Maria'nın soğuk ellerinden alıp yere bıraktı. Isıtmak için kızın ellerini tuttu.

"Aztlánlıların Opium'u sevmediğini ve onu yıkmak için her

şeyi yapabileceklerini söylüyor. Manastırda birisi annene bir mesaj yollayabilir. Onun seni bulmak istediğinden eminim. Seni kurtaracak, Tom'la evlendirmelerine kesinlikle engel olacaktır."

'Ve Tom'un seni alıp bir daha asla görmeyeceğim bir yere götürmesine,' diye düşündü Matt, boğazı düğümlenerek. Fakat mesele bu değildi. Onu zaten kaybedecekti. Şimdi önemli olan onu kurtarmaktı.

"Gitmek zorundayım," dedi Maria aniden. "Emilia meraklanır."

"Seni bir daha ne zaman göreceğim?"

"Düğün yarın ve kendime ayıracak bir saniyem yok. Ben baş nedimeyim. Sen gelebilecek misin?"

Matt acı acı güldü. "Eğer *ebleh* bir çiçekçi kız kılığına girersem belki."

"Biliyorum. Bu korkunç. Emilia'ya neden gerçek çocuklar kullanmadığını sorunca onlara işi doğru yapacakları konusunda güvenilemeyeceğini söyledi."

"Biliyorsun ki ben davet edilmeyeceğim," dedi Matt.

"Her şey o kadar adaletsiz ki." Maria iç çekti. "Elimde olsa düğünü bırakır seninle kalırdım."

Bunun dünyada olmayacağını bildiği halde onun bu sözleri Matt'ı duygulandırdı. "Seni burada bekleyeceğim," dedi. "Kitabı ister misin?"

"Hayır. Babam onu bulursa ne yapacağını tahmin bile edemem."

Matt'ı yanağından yumuşakça öptü, Matt da ona karşılık verdi. O gittikten çok uzun süre sonra bile teninin yumuşaklığını dudaklarında hissetti.

Ön sırada değildi bulduğu yer, ama elinden gelen buydu. Matt bir cep teleskopuyla bir gözetleme deliğinin arkasına yerleşmişti.

Terk edilmiş bulacağını umduğu makine odası tıklım tıklım doluydu. Her ekranın karşısında en az iki tane goril gibi koruma dikilmiş seyrediyordu. Telaşla bir oradan bir buradan görüntü alıyor, kolon, perde arkaları gibi sıkıcı yerleri incelemek için bayağı vakit harcıyorlardı. Matt başka zamanlar da onu orada saklanırken hiç gördüler mi acaba, diye meraklandı.

Fakat tören yaklaştıkça korumaların dikkati salonda yoğunlaştı. Bir mihrap dikilmişti ve rahip mihrabın bir yanında ileri geri yürüyerek etrafı kolaçan ediyordu. *Ebleh* korosu mekanik oyuncaklar gibi dizilmişti ve Matt'ın piyanosuna biri oturmuştu. Matt teleskopun merceğini ayarladı. Bir gözetleme deliğinde kullanılması kolay değildi ve boynu ağrımaya başlamıştı.

Bay Ortega'yı gördü. Yaşlı, küçük adam için üzüldü. Matt, Bay Ortega'nın yetenek düzeyini çoktan aşmıştı ama bunu ona belli etmiyordu. El Patrón bunu öğrenirse, müzik eğitmeninin de Rosa'nın kaderini paylaşacağından korkuyordu.

Başka bir ekranda Matt ilk sırada, yanında takım elbiseleri üzerlerinden sarkan Tam Lin ve Daft Donald ile oturan El Patrón'u gördü.

Emilia soyunma odasında bekliyordu. Üzeri inciyle işlenmiş, *ebleh* kızların taşıdığı uzun kuyruklu bir beyaz gelinlik giymişti. Celia gelinliğin üç yüz yıl önceki bir İspanyol kraliçesine ait olduğunu söylemişti. *Eblehlerin* yüzleri Matt'a evin her köşesinde sütunların üzerine tünemiş kanatlı bebekleri hatırlattı. Gözleri mermer kadar cansızdı.

Maria ateşli ateşli konuşarak odada dolaşıp duruyordu. Matt onun ne dediğini duyamasa da heyecandan başının döndüğüne emindi. 'O ve diğerleri arasındaki fark bu,' diye düşündü. O yaşam doluydu. Her şey onu ya büyülüyor ya yıkıyor ya da mest ediyordu. Ortası yoktu. Onun yanında Emilia silikti, bir köşede bir brendi şişesinden içki içen Fani ise büsbütün donuk kalıyordu.

Korumalar sesi açtılar. Matt düğün marşını duydu. Emilia, Senatör Mendoza'nın koluna girmişti. *Eblehler* gelinliğin kuyruğunu kaldırmışlardı. Maria ile Fani gelinin arkasındaki yerlerini aldılar. Ağırbaşlı, etkileyici bir yürüyüşle odadan çıktılar. Kalabalığın arasında bir fısıltı dolaştı ve rahip herkesin ayağa kalkmasını işaret etti. Steven, Benito ve Tom ile mihrapta bekliyordu.

Tom. Bir an için Matt'ın tüm gördüğü onun sahtekâr yüzüydü. O bakınca gördüğünüz onda bulacağınızdan farklıydı. O meleksi dış yüzeyin altında savunmasız bir çocuğu bezelye tüfeğiyle vuran; El Viejo'nun altındaki sandalyeyi çeken; balıkçıllar midelerine indirsinler diye kurbağaları ayaklarından çimlere çivileyen bir çocuk vardı. Tom'un yakınına kırılgan bir şey bırakamazdınız.

Bir koruma Matt'ın görüntüsünü bir an için kapattı. Matt içinden lanet okudu.

Bir sonraki görüntü, babasının kolunda mihraba yaklaşan Emilia'yanınkiydi. Maria, Fani'nin yalpalamasına engel olmak için onu sıkıca tutmuştu. Benito'nun eşi neredeyse Felicia kadar içmişti ki, onu da Bay Alacrán tutuyordu. 'Ne aile ama,' diye düşündü Matt. Kadınları alkolikti; Benito bir koyun kadar aptal, Tom ise ahlaki bir kara delikti. Steven fena sayılmazdı, ama kabul etmek gerekir ki, Alacránlar bile her konuda sonuna kadar tutarlı olamazlardı.

Babası Emilia'yı vermişti. Steven kızın parmağına bir yüzük takıp duvağını kaldırdı ve onu öptü. İyi günde ve kötü günde, hastalıkta ve sağlıkta, ölüm onları ayırana dek evlenmişlerdi.

'Belki ayrılmak zorunda kalmazlar,' diye düşündü Matt. Belki birlikte cennetin Alacránlar için ayrılmış özel bir katına çıkarlardı. Orada istedikleri kadar moro yengeci, karamelli puding ve Felicia'a için bir fıçı viski bulunacaktı.

"Lanet olsun! Yaşlı vampire bak!" dedi korumalardan biri.

Matt gözlerini deliğe dayadı. Öylesine afalladı ki teleskopu elinden düştü.

Görüntü uzaktı ama her şey korkunç bir şekilde apacıktı. El Patrón'un tekerlekli sandalyesinde sıçradığını gördü. Yaşlı adam kalbini avuçladı ve öne doğru düştü. Tam Lin onu yakalamak için atıldı. Bay Alacrán yardım çağırdı. Willum ve yakın zamanda eve yerleşmiş olan başka doktorlar kalabalığı yararak geçtiler. El Patrón'un etrafında diz çöküp yaşlı adamın görüntüsünü tamamen kapattılar. Bir antilobun tepesine üşüşen akbabaları hatırlattılar Matt'a.

Korumalar makine odasından dışarı fırladılar ve bir an sonra Matt onları ekranlarda gördü. Salona dalıp düğün konuklarını dışarı sürdüler.

Birdenbire o gürültü patırtı arasından, kollarında El Patrón'la Tam Lin çıkıverdi. Matt ürpererek yaşlı adamın ne kadar küçülmüş ve kurumuş olduğunu gördü. Peşinde doktorlarla onu dışarı çıkartan Tam Lin'in göğsünde kurumuş bir yaprak gibi görünüyordu.

Salonda, mihrapta baş başa ve unutulmuş kalakalan Steven ve Emilia dışında kimse kalmamıştı.

22

İHANET

"Ne yapmalıyım? Ne yapmalıyım?" diye fısıldadı Matt, kollarını gövdesine dolamış, karanlık geçitte ileri geri sallanıyordu. El Patrón'u severdi. Onunla hastanede olmak, başında beklemek ve sağlığına kavuşmasını sağlayabilmek isterdi. Ancak aynı zamanda, Maria'nın El Patrón'un organlarının kaynağını bildiğini söylediğini de hatırlıyordu: *Ve bu çok korkunçtu!*

Celia onu arayacaktı. Birdenbire zihninde başka bir anı canlandı. Celia, Matt'ın doğum günü partisinde giyeceği takım elbiseyle uğraşıyordu. "Eğer bir gün kötü bir şey olursa," demişti, "hemen bana gelmeni istiyorum. Mutfağın ardındaki kilere gel."

"Kötü derken neyi kastediyorsun?" diye sormuştu Matt.

"Söyleyemem. Yalnızca bunu hatırlayacağına söz ver."

Bundan daha öncesini, Rosa'dan kurtulduktan kısa bir süre sonra Tam Lin'in bir konuşmasını da hatırlıyordu Matt: "Sana şu kadarını söyleyeyim, El Patrón'nun bir iyi bir kötü tarafı vardır. Majesteleri istediğinde çok karanlık olur. Gençken aynen bir ağacın şu ya da bu yöne gelişmeyi seçtiği gibi o da bir seçim yaptı. Tüm ormanı kaplayana dek büyüdü, ancak dallarının çoğu eğrildi büküldü."

O kadar çok ipucu ve ima vardı ki! Matt'ın korkusu, çığı başlatan bir çakıl taşı gibi, gittikçe daha çok şey hatırlamasına yol açıyordu. Tam Lin neden ona bir sandık dolusu erzak ve harita vermişti? Maria neden MacGregor'un klonunu hastanede bulduklarında ondan kaçmıştı? Çünkü biliyordu! Hepsi biliyordu! Matt'ın eğitimi ve başarıları sırf bir cılaydı. Ne kadar zeki olduğunun önemi yoktu. En önemli şey, kalbinin ne kadar güçlü olduğuydu.

Ne var ki Matt tam olarak emin değildi.

Ya yanılıyorsa? Ya El Patrón onu gerçekten seviyorsa? Matt hastanedeki yatağında uzanmış kendisine bir parça gençlik getirebilecek olan kişiyi bekleyen yaşlı adamı düşündü. Çok acımasızcaydı bu! Matt geçidin zeminine kıvrıldı. Karanlık gizli mekânda, yıllar boyunca birikmiş olan bir toz havuzunda uzanmış yatıyordu. Kendini antik bir mezardaki bir mısır firavunu ya da Kalde Kralı gibi hissetti. El Patrón bu tür şeylerden konuşmayı severdi.

İhtiyar, yaşlı kralların öteki dünyada ihtiyaç duyacakları hazinelerle dolu olan piramitleri tasvir ederdi heyecanla. Antik Kaldelilerin mezarlarından daha bir hoşlanırdı. Yalnızca elbiseler ve yiyecekler almazdı onlar yanlarına, aynı zamanda ölülerin gölgeli dünyasında yolculuk etmelerini sağlayacak atlar da kurban edilirdi. Arkeologlar bir mezarda askerler, hizmetçiler hatta uyuyormuşçasına uzanmış dansçı kızlar keşfetmişlerdi. Kızlardan biri öyle bir telaş içindeydi ki saçına takması gereken mavi tokası hâlâ cebinde duruyordu.

"Ne hoş bir şey," diye anlatmıştı El Patrón: O kral bu dünyada hükmetmekle kalmamış, öteki dünyada da kendisine hizmet etmesi için bütün sarayı yanında götürmüştü. Büyük malikânesinin balkonunda altın yaldıza bulanan El Dorado'dan bile harikaydı bu.

Tozdan öksüren Matt boğazını temizlemek için kalkıp oturdu. Gürültü etmek istemiyordu. Ne yapacağına karar verene dek onu kimsenin bulmasını istemiyordu. Duvara dayandı, dışarıdaki karanlık kafasındaki karanlığa eşti. Ne yapmalıydı? Ne yapabilirdi?

Koridordan gelen ayak sesleri ayağa sıçramasına neden oldu.

Belirsiz bir figürün önünde sallanan bir fener gördü. "Maria," diye fısıldadı.

"Oh, Tanrıya şükür! Başka bir yere gizlenmenden korkmuştum," diye fısıldayarak karşılık verdi kız.

"Gizlenmek mi?" dedi

"Her yerde seni arıyorlar. Celia'nın dairesini altüst ettiler ve konaktaki her odayı araştırıyorlar. Tavlaları ve tarlaları taramaları için korumalar yolladılar."

Matt onu omuzlarından tutup yakından yüzüne baktı. Loş ışıkta yüzünün ıslak olduğunu gördü. "Beni neden arıyorlar?"

"Bilmek *zorundasın*. Tam Lin, senin zekâna sahip birinin bunu anlamamasının olanaksız olduğunu söyledi."

Matt taş kesilmişti. Koruma daha zeki olduğunu sanmıştı. Matt birkaç dakika öncesine kadar neyin ne olduğunu gerçekten anlayamamıştı.

"Odamda sinir krizine tutulduğumu sanıyorlar. Emilia her zaman sinirli bir tip olduğumu söylüyor. Sen, Furball'ın son versiyonundan başka bir şey değilmişsin; ama yanılıyor! Sen köpek değilsin. Bundan çok, çok daha fazlasısın."

Başka zaman olsa Matt, Maria'nın sözleriyle kendinden geçebilirdi, ama durum mutlu olunamayacak kadar karanlıktı.

"Tam Lin şimdilik olduğun yerde kalmanı söyledi. Senin bir *güvenli at* alıp kuzeye, Birleşik Devletler'e kaçtığın söylentisini yayacak. Bunun Çiftlik Devriyesini oyalayacağını söylüyor."

Tüm olup bitenler Matt'ın başını döndürmüştü. Aklı durmuş gibiydi sanki. "El Patrón nasıl?" diye sordu.

"Neden umursuyorsun?" dedi Maria öfkeyle. "Ölmesi için dua etmelisin."

"Yapamam," diye mırıldandı Matt. Bu doğruydu. El Patrón ne kadar hain olursa olsun Matt onu seviyordu. Koca dünyada hiç kimse kendisine ondan daha yakın değildi. Hiç kimse onu daha iyi anlayamazdı.

"Tıpkı Tam Lin gibisin," dedi Maria. "El Patrón'un bir doğal afete benzediğini söylüyor -bir hortum, bir volkan ya da onun gibi bir şey. Öldürülebileceğini bilsen bile, büyülenmekten kendini alamayacağını söylüyor. Bence hepsi saçmalık!"

"Ne yapmam gerekiyor?" dedi Matt. Tüm iradesi akıp gitmiş gibi hissediyordu.

"Burada kal. Ben gidip herkesin beklediği şu sinir krizini geçireceğim. Karanlık bastığında geri geleceğim."

"Nereye gidebiliriz?" dedi Matt. Aklına yalnızca vaha geldi fakat onları taşıyacak bir *güvenli at* olmazsa yol çok uzundu.

"Babamın hovercraft'ına," dedi Maria.

Matt'ın gözleri koca koca açıldı. "Uçmayı biliyor musun?"

"Hayır, fakat pilot düğünden sonra beni manastıra geri götürecekti. Bizi beklemesini söyledim ona."

"Beni nasıl açıklayacaksın?"

"Sen benim yeni oyuncak *eblehimsin*! Emilia'da bir düzine var ve pilota bunu kıskandığımı, benim de bir tane istediğimi söyledim." Maria karanlık geçitte kıkırdamaları duyulmasın diye ağzını kapatmak zorunda kaldı. "Hiç kimse *eblehler* hakkında soru sormaz. Onlar mobilyalarla aynı sınıftandır sadece."

Matt beklediği sürenin büyük bir bölümünü uyuyarak geçirdi. Yakın zamanda geçirdiği hastalık yüzünden yorgun ve tüm olup bitenler nedeniyle tükenmiş bir haldeydi. Uyandığında susuzluktan yanıyordu ve hiç suyu olmadığını fark etti.

Geçit kuru ve tozluydu. Matt yanan boğazını yumuşatmak için yutkundu. Su olsun olmasın bugünlerde hep boğazı ağrıyordu.

Makine odasının korumalarla dolu olduğunu gördü. Her ekran izleniyordu ve Matt evde hiçbir yerin güvenli olmadığını fark etti. Su için dışarı çıkamazdı. Maria için kaygılanmaya başladı. Korumaları nasıl atlatmıştı ve nasıl olup da geri gelecekti. Koyu bir umutsuzluğa kapılıp duvara dayandı.

Zaman ağır ilerliyordu. Matt, Celia'nın her zaman buzdolabında bulundurduğu limonatayı düşündü. Meyve suyunun boğazından aşağıya kaydığını hayal etti. Daha sonra hava serinleyince onun yerine sıcak çikolatayı düşünmeye başladı. Celia içine tarçın koyardı. En eski anılarından biri, onun dudaklarına yaklaştırdığı fincan ve başını döndüren harika çikolata kokusuydu.

Matt boğazı acıyarak yutkundu. İçemeyeceği şeylerin hayalini kurmak hiçbir işe yaramıyordu. Uzun zaman önce haşhaş tarlalarında ölü bir *ebleh* görmüştü. Tam Lin adamın susuzluktan öldüğünü söylemişti. Bunun ne kadar sürdüğünü merak etti.

Ayak sesleri duydu. Ayağa sıçradığı anda başı dönmeye başladı. Düşündüğünden daha fazla susuz kalmış olmalıydı.

"Üzgünüm. Geçen defa suyu unutmuştum." Maria eline bir şişe sıkıştırdı ve Matt onu kaptığı gibi gözü dönmüşçe içmeye başladı.

"El Patrón nasıl?" diye sordu şişeyi boşalttıktan sonra.

"Maalesef daha iyi."

"Sanki onun iyileşmesini istemiyor gibisin."

"Tabii ki istemiyorum!"

"Sesini yükseltme," dedi Matt. "Eğer yaşarsa dışarıya çıkabilirim."

"Hayır çıkamazsın. Hayatta kalması için yeni bir kalbe ihtiyacı var ve bulabileceği yalnızca bir tek yer var."

Matt dengesini yitirmemek için kollarını açtı. Yazgısını anlamak başka, bunu Maria'nın yüksek sesle söylediğini duymak başka şeydi. "El Patrón beni seviyor," dedi.

Maria sabırsız bir ses çıkardı. "Senin kendisi için yapabileceklerini seviyor o. Kaybedecek vaktimiz yok. İşte giymen için bir *ebleh* üniforması. Tam Lin bunu benim için buldu. Unutma, eğer biriyle karşılaşırsak tek kelime edemezsin."

Matt hemen elbiselerini değiştirdi. Üniforma ter kokuyordu ve kimyasal bir koku kötü anılarını canlandırdı. 'Metruk arazi,' diye düşündü. Bu şeyi giyen kişi rüzgârsız gecelerde *eblehlerin* ağıllarındaki hava bozulduğunda ölmüş olmalıydı.

"İşte şapkan," dedi Maria.

Onu geçitten götürdü. Müzik odasından uzaklaşıp El Viejo'nun eski dairesini geçtiler. Matt o an orada kimin yaşadığını düşündü, belki de mühürlenmişti. Konağın büyük kısmı mühürlenmişti, ama hiçbir yerin boş olduğundan emin olunamazdı.

Matt'ın gözetleme deliği bulamadığı bir yere vardılar. Maria feneri duvar boyunca gezdirdi.

"Burada hiçbir şey yok," dedi Matt

"Bekle." Maria fenerin üzerine bir parça kırmızı plastik geçirdi. Duvarlar kurumuş kan rengini aldı. Bu, mekânı daha karanlık ve daha kasvetli yaptı. Hava kokuşmuş gibiydi. Tıpkı uzun yıllardır hiç açılmamış bir mezar gibi.

"İşte!" diye bağırdı Maria.

Duvarın tam ortasında Matt'ın bir saniye önce hiçbir şey olmadığına yemin edebileceği bir noktada, kırmızı parıldayan bir leke belirdi.

Yaklaşınca leke kayboldu.

"Işığı kesiyorsun," dedi Maria. Matt geri adımlayınca leke yeniden belirdi.

Bu ona Celia'nın yatak odası tavanına yapıştırdığı yıldızları anımsattı biraz. Ne var ki bunun rengi farklıydı ve bir yıldız değildi. "Bu bir *akrep*!" diye bağırdı.

"Alacránların simgesi," dedi Maria. "Tam Lin bana anlatmıştı. Yalnızca kırmızı ışıkta görünür."

"Bu ne anlama geliyor?"

"Sanırım -ve umarım- bir çıkış."

Matt akrebe dokunmak için elini uzatınca Maria koluna yapıştı.

"Bekle! Sana bir şey açıklamak zorundayım. Bu geçide El Patrón'un yatak odasından girip çıkıyordum. Tam Lin'e sorarsan kameralar burayı göremezler fakat etrafındaki her şeyi yakalayabilirler. Oradan kaçamazsın."

Matt kendine özgü bir hayatla parıldayan kırmızı akrebin büyüsüne kapılmış gibiydi.

"Bu başka bir çıkış," dedi Maria. "Sanırım bu geçit El Patrón insanları dikizleyebilsin diye inşa edilmiş. Elbette insanları dikizlerdi o. Tam Lin'e sorarsan, buna 'özel pembe dizim' diyormuş, ancak El Patrón gerçekte bu tüneli düşmanlarından kaçabilmek için yapmış. Bir sürü düşmanı var."

"Biliyorum," dedi Matt.

"Sorun şu, senin bu riski alıp almayacağından emin değilim."

"Ne?" dedi Matt sabrını yitirerek.

"Yalnızca El Patrón kullanabilir bunu. Bu, düşmanlarının içeri sızmasına engel olmak için ayarlanmış. O elini kırmızı akrebe bastırdığında duvar açılır ve evden görünmeden çıkıp gidebilir. Kaçış yolu hovercraft pistine gidiyor. Fakat eğer akrebe yanlış kişi dokunursa ölümcül bir elektrik akımı çıkar ve bütün geçit zehirli gazla dolar. En azından Tam Lin böyle söylüyor. Kendisi denememiş."

Matt, Maria'ya bakakaldı. "Beni kurtarma planın bu mu?"

"Şey, işe yarayabilir," dedi kız. Tam Lin akrebin El Patrón'un parmak izlerini ve DNA'sını tanıyabildiğini söylüyor ve sen onun klonusun."

Matt'ın yüreğine su serpildi aniden. Haklıydı. O El Patrón'un klonuydu. Parmak izleri ve DNA'sı aynıydı. "Eğer yanılıyorsan," dedi Maria'ya, "ölürüz."

"Birlikte ölürüz bir tanem."

Bir tanem sözünü duyunca Matt'ın yüreği hop etti. "Buna izin veremem. Tek başıma gideceğim. Benim gizli bir sığınağım var."

"Vaha mı?" dedi Maria. "Kesinlikle Çiftlik Devriyesinden önce varamazsın oraya."

'Demek bu konuyu da biliyor,' diye düşündü Matt. Tam Lin ona her şeyi anlatmıştı. "Deneyebilirim."

Kız, "Ben de," dedi, gözlerinde Matt'ın çok iyi bildiği o inatçı ifadeyle.

"Ya akrebe basarsın ve birlikte kaçarız ya da burada kalır birlikte açlıktan ölürüz. Seni terk etmeyeceğim! Ne şimdi ne de sonra!"

"Seni seviyorum," dedi Matt.

"Ben de seni seviyorum," dedi Maria. "Bunun bir günah olduğunu ve bu yüzden büyük olasılıkla cehennemi boylayacağımı biliyorum."

"Bir ruhum olursa ben de seninle gelirim," diye söz verdi Matt. Fikrini değiştirmeden elini parlayan akrebe dayadı. Sanki yüzlerce küçük karınca koluna tırmanıyormuş gibi tuhaf bir his duydu. Elinin üstündeki tüyler diken diken oldu. "Kaç! İşe yaramadı!" diye çığlık attı. Fakat Maria ona sımsıkı sarılmıştı.

Önlerindeki panel kaydı ve bir kapı açıldı. Karşılarında uzun ve karanlık bir tünel belirdi.

"Boşa geçirecek vaktimiz olsa, düşer bayılırdım," diyen Maria iç çekti ve fenerin ışığını açılan tünele tuttu.

Tünel geçitten bile daha kötü kokuyordu ve çok uzun zamandır kullanılmadığı belliydi. Zeminin her yanı kemirgen bir hayvanın eseri olan minik hüzünlü toprak kümecikleriyle doluydu. Fakat tünelde canlı hiçbir şey yoktu; ne bir fare, ne bir örümcek ne de bir mantar. Matt korkudan ürperdi.

Ayak sesleri yumuşadı. Verdiği soluklar soğuk, cansız havada ölüyor gibiydi. Bir an Matt'ın aklına tünelde oksijen kalmamış olabileceği geldi ve telaşla Maria'yı sürükledi.

Bir süre sonra yolu kapatan başka bir duvarla karşılaştılar. Maria kırmızı plastiği tekrar fenerin ışığına yerleştirince bir başka parlayan akrep ortaya çıktı. Matt bu kez duraksamadı. Elini duvara dayayınca aynı hissi duydu: tırmanan karıncalar. Duvar kaydı ve ikinci bir kapı açıldı.

Bu giriş kalın çalılıklarla örtülmüştü. Matt, Maria için dikkatlice araladı çalıları ve kendilerini hovercraft pistinin dibinde buldular.

"Bu bizim gemimiz," diye fısıldadı Maria. İniş ışıkları açık bekleyen küçük bir hovercraft'ı göstererek. Önden o, arkasından yüzünü gizlemek için geniş şapkasını indirmiş olan Matt yürüdü.

Acele etmiyorlardı. Matt hiç aceleleri yokmuş gibi göründüklerini umuyordu. Korumalar evin bu kısmını izliyorlarsa tüm görebildikleri peşinde bir *eblehle* yürüyen bir onur konuğu olacaktı. *Eblehler* köpeklerden daha fazla dikkat çekmezlerdi.

Matt gerginlikten terliyordu. Beyinsiz taklidi yapmak düşündüğünden daha zordu. Etrafına bakmak istedi fakat *eblehler* böyle şeyler yapmazdı. Bir taşa takılıp düşmeden toparladı kendini. 'Hata,' diye düşündü. Gerçek bir *ebleh* tepe üstü düşerdi. Canı yandığında bağırır mıydı acaba? Matt bilmiyordu.

"Dur," dedi Maria, Matt durdu. Kız hovercraft'a çıktı ve daha sonra ona içeriye girmesini buyurdu. Matt onun pilotla konuştuğunu duydu.

"Otur," dedi Maria bir sandalyeyi göstererek. Sonra onun kemerini bağlarken pilotla konuşmaya başladı. Ona manastırdan bahsetti ve geri dönüyor olmaktan memnun olduğunu söyledi.

"Canınızı sıkmak istemem, Matmazel Mendoza," dedi pilot büyük bir saygıyla, "fakat bu *ebleh* için izin belgeniz var mı? Aztlán'da pek hoş karşılanmazlar."

"Başrahibede bir izin olacak," dedi Maria nazikçe.

"Umarım öyledir," dedi adam. "Yoksa onu uyutmaları gerekir. Sizin gibi duyarlı bir kızın bundan hoşlanmayacağını biliyorum."

Maria'nın yüzü bembeyaz kesilince, Matt kızın bu yasadan haberi olmadığını fark etti.

"Kız kardeşiniz gelir gelmez kalkıyoruz."

"Kız kardeşim mi?" Maria neredeyse çığlık atmıştı.

'Sakin ol, sakin ol,' diye düşündü Matt umarsızca.

"Vedalaşmadan gitmene izin vereceğimi düşünmedin herhalde," dedi pilot kabininden çıkan Emilia. Steven da onunlaydı ve yanlarında iki koruma vardı. Korumalar kapının önüne yerleşirken Matt tamamen hareketsiz, başı öne eğik oturdu. Yapacak başka bir şey gelmiyordu aklına.

"Emilia. Ne güzel," dedi Maria neşesizce.

"Başrahibenin manastırda bir *ebleh* istediğini hiç sanmıyorum," dedi Emilia.

"Sen buna karışma."

"Neden senin bir başka hayırseverlik projesine atılmana yardımcı olayım ki? Dürüst olmak gerekirse şu anda manastırın maskarasısın -cüzamlılarla ilgilenmeler falan. Rahibeler gülmekten öleceklerdi. Aztlán'da cüzamlı mı var? Onları ithal etmek zorunda kalırlardı. Ve şimdi de bir klonu kurtarmak istiyorsun..."

"*Ebleh*," dedi Maria hızlı hızlı.

"Klon," dedi Steven. İlerleyip Matt'ın şapkasını başından çekerek. Sonra sanki iğrenç bir şeye dokunmuş gibi bıraktı şapkayı elinden.

Matt başını kaldırdı. Numara yapmanın bir yararı kalmamıştı. "Maria'yı buna ben zorladım," dedi

"Yıllardır onun başını derde sokuyorsun," dedi Emilia. "Sana yemek getirdiği ilk günden beri onu kullandın."

"Kullanmadı!" diye bağırdı Maria.

"Çok yumuşaksın," dedi Emilia. "Hasta hayvanlar, evsiz insanlar hep yüreğini eritiyorlar. Eğer dikkatli olmazsan annem gibi olup çıkacaksın."

"Annem," dedi Maria nefesi tutulmuş. "Sana anlatmadım -vaktim olmadı- o hayatta!"

"Ne olmuş?" dedi Emilia. "Ben bunu yıllardır biliyorum."

Maria o an sanki bir tarantula görmüşçesine baktı kız kardeşine. "Sen... Biliyor muydun?"

"Elbette. Senden büyüğüm unuttun mu? Onun gidişini ve babamın ona bizim için artık ölmüş olduğunu haykırdığını gördüm ben. Sana açıklamanın en kolay yolu buymuş gibi göründü."

"Onun çölde kaybolduğunu düşünmeme izin verdiniz."

Emilia omuz silkti. "Ne fark eder ki? Bizi umursadığı yoktu. Ezilenlerle ilgilenmenin daha önemli olduğunu düşünüyordu."

"Önemli olan bu klonu hastaneye götürmek, işe yarayabileceği yere," dedi Steven.

"Steven," diye fısıldadı Matt. Oldum olası Steven ile Emilia'nın, arkadaşları değilse de, en azından düşmanı olmadıklarını düşünmüştü. Steven'a hayranlık duyuyordu. Birçok bakımdan benzeşiyorlardı.

"Götürün şunu," dedi Steven korumalara.

Maria "Bekleyin!" diye çığlık attı. "Bunu yapamazsınız! Matt bir hayvan değil!"

"O bir çiftlik hayvanı," dedi Steven soğuk bir gülümsemeyle. "Yasa çok açık. Bütün klonlar ineklerin içinde büyüdüklerinden çiftlik hayvanı olarak sınıflandırılmıştır. İnekler insan doğuramaz."

"Bunu yapmanıza izin vermeyeceğim! Vermeyeceğim!" Maria korumaların üstüne atıldı. Sersem korumalar onun darbelerini savuşturmak için kafalarını kaçırdılar. Pilot onu arkadan tuttu ve çekip götürdü.

"Willum'u çağıracağım," dedi Steven kokpite girerken. "Görüyorum ki onu manastıra yollamadan önce sakinleştiriciye ihtiyacımız olacak."

"Emilia! Yardım et bana! Ona yardım et!" diye bağırdı Maria; fakat hiç kimse zerrece ilgilenmedi.

Matt korumaların arasında yürüdü. Dövüşerek onları alt etmesine imkân yoktu ve Maria'nın kendisini bu son anda kesilmeye götürülen dehşete düşmüş bir sığır gibi görmesini hiç istemiyordu.

Ona bakmak için döndü fakat pilotla boğuşmakla meşgul olan kız bunu fark etmedi.

Korumalar Matt'ı kollarından tuttular, ama onu taşımak konusunda çok ısrarcı değillerdi. Matt gece havasını içine çekti, düğün için her yere ekilmiş olan yaseminlerin ve gardenyaların kokusunu duydu. Çölün uzak kokusunu, hatta belki vahayı çevreleyen tatlı bakla kokularını duydu. Geceleyin her şey çok daha uzaklara gidebiliyordu.

Büyük Evin fantastik bahçelerini, kanatlı bebek heykellerini, ışıklı portakal ağaçlarını gördü. Bu, dünya üzerindeki son gecesiydi ve her şeyi aklına kazımak istiyordu.

En çok istediği şey Celia ile Tam Lin'i hatırlamaktı. Ve Maria' yı. Onları bir daha görebilecek miydi? Yoksa, eğer cennete girmesine izin verilmezse geceleri tıpkı *La Llorona* gibi dolaşıp sonsuza dek yitirdiği bir şeyi mi arayacaktı?

ON DÖRT YAŞ

23

ÖLÜM

Matt alarm makineleriyle dolu bir odada bir yatağa bağlanmıştı. İki koruma kapının dışında, iki tanesi de demir parmaklıklarla kaplı bir pencerenin önünde bekliyordu.

Tam anlamıyla dehşet içindeydi. Burası MacGregor'un klonunu tuttukları, kötü olayların başladığı yerdi.

'Şansım varken neden kaçmadım ki?' diye düşündü. 'Her şey hazırdı. Tam Lin bana haritalar ve yemek vermiş, dağlara nasıl tırmanılacağını göstermişti. Anlayamadım. Anlamak istemedim.'

Korkudan midesi bulanıyordu. Holden gelen her ses, kurtulmak için çırpınıyordu. Bir ara Willum ve iki yabancı doktor gelip Matt'ın midesini yokladılar ve ondan kan aldılar. Bir şişeye işeyebilmesi için onu çözdüklerinde Matt kaçmayı denedi. Ancak birkaç adım uzaklaşmıştı ki, korumalardan biri yakaladı onu.

'Salak, salak, salak,' dedi Matt kendi kendine. 'Fırsat varken neden kaçmadın?'

Bir süre sonra Willum ve diğer iki doktor Matt'ın sağlık durumunu tartışmak için geri geldiler. "Hafif bir kansızlığı var," dedi doktorlardan biri. "Karaciğer fonksiyonları biraz bozuk."

"Organ nakli için temizlendi mi?" diye sordu Willum.

"Bir sorun göremiyorum," dedi yabancı doktor elindeki bir rapora bakarak.

Matt'ı korkusu ve hayal gücüyle baş başa bırakıp çıktılar.

Maria şimdi ne yapıyordu acaba? Onu da Benito'yla evlenmeye zorlanan Fani gibi uyuşturacaklardı. Belki Felicia'ya da başlangıçta, itaat etmesi için afyon ruhu vermişlerdi. Bir gün Maria ile Tom için de bir başka büyük düğün yapacaklardı. Maria'yı ite kaka mihraba götüreceklerdi.

'Onu kurtaramam,' diye düşündü Matt. Fakat belki de onun kurtulmasını sağlayacak tek şeyi yapmıştı. Maria annesinin yaşadığını biliyordu artık. Yardım isteyebilirdi. Ve eğer Matt, *Opium'un Tarihi* kitabını yazan kadını birazcık anlamışsa, Esperanza, manastıra ateş kusan bir ejderha gibi çökerdi.

Kapı açıldı ve iki koruma içeri girip Matt'ı çözmeye koyuldular. 'Ya şimdi?' diye düşündü. Bu iyiye işaret olamazdı. Kendisi için artık hiç iyi bir şey yoktu.

Korumalar Matt'ı kollarından sıkıca tutarak, hastanede daha önce gördüğü odalardan hiçbirine benzemeyen bir odaya götürdüler. Hoş tablolar, zarif mobilyalar ve halılarla dekore edilmişti burası. Uzakta yüksek pencerenin yanında, üzerinde çaydanlık, fincanlar ve gümüş bir tabak içinde kurabiyeler olan küçük bir masa vardı.

Ve masanın yanı başında El Patrón bir hastane yatağına uzanmıştı. Büsbütün çelimsiz görünüyordu, ama siyah gözlerinde hâlâ hayat kıvılcımları vardı. Matt elinde olmadan bir sevgi hissetti adama karşı.

"Yaklaş, *Mi Vida*," diye fısıldadı yaşlı ses.

Matt yaklaştı. Gölgelerde dikilen diğer korumaları ve perdelerin aralığından sızan ışıkta Celia'yı gördü. Matt kendini fırtınalı bir sahneye hazırladı, ama kadının gözleri kuru ve kasvetliydi.

"Otur, *Mi Vida,*" dedi El Patrón masanın yanındaki bir sandalyeyi göstererek.

"Hatırladığım kadarıyla kurabiye seversin."

'Altı yaşındayken severdim,' diye düşündü Matt. Neler oluyordu burada?

"Dilini kedi mi yuttu?" dedi yaşlı adam. "İlk karşılaşmamızdaki gibi, Celia seni tavuk kümesinden kurtardığında." Güldü. Matt gülmedi. Mutlu olacak bir şey yoktu ortada. "Ah, evet," diye iç çekti El Patrón. "Sonu hep böyle biter. Klonlarım onlara bağışladığım o harika yılları, hediyeleri, eğlenceyi ve güzel yemekleri unuturlar. Bunları yapmak zorunda değilim, biliyorsun."

Matt dimdik karşıya bakıyordu. Konuşmak istiyordu fakat boğazı tıkanmıştı.

"Eğer MacGregor gibi olsaydım -iyi bir çiftlik sahibi, fakat iğrenç bir insan- zihnini doğuştan köreltirdim. Bunun yerine, benim hiç yaşayamadığım çocukluğu sana yaşatmak hoşuma gitti. Ailemin toprağının her lanet karışına sahip olan çiftlik sahibinin ayaklarını öpmek zorundaydım ben."

Celia hiçbir şey söylemedi. Bir heykel gibiydi.

"Fakat yılda bir değişirdi bu," dedi El Patrón. "Cinco de Mayo boyunca çiftlik sahibi bir kutlama yapardı. Ben ve beş kardeşim izlemeye giderdik. Annem küçük kız kardeşlerimi getirirdi. Biri kucağında olur, diğeriyse eteğine tutunurdu."

Matt bu öyküden öylesine bezmişti ki, çığlık atmak istedi. El Patrón çok iyi bildiği bir patikada yürüyen eşek gibi çabasızca dalıyordu bu öyküye. Bir kere başladı mı, sonuna varana dek kimse durduramazdı onu.

Yaşlı adam tozlu mısır tarlalarından Durango'nun mor dağlarından bahsetti. Parlak siyah gözleri hastane odasının ötesindeki yılın ilk yarısı suları gümbür gümbür akan, geri kalanında bir kemik gibi kuruyan ırmakları görüyordu.

"Yürüyüş boyunca vali hoş, beyaz bir atın üzerinde kalabalığa para saçmıştı. Paraları kapmak için nasıl da kapışmıştık! Toprağın içinde domuzlar gibi nasıl da yuvarlanmıştık! Fakat paraya ihtiyacımız vardı. Öylesine fakirdik ki birbirine sürttürecek iki pezomuz bile yoku. Sonrasında çiftlik sahibi büyük bir ziyafet verdi. İstediğimiz her şeyi yiyebildik ve bu insanlar için harika bir fırsattı: Mideleri öylesine küçülmüştü ki, fasulyeler içeri girmek için sırada girmek zorundaydı.

"Küçük kız kardeşlerim işte bu ziyafette tifüse yakalandı. O saat öldüler. O kadar küçüklerdi ki pencereden bakamazlardı - hayır, parmaklarının ucuna kalksalar bile."

Odaya ölüm sessizliği çökmüştü. Matt hastanenin çatısındaki bir güvercinin ötüşünü duydu. *Umut yok,* diyordu. *Umut yok. Umut yok.*

"Daha sonraki yıllarda beş kardeşim de bir bir öldüler: İkisi boğuldu, birinin apandisti patladı, doktor için paramız yoktu. Son iki erkek kardeşimse polisler tarafından dövülerek öldürüldü. Sekiz kardeştik," dedi El Patrón, "ve yalnızca ben büyüyebildim. O hayatların bana verildiğini düşünmez mi insan?" El Patrón'un sesi öylesine keskindi ki Matt sandalyesinde sıçradı. Öykü beklediği biçimde sonlanmıyordu.

"Sekiz kardeştik," diye bağırdı yaşlı adam. "Hepimizin büyümesi gerekirken bir tek ben hayatta kaldım. Tüm o hayatlar bana verildi! Adalet yerini bulsun diye!"

Matt ayağa kalkmayı denedi. Korumalar bastırıp tekrar oturttular onu yerine.

"Adalet mi?" dedi Celia. Söylediği ilk kelimeydi bu.

"Nasıl olduğunu bilirsin," diye fısıldadı El Patrón, bağırınca gücünü kaybetmişti. "Sen de aynı köydensin."

"Birçok hayat aldınız," dedi Celia. "Binlercesi haşhaş tarlalarının altında gömülü duruyor."

"Ah, onlar!" El Patrón önemsemedi. "Daha yeşil bir otlak arayan sığırlar gibidir onlar. Tarlalarımdan kuzeye güneye geçip dururlar. Ah, evet," dedi Matt kaşlarını kaldırınca. "Başlangıçta geçiş tek yönlüydü. Aztlánlılar Hollywood hayat tarzını bulabilmek için kuzeye koştururdu. Fakat Birleşik Devletler o eski zengin cennet değil artık. Şimdi *Amerikanos* Aztlán hakkındaki filmleri seyredip hayatın buralarda pek şeker olduğunu düşünüyor. Oraya kaçan sayısı kadar buraya kaçan adam yakalıyorum."

"Bu ailedeki tek iyi insan El Viejo'ydu," dedi Celia. "Tanrı'nın ona verdiğini kabul etti ve Tanrı ona, 'Gitme vakti geldi,' deyince de gitti." Matt kadının cüretine şaşakalmıştı. Canını seven El Patrón'la tartışmazdı.

"El Viejo bir budalaydı," diye fısıldadı El Patrón. Birkaç dakika için konuşmayı kesti. İçeri bir doktor girip kalbini dinledi. Ona bir iğne yaptı.

"Ameliyat odası hazır," dedi doktor alçak bir sesle. Matt buz gibi bir dehşet hissetti.

"Henüz değil," diye mırıldandı yaşlı adam.

"On dakika daha," dedi doktor.

El Patrón son bir çaba için gücünü toplamaya çalışır gibiydi. "Tanrı'nın Adem'i yarattığı gibi ben de seni yarattım *Mi Vida.*"

Celia küçümsemeyle burun büktü.

"Ben olmasam asla güzel bir gün batımı göremez, rüzgârda yaklaşan yağmurun kokusunu duyamazdın. Sıcak bir yaz günü serin bir suyun tadını bilemezdin. Ya da müzik dinleyemez, müzik yaratmanın harika zevkine varamazdın. Bunları sana ben verdim, *Mi Vida.* Sen... Bana... Borçlusun."

"Sana hiçbir şey borçlu değil," dedi Celia.

Matt onun için korkuyordu. El Patrón kendisini sinirlendiren birini yok edebilirdi. Fakat yaşlı adam yalnızca gülümsedi. "Ne hoş bir çift akrebiz, değil mi?"

"Kendi adına konuş," dedi Celia. "Matt sana hiçbir şey borçlu değil ve sana hiçbir şey ödemeyecek. Onu organ nakli için kullanamazsın."

Korumalar bunu duyunca kıpırdandılar. Doktor başını seyrettiği monitörden kaldırdı.

"Sen ilk kalp krizini geçirdiğinde Matt'ı bahçemdeki yüksük otuyla zehirledim," dedi Celia. "Bildiğin gibi yalnızca bir ahçı değil aynı zamanda bir *curandera*'yım. Matt'ın kalbini nakil edilemeyecek hale soktum."

El Patrón'un gözleri yuvalarından fırladı. Ağzını açtı fakat hiçbir ses çıkmadı. Doktor yanına koştu.

"Matt'a yüksük otu vermeye devam edemezdim ama. Bu çok

tehlikelidir. İhtiyaç duyduğum onu hasta edecek bir şeydi, fakat belli bir düzeyde. Derken birisi bana kral kelebeklerinden bahsetti."

Matt ayağa kalktı, fakat bir korumanın elleri onu sıkıca omuzlarından kavradı. Kral kelebeklerini biliyordu. Tam Lin, Matt'ın büyümesini kutladıkları o gece bahçede bahsetmişti onlardan. Hava Felicia'nın merak saldığı çiçeklerden yayılan kimi hoş kimi kötü kokularla çok ağırdı. Celia, kara gözlü süsenleri, hezaren çiçeklerini, yüksük otlarını ve sütleğenleri göstermişti. Tam Lin, kadın sütleğenlerden bahsedince kıpırdamıştı. "Kral kelebekleri sütleğenlerle beslenir," demişti. "Küçük akıllı haylazlar. Hiçbir canlının kendilerini yememesi için vücutlarını zehirle doldururlar."

Bu söz o an Matt'ın hiç ilgisini çekmemişti. Tam Lin her zaman yavaş yavaş ve özenle okuduğu doğa kitaplarından öğrendiği şeylerden bahseder dururdu.

"Kral kelebeklerindeki zehir gibi bir şeye ihtiyacım vardı," dedi Celia, Matt'ın düşüncelerini keserek. "Bu yüzden ona arsenik vermeye başladım."

"Arsenik!" diye bağırdı doktor.

"Arsenik tüm vücuda yayılır," diye devam etti Celia, gözleri bir yılanınki kadar soğuktu. "Saçlara karışır, tırnakların üzerinde küçük beyaz çizgiler oluşturur ve kalbe yerleşir. Matt'a onu öldürecek kadar değil –bunu asla yapmazdım!– fakat zaten zayıf düşmüş ve onun kalbini çalmaya yeltenen birini öldürebilecek kadar verdim. Yedi hayat yaşadın, El Patrón. Tanrıyla barışmanın vakti geldi."

"*Bruja!* Cadı!" diye bir çığlık attı El Patrón. Gözleri ölümcül bir nefretle parladı. Öfkeden derisi kıpkırmızı kesti. Çırpınıp yataktan kalkmaya çalıştı.

"Acil durum!" diye bağırdı doktor. "Onu ameliyathaneye götürün! Çabuk! Çabuk! Çabuk!"

Korumalar yatağı sürüp götürdüler. Doktor elini El Patrón'un göğsüne bastırmış, yanı başında koşuyordu. Birdenbire bütün bina bir yaban arısı kovanı gibi kaynamaya başladı. Başka korumalar ortaya çıktı –bir koruma ordusu. Matt'ın onları durdurmaya çalışmasına rağmen, ikisi paldır küldür Celia'yı alıp götürdü. Bir asistan elindeki makasla Matt'ın bir tutam saçını kesti ve uzaklaştı.

Matt yalnız kalmıştı; pencerenin dışında oturan dört zebaniyle kapının dışında etrafı kollayan sayısız koruma sayılmazsa tabii. Oda güzeldi, yerde vahanın renklerinde bir halı vardı. Matt kanyon yamaçlarının kırmızısını, katran ağaçlarının koyu yeşilini ve yüksek uçurumlar arasına sıkışmış olan gökyüzünün mavisini gördü. Gözlerini yarı yarıya kapasa, neredeyse kendinin orada, Ajo Dağları'nın sessiz sakin gölgeliklerinde olduğunu hayal edebilirdi.

Bekledi. El Patrón tekerlekli sandalyesinde dışarı çıkarıldığında sabahtı. Artık öğle olmuştu. Dışarıdaki panik havası kaybolmuştu, koridorlar neredeyse sessizdi. Hastane zarif oturma odasındaki mahkûmla ilgilenmeksizin normal rutinini sürdürüyordu.

Matt çayı bitirip tüm kurabiyeleri yedi. Kendini çok bitkin hissediyordu. Her şey allak bullak olmuştu ve El Patrón'un ölümünün güven mi yoksa güvensizlik mi demek olacağını bilmiyordu.

Matt kolunu inceleyip içinde dolaşan arseniği düşündü. Sivrisinekler onu sokacak olsalar ölürler miydi acaba? Tükürüğüyle adam öldürebilir miydi? İlginç bir düşünceydi bu. Matt ne kadar dehşete düşmüş olursa olsun, bunu sürdürmenin mümkün olmadığını keşfetmişti. Sanki beyni, *tamam, bu kadarı yeter. Hadi yapacak başka bir şey bulalım,* diyordu.

Maria'yı düşündü. Manastıra geri dönmüş olmalıydı. Onun orada çikolata yemek ve çatıda çırılçıplak güneşlenmekten başka neler yaptığını bilmiyordu. Ne kadar çılgın ne kadar ilginç bir şeydi bu... Bu düşünceyle Matt'ın yüzüne sıcak bir ifade yerleşti. Sanat derslerinde etine dolgun, çıplak Roma tanrıçalarının resimlerini görmüştü. Onların hoş olduğunu düşünmüştü, ama gerçek hayatta kimse ortalıkta öyle dolaşmazdı. Yoksa? Dışarıdaki dünyada insanların nasıl yaşadıklarını bilmiyordu ki...

Her neyse, bu yüzden Maria'nın başı derde girmişti. Matt ateşinin yükseldiğini hissetti, fakat bunda şaşacak bir şey yoktu, ne de olsa arsenikle doluydu. Celia'nın bahçesinden başka neleri üzerinde denediğini merak etti.

Kapı itilip açıldı. Bay Alacrán yanında Tam Lin ile içeri girdi. Bir an için zaman durdu. Matt yine altı yaşındaydı, kan içinde yatıyor, Rosa ayağındaki cam kırıklarını çıkarıyordu. Vahşi bir adam odaya dalmış ve bağırmıştı, "Bu evi kirletmeye nasıl cüret edersin! Birisi derhal bu şeyi dışarı çıkartsın!"

Matt'ın bir insan olmadığını ilk kez fark ettiği andı o. Vahşi adam Bay Alacrán'dı ve şu an Matt'a bakarken yüzünde beliren aynı nefretti.

"Buraya artık hizmetine ihtiyacımız olmadığını söylemeye geldim," dedi Alacrán.

Matt nefesini tuttu. Bu, El Patrón öldü demekti. Önünde sonunda olacağını ne kadar sık düşünmüş olursa olsun, gerçek bir darbeydi bu.

"Ben, ben üzgünüm." Sessiz gözyaşları aktı Matt'ın yanaklarından. Ağlayıp sızlamamayı başarıyordu, ama içinde biriken acıyı tutmasına imkân yoktu.

"Tahmin edebiliyorum," dedi Bay Alacrán. "Artık bizim işimize yaramazsın."

'Tabii ki işinize yararım,' diye düşündü Matt. Opium'u yönetme konusunda Steven kadar bilgisi vardı. Tarım tekniklerini, su arıtma işinin günlük işleyişini ve yemek dağıtımını incelemişti. Diğer ülkelerdeki yozlaşmış yöneticiler ve ajan ağları hakkında büyük olasılıkla herkesten çok şey biliyordu. El Patrón'u yıllarca dinlemiş olmak Matt'a, Alacrán İmparatorluğu hakkında başka hiç kimsenin sahip olamayacağı bir sezgi kazandırmıştı.

"Uyut şunu," dedi Bay Alacrán, Tam Lin'e.

"Olur efendim," dedi Tam Lin.

"Ne demek istiyorsun?" diye bağırdı Matt. "El Patrón bunu istemezdi. Beni yetiştirdi. Ülkeyi yönetme işine yardım etmemi istedi."

Tam Lin ona acıyarak baktı. "Seni zavallı budala. El Patrón'un tıpkı senin gibi yedi tane klonu daha vardı, her biri eğitimliydi ve ülkeyi yöneteceklerine inanıyordu."

"Buna inanmıyorum!"

"İtiraf etmeliyim ki müzik dehası olan ilk klon sendin. Fakat canımız isterse radyo da açabiliriz."

"Bunu yapamazsın! Biz arkadaşız! Öyle dedin! Bana bir not bıraktın..." Matt öyle bir darbe aldı ki yıldızları gördü. Hiç kimse ona vurmamıştı. Kimse yapamazdı bunu. Dizleri üzerinde durup çenesini tuttu. Bu işi Tam Lin'in yapması onu daha da çok şaşırmıştı.

Tam Lin eski bir teröristti. Yirmi çocuğun ölümünden sorumluydu ve belki umurunda bile değildi bu. Matt daha önce hiç bu olasılığı düşünmemişti.

"Görüyorsun ufaklık, ben şu paralı askerlerden biriyim," dedi Matt'ın o çok sevdiği ahenkli sesiyle. "Onca yıl El Patrón için çalıştım ve bunun daima devam edeceğini düşündüm. Fakat şimdi işsizim ve Bay Alacrán bana iş vermek inceliğini gösterdi."

"Ya Celia?" diye fısıldadı Matt.

"O küçük oyunundan sonra onun kurtulacağını düşünmedin ya? Bir *eblehe* çevrilmiştir bile."

'Fakat ona kral kelebeklerinden sen bahsettin,' diye düşündü Matt, 'onu tuzağa düşürdün.'

"İşi burada bitirebilir misin? Zamanım az," dedi Bay Alacrán.

"Klonu atacağım efendim," dedi Tam Lin. "Bu şeyi bağlaması için Daft Donald'ın yardımına ihtiyacım olabilir."

'Bana klon dedi,' diye düşündü Matt. 'Bana şey dedi.'

"Gece nöbeti için geri gelmeni istiyorum, unutma," dedi Bay Alacrán.

"Dünyada unutmam," dedi Tam Lin, yalancı, hain gözleri parlayarak.

24

BİR ELVEDA

Daft Donald, Matt'ı sıkıca tutarken Tam Lin onu koli bandıyla bağladı. El Patrón'un ahırların önünde vakit öldüren özel ordusunun diğer üyeleriyle selamlaştıktan sonra Matt'ı bir atın üzerine attı. "Bu şeyi nereye götürüyorsun?" diye seslendi bir adam.

"*Ebleh* ağıllarının oralara bir yere fırlatacağım herhalde," diye cevapladı Tam Lin. Adamın kahkahası atın toprağı döven toynaklarının gürültüsünde kayboldu.

Bu hayvan *güvenli atlardan* farklıydı. Daha hızlıydı ve ne yapacağını önceden anlamak daha zordu. Kokusu bile farklıydı. Burnu atın bir yanına dayanmış olan Matt bunu hissedebilecek konumdaydı. *Güvenli atların* baygın kimyasal bir kokusu varken bu hayvan güneş ve ter kokuyordu.

Matt birden Tam Lin'in onu *ebleh* ağıllarına atmakla ne demek istediğini anladı. Bir çukurun dibindeki sarı balçığın içine fırlatılacaktı. Bunun dehşeti, tanıdığı hemen herkesin alçaklığı ve ihaneti Matt'ın kanını beynine sıçrattı. Fakat bu sefer hissettiği, korku yerine içinde kabaran saf, hayvani bir öfkeydi. Yaşamayı hak ediyordu! Bu hayat ona öylece verilmişti ve eğer ölmesi gerekiyorsa bile son ana dek savaşacaktı.

Matt kollarını ve bacaklarını saran bandı zorladı. Bir milim bile hareket ettiremedi. 'Öyleyse,' diye düşündü Matt, 'o balçık çukurundan sürüne sürüne çıkacağım.' Atın toynakları altında akan toprağı görüyordu. Midesi atın bedenine vurdukça canı yanıyordu. Bu yaratık *güvenli atlar* gibi düzgün koşmuyordu.

Sonunda at yavaşladı ve Tam Lin Matt'ı aşağı indirdi. Çocuk vücudunu çekip korumanın midesine bir kafa atmayı başardı. "Ah! Seni beyinsiz velet!" diye küfretti Tam Lin, "Bir daha böyle aptalca bir numara yapmadan önce dikkatli ol!"

Matt sırt üstü yuvarlanıp ayaklarını tekme atacak pozisyona getirdi. Mavi gökyüzünü ve koca bir kayayı gördü. Çürüme ve leş kokusu değil fakat temiz, katran ağaçlarıyla yumuşamış bir kokuydu duyduğu. *Ebleh* ağıllarında değil, Ajo Dağları'na giden patika üzerindeydiler.

"İşte! Umarım büyük bir özür dilersin benden," diye homurdandı Tam Lin, bandı çok da nazik olmayan bir biçimde Matt'ın derisinden çıkarırken.

"Yoksa beni vahada boğmaya mı karar verdin?" diye hırladı Matt.

"Kendine gel evlat. Tamam, kuşkulanmak için nedenlerin olduğunu görüyorum, ama dürüstlük anlamında azıcık olsun kredi tanı bana."

"Yirmi çocuğu öldürmüş birine nasıl güvenebilirim," dedi Matt,

"Demek sana bunu anlattılar." Tam Lin'in yüzüne öylesine hüzün çöktü ki, Matt onun için biraz da olsa üzüldü.

"Bu doğru mu?" diye sordu.

"Evet ya, doğru." Tam Lin bandı yuvarlayıp atın denklerinden birine tıkıştırdı. Bir sırt çantası alıp omzuna attı. "Hadi, fazla vaktim yok."

Arkasına bakmadan patikadan yukarı yürümeye başladı.

Matt duraladı. Atı çalıp kuzeye sürebilirdi. Çiftlik Devriyesi kendisinin henüz atık olarak işaretlendiğini bilmiyor olabilirdi. 'Atık,' diye düşündü Matt bir öfke patlamasıyla. Fakat bu atı sürmek kolay görünmüyordu. Güvenli bir attan farklı olarak bu hayvanın bir ağaca bağlanması gerekliydi. Matt ona yaklaşmaya kalkışınca gözlerini devirip burun deliklerini şişirdi.

Diğer yandan Tam Lin'i dağlara kadar izleyip, adamın dostluğunun sürdüğünü umabilirdi. Tam Lin kayaların arasında kaybolmuştu. Matt'ın kendisini izleyip izlemediği umurunda bile değildi.

'Büyük olasılıkla dünyanın en büyük budalası benim,' diye düşündü Matt, patikayı yukarı doğru adımlamaya başlarken.

Vahanın suyu yükselmişti. Sonbahar yağmurları paloverde ağaçlarına yaşam getirmiş, onları zarif, sarı turuncu çiçeklerle bezemişti. Kameriyedeki üzüm asması Matt'ın hiç görmediği kadar yapraklanmıştı. Küçük bir ördek o yaklaşırken suyun üzerinden karşı tarafa yüzdü.

Tam Lin bir kayanın üzerine tünedi. "Bu bir sarı *çamurcun*," dedi. "Birleşik Devletler'den Aztlán'a yılın bu zamanında göç ederler. İnsan onların kupkuru çölde bu minicik suyu nasıl bulduklarına şaşıyor."

Matt çok yakında olmayan başka bir kayanın üzerine çöktü. Güneş tepelerin ardına çekiliyor, gölgeler küçük vadiye doğru tırmanıyordu.

"Eğer bu yer olmasa yıllar önce çıldırırdım," dedi koruma. Matt küçük ördeğin ilerleyişini seyretti. "El Patrón için çalışmaya başladığımda yarı deliydim. Burası gizlenecek bir yer, diye düşünmüştüm o zamanlar. Polis beni aramaktan yorulduğunda çeker giderim. Fakat tabii ki olaylar böyle gelişmedi. Bir kere El Patrón'a ait olan bir şey ondan asla ayrılamaz."

"Demek gerçekten öldürdün çocukları," dedi Matt.

"Bunun bir kaza olduğunu söyleyebilirim –gerçekten de öyleydi– fakat bu, yaptığım işin korkunçluğunu silmez. Başbakanı havaya uçurmaya niyetlenmiştim, şişko domuz hak etmişti bunu. Arada kaynayacak olan diğer insanları hiç hesaba katmamıştım. Açıkçası öylesine kibirli bir domuzdum ki, umurumda değildi bu. Bu yaraların birçoğu ve Daft Donald'ın boğazındaki kesik o patlamadan. İşte o yüzden konuşamıyor."

Matt yıllar boyunca Daft Donald'ın neden hiç konuşmadığını kendine sormamıştı. Bunu irikıyım sessiz adamın yabaniliği olarak yorumlamıştı.

"El Patrón'un köleleştirebileceği insanlarla ilgili sezgisi güçlüydü," dedi Tam Lin. "Kişiliği öylesine güçlüydü ki... Güç tuhaf şeydir ahbap. Bir uyuşturucudur ve benim gibi insanların ağzını sulandırır. Celia'ya rastlayana dek nasıl bir canavar haline geldiğimi görememiştim. El Patrón'un gölgesinde takılmaktan çok mutluydum."

"Fakat doktorların Celia'yı bir *eblehe* çevirmesine göz yumdun," dedi Matt.

"Hayır! Alnına sanki ameliyat edilmiş gibi bir işaret yaptım. Onu Roza ile birlikte ahırlara yerleştirdim."

Matt, vahaya vardıkları andan beri ilk kez Tam Lin'in yüzüne baktı, üstünden koca bir yük kalkmıştı.

"Bir zombi gibi davranmayı unutmadığı sürece güvendedir. Evet, sanırım senden bir özür duymayı hak ettim," dedi koruma.

Matt uzun uzun ve yürekten özür diledi.

"Onu buraya getirirdim, fakat Celia kayalara tırmanmak konusunda pek iyi sayılmaz." Tam Lin içini çekti.

Öğle güneşinin yüzeyini parlattığı gölün üzerinden uzaklara baktılar. Sarı çamurcun kıyıya çıkıp tüylerini silkti. Bir kırlangıç dalıp suyun üzerinde asılı duran bir ejderha sineğini kaptı.

"Şimdi burada mı yaşayacağım?" diye sordu Matt.

Tam Lin başladı "Ah! Aklım nerelere gitmiş. Kırlangıçların tam yere çakılacakken dönüvermelerine bayılıyorum. Hayır ahbap. Burada hayatta kalamazsın. Aztlán'a gitmen daha iyi."

Aztlán! Matt'ın yüreği hopladı. "Benimle gelecek misin?"

"Gelemem." Tam Lin'in sesi hüzünlüydü.

"Biliyorsun, ben korkunç şeyler yaptım ve bunların sonuçlarından kaçamam."

"Bu doğru değil," dedi Matt "Polis büyük olasılıkla seni aramaktan uzun zaman önce vazgeçmiştir. İsmini değiştirebilirsin. Sakal bırakıp saçlarını kazıtabilirsin."

"Tabii ki yapabilirim ve laf aramızda sende de tam bir kanunsuzluk damarı var. Hık demiş ihtiyarın burnundan düşmüşsün. Hayır ben ahlaki sonuçlardan bahsediyorum. Opium'un dehşetinden yıllar boyunca yarar sağladım. Şimdi elimde işleri düzeltme şansı var. Bunu kaçırmamalıyım. Celia bunu görmemi sağladı. Bilirsin çok katı bir kadındır. Adiliğe dayanamaz."

"Biliyorum," dedi Matt, Celia'nın El Patrón'a nasıl diklendiğini hatırlayarak.

"Çantanı çoktan hazırladım," dedi Tam Lin sırt çantasını indirerek.

"Sandıkta haritalar var. Taşıyabileceğin kadar matara al yanına ve Aztlán sınırına ulaştığın an bir sığınmacı olduğunu, annenle babanın Çiftlik Devriyesinin eline geçtiğini söyle. Aptal gibi davran –bu zor olmamalı– ve asla bir klon olduğundan bahsetme."

"Bunu anlamazlar mı?" Matt, kandırıldıklarını anladıklarında Aztlánlıların kapılacakları öfkeyi düşündü.

"İşte şimdi küçük, kirli sırrımızı duyacaksın." Tam Lin eğildi ve sanki bu bilgiyi kırlangıçlardan, ördekten ve ejderha sineklerinden saklamak zorundaymış gibi fısıldadı: "Hiç kimse bir klon ile bir insan arasındaki farkı göremez. Çünkü hiçbir fark yoktur. Klonların aşağılık olduğu fikri iğrenç bir yalandır."

Tam Lin metal sandığa doğru seğirtti. Matt'ın ağzı açık kalmıştı. Adamın mataraları ve haritaları çıkarışını seyretti. Nasıl olur da bir klon bir insandan farksız olabilirdi. Matt'ın bütün deneyimleri bununla çelişiyordu.

Tam Lin sırt çantasının ceplerinden birinin fermuarını açıp bir tomar kâğıt çıkardı. "Bak, bu para. Sana bunu daha önce öğretmeliydim. Bu yüz pezoluk bir banknot ve bu da bir ellilik. Bir şeyin ilk önce fiyatını sor ve yarısını teklif et. Neler söylüyorum ben! Şimdi bunu öğrenecek değilsin. Yalnızca her seferinde bir parça kâğıt çıkarmayı ve ne kadar kâğıdın olduğunu diğerlerinin görmemesi gerektiğini unutma."

Güneş batmıştı ve akşam hızla çöküyordu. Tam Lin bir ateş yakıp yanına kurumuş dallardan bir yığın yaptı. "Sabah ilk iş buradan ayrılmalısın. Sınıra ulaşmak için on iki saatin olur. Bu uygun zaman, çünkü Çiftlik Devriyesi nöbet için evde olacak. Bir şey daha: El Patrón Opium'u yüzyıl önceki haliyle dondurdu."

"Anlamadım," dedi Matt.

"Opium'daki şeyler mümkün olduğunca El Patrón'un gençliğindeki gibidir. Celia odun ateşinde yemek pişirir, odalarda klima yoktur ve ürünler makineler tarafından değil, insanlar tarafından toplanır. Roketlerin bile uçmasına izin yoktur. Kuralların gevşetildiği yerler yalnızca hastaneler ve güvenlik sistemidir. Bu, El Patrón'un ölümü aldatma yoluydu. Daha doğrusu yollarından biri."

"Fakat televizyonda her şey aynı," diye itiraz etti Matt.

Tam Lin bir kahkaha attı. "El Patrón bunu da ayarladı. El Latigo Negro son kırbacını yüzyıl önce şaklattı. Tekrarlıyorlar. Aztlán birçok bakımdan kafanı karıştıracak. Neyse ki yakın zamanlarda eski basit günlere doğru bir yönelim başlattılar. Makineye dayalı ekonomiden eski Meksika kültürüne dönmeye çalışıyorlar. Bazı şeyler sana tanıdık gelebilir."

"Dur!" diye bir çığlık attı Matt koruma gitmeye hazırlanırken.

"Kalamaz mısın?" dostunu kaybetmek ve belki de onu bir daha hiç görememek düşüncesiyle allak bullak olmuştu.

"Nöbet tutmak zorundayım," dedi. Tam Lin.

"Öyleyse Celia'yı buraya getir. Kayalara tırmanmasına yardım ederim."

"Kayaları görene kadar bekle hele. Hayır ahbap, Celia bu yolculuğu yapamayacak kadar yaşlı. Onu elimden geldiğince koruyacağım, sana söz veriyorum."

"Aztlán'da ne yapmalıyım? Nerede kalacağım?" Matt paniğe kapılmaya başlamıştı.

"Neredeyse unutuyordum," dedi Tam Lin ateşin yaydığı ışığın kıyısında durarak. "En önemli şeyi söylemiyordum neredeyse. Aztlán'da yapacağın ilk şey San Luis'e bir hovercraft bulmak ve

Santa Clara Manastırı'na nasıl gideceğini sormak olacak. Eğer yanılmıyorsam sen kapıdan içeri girdiğinde Maria'nın etekleri zil çalacaktır."

Artık onu durdurmanın bir yolu kalmamıştı. Tam Lin önde Matt arkada ilerlediler. Kayalıktaki deliğe vardıklarında koruma dönüp elini Matt'ın omzuna koydu.

"Uzun vedalaşmalar hoşuma gitmez," dedi.

"Seni bir daha görebilecek miyim?"

Tam Lin bir an durdu, sonra "Hayır," dedi. Matt'ın soluğu kesildi birden "Sana hiç yalan söylemedim ve buna şimdi başlamaya niyetim yok. Önemli olan şu ki, kaçtın. El Patrón'un parmakları arasından kayıp giden tek malı sensin."

"Bana ne olacak?" dedi Matt.

"Maria'yı ve işler yolunda giderse annesini bulacaksın."

"Esperanza'yı tanıyor musun?"

"Ah evet. Malikâneye gelir giderdi. Şu dinozorlar hakkındaki filmi gördün mü hiç? Hani şu velocilaptor'lu olanı?"

Matt uzun pençeleri ve dişleriyle avını ele geçirmek için kayaları parçalamaktan çekinmeyen dehşetli dinozoru hatırladı.

"İnan ki, bir davanın peşindeyse, Esperanza da aynen öyledir. Senin tarafında olmasını isteyeceğin biri."

Tam Lin kayalıklar arasından tırmandı ve geriye dönüp bakmadan gittikçe koyulaşan karanlığa daldı. Matt elindeki feneri ona çevirmemek için kendini zor tuttu.

25

ÇİFTLİK DEVRİYESİ

Vahaya geri dönerken Matt neredeyse yüreğinin hafiflediğini hissetti. Her şey öylesine çabucak olup bitmiş, öyle çok şey değişmişti ki. Küçük kamp ateşi dayanılmaz ölçüde yalnız görünüyordu. Ateşi besledi ama sonra Çiftlik Devriyesi görebilir, diye kaygılandı. Ateşe attığı bazı dalları tekmeleyip uzaklaştırdı. Daha sonra geceleyin suya gelebilecek hayvanları düşündü. Kesinlikle çakallar gelirdi, belki bir vaşak da gelebilirdi, ama bir jaguarın gelmesi zayıf bir olasılıktı. Fakat Tam Lin hepsini görmüştü. Matt ateşi tekrar yaktı.

Metal sandıkta pastırma ve kurutulmuş elma gördü. Düğün sabahından beri kurabiyeden başka bir şey yememişti. Aç kurt gibi saldırdı önündekilere. Yemek yemek keyfini yerine getirdi ve kısa süre sonra titreyen ışığın altında haritayı incelemeye başladı. Olası maceralarla dolu heyecanlı bir roman gibiydi. Tam Lin rotayı kırmızı bir kalemle işaretleyip yaratıcı imlasıyla çeşitli yorumlar eklemişti: *Burta cıngıraklı yilanlar ve agaç altıda ayı gördüm.* Matt bir avuç yerfıstığı ve bir parça çikolatayla yemeğini bitirdi.

Sırt çantasını metal sandığa yerleştirip açıktaki bir kayanın üzerine bir uyku tulumu serdi. Altında ayı görebileceği ağaçlardan uzakta kendini güvende hissediyordu. Derken uzandı ve gözlerini yıldızlara dikti.

Açıkta yere uzanmak tuhaf bir şekilde ürkütücüydü. Gökyüzü o kadar karanlık, yıldızlar öylesine çok ve parlaktı ki. Topraktan kopup gidebilirdi. Uzaklaşır ve eğer bir ağacın dalına yapışmazsa bu parlak, soğuk ışıkların arasına doğru çekilebilirdi.

Matt uyku tulumundan ağaca bir ip bağladı. Tamam, kaygılandığı şey aptalcaydı, fakat dikkatli olmanın kimseye bir zararı yoktu. Celia bir keresinde ona köyündeki Kızılderililerin gökyüzü onları alıp götürmesin diye tılsımlar taşıdıklarını anlatmıştı. Büyük Evde yaşayan insanların anlayamayacakları bazı şeyler biliyor olabilirlerdi.

Olup bitenlerden tükenen Matt, sonunda rüyasız bir uykuya daldı. Şafaktan hemen önce hava bir sesle titrer gibi oldu. Matt dikilip ipi kavradı. Zemin bir süre titreyip duruldu. Bir çift kuzgun bir ağacın dalından sıçrayıp vahanın etrafında vahşice gaklayarak uçtu. Bir çakal ağzından havuza sular damlarken donup kaldı.

Matt dinledi. Ses –eğer bir ses ise– dört bir yandan geliyordu. Daha önce tanık olduğu bir şeye benzemiyordu. Kuzgunlar tüneyip aralarında bir sohbete daldılar ve çakal kayaların arasına dalıp kayboldu. Matt sırt çantasında bulduğu çakmakla bir ateş yaktı. Metal sandığın üzerinde çakal izleri gördü. Bir şey mandalı kemirmişti.

Hızlı bir kahvaltıdan sonra içlerine birer tablet iyot attığı mataralardan yanına alabileceği kadarını doldurdu. Son kez vahadan su içtiğinde çok kötü hastalanmıştı. Fakat bu arsenikten olmalıydı. Celia nasıl, diye merak etti. Ahırlarda yeterince yemek yiyebiliyor muydu? Ve eğer bunu yıllarca yapmak zorundaysan, bir zombi gibi davranmak da bir zombi olmak kadar kötü değil miydi?

'Esperanza'dan onun kaçmasına yardım etmesini isteyeceğim,' diye düşündü.

Ayrılma vakti gelip çatınca, Matt ağırdan almaya başladı. Erzakını gözden geçirdi. Bir kitap ekleyip yükünün ağırlığını kontrol etti ve kitabı çıkardı. Vadi hâlâ gölgeli olsa da güneş şimdiden yükselmişti. 'Burada bir gece daha geçirebilirim,' diye düşündü fakat El Patrón gittiği için vaha artık güvenli olmayabilirdi.

Matt sırt çantasını omuzlayıp kemerine fazladan mataralar taktı ve asmalı kameriyeden yola çıktı. Tam Lin'in yaptığı gibi arkasına bakmadan gidecekti. Yolun ilk kısmı kolaydı. Matt daha önce defalarca geçmişti buradan. Ne var ki kısa bir süre sonra çalılarla dolu bir kanyona vardı. Zar zor ilerliyordu. Yapraklardaki toz vücudunu tepeden tırnağa kaplamış, ciğerlerine kaçmıştı. Kuru bir hendekte dinlenip soluklanmak zorunda kaldı. Bir saat geçmişti bile. Eğer yolculuğun geri kalanı da böyle giderse Aztlán'a bir ayda varamazdı.

Matt sırt çantasını karıştırdı. İç ceplerinden birinde bir solutucu buldu. Daralan nefesini rahatlatan ferahlık harikaydı. Ayrıca berbat görünüşlü deri bir kılıf içerisinde bir pala buldu. 'Daha önce baksaydım bayağı bir sıkıntıdan kurtulmuş olurdum,' diye düşündü.

Bir süre dinlendikten sonra çalılıklar arasından ilerlemeye devam etti. Bütün sabah kollarını ve yüzünü çizen bitkilerden intikam almaktan vahşi bir keyif aldı.

Vadinin sonuna vardığında yüksek granit bir uçurumla karşılaştı. Haritaya baktı. İşte orada tepeye dosdoğru giden kırmızı bir çizgi vardı. Daha önce tırmanmayı denediği bütün tepelerden daha yüksekti bu. Matt başka bir yol olup olmadığına baktı fakat harita bu noktada kesindi: *Tek cıkış yolu, yapabilirsin*, diyordu Tam Lin'in notu. Matt başı dönene dek uçurumun tepesinden sarkan, aşılması imkânsız çalılıklara baktı. Sevinilecek tek şey Celia'yı buradan çıkarmak zorunda kalmayışıydı.

Matt bacakları yorgunluktan titreyene dek bir yarıktan diğerine ufak ufak tırmandı. Yarı yola vardığında bir milim hareket edemez olmuştu. Granite yapışıp bitkinlikten kendini bırakana dek orada ne kadar asılabileceğini düşündü. Eğri büğrü kayalıkların arasına düşecek, oracıkta ölecekti. Doktorların kalbini söküp almasına göz yumsa da olurdu hani. Bir gölge geçip gitti tepesinden ve bir an sonra geri geldi.

Böylesi terk edilmiş bir yerde bir uçurumun üzerine yalnızca bir tek şeyin gölgesi düşebilirdi. Matt'n içi aniden derinlerden gelen, sanki bir volkanın içinde yükselen lav gibi öfkeyle doldu. Artık bitkin, yüreksiz filan hissetmiyordu kendini, içinde sadece hayatta kalma dürtüsü vardı. Adım adım her engeli aşarak kendini tepenin üzerine kadar çekti ve bu başarısıyla şaşkın, uzanıp soluklandı.

Kör edici mavi gökyüzüne baktı ve kuş gökyüzünde dönerken kanatlarındaki tüylerin çırpınışının sesini duydu. 'Kazandım. Seni çirkin, işe yaramaz akbaba,' diye düşündü. Gülümsedi. Sesi tıpkı El Patrón'unki gibiydi.

Matt bir şişe su ve bir paket kurabiyeyle kutladı bunu. Hindi akbabasına bir taş fırlattı. Harita beş mil kadar yol aldığını ve daha gidecek beş mili olduğunu söylüyordu. Güneş batıya doğru kayıyordu, karanlık basmadan sınıra varamayabilirdi. Matt o kadar da kaygıya kapılmadı. Fazlasıyla yiyeceği vardı ve uçurumla savaşından sonra kendini müthiş iyi hissediyordu.

Bir sırtın ucuna doğru yola devam etti. Burada ilerlemek daha kolaydı ve manzara göz alıcıydı. Tam Lin malzemelerin arasına küçük bir dürbün de koymuştu. Matt, Opium'a bakmak için sık sık duruyordu. Aztlán'la arasında hâlâ dağlar vardı.

Uzun düz haşhaş tarlalarını, hatta bir grup *ebleh* olabilecek bir lekeyi görebiliyordu. Su arıtma tesisini, yiyecek ve gübre koymak için kullanılan depoları gördü. Malikânenin kiremitli çatıları yoğun bir yeşillik içerisinde yayılıyordu. Matt karnında tuhaf bir his duydu. Hüzündü bu.

Orada Ajo Dağları'nın tepesinde Matt kederine yenik düştü. Ahırlara kıstırılmış Celia ve bir biçimde yine kıstırılmış olan Tam Lin için ağladı. Alacránlar ya da onların köleleri olan Felicia, Fani ve Emilia için hiç gözyaşı dökmedi. Fakat El Patrón için ağladı. O herkesten daha az acınmayı hak ediyordu, ama Matt'a dünyadaki herkesten daha yakındı.

Tuhaf bir şekilde El Patrón hâlâ hayatta gibiydi ve bir anlamda öyleydi. Çünkü Matt hâlâ vardı. O hayatta kaldığı sürece El Patrón da dünyadan silinip gitmeyecekti.

Matt bir sırtta kamp kurdu. Kısa bir süre önce yağan yağmurlar, kayalıklardaki çukuru doldurmuştu ve dağın küçük kıvrımları sıçankuyruğuyla yemyeşildi. Şeftali rengi çöl ebegümeçleri öbek öbek açmışlardı; her yer arılarla doluydu ve geç açan bayırgülleriyle kaplıydı. Matt, Tam Lin ile yaptığı yolculuklarda gördüğü bütün hayvanlardan daha fazlasını görmüştü, ama yine de korkmuyordu.

Bir beyaz kuyruklu geyik, ikindi güneşinde çalılıklarla besleniyordu. Çatal boynuzlarını bir ağaca sürten bir koç gördü. Belki bilemek belki de kaşımak için, Matt bilmiyordu. Bir grup kuati, kuyrukları havada, uzun burunları toprağın üzerinde koşturdular. Her şey capcanlı görünüyordu. Her şey kaçışıyor, uçuyor, kazıyor, gagalıyor ya da cıvıldıyordu. Kurbağalar görünmez su çukurlarından vraklıyor, bir kaya sincabı kırmızı kuyruklu bir şahin yaklaştığında ıslık çalıyor; bir alaycıkuş bir tatlı bakla ağacının en üst dalına konmuş, şakıyordu.

Matt'ı en çok etkileyen şey bu vahşi müzikti. Korktuğu zaman ya da kendini yalnız hissettiğinde piyano çalmanın yarattığı etkiyi yaratmıştı içinde. Yalnızca güzelliğin varolduğu, nefretten, düş kırıklığından ve ölümden uzak bir başka dünyaya alıp götürmüştü onu.

Uzun süre Opium'un uzak ışıklarını seyrederek durdu. Pek az ışık yanıyordu. Malikâne bir karanlık denizinde tek başına dikilmişti. Fabrikalar, depolar ve *ebleh* ağılları tümüyle gizlenmişti. Hava çok durgundu. *Eblehler* büyük olasılıkla uyumaları için tarlalara sürülmüşlerdi. Uzaktaki ovadan hiçbir ses gelmiyordu. Gerçek bir yer değil de bir resim olabilirdi bu. Yakınında büyük boynuzlu bir baykuşun ötüşünü ve cırcır böceklerinin kesilmeyen sesini duydu. Dağ ovadan daha karanlık, fakat canlı ve gerçekti.

Matt iyi uyudu. Sabah olduğunda kendini güçlü ve güvenli hissediyordu. Opium, sonbaharda sık sık olduğu gibi, alçak bir sisle kaplanmıştı. Ufkun bir ucundan diğerine gerilmiş beyaz bir pustan başka bir şey görünmüyordu.

Haritaya son bir kez bakıp yola koyuldu. Yol alçaldıkça alçalıyordu, sonunda iki tepe arasındaki bir geçitte son buldu. Yüksek çayırlardan birinden bir ses duyuldu. Bir beysbol topuna vurulmuş gibi... Bu defalarca tekrar etti. Yukarıda beysbol oynuyor, yalnızca şahinlerin ve akbabaların seyredeceği bir maç yapıyor olamazlardı, bunu biliyordu.

Yaklaştıkça ses daha çok birbirine çarpan iki olgun kavunun sesini andırır oldu. Matt bir çalılıktan dikkatlice bakınca iki yabani koyunun bir çiftlik kamyonu gibi kafa kafaya vuruştuğunu gördü. Birbirlerine tosluyor, geri çekilip tekrar ileri fırlıyorlardı. Birkaç dakika sonra aynı gösteriyi tekrarlıyorlardı. Bir grup koyun bunu hiç umursamadan kayalıkların arasında otluyordu. Matt öylesine keyiflendi ki yüksek sesle bir kahkaha attı. Doğal olarak koyunlar kayadan kayaya sıçrayarak güvenli bir yere sıvıştılar.

Matt dağın tepesindeki yarığa yaklaşırken yine gizemli bir ses duydu. Celia'nın ocağında gürleyen ateş gibiydi. Yükseldikçe yükseldi ve Matt sesleri tek tek ayırt edebilir oldu. Uğuldayan makineler, çalan kornalar, hatta müzik sesleri geliyordu!

Matt yürüyüp bir başka dünyaya daldı. Geldiği tarafta şahinlerin ağaçlıklı kayalıklar arasında kıvrılan vadileri kolaçan ettiği huzurlu tepeler uzanıyordu. Ancak öteki tarafta bir gökdelenler ve fabrikalar karmaşası vardı. Yollar yalnızca zeminde değildi, geniş spiraller halinde yapıların arasında da uzanıyordu. Havada bir hovercraft karmaşası uçuşup duruyordu. Yapılar göz alabildiğine uzanıyordu. Her şeyi kahverengi bir pus kaplamıştı. Gürleyen, çatlayan, patlayan seslerin geldiği yer burasıydı. Matt öylesine şaşırdı ki, düşünmek için yere çöktü.

Güneş tam tepedeydi. Matt, Tam Lin'in verdiği şapkayı bulup çıkardı. Demek Aztlán burasıydı. Matt ne kadar düşünse de böyle bir şey hayal edemezdi. Celia'nın *maquiladoras* ve El Patrón'un Durango öykülerini almış, bunları El Latigo Negro'nun öyküleriyle harmanlamıştı. Sonuçta karşısına çıkan şey, fabrikalardan, ilkel kulübelerden ve güzel kızları olan adi kodamanların sahip oldukları büyük malikânelerden oluşan bir resimdi.

'İnsanlar bu gürültüde nasıl yaşayabiliyorlar?' diye düşündü. 'Bu havayı nasıl soluyabiliyorlar?' Görebildiği kadarıyla bir çit yoktu, fakat bir çiti destekleyebilecek bir dizi direk vardı. Sınırın Opium tarafındaki topraklar terk edilmişti. Sanki birisi TEHLİKE! RADYOAKTİF! yazan büyük bir işaret koymuştu.

Matt vahşi koyunların birbirlerini tepelemeye çalıştıkları çalılığa geri döndü. Bir parça pastırma ve kuru peynir yedi. Orada kalamazdı. Ajo Dağları'nda yağmur mevsimi kısa sürerdi ve Matt küçük kurbağa göllerinin ve yeraltı mağaralarının ne kadar kısa sürede kuruyacağını çok iyi biliyordu.

Aynı şekilde malikâneye de dönemezdi. Tek çıkış yolu Aztlán sınırıydı. Tam Lin'in "Bunu yapabilirsin," deyişini hatırladı. 'Sanırım buna mecburum,' diye düşündü Matt. Sakin çayıra, sıçankuyruklarının beyaz tüylerine ve ağaçların arasında uçuşan siyah boyunlu kırlangıçlara son bir kez bakmak için arkasına döndü.

Tepenin dik ve topraklı kısmından kayarak indi. Dibe vardığında terlemiş, toz içinde kalmıştı ve aşağıya inerken vücuduna batan düzinelerce kaktüs dikeni onu kaşındırıyordu. Bir kayalığın gölgesine çömelip kalan son suyunu da içti.

Dikenleri çıkarması mümkün değildi. Dışarı çekmek istediğinde dikenler daha da derine dalıyor gibiydi. Pantolonunun arkasında bir yer yırtılmış, sırt çantasının kayışlarından biri kopmuştu.

Matt bir dürbünle sınırı gözetledi. Gördükleri duyduğu sesler kadar çirkindi. Bir dizi fabrika havaya duman kusuyordu. Arkalarında sınırın üzerinde atıl makineler ve tanklar zemine siyah bir sıvı sızdırıyordu. Yapılar ve direkler arasındaki dar bölüm bir yığın şeyle doluydu. Derken daha yakındaki bir şey Matt'ın görüş alanından geçti.

Mercekleri ayarladı. Bir atlıydı bu, Çiftlik Devriyesinin bir üyesi! Dürbünle etrafına bakınca daha çoğunu gördü. Matt kayalıkların içine büzüldü. Çiftlik Devriyesi nöbetten sonra tekrar işbaşı yapmış olmalıydı. Dağdan sıçrayıp kayarak inerken onu görmüşler miydi? Hareket etmekten korkuyordu. Hareket etmemekten de. Neyse ki, Matt'ın gizlendiği çukur derindi. Yarım saatlik gergin bir bekleyişten sonra Çiftlik Devriyesinin hiçbir şey görmediğini düşündü. Ya da belki onun susuz kalıp dışarı çıkmasını bekliyorlardı. Matt gerçekten de susadı. Saatler geçtikçe dehşetli susadı. Altı adam saydı. Atları yavaş yavaş ileri geri sürüyorlardı. Sınırı hiç terk etmediler ve Matt özgürlüğe giden son birkaç yüz yardayı koşma fırsatını bulamadı. Güneş batıya doğru kaydı. Gölgeler uzuyordu. Matt susuzluk hissinden kurtulmak için bir taşı emiyordu.

Güneş battı. Gecenin gölgeleri yükselip gökyüzünün doğusunu, yukarıda solgun mavi ve aşağıda gri olmak üzere ikiye böldü. Havadaki toz üzerinde parlayan güneş, pembe bir çizgi çizmişti. Birdenbire bir gürültü koptu. Bir hurda avlusundan fırlayan bir grup adam sınırı geçtiler. Direklerin oluşturduğu çizgiyi geçtikleri anda sirenler çalmaya başladı. Çiftlik Devriyesi onları engellemek için atını ileri sürdü.

Matt kendini hemen aksi yöne attı. Anlık bir kararla atılmıştı. Bu onun şansıydı. Zemini koşarak geçti. Solunda bağırışlar ve bir fener ışığıyla birlikte güçlü bir çatırtı sesi duydu. Matt bu silahı El Patrón'un partisinde görmüştü. Bir kanun kaçağının saçlarını kavuran ve kalbini dondurup durduran bir silahtı. Çoğu zaman kanun kaçaklarının kalbi tekrar çalışmaya başlar, böylelikle birer *eblehe* dönüştürülebilirlerdi.

Matt atın toynaklarının sesini duydu. Peşinde kaç adam olduğunu görmeye çalışmadı. Tek şansı sınıra ulaşmaktı ve vahşi bir koyunu bile etkileyebilecek bir kıvraklıkla koşuyordu. Bir atın yaklaştığını gördü. Dürbünü hayvanın kafasına fırlattı ve atın başını çevirmesine yol açtı. Binici atı zorlayıp yönünü düzeltti.

Direkler yakındaydı. Matt önündeki çamur zeminin bitip betonun başladığını gördü. Son bir gayretle hızlandı; ne var ki Çiftlik Devriyesi, Matt'ın sırt çantasını yakaladı ve atını durdurdu. Matt belini tutan kayışın kilidini çözdü ve kendini çantadan kurtardı. Hızındaki değişiklik paldır küldür sınırı geçmesini sağladı. Yağlı siyah havuzlardan birine karın üstü düşüp kıl payıyla diğer tarafa geçti.

Matt ayağa dikilip çılgın gibi gözlerini sildi. Çiftlik Devriyesinin atını sürüp uzaklaştığını gördü. Başını eğip üstüne başına bakınca Aztlánlıları bir sığınmacı olduğuna ikna etmenin hiç zor olmayacağını fark etti: Ne sırt çantası ne de parası vardı ve baştan aşağı siyah balçıkla kaplanmıştı.

LA VIDA NUEVA*

---

*Yeni Hayat

26

YİTİK ÇOCUKLAR

"Q*ue coraje!* Ne yaman çocukmuş be!" dedi bir adam. Matt saçından damlayan çamuru eliyle sildi. Eskimiş makineler ve su tankları arasından üniformalı iki adamın yaklaştığını gördü.

"Hey ufaklık! *Como te llamas.* Adın ne senin?" diye sordu birisi.

Matt bir an için afalladı. Açıkçası doğruyu söyleyemezdi. "M-Matt Ortega," dedi müzik öğretmeninin adını araklayarak.

"Gerçek bir savaşçısın sen!" dedi sınır bekçisi. "Sırt çantanı kaptığında işini bitirdi sanmıştım. Ailen bu gece mi geçti?"

"H-hayır. Benim a-ilem..." heyecanı geçen Matt kendini toplamıştı. Kollarını gövdesine doladı. Dişleri birbirine vuruyordu.

"Hey," dedi devriye arkadaşça. "Şimdi açıklamak zorunda değilsin, korkudan ödün patlamıştır. *Caray!* Seni seyrederken ben bile korktum. İçeri gel de bir duş alıp bir şeyler ye."

Matt zeminde kayıp düşmemeye özen göstererek adamı izledi. Vücudu balçıkla kaplıydı ve kılpayı kaçıp kurtulmaktan midesi düğümlenmişti.

Devriyeler onu duvarları boyunca duşlar dizili olan büyük betondan bir banyoya soktular. Ona bir fırça ve bir kalıp yeşil sabun verdiler.

"Sepetten temiz bir tulum al," dedi içlerinden biri.

'Tıpkı bir rüya gibi,' diye düşündü Matt buharlı banyoda kendini üst üste keselerken. Aztlán'a gelmek düşüncesi ona korku vermişti, ama bu adamlar ona bir misafir muamelesi yapıyorlardı. Onu gördüklerine hiç de şaşırmış değildiler.

Matt pek de fena görünmeyen zeytin rengi bir tulum buldu. Kumaşı bir yer fırçası kadar sertti. Fakat bu onun diğerlerinin arasına karışmasını sağlayacaktı. Bir insan gibi dolaşabilirdi.

Banyodan çıktığında bir masaya oturtuldu. Kolunda bir arı kovanı amblemi olan siyah üniformalı bir adam, ona bir tabak Meksika gözlemesiyle fasulye verdi.

"Teşekkür ederim," dedi Matt.

"Vay, burada bir aristokratımız var," dedi sınır bekçilerinden biri. "En son ne zaman birisi bir gardiyana teşekkür etmişti, Raúl?"

Adam, "Amerika Kolombus'u keşfettiği zaman," dedi. Altına bir sandalye çekti ve "Pekâlâ ufaklık. Sınırda ne yapıyordun?" diye sordu.

Matt ağzı fasulyeyle dolu, Tam Lin'in hazırladığı öyküyü aktardı. Anne babası Çiftlik Devriyesi tarafından esir alınmıştı. O da korkup sınırı koşarak geçmişti. San Luis'e gitmek istiyordu.

"Anne babanı bu şekilde kaybetmen gerçekten acı. San Luis' den misin?" dedi Raúl.

"Orada –bir arkadaşım var," dedi Matt, Maria'yı nasıl tanımlayacağını düşünüyordu.

Adam omuz silkti. "Elinden ne iş gelir?"

İş? Matt'ın kafası karışmıştı. Bir afyon imparatorluğu nasıl yönetilir biliyordu, ama adamın ne duymak istediği konusunda bir fikri yoktu. "Piyano çalabilirim," dedi en sonunda. Raúl kahkahayı bastı.

"Şimdi anladım işte, bu bir aristokrat," dedi diğer bekçi.

"Bizi yanlış anlama," dedi Raúl, Matt'ın yüzündeki mutsuzluğu fark ederek. "Sanattan ve müzikten hoşlanırız, ama yeni Aztlán'da hobilere ayıracak vaktimiz yok. Halkın genel iyiliğine katkıda bulunmak zorundayız."

"Bu zor, fakat adil," dedi diğer adam.

"Bu yüzden özel bir yeteneğin varsa, manyetik halkaları dengelemek ya da pozikronik bir arıtıcıyı çalıştırmak gibi, lütfen bize söyle."

'Pozitronik arıtıcı,' diye düşündü Matt. 'Bunun ne olduğunu bile bilmiyorum.' Adamakıllı kafa patlatıp "Su arıtımında çalışmıştım," dedi en sonunda. Pek de doğru değildi bu. Matt yalnızca su arıtma tesisini dolaşmıştı. Fakat faydalı olacak kadar bir şeyler hatırladığını düşünüyordu.

"Bu tesislerde otomasyon vardır," dedi sınır bekçisi.

"Dur. Aklıma bir fikir geldi," dedi Raúl.

"Üstüne bas da kaçmasın," dedi bekçi.

"Hayır cidden. San Luis'deki plankton fabrikası her zaman yeni işçiler alabilir. Bu su arıtımı gibi bir şey ve çocuk da zaten oraya gitmek istiyor."

Adamlar bunun harika bir plan olduğunu düşünüyor gibiydiler. Onların ne konuştuğu hakkında bir fikri olmayan Matt plankton fabrikası işinin kulağa hoş geldiğini söyledi. Ne de olsa San Luis'deydi. Hemen yola çıkıp Santa Clara Manastırı'nı bulabilirdi.

Matt geceyi nöbetçi kulübesinde geçirdi. Sabah olduğunda Raúl onu yüksek pencereleri demir parmaklıklarla kaplı büyük gri bir binaya götürdü. "Şanslısın *chico*," dedi. "Yarın San Luis'e giden bir hovercraft var." Loş bir koridora açılan metal kapının kilidini açtı. Bir çift sınır devriyesi, güçlendirilmiş camdan başka bir kapının önünde bir masada oturuyordu. Matt'ın daha önce hiç görmediği bir oyunu oynuyorlardı. Masanın üzerinde minik minik adamlar havada asılı duruyor gibiydiler; ayrıca ağaçlar, binalar ve bir ateşin üzerinde fokurdayan bir kazan vardı. Matt'ı büyüleyen bu kazan ve ateşti. O kadar gerçekçiydiler ki yalımların üzerinde cızlayan su zerreciklerini bile duyabiliyordu. Küçük adamların aşağı yukarı yarısının sırtında hayvan postları vardı ve ellerinde mızraklar taşıyorlardı; diğer yarısıysa keşiş elbiseleri içindeydi. Sınır bekçileri gümüş rengi eldivenler giymişlerdi ve taşları parmaklarını kıpırdatarak hareket ettiriyorlardı.

"San Luis'e bir yolcu daha," dedi Raúl. Adamlar isteksizce başlarını çevirdiler oyundan.

"Görüntü nereye gitti?" dedi Matt.

"Daha önce hiç hologram-oyunu görmedin mi ufaklık?"

"Tabii ki gördüm," diye yalan attı Matt. Kuşku uyandırmak istemiyordu.

"Ah, anladım," dedi sınır devriyesi. "Bu oyunu daha önce görmedin sen. Çünkü çok eski. Lanet olası hükümet bize yalnızca bunu yolluyor."

"Çocuğun önünde böyle konuşma," dedi Raúl.

"Pardon," dedi bekçi. Oyunu yeniden açtı ve küçük adamlar tekrar ortaya çıktılar. "Bak şunlar yamyamlar, şunlar da misyonerler. Yamyamların amacı misyonerleri kaynayan kazana atmak."

"Ya misyonerlerinki?" diye sordu Matt.

"Onlar da yamyamları kiliseye itmek zorundalar fakat önce onları vaftiz etmeleri gerek."

Matt büyülenmiş bir şekilde küçük bir misyonerin çığlık çığlığa bağıran bir yamyamı baş aşağı sarkıtıp kafasına su serpiştirmesini seyretti. Demek vaftiz böyle bir şeydi. "Eğlenceli görünüyor," dedi.

"Tabii eğer on bin kez oynamamışsan." Adam oyunu kapatıp Matt ile Raúl'un geçmesi için cam kapının kilidini açtı.

"Neden bütün kapılar kilitli?" diye sordu Matt.

"Kaynakların düzenli üretimi insanların genel iyiliği için vazgeçilmezdir," dedi Raúl.

'Ne acayip bir söz,' diye düşündü Matt. Ancak gözü masalarda çalışan çocuklarla dolu bir odaya takıldı. Hepsi yaptıkları işi bırakıp döndüler ve Matt'a baktılar.

Hiç çocuklarla oynamamıştı. Hiç okula gitmemiş ya da spor yapmamıştı ve Maria hariç hiç kendi yaşıtı arkadaşı olmamıştı. Birçok insanın ona karşı tutumu, sadece nefretti. Bu yüzden aniden bir çocuk kalabalığının içine dalıvermek piranalarla dolu bir havuza atlamak gibi bir şeydi. Matt onların kendisini inciteceğini düşündü. Tam Lin'in ona göstermiş olduğu bir karate duruşunu takındı.

Çocuklar hep bir ağızdan konuşarak öne doğru atıldılar. "Adın ne? Seni nereye yolluyorlar? Hiç paran var mı?" Belki de Matt'ın tuhaf duruşunu fark eden Raúl onları geri itti.

"*Orale, morros*. Tamam çocuklar. Onun adı Matt ve bir süre için huzura ihtiyacı var. Anne babasını Düşler Ülkesi'nde daha yeni kaybetti." Çocuklar masalarına geri döndüler fakat Matt'ı dikkatlice süzmeye devam ettiler. İçlerinden bir ya da ikisi güldü, hatta onun dikkatini çekmeye çalıştılar.

Raúl odanın içinde dolaşıp çocuklara işleri hakkında yorum yaparken Matt kapının yanında dikilip durdu. Bazıları küçük makine parçalarını bir araya getirirken diğerleri sandaletlere plastik kayışlar geçiriyordu. Bir diğer grup ise, kapsüllerin içine toz koyuyor ve bitmiş olan hapları sayarak şişelerin içine aktarıyordu.

Raúl eğri bir odun parçasını zımparalayan iriyarı bir çocuğun yanında durdu. "Hobilere ayıracak vaktimiz yok Chacho. Kaynakların düzenli üretimi insanların genel iyiliği için vazgeçilmezdir."

"Başlarım insanların iyiliğine," diye homurdanan Chacho tahta parçasını zımparalamayı sürdürdü.

Raúl bu küfre öfkelendiyse bile –anlamını bilmese de Matt bunun bir küfür olduğundan emindi- bunu belli etmedi. Tahtayı Chacho'nun elinden aldı. "Bir ulusun refahını gözetmek bir vatandaşın ulaşabileceği en yüksek erdemdir."

"Ha, doğru," dedi Chacho.

"Çalışmak özgürlüktür. Özgürlük çalışmaktır. Bu zor ama adildir."

"Bu zor ama adildir," dediler diğer çocuklar da. "Zor ama adildir." Bu ritmi masaların üzerine elleriyle vurarak sürdürdüler. Sesleri gittikçe arttı. Sonunda Raúl ellerini kaldırarak susturdu onları.

"Moralinizin yüksek oluşu beni memnun etti," dedi gülerek. "Sıkıcı yaşlı bir gözetmen olduğumu düşünebilirsiniz, fakat bir gün bu derslerin önemini kavrayacaksınız." Matt'ı odanın ortasına götürdü. "Bu çocuk San Luis'e gidecek. Kendini evinde gibi hissetmesini sağlayın, ama yalnız kalmak isterse de çok ısrarcı olmayın. Çok yakında büyük bir kayıp yaşadı."

Raúl'un çıkışı sessiz sedasız oldu; Matt daha farkına bile varmadan kapıyı kapatıp kilitledi. Neden kilitli tutulmak zorundaydılar ve gözetmen ne demekti? Matt bu kelimeyi ikinci kez duyuyordu.

Artık izlenmedikleri için işi ağırdan alan çocuklara gözlerini dikti Matt. El Patrón, Matt'a diğerleri sorgulama şansı bulmadan otoritesini sağlaması gerektiğini söylerdi hep. Matt sanki mekân kendisine aitmiş gibi masalara doğru yürüdü.

"Bize katılmak ister misin?" diye sordu hap yapan cılız bir çocuk. Matt tepeden bir bakış attı odaya. Başını kabaca öne arkaya oynattı. "İstersen yardım edebilirsin?" diye önerdi ufaklık.

"Hâlâ şansın varken kıçının üzerine otur derim," dedi Chacho odanın karşı tarafından. İriyarı çocuk plastik kayışları sandaletlere takıyordu. Matt yavaşça sandaletlerin yapıldığı tezgâha doğru yürüdü. El Patrón asla kaygılı ya da muhtaç görünmemesini söylerdi. İnsanlar kaygılı ve muhtaç olanları hep sömürürdü.

Plastik kayışların oluşturduğu yığınlara bakarak "Neden öyle diyorsun?" diye sordu Matt.

"Çünkü gözetmenler yarın çalışmaktan pestilini çıkaracaklar," dedi Chacho. Kara saçları bir ördeğin tüyleri gibi arkaya yatırılmış, kocaman elleri olan, kaba görünüşlü, iriyarı bir çocuktu bu.

"San Luis'e gideceğimi sanıyordum."

"Evet, ben ve Fidelito da gidiyoruz." Chacho cılız çocuğu işaret etti. Çocuk sekiz yaşlarındaydı. "Fakat iddiaya girerim ki, hovercraft'a binmeden önce de, hovercraft'ın içindeyken de, o lanet hovercraft indikten sonra da çalışmak zorunda olacağız. Görürsün."

Matt etrafta gezinip oğlanların uğraştığı çeşitli angaryalara göz gezdirdi. Fidelito'nun yanına çöktü. Çocuk yeni gelenin onayını kazandığına pek sevindi. Bir süre sonra Matt bunun neden böyle olduğunu anladı: Fidelito odadakilerin arasında en zavallı görüneniydi ve bu yüzden herkes onu itip kakıyordu.

"Bunlar ne tür haplar?" diye sordu Matt.

"B vitamini," dedi Fidelito. "Bunlar sağlığın için iyidir fakat on-on iki tanesini birden içersen hasta olursun."

"Şu budalaya bakın," dedi Chacho. "Bir düzine vitamin hapını neden yutasın ki?"

"Karnım açtı," dedi Fidelito.

Matt afalladı. "Yani size burada yemek vermiyorlar mı?"

"Tabii ki veriyorlar. Eğer yeterince iş çıkartırsan. Ama ben pek hızlı sayılmam."

"Daha küçüksün ama sen," dedi Matt. Küçük, ciddi çocuk için üzüldü.

"Bunun önemi yok," diye açıkladı Fidelito. "Herkesin eşit miktarda üretmesi gerek. Burada olduğumuz sürece hepimiz eşitiz."

"Bu zor ama adil," diye seslendi Chacho karşıdan.

Diğer çocuklar bütün oda zangır zangır titreyene dek masaların üzerine vurup şarkıya başladılar. Sınır bekçilerinden biri hoparlörden seslerini kesmelerini söyledi onlara.

"Anne babanı götürürlerken gördün mü?" diye sordu Fidelito, patırtı dindiğinde.

"*Callate!* Kapa çeneni! Bırak da biraz alışsın," diye bağırdı birkaç çocuk; fakat Matt susmaları için Raúl'un yaptığı gibi ellerini kaldırdı. Çocuklar sözünü dinleyince bundan büyük keyif aldı. El Patrón'un iktidar kazanma yöntemlerinde mutlaka doğru bir şeyler vardı.

"Bu dün sabah oldu," diye anlatmaya başladı. Matt, Çiftlik Devriyesinin dikkatini dağıtan kanunsuzlar kalabalığını hatırlıyordu. "Bir ışık huzmesi gördüm. Babam sınıra geri dönmem için bağırdı. Annemin düştüğünü gördüm ve sonra bir adam sırt çantama yapıştı. Kayışlarımdan kurtulup koştum."

"O ışık huzmesinin ne olduğunu biliyorum ben," dedi üzgün ifadeli bir çocuk. "Bu bir tür silah. Anında öldürür adamı. *Mi Mama...*" boğazı düğümlendi ve daha fazla konuşamadı. Fidelito başını masaya dayadı.

"Anne babalarını kaybeden başka çocuklar da var mı?" diye kekeledi Matt. Kaçışıyla ilgili dramatik bir öykü uydurmak üzereydi. Bu ona çok acımasızca geliyordu.

"Hepimiz kaybettik," dedi Chacho. "Sanırım bunu henüz anlayamadın. Burası bir *Orfanatorio,* bir yetimhane. Bizim ailemiz artık devlet. Sınır bekçileri bu yüzden *frontera* boyunca bekliyorlar. Kaçmaya çalışan taş kafaların çocuklarını yakalayıp gözetmenlere teslim ederler."

"*Mi Abuelita* bir taş kafa değildi," dedi Fidelito kolunun üzerindeki başını kaldırarak.

"Senin büyükannen... ah, boş ver Fidelito," dedi Chacho. "Birleşik Devletler'e kaçamayacak kadar yaşlıydı. Bunu biliyorsun. Fakat seni sevdiğinden eminim," diye ekledi küçük çocuk burnunu çekiştirirken. "Şimdi durumu anladın işte," dedi Chacho, Matt'a. "Hepimiz bu boktan insanların boktan kaynaklarının üretimi işinin bir parçasıyız."

"Raúl seni duymasın," dedi birisi.

"Bunu kıçıma dövme yaptırayım da okusun," dedi Chacho ve masanın üzerindeki plastik kayış yığınına geri döndü.

27

BEŞ AYAKLI AT

Günün geri kalanı Matt açısından pek iyi geçti. Bir gruptan diğerine dolaşıp sohbetleri dinledi ve bilgi depoladı. Neden bu denli cahil olduğu sorusuyla karşılaşmamak için, fazla soru sormadı. Gözetmenlerin, kendi kendilerini idare edemeyecek insanları gözettiğini öğrendi. Yetimleri, evsizleri ve delileri kabul ediyor, onları örnek vatandaşlara çeviriyorlardı. Yetimler, Yitik Oğlanlar ve Yitik Kızlar olarak adlandırılıyordu ve farklı binalarda yaşıyorlardı. Chacho hariç hiçbiri bunu açık açık söylemese de, Matt neden herkesin gözetmenlerden nefret ettiğini anlayamıyordu. Raúl oldukça hoş birine benziyordu.

Matt ayrıca Opium ülkesinin orada Rüyalar Ülkesi olarak adlandırıldığını öğrendi. Hiç kimse sınırlarının ötesinde ne olduğunu gerçekte bilmiyordu. Zombi köleler ve bir kalede yaşayan vampir bir kral hakkında birçok öykü vardı. *Chupacabras* dağlarda kol geziyor ve zaman zaman keçilerin kanlarını içmek için Aztlán'a giriyordu.

Anne babalarının ele geçirildiğini görmemiş olan çocuklar, onların Birleşik Devletler'de olduğuna inanıyordu. Birkaç çocuk Matt'a yalnızca anne babalarının onları çağıracakları günü beklediklerini söylediler. O zaman hepsi Rüyalar Ülkesi'nin ötesinde uzanan altın cennette mutlu ve zengin olacaklardı.

Matt kuşkuluydu. Çiftlik Devriyesi çok etkindi ve dahası El Patrón ona Birleşik Devletler'e kaçan insan sayısı kadar Birleşik Devletler'den kaçan insan olduğunu anlatmıştı. Eğer kuzeyde bir yerlerde altından bir cennet var olmuşsa bile artık orada değildi.

Matt, Fidelito'nun hap yapmasına yardım etti. Küçük çocuğa sırf iriyarı olanlardan daha yavaş diye yemek verilmemesi canavarca ve adaletsiz gelmişti ona. Fidelito öylesine bir hayranlıkla karşılık verdi ki, Matt yaptığı iyilikten pişman oldu. Çocuk ona biraz Furball'ı hatırlatmıştı.

Yarım saatlik bir yemek paydosu verdiler. Önce gardiyanlar herkesin sabah çıkardığı işi gözden geçirdi. Daha sonra dumanı tüten fasulyeyle dolu bir kazan getirdiler ve Meksika gözlemesi dağıttılar. Yemeğe başlamadan önce çocuklar *Örnek Vatandaşlığın Beş İlkesi ve Sağduyuya Giden Dört Tutum*'u okumak zorundaydı. Yemek bir çocuğun kotasına, yani tamamlaması gereken iş miktarına ulaşıp ulaşamadığına bağlı olarak dağıtılıyordu. Fidelito, kâsesi ağzına kadar doldurulurken parlayan gözlerle Matt'a baktı.

Yemekten sonra iş tekrar başladı. Matt bir süre Fidelito'ya yardım etti, daha sonra değişiklik olsun diye Chacho'nun masasına yanaştı. Çocuğun dokumak zorunda olduğu deseni hemencecik çıkarıverdi. "Vaktin varken keyfini çıkar," diye homurdandı Chacho.

"Neyin keyfini?" dedi Matt, bitmiş bir sandaleti tutup kaldırarak.

"Bir işten diğerine kaymanın heyecanını. Bir kere yerleştin mi gözetmenler yalnızca bir iş yapmana izin verecek. Verimli olmak gerekiyor."

Matt plastik dokumaya devam ederken "Başka bir iş isteyemez misin?" diye sordu.

Chacho güldü. "Tabii ki isteyebilirsin. Sorun şu ki, elde edemezsin. Raúl, işçi arıların en iyi çalıştıkları zamanın, kendilerine verilen işi yaptıkları zaman olduğunu söyler. Bu onun 'git işine be' deme tarzıdır."

Matt bir süre daha düşündü. "Ben geldiğimde üzerinde çalıştığın o tahta parçası neydi?"

Bir an için Matt çocuğun cevap vermeyeceğini düşündü. Chacho plastik kayışı öylesine nefretle büktü ki kayış koptu. Yeni birine başlamak zorunda kaldı. "O tahtayı bulmak iki haftamı almıştı," dedi en sonunda. "Sanırım eski bir ambalaj sandığındandı. Zımpara vurup parlattım. Daha fazla parça bulup onları birbirine yapıştıracaktım." Chacho'nun sesi kesildi yine.

"Ne yapmak için?" diye üsteledi Matt.

"Kimseye söylemeyeceğine söz ver?"

"Tabii ki."

"Bir gitar."

Matt kesinlikle böyle bir cevap beklemiyordu. Chacho'nun elleri öylesine kaba görünüyordu ki bir enstrüman çalabileceğini düşünmek zordu. "Çalmasını biliyor musun?"

"Babam kadar iyi değil. Ama o bana gitar yapmayı öğretti ve bu konuda oldukça iyiyimdir."

"O... O Rüyalar Ülkesi'ne mi gitti?" dedi Matt.

"*Caramba!* Beni de o eziklerden biri sandın herhalde? *Me encarcelaron por feo.* Beni tipsizlikten içeri attılar. Ben yetim değilim! Babam Birleşik Devletler'de yaşıyor. O kadar çok parası var ki, cebine sığdıramıyor ve bir ev satın alır almaz beni istetecek." Chacho tam anlamıyla burnundan soluyordu ve Matt çocuğun sesinden ağlamak üzere olduğunu anladı.

Matt, Chacho'ya bakmadan sandalet üzerinde çalışmaya devam etti. Diğer çocukların da işlerine daldıklarını gördü. Chacho'nun babasının kimseyi istetecek durumda olmadığını onlar da mutlaka biliyorlardı. Fakat yalnızca Matt gerçekte onun başına geleni biliyordu. Chacho'nun babası kavurucu güneş altında bütün gün eğilip haşhaş çiziyor ve durgun, bunaltıcı gecelerde kuyulardan gelen kötü havadan boğulmamak için tarlalarda yatıyordu.

Akşamleyin yemek vakti ritüeli tekrarlandı. Yemek yine aynıydı. Daha sonra çocuklar tabakları yıkayıp, atölyeyi topladılar ve tezgâhları bir köşeye sürüklediler. Bir depodan yatak çıkartıp üç kat halinde ranza yaptılar. "Fidelito'nun yatağını en alta koyun," dedi birisi Matt'a.

"Hangisi onunki?" diye sordu Matt.

"Süngeri kokla," dedi Chacho.

"Elimde değil," diye itiraz etti küçük oğlan.

Sınır bekçileri onları ortak kullanılan bir duşa yürüttü. Matt televizyondaki sanat dersleri dışında asla çıplak birini görmemişti. Bunu utanç verici buldu. Kimse onun bir klon olduğunu ilan eden yazıyı görmesin diye, sağ ayağını yerden hiç ayırmadı. Sırtına kaba bir gecelik geçirip şimdi yatak odasına dönmüş olan atölyeye girdiğinde rahatladı.

"Şimdi yatıyor muyuz?" diye sordu.

"Şimdi uykudan önce faslı başladı," dedi Chacho. Çocuklar heyecanlı gibiydiler. Pencere altındaki bir yatağın etrafında toplandılar ve Chacho kulağını duvara dayadı. Bir an sonra pencereyi işaret edip başını yukarı aşağı oynattı.

Fidelito küçük bir maymun gibi ranzaya tırmandı ve geceliğini kaldırdı. Bu bir görkem anıydı. "*Voy a ensenarle la mapa mundi.*"

'Ona dünya haritasını göstereceğim, bu da ne demek?' diye düşündü Matt. Kime gösterecekti? Ve dünya haritasıyla neyi kastediyordu? Fidelito cılız poposunu yüksek pencerenin parmaklıkları arasına sokup oynattı. Hemen sonra Matt, Raúl'un sesini duydu, "Bir gün bir sapanla geleceğim."

Fidelito diğer çocukların tezahüratı altında yataktan indi. Horoz gibi kabararak, "Bir tek ben oraya sığacak kadar küçüğüm," dedi.

Raúl içeri girdiğinde alaya alındığından dolayı hiçbir şey söylemedi. Kendine bir sandalye çekti. çocuklar dinlemek için ranzalara yerleştiler. Konuşmanın başlığı "*Neden Bireysellik Beş Ayaklı Bir At Gibidir*" idi. Raúl yalnızca insanlar birlikte çalıştığı zaman işlerin yolunda gittiğini anlattı. Bir amaç konusunda birleşir, daha sonra amaca ulaşmak için yardımlaşırlardı. "Eğer," dedi gözetmen, bütün çocuklara bakarak, "eğer bir kayıkta kürek çekerken yarınız bir yöne diğer yarınız başka bir yöne gitmek istese ne olurdu?" Gözlerini iyice açıp bekledi. Bir süre sonra birisi elini kaldırıp, "Daireler çizeriz," dedi.

"Aferin!" dedi Raúl. Dinleyicilerine parlayan gözlerle bakarak. "Sahile ulaşmak için hep birlikte kürek çekmeliyiz."

"Ya sahile varmak istemiyorsak?" dedi Chacho.

"Çok güzel bir soru," dedi gözetmen. "Kayıkta günler boyunca kalırsak ne olurdu, kim söyleyebilir?" adam bekledi.

"Açlıktan ölürdük," dedi bir çocuk.

"Cevabını aldın, Chacho," dedi Raúl. "Hepimiz açlıktan ölürdük. Bu beni beş ayaklı at problemine getiriyor. Bir at dört ayağıyla çok iyi koşar. Bunun için yaratılmıştır. Fakat sadece kendi keyfini düşünen beşinci bir ayağın çıktığını düşünün. Diğer dört ayak koşacak, koşacaktır, fakat beşinci ayak –buna bireycilik diyelim– yavaş yürümek ve güzel bir çayırın keyfine varmak ya da şekerleme yapmak isteyecektir. O zaman zavallı hayvan düşer! Bu yüzden mutsuz atı veterinere götürür, beşinci ayağını kestiririz. Bu acımasız gelebilir, ama yeni Aztlán'da hepimiz elbirliği halinde olmalıyız, yoksa battık demektir. Sorusu olan var mı?"

Raúl uzun süre bekledi. Sonunda Matt elini kaldırıp, "Neden atın beynine bir bilgisayar çipi yerleştirmiyorsunuz? O zaman kaç tane ayağı olduğunun hiç önemi kalmazdı," dedi. Odada soluklar kesildi.

"Yani sen..." Gözetmen durdu. Duyduğuna inanamıyor gibiydi. "Atı bir zombiye çevirmemizi mi öneriyorsun?"

"Bunun fazladan ayağı kesmekten ne farkı var, göremiyorum," dedi Matt. "İstediğiniz sıkı çalışan ve vaktini çiçeklere bakmakla tüketmeyen bir at."

"Vay, bu harika!" dedi Chacho.

"Fakat sen... Sen farkı görmüyor musun?" Raúl öylesine hiddetlenmişti ki zar zor konuşuyordu.

"Ne zaman yemek yemek istesek '*Örnek Vatandaşlığın Beş İlkesi ve Sağduyuya Giden Dört Tutum*'u ezberden okuyoruz," diye açıkladı Matt. "Bize durmadan kaynakların düzenli üretiminin halkın genel iyiliği için vazgeçilmez olduğunu söylüyorsunuz. Çok açık ki kuralları izlememiz ve çayırlarda vakit öldürmememiz bekleniyor. Fakat atlar insanlar kadar akıllı değildir. Onları bilgisayar çipleriyle programlamak makul görünüyor." Matt bunun parlak bir tez olduğunu düşünüyordu. Gözetmenin neden böylesine bozulduğuna anlam veremedi. El Patrón olsa bunun mantığını hemen görüverirdi.

"Görüyorum ki seninle işimiz var," dedi Raúl. Gergin bir sesle. "Görüyorum ki burada halkın iradesi konusunda eğitilmesi gereken iğrenç küçük bir aristokratımız var!" Matt adamın tepkisine afalladı. Gözetmen soru istemişti. Hatta neredeyse talep etmişti.

"Pekâlâ!" dedi Raúl sanki kirli bir şeye değmiş gibi üniformasının tozunu aldı. "Bu iğrenç küçük aristokrat plankton fabrikasına ne kadar erken giderse o kadar iyi. Tüm söyleyeceğim bu." Hışımla çıktı odadan.

Tüm çocuklar hemen Matt'ın etrafına toplandılar. "Vay be! Ona gününü gösterdin!" diye bağırdılar. "Onunla benden bile iyi dalga geçtin," dedi Fidelito yatağın üzerinde zıplayarak.

"Bize, *Örnek Vatandaşlığın Beş İlkesi ve Sağduyuya Giden Dört Tutum*'u bile söyletmedi," diye keyiflendi bir çocuk.

"Yahu, ben seni ödleğin teki sanmıştım," dedi Chacho. "Bir boğa sürüsünden daha cesur çıktın."

"Ne oldu? Ben ne yaptım?" dedi Matt şaşkınlık içinde.

"Ona yalnızca gözetmenlerin bizi bir düzine dingile çevirmeye çalıştığını söyledin."

Gecenin ilerleyen saatlerinde Matt üstteki yataklardan birine uzandı ve günün olaylarını geçirdi aklından. Başının ne kadar dertte olduğunu ya da kendisinden ne tür bir intikam alınacağını bilmiyordu. Raúl'dan hoşlanmıyor değildi. Yalnızca adamın bir budala olduğunu düşünüyordu. Matt kelimelere içerleyen adamların yanında daha dikkatli olması gerektiğini düşündü. Kelimelerin ne zararı olabilirdi ki. Tam Lin iyi bir argümana bayılırdı, ne kadar parlaksa o kadar iyi. Beyninde şınav çekmek gibi bir şey olduğunu söylerdi.

Matt eski püskü yün battaniyenin altından sağ ayağına dokundu. Bu onun gizli tutmak için çabaladığı zayıf noktasıydı. Tam Lin insanlar ve klonlar arasında bir fark olmadığını söylemiş olabilirdi, ama Matt'ın tüm deneyimleri bunun tersini söylüyordu. İnsanlar klonlardan nefret ediyordu. Yaşamın doğal düzeni böyleydi ve Raúl bununla onu mahvedebilirdi. Hiç kimse Matt'ı Rüyalar Ülkesi'ne ve oradaki kalesinde yaşayan *vampire* bağlayan bu dövmeyi görmemeliydi. *Vampir!* diye düşündü Matt. El Patrón olsa bu tanımlamadan hoşlanırdı. Korku salmaya bayılırdı.

Matt kendini içinde bulduğu bu yeni dünya hakkında biriktirdiği bilgilere bir kırıntı daha eklemişti. Bir aristokrat en aşağılık yaşam formuydu, dürüst köylülerin kendisine kölelik etmelerini bekleyen bir parazit. Birinin edebileceği en ölümcül küfür "pislik"ti. Bu basit, zararsız bir *eblehti*; aynen otları kesen, yerleri yıkayan ve Matt'ın hatırladığı kadarıyla haşhaş çiçekleri yetiştirenler gibi. Onlar için temiz kelime zombiydi. Adları ne olursa olsun, Matt onların nefret değil merhameti hak ettiklerini düşünüyordu.

Matt, Celia'yı veya Tam Lin'i düşünmemeye çalışıyordu. Hüzün onu yıkabilirdi. Bir bebek gibi ağlarken yakalanmak istemiyordu. Onları düşünmek yerine San Luis'e gitmeyi kurdu. Santa Clara Manastırı'nı arayacak ve Maria'yı bulacaktı. Maria düşüncesi ona inanılmaz sevinç verdi.

Matt, yeni edindiği arkadaşlarının onayıyla mest olmuştu. Başına gelen en harika şeydi bu. Çocuklar onu sanki gerçek bir insanmış gibi kabul etmişlerdi. Sanki tüm hayatı boyunca bir çölde yürümüş de şimdi dünyanın en büyük ve en güzel vahasına varmış gibi hissediyordu kendini.

28

PLANKTON FABRİKASI

Raúl sabah bir nutuk çekti. Aristokratların dışarıdan çekici göründükleri ama içlerinin ne kadar adi olduğu üzerine bir şeyler söyledi. Matt'ın adını anmadı. Küçük çocuklardan birkaçı rahatsız görünüyordu, ama Chacho ve Fidelito gözetmen çıktıktan sonra Matt'ı bir ulusal kahraman ilan ettiler.

Konuşma biter bitmez Matt'ı işe koştular. Küçük çocuklarla birlikte hap tartacaktı ve kotası "emeğin değerini öğrenmesi için" onlarınkinin iki katıydı. Matt tasalanmadı. San Luis'e vardıklarında, Fidelito "Bu zor ama adil," diyene kadar o, manastırın yolunu tutmuş olacaktı.

Kahvaltıda ona yarım kase fasulye ve altı yerine üç tane Meksika gözlemesi verdiler. Chacho büyük çocuklardan her birine Matt'a yemeklerinden birer kaşık vermelerini söyleyince onun tabağı da doldu.

Öğleye doğru Raúl, San Luis'e gidecek üç kişiyi çağırdı ve onları hovercraft'a götürdü. "Burada işiniz kolaydı," dedi onlara. "Gideceğiniz yere nazaran burası bir tatil kampı sayılır; fakat sıkı çalışır ve sicilinizi temiz tutarsanız on sekiz yaşınıza bastığınızda tam vatandaşlık kazanabilirsiniz."

"Başlarım vatandaşlığına," diye homurdandı Chacho.

"Bu iyi bir başlangıç sayılmaz. Hiç sayılmaz," dedi Raúl.

Matt yalnızca bir kez hovercraft'a binmişti; Steven ile Emilia'nın ihanetine uğradığı o korkunç gece. Bu araç diğerinin yanından bile geçemezdi: Sert plastik koltuklarla doluydu, ter ve küf kokuyordu. Raúl onları ortaya, pencerelerden olabildiğince uzağa oturttu. Sandaletlere takmaları için onlara bir çanta plastik kayış verdi.

"Çalışmak zorunda kalacağımızı söylemiştim," diye fısıldadı Chacho.

Gözetmen onların kemerlerini bağlayıp tek kelime etmeden gitti. Hovercraft'ın geri kalan kısmı plastik sandalet yığınlarıyla öylesine doluydu ki, çocuklar pencereden dışarısını göremiyordu. Hareket bile edemiyorlardı çünkü kemerleri kilitliydi. 'Bu insanların derdi ne?' diye düşündü Matt. Tüm kontrol ellerinde olmadıkça rahat edemiyorlardı sanki.

Hovercraft kalkınca Fidelito hava taşıtlarında hep midesinin bulandığını söyledi. "Üstüme bir çıkar da gör bak ne oluyor," diye hırladı Chacho.

Matt plastik kayış çantasını küçük oğlanın kucağına yerleştirerek sorunu çözdü.

"Sen bir dahisin," dedi Chacho. "Hadi Fidelito, ıkınabildiğin kadar ıkın."

Steven ve Emilia ne yapıyorlardı acaba? Uçarlarken Matt bunu düşündü. Steven, Opium'un varisiydi artık. Bunu kutlayacaktı. Okul arkadaşları gelecekti. El Patrón'un doğum gününü kutladığı bahçeye masalar çıkartılacaktı. Emilia'nın yanında kendisine hizmet eden *ebleh* çiçek kızları olacaktı. Belki de onları tarlalara yollardı. Başka bir işe yaramazlardı zaten.

'O kızlar anne babalarıyla birlikte kaçmayı denemiş olmalılar,' diye düşündü Matt dehşetli bir ürpertiyle. Yaşları Fidelito'dan büyük değildi. Fidelito mide bulantısına yenik düşmüş, plastik kayışları yarı sindirilmiş bezelye ve gözlemeyle kaplamakla meşguldü.

"Kahvaltıda seni aç bırakmalıydılar," dedi Chacho.

"Elimde değil," dedi Fidelito boğuk bir sesle.

Yolculuğun geri kalanı –neyse ki kısa sürmüştü- ekşi bir kusmuk kokusu içinde geçti. Matt bir tarafa, Chacho diğer tarafa yaslanarak kokudan umutsuzca kaçmaya çabaladılar. Neyse ki, hovercraft kısa sürede iniş yaptı. Pilot durumu gördüğünde koltuk kemerlerini çözüp çocukları kapıdan dışarı itti.

Matt dizüstü sıcak toprağın üzerine bıraktı kendini. Havayı içine çekmesiyle pişman olması bir oldu. Dışarının kokusu daha da beterdi. Sıcak güneşte çürüyüp kokuşmuş binlerce balık vardı sanki. Matt kaçınılmaz olana boyun eğip kustu. Chacho da pek uzak olmayan bir yerde aynı şeyi yapıyordu. "Yağmurdan kaçarken doluya tutuldum," diye inledi.

"Kesin artık," diye ağladı Fidelito.

Matt zar zor ayağa kalkıp küçük oğlanı sıcakta parlayan bir binaya doğru sürükledi. Her yerde göz kamaştıran beyaz tepeler ve kırmızı pas lekeleriyle kaplı havuzlar vardı. Chacho peşlerinden gitti.

Matt, Fidelito'yu bir kapıdan geçirip toparlanmak için bir duvara yaslandı. İçerinin havası daha serin ve biraz daha ferahtı. Oda baloncuklar çıkaran su tanklarıyla doluydu. İçerideki çocuklar ellerindeki ağlarla bezgin bezgin suyu karıştırıyorlardı. Yeni gelenleri hiç umursamadılar.

Birkaç dakika geçince Matt ayağa kalkacak kadar güçlü hissetti kendini. Bacakları kauçuk gibiydi ve midesi düğüm düğümdü. "Buraya kim bakıyor?" diye sordu. Bir çocuk bir kapıyı işaret etti.

Matt kapıyı vurup içeri girdi. Raúl gibi siyah üniformalar içinde bir grup adam gördü, kollarında arı kovanı amblemleri vardı.

"Veledin biri hovercraft'ımı kokuttu," dedi pilot.

"Adın ne senin?" dedi bir gözetmen.

"Matt Ortega," diye cevapladı Matt.

"Vay... Şu aristokrat."

'Bunu Raúl yaymış olmalı,' diye düşündü Matt.

"Bak burada fiyakan sökmez," dedi adam. "Burada Kemiklik

denen bir yerimiz var. Sorun çıkaran biri bir kez oradan geçti mi küçük bir kuzu gibi zararsız hale gelir."

"Yapacağı ilk iş aracımı temizlemek olacak," dedi pilot. Böylece Matt kendini Chacho'yla birlikte hava taşıtının duvarlarını ve zeminini temizlerken buldu. Son olarak –en kötüsü buydu– her bir plastik kayışı sıcak, sabunlu suyla dolu bir kovada yıkamak zorunda bırakıldılar.

Hava ilk baştaki gibi berbat kokmuyordu. "Eskisi kadar kötü," dedi pilot plastik bir gölgeliğin altındaki koltuğundan. "Burada ne kadar uzun süre kalırsanız kokuyu o kadar az hissedersiniz. Öyle bir şey var ki, koku alma duyunuzu köreltiyor."

"Bunu Fidelito'ya içirmeliyiz," dedi Chacho tembel tembel kovanın içindeki sıvıyı çalkalayarak.

"Elinde değil," dedi Matt. Zavallı Fidelito bir umutsuzluk nöbetine tutulmuş, zemine büzülüp kalmıştı. İkisinin de içinden onu çalıştırmak gelmiyordu.

İşlerini bitirdikten sonra Carlos adındaki gözetmen onlara fabrikayı gezdirdi. "Bunlar salamura tankları," dedi. Bir ağ göstererek "Böcekleri tanktan bununla çıkarırsınız," dedi. "Plankton olgunlaştığında ise onu hasat edersiniz."

Matt, "Plankton nedir?" diye sormayı denedi.

"Plankton!" diye bağırdı Carlos sanki hevesle bu soruyu bekliyormuş gibi. "Balinaların denizden süzerek beslendikleri şeye plankton denir. Bunlar suyun en üst tabakasında yüzen mikroskobik bitki ve hayvanlardır. Devasa bir yaratığın böylesine küçük bir şeyle beslenebileceğine inanmak zor, fakat bu şaşırtıcı bir gerçek. Plankton dünyanın sekizinci harikasıdır. Protein, vitamin ve selüloz deposudur. Bir balinanın mutlu olmak için ihtiyaç duyduğu her şey vardır içinde. İnsanların ihtiyaç duyduğu her şey de vardır. Burada ürettiğimiz planktonlardan hamburger, sosis ve *burrito* yapılır. İyi işlendiği taktirde anne sütünün yerini alabilir."

Carlos anlattı da anlattı. Sanki hayatının tek uğraşı insanlara planktonu sevdirmek ve takdir ettirmek gibi görünüyordu. Dışarı çıktılar, onları çevreleyen kasvetli çöl umurunda değildi sanki.

Matt uzaktaki güvenlik çitlerini görünce içi karardı. Hava iğrenç kokuyordu, sıcaklık kavurucuydu ve öylesine bir nem vardı ki tulumu ikinci bir deri gibi vücuduna yapışmıştı. Burası on sekiz yaşına gelene dek yaşaması beklenen yerdi.

"San Luis nerede?" diye sordu.

"Bilmen gerekiyor mu?" dedi Carlos. "Eğer bilgiye ihtiyacın olduğunu hissedersek bunu öğrenirsin. Sakın çiti geçmeyi filan düşünmeyesin. En tepedeki telde seni kavun çekirdeği gibi tükürecek kadar güç var. İşte bunlar tuz dağları." Matt'ın daha önce de dikkatini çekmiş olan beyaz kumulları işaret etti. "Plankton hasadı bitince salamura sıvısı buharlaşır ve tuz satılmak üzere işlenir. Bunlar dünyanın en yüksek tuz dağları. Tüm dünyadan insanlar bunlara hayran olmak için gelirler."

Matt, bunaltıcı manzaraya bakarak 'Hangi insanlar?' diye düşündü.

Bir siren sesi duyuldu. "İlk yemek buluşması!" dedi Carlos. Onları bir kumuldan yukarı çıkardı. Kumul göründüğünden daha sağlamdı. Tepesinde masalı bir piknik alanı vardı. Kenarlara plastik çiçekler yerleştirilmişti ve ortada tepesinde su püskürten bir balina figürü bulunan bir rüzgârgülü vardı. Hafif bir meltem Matt'ın derisinin üzerine ince bir toz halinde tuz üfledi. "Yemek alanı benim fikrimdi," dedi Carlos bir bankın üzerine kurularak. "Bence bu herkesin moralini yükseltti." Tabaklar ve tencerelerle yokuşu çıkan çocuklar öyle pek de mutlu görünmüyorlardı. Yüklerini yere bırakıp masaların arasına asker gibi dizildiler. Carlos, Matt, Chacho ve Fidelito'ya sıranın sonunda durmalarını söyledi. Herkes *Örnek Vatandaşlığın Beş İlkesi ve Sağduyuya Giden Dört Tutum*'u okudu, daha sonra somurtkan, sivilceli bir oğlan yemek dağıtmaya başladı.

"Bu şey de ne?" dedi Chacho kâsesini koklayarak.

"Lezzetli vc besleyici plankton," diye homurdandı bir oğlan.

"Bir balinanın mutlu olmak için ihtiyaç duyduğu her şcy," dedi bir başkası öğürür gibi yaparak. Carlos onlara ters bir bakış fırlatınca toparlandılar.

"Yemeğe hakaret ettiğinizi görmeyeyim," dedi gözetmen. "Yemek harika bir şeydir. Milyonlarca insan yeterince yiyemedikleri için ölürken siz şanslı veletler günde üç öğün götürüyorsunuz. Eskiden aristokratlar sülün rostosu ve süt domuzlarıyla beslenirken, köylüler ot ve ağaç kabuğu yemek zorundaydılar. Yeni Aztlán'da her şey eşit paylaşılır. Eğer bir kişi olsun sülün rostosundan ve süt domuzundan mahrum ise geri kalanımız da onları yemeyi reddetmeli. Herkes tarafından paylaşıldığında plankton dünyanın en lezzetli yemeğidir."

Bundan sonra kimse bir şey söylemedi. Matt'a öyle geldi ki, orada sülün rostosu ve süt domuzunun tadına bakmış tek çocuk kendisiydi. Herkes onu yiyor diye, planktonun tadının neden daha güzel olması gerektiğini bir türlü kafası almıyordu. Hem yapış yapış hem de çıtır çıtır bir şeydi bu ve ağza bayat bir zamk gibi bulaşıyordu.

Yüksek platodan güvenlik çiti görülebiliyordu. Matt kör edici ışığa gözlerini kısarak baktı fakat ötesinde pek bir şey göremedi. Uzakta batıya doğru bir su birikintisi gördüğünü sandı.

"Orası Kaliforniya Körfezi," dedi Carlos, Matt'ın baktığı yere doğru eliyle gözlerini gölgeleyerek.

"Orada balinalar var mı?" diye sordu Matt.

"Küvetlerini beraberlerinde getirmek zorunda kalırlardı," dedi bir çocuk.

Carlos hüzünlü görünüyordu. "Bir zamanlar balinalar vardı. Eskiden bütün orası suyla kaplıydı." Doğudaki bir dizi tepeyi işaret etti. "Şu taraf sahildi. Yıllar boyunca Colorado Irmağı'ndan gelen su öylesine kirlendi ki, balinalar öldü."

"Körfeze ne oldu?" diye sordu Chacho.

"Bu Aztlán'ın en büyük mühendislik zaferlerinden biri," dedi Carlos gururla. "Colorado Irmağı'nın yönünü Rüyalar Ülkesi'ne akan bir yeraltı kanalına çevirdik. Pisliğinden arıtıldıktan sonra körfezi plankton üretmek için kullanmaya başladık. Temiz deniz suyu güneyden gelir fakat ırmak suyunun bitmesi yüzünden körfez ince bir kanal halini aldı."

'Demek Opium'un suyu buradan geliyordu,' diye düşündü Matt. 'Bir balinayı öldürecek denli kirlenmiş bir ırmak.' El Patrón'un bunu bilip bilmediğini merak etti. 'Büyük olasılıkla biliyordu,' diye düşündü Matt. Su bedavaydı ve El Patrón ucuz şeylere bayılırdı.

Yemekten sonra Matt, Chacho ve Fidelito salamura tanklarının başına geçtiler. Tanklar ana fabrikanın batısına doğru bir şerit halinde uzanıyorlardı. Bir tarafta bir su borusu vardı. Karidesler tankları ipil ipil bir kütle halinde dolduruyordu. Kırmızı algleri bedenleri kıpkırmızı oluncaya dek yiyorlardı. Matt'ın ilk geldiğinde dikkatini çeken havuzlardaki kırmızılığın nedeni buydu.

Matt işi ilginç buldu. Çalışkan küçük yaratıklar hoşuna gitti ve onların minik bedenlerinin fırıl fırıl solungaçlarıyla çiçek kadar hoş olduklarını düşündü. O ve diğerleri böcekleri eliyor ve gerektiğinde su ekliyorlardı. Ne yazık ki yüzlerce su tankı ve binlerce intiharcı böcek vardı. Birkaç saat sonra Matt'ın kolları sızlamaya başladı, beli tutuldu ve gözleri tuzdan yandı. Yorgun argın yürürlerken Fidelito kendi kendine sızlanıyordu.

Önlerinde uzanan çölde gölge yapacak bir tanecik ölü ağaç bile yoktu. Su tankları Matt'ın yemek sırasında gördüğü kanala doğru uzayıp gidiyorlardı. Apaçık maviydi şimdi, öyle ufuktaki bir ışık parçası değil. Su soğuk ve derin görünüyordu.

"Yüzme bilir misin?" diye sordu Chacho'ya.

"Böylesi züppece bir şeyi nerede öğrenecektim ki?" Chacho yorulduğunda huysuzlaşırdı. Matt züppeliğin kötü, kokuşmuş ve iğrenç aristokratların yapacağı bir şey olduğunu biliyordu.

"Ben yüzme biliyorum," diye duyurdu Fidelito.

"Senin gibi cılız bir ezilmiş nerede öğrenir bunu? Bir karides tankında mı?" diye hırladı Chacho.

Fidelito kızacağına bu önermeyi ciddiye aldı. Matt küçük oğlanın şaşırtıcı derecede temiz kalpli olduğunu fark etmişti. Yatağını ıslatabilir, sağa sola kusabilirdi, fakat iyi niyeti tüm açıklarını kapatıyordu. "Cılızım ben değil mi? Büyük olasılıkla bu tankların içinde yüzebilirdim."

"Ha ha, ve karidesler pipiciğini koparıp yerlerdi."

Fidelito, Chacho'ya anlamaz gibi baktı. "A, ben bunu düşünmemiştim."

"Yüzmeyi nerede öğrendin?" diye sordu Matt konuyu değiştirmek için.

"*Mi Abuelita* bana Yucatan'da öğretti. Sahilde yaşardık."

"Güzel miydi?"

"Güzel mi?" diye bağırdı Fidelito. "Bir cennetti! Çatısı samandan küçük beyaz bir evimiz vardı. Büyükannem pazarda balık satar, tatilde beni kanoya bindirirdi. Kanodan düşüp boğulmayayım diye bana yüzmeyi öğretti."

"Madem orası o kadar güzeldi, neden sınırı geçmeye çalıştı?" dedi Chacho.

"Bir fırtına vardı," dedi küçük oğlan. Bir kas... Kas..."

"Bir kasırga?" diye tahmin etti Matt.

"Evet! Deniz taştı ve her şeyi alıp gitti. Bir sığınmacı kampında yaşamak zorunda kaldık."

"Ah," dedi Chacho sanki hemen anlamış gibi.

"Büyük bir odada, bir sürü insanla yaşamak ve her şeyi aynı zamanda ve aynı biçimde yapmak zorundaydık. Hiç ağaç yoktu ve öylesine çirkin bir yerdi ki, *Mi Abuelita* tekrar hasta oldu. Yemek yiyemiyordu, bu yüzden onu zorla beslediler."

"Hayatta kalmak ve genel iyiliğe katkıda bulunmak her vatandaşın görevidir," dedi Chacho. "Bunu bana en az bir milyon kez bağırarak söylemişlerdir."

"Neden büyükannenin sahile dönmesine izin vermediler?" diye sordu Matt.

"Anlamıyorsun," dedi Chacho. "Onu kapalı tuttular ki ona yardım edebilsinler. Eğer bütün zavallı sefilleri serbest bırakırlarsa yardım edecek hiç kimse kalmaz. Bu durumda lanet gözetmenlerin hayatının bir amacı kalmaz."

Matt afalladı. Duyduğu en çılgınca şeydi bu fakat yine de mantıklıydı. Yoksa neden çocuklar kilitli tutuluyordu? Eğer birisi kapıyı açık bıraksa kaçıp giderlerdi. "Aztlán'ın tamamı böyle mi?"

"Tabii ki hayır," dedi Chacho. "Geneli iyidir; fakat bir kere gözetmenlerin eline düştün mü işin bitti demektir. Görüyorsun bizler sertifikalı yitikleriz. Evimiz, işimiz ya da paramız yok ve bu yüzden gözetilmek zorundayız."

"Sen bir kampta mı büyüdün?" diye sordu Fidelito, Matt'a. Bu masumane bir soruydu fakat Matt'ın konuşmak istemediği şeylerin kapısını aralamıştı. Neyse ki, küçük bir elektrikli arabayla gelen Carlos sayesinde cevap vermekten kurtuldu. Araba öylesine sessizdi ki çocuklar onu üzerlerine gelinceye dek fark etmediler.

"On beş dakikadır sizi izliyorum," dedi Carlos. "Aylaklık ediyorsunuz."

"Fidelito sıcaktan bunaldı," dedi Chacho hızlı hızlı. "Bayılacağını sandık."

"Tuz ye," dedi Carlos küçük oğlana. "Tuz her şeye iyi gelir. Şimdi geri dönmelisiniz, yoksa karanlık basmadan eve varamazsınız." Gitmeye davrandı.

"Bekle! Fidelito'yu alabilir misin?" dedi Chacho. "Gerçekten yoruldu."

Carlos durup geri sürdü. "Ah çoçuklar! Ah çocuklar! Size hiç kimse emeğin eşitler arasında eşitçe paylaşıldığını söylemedi mi? Eğer bir kişi yürümek zorundaysa herkes yürümek zorundadır."

"Sen yürümüyorsun," diye işaret etti Matt. Carlos'un sırıtması o anda silindi. "Demek aristokratımız eşitlik üzerine bir ders vermeye niyetlendi," dedi. "Aristokratımız kendini hepimizden üstün gören bir sümüklüden başka bir şey değil. Ben gerçek bir vatandaşım. Ayrıcalıklarımı çalışıp çabalayarak ve itaat ederek kazandım. Bu gece sana yemek yok."

"Haydi be," dedi Chacho.

"Hiçbirinize yemek yok! Elli yıl bile alsa halkın iradesine boyun eğmeyi öğreneceksiniz." Carlos tozu dumana katarak sürüp gitti.

"Üzgünüm Fidelito," dedi Chacho. "Kurunun yanında yaş da yanar."

"Sizinle birlikte olmaktan gururluyum," diye bağırdı küçük oğlan. "Siz benim *compatres* –yoldaşımsınız! Başlarım Carlos'una! Başlarım gözetmenlerine!" Fidelito öne çıkardığı cılız göğsüyle öylesine vahşi görünüyor ve her hücresinden öylesine bir hırs fışkırıyordu ki, Matt ile Chacho deli gibi gülmeye başladılar.

29

KİRLENMİŞ BİR BEYNİ YIKAMAK

"Neden herkes bana aristokrat deyip duruyor?" diye sordu Matt karides tankları boyunca ağır ağır yürürlerken.

Chacho tulumunun koluyla yüzündeki teri sildi. "Bilmem. Belki de konuşmandan. Ayrıca hep düşünüyorsun."

Matt aldığı eğitimi düşündü. Dağlar kadar kitap okumuştu. El Patrón'la dünyanın en güçlü insanları arasında geçen konuşmaları dinlemişti.

"Sen, nasıl desem... Büyükbabam gibisin. Yani davranışların... Ayı gibi yemiyorsun ve yere tükürmüyorsun. Küfrettiğini hiç duymadım. Bu güzel, fakat farklı."

Matt ürperdi. Hep El Patrón'u taklit etmişti. El Patrón da tabii ki yüz yıl geriden geliyordu.

"*El me cae bien.* Bence o harika," dedi Fidelito.

"Tabii ki öyle. Fakat..." Chacho, Matt'a döndü. "Valla sen daha iyi şeylere alışkın gibi görünüyorsun. Bizler pisliğin içinde doğduk ve biliyoruz ki oradan asla çıkamayacağız."

"Burada hep birlikteyiz." Matt kavurucu çölü gösterdi.

"Evet. Küçük cehenneme hoş geldiniz," dedi Chacho ayaklarıyla tuz bulutları kaldırarak...

O gece yemekte plankton böreği ve haşlanmış yosun vardı. Yemeksiz kalmak Matt'ın umurunda değildi fakat Fidelito için üzülüyordu. Küçük oğlan öylesine cılızdı ki, bir öğün yemek yemese ölecekmiş gibi duruyordu. Chacho tedirgin görünüşlü bir çocuğa gözlerini dikip yemeğinin yarısını ele geçirerek bu sorunu çözdü. Chacho istediğinde bir kurt adam gibi görünebiliyordu.

"Ye," dedi Fidelito'ya.

"Sen yemezsen ben de yemem," diye itiraz etti küçük oğlan.

"Bir dene bakalım. Zehirli mi değil mi görmek istiyorum."

Böylece Fidelito böreği mideye indirdi.

İlk kampta olduğu gibi bir gözetmen uykudan önce onlara esin vermesi için bir öykü anlattı. Bu adamın adı Jorge'ydi. Matt'ın zihninde hepsi birbirine karışmıştı: Raúl, Carlos ve Jorge. Hepsi de arı kovanı desenli siyah üniforma giyiyorlardı ve hepsi de budalaydı.

Jorge'nin öyküsünün adı "Neden Zihinler Eski Odalar Gibi Toz Toplar" idi. "Eğer bütün gün sıcak güneşin altında çalışırsak," dedi Jorge, "vücutlarımıza ne olur?" Aynı Raúl gibi umutla bekledi.

"Kirleniriz," dedi bir çocuk.

"Doğru!" dedi gözetmen gözleri parlayarak. "Yüzlerimiz, ellerimiz ve bütün bedenimiz kirlenir. Sonra ne yaparız?"

"Banyo yaparız," dedi çocuk, sözlü sınava alışkın gibiydi.

"Evet! Güzelce temizleniriz ve yeniden kendimizi iyi hissederiz. Temiz olmak iyi bir şeydir."

Matt, Chacho ve Fidelito da dahil herkes "Temiz olmak iyi bir şeydir," dedi.

"Zihinlerimiz ve işimiz de toz toplayabilir ve yıkanması gerekebilir," diye devam etti gözetmen. "Mesela sık sık açılıp kapanan bir kapı asla tutukluk yapmaz çünkü menteşeler hiç paslanmaz. İş de böyle bir şeydir." Jorge gözlerini Chacho ile Fidelito'ya dikmişti. "Eğer kaytarmazsanız, iyi alışkanlıklar edinirsiniz. İşiniz asla paslanmaz," dedi.

'Dur bir dakika,' diye düşündü Matt. Celia'nın mutfak kapısı sürekli kullanılırdı, fakat rutubetli günlerde şişerdi ve açmak için omzunuzla zorlamanız gerekirdi. Bir keresinde Tam Lin öylesine sinir olmuştu ki kapıyı yumruğuyla delmişti. O zaman kapıyı değiştirmek zorunda kaldılar. Ondan sonra kapı çok daha iyi çalışır olmuştu. Matt bunları düşündü fakat söylemedi. Bir öğünden daha olmak istemiyordu.

"Öyleyse durmadan çalışır, kaytarmazsak," dedi Jorge, "işimiz asla kirlenmez. Fakat zihinlerimiz toz ve pislikle dolabilir. Birisi bana zihinlerimizi nasıl temiz tutabileceğimizi söyleyebilir mi?" Chacho kıkırdayınca Matt onu dirseğiyle dürttü. İhtiyaçları olan en son şey ukalalıktı.

Birkaç çocuk ellerini kaldırdı fakat gözetmen onları görmezden geldi. "Sanırım yeni çocuklardan biri bu soruya cevap verebilir. Sen ne dersin Matt?" Birden herkes gözlerini Matt'a çevirdi. Matt kendini El Patrón'un güvenlik sisteminin orta yerinde yakalanmış gibi hissetti. "Be... Ben..." diye kekeledi. "Buraya daha yeni geldim."

"Fakat sende bir sürü fikir var," diye mırıldadı Jorge. "Eminim onları bizimle paylaşmaktan çekinmezsin."

Matt, gözetmenin öne sürdüğü tezleri hızla kafasından geçirdi. "Zihni temiz tutmak... Menteşelerin paslanmasını... Engellemek gibi bir şey, değil mi? Eğer beynini sürekli kullanırsan mikrop kapmaya zamanı olmaz." Matt soruyu hiç beklemediği bir anda karşısında bulduğu göz önüne alınırsa bunun parlak bir yanıt olduğunu düşündü.

Fakat cevap yanlıştı. Diğer çocukların gerildiğini ve Jorge'nin ağzının kenarında bir sırıtma belirdiğini gördü. Patlamaya hazırdı.

"Halkın iyiliğine faydası olmayacak hastalıklı fikirler özeleştiriyle temizlenmelidir," dedi Jorge muzafferce. "Birisi Matt'a bunun nasıl yapıldığını göstermek ister mi?"

"Ben! Ben! Ben!" diye bağırdı birkaç çocuk kollarını havaya kaldırarak. Gözetmen boynu ve kulakları koca sivilcelerle kaplı bir çocuğu seçti. Tüm çocukların cildi berbattı, ama bu berbatlıkta birincilik alırdı. Saçlarının aralarında bile sivilceler vardı.

"Tamam Ton-Ton. İlk sen başla," dedi Jorge.

Ton-Ton'un yüzü sanki duvara yapıştırılmış gibiydi. Burun deliklerini doğrudan görebiliyordunuz, belki de beynine bile bir göz atabilirdiniz.

"Ben, şey... Bu sabah yemek çalmayı düşündüm," dedi Ton-Ton hevesle. "Aşçı bir an için yemeği korumasız bırakmıştı ve ben bir krep almak istedim fakat almadım."

"Demek halkın genel iyiliğine aykırı düşünceler taşıyorsun?" dedi Jorge.

"Ben, şey..." dedi çocuk.

"Çelişkili düşünceler taşıyan birinin cezası ne olmalı?"

'Bunlar hangi dili konuşuyorlar?' diye sordu kendine Matt. Tek tek kelimeler açıktı fakat bütünün anlamı yoktu.

"Ben, *Örnek Vatandaşlığın Beş İlkesi ve Sağduyuya Giden Dört Tutum*'u okumalıyım. Şey, bir dahaki yemekten önce iki kez," dedi Ton-Ton.

"Aferin!" diye bağırdı Jorge.

Gözetmen bundan sonra birkaç kişiye daha söz verdi ve her çocuk battaniyesini doğru katlamamak ya da çok fazla sabun kullanmak gibi acayip itiraflarda bulundular. Hepsinin cezası da yine *Örnek Vatandaşlığın Beş İlkesi ve Sağduyuya Götüren Dört Tutum*'u söylemekti; üç saatlik bir siesta yaptığını itiraf eden bir çocuk hariç.

Jorge kaşlarını çattı. "Bu ciddi. Sana kahvaltı yok," dedi. Çocuk yıkıldı.

Daha başka el kalkmadı. Gözetmen Matt'a döndü. "Yeni kardeşimiz özeleştirinin anlamı konusunda eğitildiğine göre, belki şimdi kendi zaaflarını bizimle paylaşmak ister." Adam bekledi. Ton-Ton ve diğer çocuklar öne doğru eğildiler. Jorge bir süre sonra "Evet?" dedi.

"Ben yanlış bir şey yapmadım," dedi Matt. Odaya bir dehşet dalgası yayıldı.

"Hiçbir şey ha?" dedi gözetmen sesini yükselterek. "Hiçbir

şey? Masum atların kafalarına bilgisayar çipi yerleştirme fikrine ne demeli? Sandalet yapmakta kullanılan plastik kayışları berbat etmene ne demeli? Karides tanklarını temizlemen gerekirken kardeşlerini aylaklığa kışkırtmana ne demeli?"

"Plastik kayışları ben berbat ettim," diye vızıldadı Fidelito. Ödü kopmuş gibi görünüyordu. Matt hemen "Bu onun hatası değil, çantayı ona ben verdim," dedi.

"Şimdi bir yerlere varıyoruz," dedi Jorge.

"Fakat ben kustum!" diye ısrar etti küçük oğlan.

"Bu senin hatan değil kardeşim," dedi gözetmen. "Seni bu aristokrat yoldan çıkardı. Sessiz ol!" dedi öfkeyle, Fidelito'nun suçu yeniden üstlenmeye hazır olduğunu görünce. "Siz diğerleri bu aristokratın davranışlarındaki yanlışı görmesine yardım etmelisiniz. Bunu yapıyoruz çünkü onu seviyoruz ve onu kovanımıza kabul etmek istiyoruz."

Daha sonra hepsi saldırdılar ona. Chacho ve Fidelito hariç, odadaki her bir çocuk Matt'a bir suç attı. Bir aristokrat gibi konuşuyordu. Battaniyesini gösterişli bir biçimde katlıyordu. Tırnaklarının içini temizliyordu. İnsanların anlamadığı kelimeler kullanıyordu. Chacho'nun bahsettiği her şey ve fazlası, yapışkan çamur topları gibi Matt'a fırlatıldı. Suçlamaların haksızlığından çok arkalarında bulunan zehir ona acı verdi. Matt kabul edildiğini düşünmüştü. Çirkin ve konforsuz da olsa sonunda hoş görüleceği bir vahaya vardığını sanmıştı.

Fakat tüm bunlar sadece uydurmacaydı. Onun ne olduğunu biliyorlardı. Temelde ne kadar farklı olduğunu anlamıyor olabilirlerdi, ama oraya ait olmadığını biliyorlardı. Ona ağırlığı altında ezilene dek çamur atmaya devam edeceklerdi.

Çocukların gittiğini duydu. Chacho'nun ranzalı bir yatağa tırmanmaya zorlanınca küfür ettiğini duydu. Matt yalnız kaldı, yere kıvrılıp doğadışı bir yaratıkmış gibi kalakaldı. Fakat yine de içinde, Matt'ın varolduğunu bilmediği bir yerden bir ses yükseliyordu:

"İşte küçük kirli sır," diye fısıldadı Tam Lin kulağına. "Hiç kimse bir klon ve bir insan arasındaki farkı söyleyemez. Çünkü hiçbir fark yoktur. Klonların aşağılık olduğu fikri iğrenç bir yalandır."

Daha sonra Celia'nın kolları sardı onu ve Matt onun yemek pişirirken kıydığı *cilantro* yapraklarının kokusunu duydu. "Seni seviyorum, mi hijo," dedi ona sarılarak, "bunu asla unutma."

Derken El Patrón eğri büğrü yaşlı elini Matt'ın başına koyup, "Valinin fırlattığı bozukluklar için nasıl da boğuşurdum. Çamurda bir domuz gibi nasıl da tepinirdim! Fakat paraya ihtiyacım vardı. Öylesine fakirdim ki birbirine sürtecek iki pezom bile yoktu. Sen benim genç ikizimsin," dedi.

Matt ürperdi. El Patrón onu sevmemişti fakat yaşlı adamın ona verdiği duygu, sevgi kadar güçlüydü: yaşama iradesi, tüm ormanı gölgesi altında bırakana dek dallanıp budaklanma. Matt, El Patrón'dan uzaklaştı ve zihninde Maria'yı gördü.

"Tanrım, seni özlemişim!" dedi Maria ona bir öpücük vererek.

"Seni seviyorum," dedi Matt.

"Ben de seni," diye cevap verdi Maria. "Bunun bir günah olduğunu biliyorum ve büyük olasılıkla bu yüzden cehenneme gideceğim."

"Eğer bir ruhum olursa seninle geleceğim," diye söz verdi Matt.

Matt yerden kalkınca odanın ışıklarının sönmüş olduğunu gördü. Chacho ve Fidelito onu tavana yakın ranzalarının üzerinden seyrediyorlardı. Fidelito'yu her kim en üst ranzaya yerleştirdiyse bundan adamakıllı pişman olacaktı. Chacho kapıyı işaret edip çok kaba bir işaret yaptı eliyle. Fidelito geceliğini çıkartıp Jorge'yle dalgasını geçti.

Matt gözyaşlarını tutabilmek için çok sıkı yutkunmak zorunda kaldı. Ama yalnız değildi işte. Böyle arkadaşlarla El Patrón'un çok uzun zaman önce sefalet ve ölümü yenebildiği gibi o da kazanabilirdi.

30

BALİNALAR BACAKLARINI KAYBETTİĞİNDE

Bir şey kesinlikle doğruydu: Burada koku duyunuz kesinlikle köreliyordu; çünkü Matt artık berbat havayı fark etmiyordu. Yemeğin tadı da daha iyiydi. Tam anlamıyla iyi sayılmazdı, ama iğrenç de değildi. Her gün o, Chaco ve Fidelito karides tankları boyunca yürüyor, böcek temizliyorlardı. Her gece süklüm püklüm geri dönüp plankton burgeri, plankton makarnası ya da plankton burritosu yiyorlardı. Carlos'un planktonlarla yapamayacağı şey yok gibiydi.

Büyüme dönemi bittiğinde Ton-Ton devasa hantal bir karides toplama makinesiyle geldi. Mafsal iltihabına tutulmuş bir dinozor gibi gıcırdıyor ve tankların içindekileri iştahla çekip midesine indiriyordu. Matt onları yeniden Kaliforniya Körfezi'nden akan sularla dolduruyordu.

Karides çiftliğinin uzak batı ucunda, çocuklar kanaldaki çitlerden bakıp bir zamanlar bir deniz kadar geniş olan kanalı görebiliyorlardı. Koyu mavi, martılarla dolu bir yerdi. Chacho bir tankın ucuna çıkıp daha iyi bir açı yakalamaya çalışıyordu.

Çitin alt kısmına dokunulabilirdi fakat en üsteki tel elektrikliydi. Fidelito kollarını tellerden geçirip sanki birazcık zorlasa büyüleyici maviye dokunacakmış gibi uzattı. Matt tellerde zayıf noktalar aradı. Kaçma fikri aklından hiç çıkmıyordu.

"Şu ne?" diye sordu Chacho kuzeyi işaret ederek.

Matt eliyle gözlerini gölgeledi. Zeminde bir kıvrım üzerinde beyaz bir şey gördü.

"Ağaca benzemiyor," dedi Chacho. "Bakmak ister misin?" Güneş batıda alçalıyordu, fakat yeni bir şeyin çekiciliği karşısında direnmek zordu.

"Bu biraz vakit alacak. Sen burada bekle," dedi Matt, Fidelito'ya. Çocuğun daha fazla yürüyecek enerjisi kalmadığını biliyordu.

"Beni bırakamazsınız, biz yoldaşız," dedi Fidelito.

"Eşyamızı koruman için sana ihtiyacımız var," dedi Chacho. "Eğer birisi onları çalmak isterse sana gösterdiğim yerlerine tekmeyi yapıştır."

Fidelito sırıtıp minik bir komando gibi selam çaktı.

Matt ve Chacho tuzhanenin çevresinden daha da iç karartıcı olan alanı dolaştılar. Yağmur yağsa, tuzhanenin orada birkaç cılız yaban otu yüzeye çıkabilirdi. Buradaysa beyaz tuz lekelerinden başka hiçbir şey yoktu. Zemini örten deniz kabukları bir zamanlar ufkun bir ucundan diğerine uzanan canlı denizin kalıntısı olarak duruyordu.

"Belki bu yalnızca bir tuz yatağı," dedi Chacho.

Matt yaklaştıkça tuhaf biçimlerin belirdiğini gördü. Kimi küreye benziyordu kimisiyse ince ve kıvrım kıvrımdı. Gördüğü en tuhaf şeydi bu. Hafif eğimli ufak bir tepeye çıktıklarında, aşağıda derin bir uçurum olduğunu gördüler. Bir uçtan diğerine kemiklerle doluydu.

Birkaç dakika boyunca Chacho ile Matt uçurumun kıyısında hiçbir şey söylemeden durdular. Sonunda Chacho mırıldandı: "Birisi koca bir sürüsünü kaybetmiş burada."

"Bunlar büyükbaş hayvan değil," dedi Matt. Kafatasları devasaydı, çenelerse sanki dev kuş gagaları gibiydi. Bir kaburga kemiği tek başına bir inekten daha uzundu. Aralarından bazıları küreğe benziyordu, masa hatta yatak yapmaya yetecek büyüklükteydi. Üst üste yığılmış o kadar çok iskelet vardı ki, Matt sayamıyordu. Yüzlerce, binlerce olduğunu tahmin etti.

"Şu bir insan kafatası değil mi?" dedi Chacho.

Matt gözlerini kısıp aşağıdaki gölgelere Chacho'nun işaret ettiği yere baktı.

"Düşünsene," dedi irikıyım çocuk. "Birisi aşağıya düşecek olsa asla çıkamaz."

Tam bir kemikten diğerine basarak büyük bir ağaçtan aşağıya iner gibi çukura inmeyi düşünürken, Matt bunu fark etmişti. Bütün çukurun çok hassas bir şekilde dengede durduğunu görüyordu. Yanlış bir adım tüm yapının çökmesine yol açardı. Tüyleri ürpermişti. Yapmak üzere olduğu şeyden dehşete düşmüştü.

"Geri dönsek iyi olur," dedi Chacho. "Fidelito'nun buralarda gezinmesini istemeyiz."

Fidelito ayaklarını bir karides tankında yıkayarak eğleniyordu. Gölge olsun diye başının üzerine bir ağ atmıştı. "Neymiş?" diye bağırdı Matt ile Chacho'ya.

Matt kemikleri anlattığında küçük oğlanın yaptığı açıklama karşısında şaşırdı. "Onlar balinalar," dedi Fidelito. "Sekiz tanesi Yucatan'da yaşadığım yerde kıyıya vurmuştu. Sahile kadar yüzdüler fakat geri dönemediler. *Mi Abuelita* dedi ki, eskiden balinalar karada yürürlermiş, sonra ayakları kaybolmuş ama onlar ayaklarının kaybolduğunu unutmuşlar. *Fuchi!* İğğ! Tıpkı Jorge'nin ayakkabıları gibi kokuyorlardı! Köylüler onları toprağa gömmek zorunda kaldılar."

Fabrikaya varana dek, Fidelito kokan balinalar hakkında gevezelik etti durdu. Büyükannesiyle ilgili her şey heyecan veriyordu ona.

Karides tankları boyunca yorgun argın yürürlerken 'Tüm bu balinaları ölümlerine çeken neydi acaba?' diye düşündü Matt.

Belki Kaliforniya Körfezi kuruduğunda uçurum hâlâ suyla doluydu; belki de balinalar, yağmurlar gelene ve körfez tekrar dolana dek orada beklemeye karar vermişlerdi. Fakat körfez dolmamış ve balinalar bacaklarını yitirmişlerdi. Bu yüzden evlerine dönememişlerdi.

Her gece yatmadan önce Jorge bir öykü anlatıyor, daha sonra çocukları günahlarını itirafa davet ediyordu. Ve her gece Ton-Ton'un başını çektiği çocuklar Matt'a suçlamalar yöneltiyorlardı. Amaç onu küçük düşürmekti, fakat tuhaf olan şuydu ki, saldırılar gittikçe daha az acı veriyordu. Bu Matt'a hindilerle dolu bir kümesi dinlemek gibi geliyordu. El Patrón bazen bir parti planladığında düzinelerce gülünç kuş sipariş ederdi. Matt çitin üzerine yaslanıp onları seyretmekten hoşlanırdı. Tam Lin ise hindilerin dünyadaki en budala hayvanlar olduklarını söylerdi. Yağmur yağarken gökyüzüne bakacak olsalar boğulurlardı.

Kızıl kuyruklu bir şahin tepelerinden geçecek olsa, hindilerin gözleri yuvalarından fırlar, panikten ne yapacaklarını şaşarlardı. Bir şahinden beş kat daha ağır ve onu yere gömecek güçte oldukları halde, bağrışır dururlardı. Çocuklar birbiri ardına suçlarını sıralarken Matt'ın hissettiği buydu işte.

Matt itirafta bulunmayı reddedince, Jorge gözlerini kısıp dudaklarını gerdi, fakat hiçbir şey söylemedi. Chacho ve Fidelito beladan kaçınmanın en iyi yolunun gözetmene istediği şeyi vermek olduğunu hemen öğrenmişlerdi. Her türlü günahı yaratıcı bir şekilde sıralıyorlardı ve Jorge öylesine hoşnut kalıyordu ki onları neredeyse hiç cezalandırmıyordu.

Matt o gece balina çukuruna yaptığı yolculuktan sonra bayağı yorgundu. *Örnek Vatandaşlığın Beş İlkesi ve Sağduyuya Götüren Dört Tutum*'u şöyle bir geveledi. Jorge'nin öyküsünü neredeyse duymadı. Piyano çalmak için on parmağa ihtiyaç duymakla ilgili bir şeydi bu. Parmaklar birbirine destek olmalı ve bireysellik yaparak gösterişe yeltenmemeliydi.

Fidelito plankton milk shake'lerinden iğrendiğini, Chacho da 'kalk zili' çaldığında küfür ettiğini itiraf etti. Gözetmen gülümseyip Matt'a döndü. Fakat Matt sessiz kaldı. Aptallık ettiğini biliyordu. Tüm yapması gereken küçük bir itirafta bulunmaktı, ama Jorge'nin önünde eğilmeyi kendine yediremiyordu.

"Aristokratımızın daha çok eğitilmeye ihtiyacı olduğunu görüyorum," dedi gözetmen. Bakışlarını toplanmış çocukların üzerinde gezdirince odanın havası birdenbire değişti. Herkes gözlerini yere dikti ve kimse el kaldırmadı. Matt kafasında bir sersemlik hissettiği halde, durumu hemen fark etmişti. "Sen!" diye havladı Jorge. Öylesine aniden bağırmıştı ki, birkaç çocuk yerinden sıçradı. Adam Ton-Ton'u işaret etti.

"Be-ben mi?" diye sızlandı Ton-Ton sanki inanamıyormuş gibi.

"Gözetmenlerin odasından bir hologram oyunu çaldın! Mutfaktaki çuvalların altında bulduk onu."

"Ben, eee, şey..."

"Gözetmenlerin odasını temizlemek bir ayrıcalıktır!" diye haykırdı Jorge. "İyi davranış ve itaatkârlıkla kazanılır bu; fakat sen görevinde başarısız oldun. Etrafta gezinip başkalarının sahip olmadığı şeyleri araklayan bir çocuğa ne olur?"

'Gözetmenlerde diğerlerinde olmayan şeyler var,' diye düşündü Matt. Bunu yüksek sesle söylemedi.

"Çok daha sıkı çalışmalı," diye tahmin yürüttü bir çocuk.

"Hayır," diye bağırdı Jorge.

"Belki, özür dileyebilir," diye denedi bir başkası.

"Siz hiçbir şey öğrenmediniz mi?" diye köpürdü gözetmen. "İşçi arılar bütün kovanı düşünmelidir. Eğer kendileri için nektar toplar ve eve hiçbir şey getirmezlerse havalar soğuduğunda kovan açlıktan ölür. İşçiler böyle şey yapmaz. Bu erkek arıların davranışıdır. Başkalarından çalan onlardır. Fakat kış geldiğinde erkek arılara ne olur?"

"İyi arılar onları öldürür," dedi neredeyse Fidelito kadar küçük bir oğlan.

'Dur bakalım,' diye düşündü Matt.

"Doğru! İyi arılar kötü arıları iğneleyip öldürür. Fakat biz bu kadar ileri gitmeyeceğiz," dedi Jorge. Matt derin bir nefes aldı. Opium'da cinayet sıradan bir şeydi. Buradaki kuralların ne olduğunu bilmiyordu. Ton- Ton artık tam anlamıyla dehşete düşmüştü. Salya sümük ağlıyordu. Matt onun için üzüldüğüne şaştı. Ton-Ton başına gelecek her şeyi hak eden bir yaltakçıydı.

"Geç şuraya," dedi Jorge. Ton-Ton tökezleyerek bir duvara doğru yürüdü. Kollarını açıp avuçlarını duvara yapıştırdı. Bacaklarını ayırdı.

"Unutma, eğer kımıldarsan senin için daha kötü olur."

Ton-Ton başıyla onayladı.

Gözetmen küçük bir dolabı açıp bir değnek seçti. Matt her boyda değnek gördü orada. Jorge karar vermek için acele etmiyordu. Ton-Ton sessizce ağlıyordu.

Sonunda gözetmen başparmak kalınlığında bir değnek çıkardı. Bir yatağa vurup sağlamlığını kontrol etti. Ton-Ton'un burnunu çekmesi dışında oda tamamen sessizdi.

Jorge odada bir aşağı bir yukarı yürüyordu. Ton-Ton'un neresine vuracağını düşünüyor gibiydi. Çocuğun kolları ve bacakları öylesine titriyordu ki, Jorge ona elini bile değdirmeden düşecek gibiydi. Matt olup bitene neredeyse inanamıyordu. O kadar acımasız, o kadar saçmaydı ki... Ton-Ton boyun eğmeye hazır olduğunu göstermişti. Gözetmenler ne zaman soru sorsalar ezilip büzülürdü. Fakat belki de asıl mesele buydu. El Patrón kolay hedeflerin, henüz yüzleşmeye hazır olmadığın düşmanlarını korkutmak için iyi fırsatlar olduğunu söylerdi.

'Bu benim,' diye düşündü Matt. 'Jorge'nin korkutmak istediği düşman benim.'

Gözetmen birdenbire gezinmeyi kesip odanın karşı tarafına saldırdı. Son anda Ton-Ton paniğe uğrayıp kaçmıştı. Jorge hemen yakaladı onu. Ordan oraya savuruyor, neresine gelirse vuruyordu. Değnekten kan sıçrayıncaya kadar vurdu, vurdu. Fidelito, Matt'ın yanına sokulup yüzünü onun göğsüne bastırdı.

Sonunda gözetmen nefes nefese geri adım attı ve kapının dibine sinmiş olan çocuklara "Onu revire götürün," diye emretti. Çocuklar telaşla itaat ettiler. Bir halı kadar cansız olan Ton-Ton'u odadan dışarı sürüklediler.

Jorge elindeki değneği yatağa dayadı ve yüzünü bir havluyla sildi. Hiç kimse kıpırdamıyor, konuşmuyordu. Herkes nefes bile alamayacak kadar dehşete düşmüştü. Bir an sonra Jorge sevgi dolu bir öğretmenin sıcak yüz ifadesini takınmıştı. Yüzündeki dehşet, tıpkı Tom'un yüzündeki gibi silinip gitmişti ve bu değişiklik çok daha korkunçtu. "Sanırım bizim genç aristokrat dersini aldı," dedi yumuşakça. "Pekâlâ Matt. Paylaşmak istediğin kişisel bir zaafın var mıydı?"

"Hayır," dedi Matt, zarar görmesin diye Fidelito'yu uzaklaştırarak. Herkes soluğunu tuttu.

"Anlamadım?"

"Yanlış bir şey yapmadım ben." Matt dersini almıştı. Özeti şuydu: *Kölece bir boyun eğiş bile seni cezadan kurtarmaz.*

"Anlıyorum," diye içini çekti gözetmen. "O zaman elden bir şey gelmez. Geç şuraya."

"Ne fark edecek göremiyorum," dedi Matt. "Ton-Ton'u yerde uzanmışken dövdün."

"Dediğini yap. İşleri kolaylaştırır bu," demeye cesaret etti birisi. Jorge fır döndü fakat konuşanı yakalayamadı.

Matt kollarını kavuşturup bekledi. İçin için korkuyla titriyordu, ama gözetmene El Patrón'un astlarından birini korkudan öldürmek için takındığı soğuk ve hükmeden bir bakış attı.

"Bazı çocuklar..." dedi Jorge, Matt'ı ürperten ince, neredeyse tatlı bir sesle, "Bazı çocuklara zorla öğretmek gerekir. Kendilerine söylenenleri yapmayı öğrenene kadar kırılıp onarılmaları gerekir. Yeri iyi süpürmek kadar basit bir şey olabilir bu, fakat tekrar kırılmamak için bunu hevesle yaparlar ve yaşadıkları sürece daima yaparlar."

"Bir diğer ifadeyle beni bir zombiye çevirmek niyetindesin," dedi Matt.

"Hayır!" diye bağırdı birkaç kişi.

"Beni bununla suçlamaya nasıl cesaret edersin!" diye bağıran Jorge değneğe uzandı.

"Onun adına itiraf edeceğim! İtiraf edeceğim!" diye haykırdı Fidelito odanın ortasına doğu koşarak. "Duşta sabunu yere düşürdü fakat almadı. İçinden böcek çıktı diye lapayı çöpe attı."

"Fidelito, seni budala!" diye inledi Chacho.

"Bunları yaptı, yemin ederim!" diye bağırdı küçük oğlan.

Jorge gözlerinde ilgi dolu bir ifadeyle bir Fidelito'ya bir Matt-'a baktı.

"Git otur aşağıya," dedi Matt alçak bir sesle.

"Yeter!" diye bağırdı gözetmen. "Burada sosyal kirlenmenin en kötü biçimini görüyorum. Aristokrat, bu çocuğu bir dalkavuğa çevirmiş. Dolayısıyla cezalandırılması gereken de dalkavuk."

"Bir de dayak yerse ölür o," dedi Matt.

"Eğitimin değerini öğrenmek söz konusuysa, hiç kimse çok küçük değildir," dedi Jorge. "Unutmayın ki çocuk krallar bile, kamusal toplantılarda ağlamamayı öğreninceye dek dayak yemişlerdir; altı aylık olanları bile."

'Beni eline geçirdi,' diye düşündü Matt. Jorge'nin otoritesine ne kadar direnmek isterse istesin bunu küçük oğlanın zararına yapamazdı. "Pekâlâ, itiraf ediyorum," dedi Matt.

"Duşta sabunu düşürdüm ve yerden almadım. Lapayı attım çünkü içinden böcek çıktı."

"Ve?" dedi gözetmen tatlı tatlı.

"Bir karides tankına işedim. Hangisi olduğunu sorma. Hatırlamıyorum. Mutfak lavabosunun suyunu açık bıraktım."

"Geç şuraya." Matt kendinden nefret ederek yaptı bunu; ancak gözetmenden çok daha fazla nefret ediyordu. Jorge etrafında dolanıp sinirlerini bozmaya çalışırken taş gibi sessiz durdu. Ve adam kendisini yere fırlatınca çok istese de, ona neredeyse acıdan bayıltacak bir şiddetle vursa da bağırmadı.

Dikilip bir başka darbe aldı, daha sonra bir tane daha. Altı darbeden sonra Jorge bunun yeterli olduğuna karar verdi. Ya da daha büyük bir olasılıkla Ton-Ton'u döverken yorulmuştu. Matt şanslı olduğunu anladıysa da, daha büyük belaların yolda olduğunu biliyordu. Jorge kolay vazgeçmeyecekti.

Matt sendeleyerek bir ranzaya yıkıldı. Jorge'nin gittiğini hayal meyal fark etmişti. Kapı kapanır kapanmaz çocuklar yataklarından fırlayıp etrafını çevirdiler. "Harikaydın!" diye bağırdılar.

"Jorge ne kadar da ezik biri," dedi Filaco adında uzun boylu zayıf bir çocuk.

"Ezik mi?" dedi Matt güçsüzce. "Vazgeçen bendim."

"*Chale!* Hayır!" dedi Filaco. "Jorge bu gece sınırı aştı. Eğer bunun haberi gözetmenlerin karargâhına ulaşırsa o tarih oldu demektir."

"Kimse onlara bir şey anlatmaz," dedi Chacho tiksintiyle. "Ha burası, ha Mars."

"Kısa zamanda buradan ayrılacak kadar büyümüş olacağım," dedi Filaco. "Karargâha gidip ben söyleyeceğim o zaman."

"Bunu bekleyecek değilim," dedi Chacho.

"Her neyse, Fidelito'nun yerine dayak yemeyi kabullendiğin için helal olsun," dedi Filaco, Matt'a. "Senin süt kuzusu bir aristokrat olduğunu sanıyorduk, ama sen gerçekten bizden birisin."

"Size demiyor muydum?" diye fırladı Fidelito.

Daha sonra herkes, Matt'ın züppe bir aristokrat değil de yürekli bir delikanlı olduğunu ne zaman keşfettiğini anlatmaya başladı. Matt kendini, onay görmenin sıcak dalgasına bıraktı. Acıdan başı dönüyordu, ama diğer çocukların onu sevmesi ve onaylaması buna değerdi.

"Hey! Onu iyileştirmemiz gerekiyor," dedi Flaco. Çocuklar boş olduğundan emin olmak için koridora bir göz attılar. Daha sonra Matt'ı, Ton-Ton'un çoktan mışıl mışıl uyuduğu revire taşıdılar. Yeşil üniformalı çopur bir çocuk Matt'ın yaralarını sarıp bir kaşığa üç damla sıvı damlattı.

Afyon ruhuydu bu. Matt bunu şişenin üzerindeki etiketten okumuştu. İlacı almamak için direndi. Felicia gibi bir zombiye dönüşmek ya da zavallı Furball gibi ölmek istemiyordu, ama uzun süre direnemeyecek kadar bitkin düşmüştü. Uyuşturucunun yarattığı puslu dünyaya doğru kayarken, eğer ölürse, öteki dünyada insan olmayanların gittiği yerde Furball ile karşılaşıp karşılaşmayacağını düşünüyordu. Acaba köpek, onu Maria'dan ayırdığı için, dişlerini Matt'ın ayak bileğine geçirir miydi?

31

TON-TON

"Berbat hissediyorum," diye inledi Ton-Ton, yatağının yanındaki su bardağına körlemesine uzanırken.

"Berbat görünüyorsun," dedi çopur çocuk.

"Lafını geri al, Luna. Hâlâ sana haddini bildirebilirim."

"Artık ben bir gözetmenim," dedi Luna böbürlenerek.

"Yalnızca bir stajyersin." Ton-Ton suya ulaşmayı başardı fakat içmeye çalışırken yarısını göğsüne döktü.

"Bir dakika," dedi Matt, çok susamış da olsa kendi bardağına uzanmaya dermanı yoktu; hareket ederse canının acıyacağından korkuyordu. "Gözetmen olmak için mi çalışıyorsun?"

"Kesinlikle evet," dedi Luna. "Herkes ister bunu?"

Matt uzanamayacağı mesafedeki su bardağının üzerinde dans eden ışığı seyretti. "Yalnızca yirmi gözetmen var burada, peki çocukların sayısı ne?"

"Şu anda iki yüz on," dedi Luna.

"Hepsi birden gözetmen olamazlar, yeterli yer yok," dedi Matt.

Ton-Ton ile Luna bakıştılar. "Carlos, *Örnek Vatandaşlığın Beş İlkesi* ve şey, *Sağduyuya Götüren Dört Tutum*'u on sekiz yaşına dek benimseyen her çocuğun gözetmen olacağını söylüyor," dedi Ton-Ton.

Matt'ın iki yüz on işsiz ile yalnızca yirmi iş arasındaki ciddi farkı anlatmak için gösterdiği büyük özen ve çabaya rağmen çocukların bu durumu kavraması ve kabul etmesi imkânsızdı.

"Biliyor musun, sen kıskancın tekisin," dedi Ton-Ton.

Ancak Ton-Ton bir alanda çok bilgiliydi. Gözetmenlerin yüksek bir duvarla çevrili lojmanında neler olup bittiğini biliyordu. Gözetmenlerin hologram oyunları, bir televizyonları ve bir yüzme havuzları vardı. Gece partilerinde harika yemekler yiyorlardı. Ton-Ton gözetmenlerin odalarını temizlediği ve bulaşıklarını yıkadığı için, onun tüm bunları bildiğini keşfetmişti Matt. Ton-Ton'un içeride gördüklerini anlayamayacak kadar kıt zekâlı olduğunu düşündükleri için, onu lojmanda çalıştırmayı kabul ettiklerini düşünüyordu.

Celia'nın sık sık söylediği gibi bazıları yavaş fakat etraflıca düşünürdü. Matt, Ton-Ton'u dinlerken çocuğun aptal olmadığını fark etti. Gözetmenlerin etkinlikleri konusunda yaptığı gözlemler ve fabrikadaki makineleri kavrama düzeyi zeki biri olduğunu işaret ediyordu. Ton-Ton yalnızca fikirlerini söylerken dikkatli davranan biriydi.

Matt çocuğun aldığı cezadan dolayı derinden sarsılmış olduğunu görebiliyordu. Bir yarayı yoklar gibi sürekli geriye dönüyordu.

"Anlamıyorum," dedi Ton-Ton, başını sallayarak "Ben hiç yanlış bir şey yapmadım ki."

"Bir şey yapmış olmalısın. İyi tozunu almış senin," dedi Luna.

"Hayır ah, yapmadım."

Matt çocukta jetonun yavaş düştüğünü görebiliyordu: Jorge ne söylerse söylesin iyiydi. Ton-Ton da Jorge'nin söylediklerini yapıyordu. Bu yüzden Ton-Ton iyiydi. Peki öyleyse adam neden Ton-Ton'un tozunu almıştı?

"Jorge bir *loco de remate*, tam bir acayip," dedi Luna.

"Hayır," diye dayattı Ton-Ton. "O başka bir şey."

Matt çocuğun hangi sonuca ulaşmak istediğini tahmin edemiyordu. "Lojmanın içi nasıldır?"

Ton-Ton'un gözleri parladı. "Biliyor musun, buna inanamazsın! Kızarmış et, domuz pirzolası ve *pie a la mode* yerler orada."

"*Pie a la mode* nedir?" diye sordu Luna.

"Üzerinde dondurma olur! Erimiş filan da değildir."

"Bir keresinde dondurma yemiştim," dedi Luna hülyalı bir sesle. "Annem vermişti."

"Üstelik gözetmenler öğütülmüş plankton değil, gerçek süt içiyorlar ve yaldızlı kâğıtlara sarılmış çikolatalar yiyorlar." Ton-Ton bir keresinde bir çikolata çalmıştı. Bu anı kafasında, küçükken Matt'ın yatağının üzerinde salınan *Meryem* gibi salınıyordu.

"Gözetmenlerin bizim sahip olmadığımız tüm bu şeylere sahip olması sizi rahatsız etmiyor mu?" dedi Matt.

Hem Ton-Ton hem de Luna, kışkırtılmış çıngıraklı yılanlar gibi dikildiler. "Onlar bunu kazandılar!" dedi Luna. "Bunlara sahip olmak için zamanlarını verdiler ve biz de zamanımızı verince o şeylere sahip olacağız!"

"Evet," dedi Ton-Ton. Fakat içine bir kurt düşmüş gibiydi.

"Tamam tamam sadece merak ettim," dedi Matt. Kendini zorlayarak suya uzandı. Beklediğinden de fazla canı yandı. Soluğu kesilerek sırtüstü düştü.

"Adamakıllı kötü değil mi?" Luna bardağı Matt'ın parmakları arasına yerleştirdi. "Biraz afyon ruhu ister misin?"

"Hayır!" Matt yıllarca Felicia'nın bir zombiye dönüşmesini izlemişti. Onun yolundan gitmek istemiyordu.

"Sen bilirsin. Şahsen ben bu şeyi çok severim."

"Buna ne ihtiyacın var? Canın mı yanıyor?" diye sordu Matt.

Luna sanki Matt büsbütün salakça bir şey söylemiş gibi alayla güldü. "Bu bir yolculuk gibi. Bu yerden bizi alıp götüren bir bilet."

"Sen yalnızca bir stajyersin," dedi Ton-Ton küçümseyerek. "Lojmana geçene dek afyon çekip uçma iznin yok."

"Kim demiş?" Luna bir afyon ruhu şişesi alıp çalkaladı. "Buradaki bütün damlaları nasıl sayacaklar? Reviri işletmenin ödülü bu."

"Dur bakayım," dedi Matt. "Yani gözetmenler bu şeyden mi alıyorlar?"

"Elbette," dedi Ton-Ton. "Bunu kazandılar."

Matt'ın zihni çok hızlı işliyordu. "Kaç tanesi? Ne kadar sık?"

"Hepsi ve her gece." Matt birden içinde bir ferahlık hissetti. Bu demekti ki, gözetmenler her gece zombiye dönüyordu. Fabrika güvenliksiz kalıyordu. Çite elektrik veren enerji birimi bekçisiz kalıyordu. Matt'ın zihninde ÖZGÜRLÜK yazılı bir flaş yanıverdi. "İkinizden biri San Luis'in nerede olduğunu biliyor mu?" diye sordu.

İkisi de biliyordu bunu. Ton-Ton orada büyümüştü. Kendi tutuk tarzıyla, kireç badanalı evler, kiremit çatılar, duvarların üzerinden sarkan asmalar, kalabalık pazarlar ve güzel bahçelerle bir kent tasvir etti. Kulağa öylesine hoş geliyordu ki, Matt Ton-Ton'un neden geri dönmek istemediğini merak etti. Neden bir şişe afyon ruhuyla bir lojmanda yaşamayı iple çekiyordu? Tam anlamıyla delilikti bu.

"San Luis kulağa çok hoş geliyor," dedi Matt.

"A evet," dedi Ton-Ton sanki yeni aklına gelmiş gibi.

Matt ona, *Örnek Vatandaşlığın Beş İlkesi ve Sağduyuya Giden Dört Tutum* yerin dibine batsın, çitin üzerinden San Luis'e koş, dememek için kendini zor tutuyordu. Bu aptalca olurdu. Ton-Ton tıpkı karides toplayıcısını tankların arasından sürdüğü gibi yavaş yavaş bir sonuca doğru ilerliyordu. Asla acele etmezdi. Ve hiçbir şey, diye umuyordu Matt, onu yolundan çevirmezdi.

Matt banyoya girip aynaya baktığında neye uğradığını şaşırdı. Bütün çocukların sivilceleri vardı. Matt kendinde de olduğunu biliyordu, ama yatakhanede hiç ayna olmadığı için, hasarı ilk kez bu kadar yakından görmüştü. Üzerine malzeme yığılmış bir pizzaya benziyordu. Gri deniz yosunu sabunuyla ovalandı durdu, fakat derisini kıpkırmızı yapmaktan başka bir işe yaramadı bu.

Matt geri döndüğünde Ton-Ton ile Luna kahkahayla güldüler. "Bu, deriyi yüzmez," dedi Luna.

"Bir plankton burgere dönmüşüm," diye yakındı Matt.

Ton-Ton beklenmedik şiirsellikte bir ifade kullandı: "Aha! Bir martının kustuğu ve güneşte kurumuş bir plankton burgere dönmüşsün," dedi.

"Gözümün önüne geliyor!" Matt sırtındaki yaraları sakınmak için, yan yattı. Her yeri acıyordu.

"Hepimizde sivilceler var," dedi Luna. "Plankton işindeki herkesin işaretidir bu."

'Harika,' diye düşündü Matt. Şimdi düşünüyordu da gözetmenlerde yalnızca ufak tefek yaralar vardı. Oysa çocukların yüzü küçük iltihap volkanlarıyla kaplanmıştı. Belki yedikleriyle ilgiliydi bu. Domuz pirzola, *pie a la mode* ve çikolata diyeti, insan cildine sağlıklı ve besleyici planktondan daha iyi geliyordu demek ki...

Jorge, Matt ile Ton-Ton'u ertesi gün zorla işe koştu. Aslında Ton-Ton'un revirde bir gün daha kalması gerekiyordu, ama sesini çıkarmadan boyun eğdi. Matt geri dönmeye hevesliydi. Kaçış planını hazırlamak için sabırsızlanıyordu. Önceleri bunu düşünmek bile anlamsız gibi gelmişti, ama şimdi San Luis'in birkaç kilometre kuzeyde, bir dizi alçak tepenin ardında uzandığını biliyordu.

Tam Lin bir keresinde şöyle demişti: "Nezaretteki adamın kafasında yüzlerce şey olur, bir mahkûmun aklındaysa yalnızca tek fikir vardır: Kaçmak. Bu yoğunlaşmış dikkat çelik bir duvarı delen bir lazer topu gibidir." Geçmişi düşünüldüğünde, Tam Lin'in hapishanelerden kaçmak konusunda çok şey bildiği anlaşılıyordu.

Matt'ın tüm yapması gereken çite giden elektriği kesmek ve tırmanmaktı. Kolay görünüyordu, ama hiç de öyle değildi. Karanlık bastığında trafo kilitleniyordu. Gözetmenler her akşam saat onda her sabah saat beşte çocukları sayıyordu. Elektriğin tekrar verilmeyeceği var sayılırsa çite kadar beş mil ve daha sonra karanlıkta San Luis'e giden yolda yirmi mil yürümek için yalnızca yedi saat vardı. Eğer zemin kaktüslerle kaplı ise yolculuk çok daha uzun sürebilirdi.

Gözetmenler üç çocuğun kayıp olduğunu fark ettiğinde (zira Matt, Chacho ve Fidelito'yu da beraberinde götürmeyi kuruyordu) ne yapacaklardı? Jorge onları avlamak için bir hovercraft kullanabilir miydi? Herhalde Fidelito'yu almasalar iyi ederlerdi. Yirmi beş mil yürüyemezdi o. Fakat Matt onu nasıl bırakabilirdi?

'Dostluk insana dert getiriyor,' diye düşündü Matt. Geçen yıllar boyunca hep dostu olsun istemişti ve şimdi onlar beraberinde iplerle gelmişlerdi. Pekâlâ Fidelito'yu alacaktı fakat bu durumda daha çok zamana ihtiyacı vardı. Eğer gözetmenlerin lojmanının yanındaki kazanı aşırı yüklerse kazan patlayabilirdi ve...

Yirmi adamı havaya uçurmak yanlış mıydı? El Patrón bir an olsun tereddüt etmezdi. Tam Lin, İngiliz başbakanını havaya uçurmayı istemiş fakat bunun yerine yirmi çocuk öldürmüştü.

Kafasında bir ses "Cinayet yanlıştır, Kurt Kardeş," dedi. İç çekti; bu, Maria'nın vicdan sahibi olmak dediği şeydi herhalde. Dostluktan bile daha acı vericiydi bu.

"Neden onun için beklemek zorundayız?" diye sordu Chacho, karides toplama tanklarına doğru paldır küldür yaklaşırken.

"Çünkü ihtiyaç duyduğumuz bilgiler onda," diye sabırla açıkladı Matt. En uzaktaki tankın yanında oturuyorlardı. Arkalarında yükselen çitin en üst teli kuru havada uğultu ve çatırtılar çıkarıyordu.

"Dalkavuğun teki. Her gece saldırıyor bize."

"Dayaktan beri öyle değil," diye belirtti Matt.

"Neden? Çünkü tatilde." Chacho, Ton-Ton'un iyi özellikleri olduğuna inanmak istemiyordu.

"Ona karşı nazik ol, tamam mı?"

"*Mi abuelita* insanların ruhunun bahçelere benzediğini söyler," dedi Fidelito heyecanla. "Bahçesi yaban otlarıyla dolu olduğu için birine sırtınızı dönemeyeceğinizi söyler. Ona su ve bol güneş ışığı sağlamanız gerekir."

"Yahu birader..." dedi Chacho fakat küçük oğlanla tartışmadı.

Ton-Ton'un karides toplama makinesinin arkasından bir toz bulutu yükseldi. Çorak zemine yavaşça çöktü toz. Hava öylesine durgundu ki, toz yoldan öylece kalkıp gitti. "Sen eeee, çalışıyor olmalıydın," diye seslendi Ton-Ton makinesini durdurarak.

"Sen de tepesi üstü bir karides tankına batmış olmalıydın," diye tersledi Chacho. Matt onu tekmeledi.

"Eğer sen eeee, beni dövmeyi filan düşünüyorsan," dedi Ton-Ton "bil ki ağzını burnunu kırarım senin."

"Her ne kadar bu doğru olabilir ise de, neden yolun kenarında masumca oturan üç insanın sana saldırmayı planladığını düşünüyorsun?" dedi Chacho.

"Sadece dost olmaya çalışıyoruz," dedi Matt, Chacho'ya kaşlarını çatarak.

"Neden?" Ton-Ton'un gözleri kuşkuyla kısıldı.

"Çünkü *mi abuelita* insanların bahçeler gibi bakıma ihtiyacı olduğunu söyler," diye atıldı Fidelito. "Güneş ışığına ve suya ihtiyaçları vardır ve ruhlarının da..."

"Yaban otlarından temizlenmesine," diye bitirdi Chacho.

Ton-Ton bu ilginç önermeyi gözlerini döndüre döndüre değerlendirdi.

"Sadece arkadaş olmak istiyoruz, tamam mı?" dedi Matt.

Ton-Ton bir dakika kadar da bunu düşünüp hasat makinesinden dışarı adım attı.

"San Luis'e en son ne zaman gittin?" diye sordu Matt.

Ton-Ton bu soruya şaşırmış olsa bile bunu belli etmedi. "Yaklaşık eeee, bir yıl önce. Jorge ile birlikte gittim."

"Orada ailen var mı?"

"Annem ee, sınırdan yıllar önce geçti. Babam ee, denedi... Şey, onu bulmayı... Geri gelmedi."

Matt Ton-Ton'un konuşma bozukluğunun anne babası hakkında konuştuğunda kötüleştiğini fark etti.

"*Abuelita*'n yok mu?" diye sordu Fidelito.

"Ee, şey vardı." Ton-Ton'un ağzı büzüldü.

"Yahu neden gidip onu aramıyorsun!" dedi Chacho. "*Hombre!* Benim yirmi mil uzakta kuzeyde bir büyükannem olacaktı, onu bulmak için bu çiti yırtar geçerdim. Senin sorunun ne ahbap?"

"Chacho, yeter," dedi Matt, elini çocuğun omzuna koyarak.

"Anlamıyorsunuz," dedi Ton-Ton. "Jorge beni sınırın diğer tarafında gördü. Çiftlik Devriyeleri ve ee, köpekler, büyük koca koca dişleri olan çamur rengi köpekler vardı. Çiftlik Devriyesinin söylediği her şeyi yapardı bunlar ve şey eeee, Çiftlik Devriyesi onlara beni yemelerini söyledi." Ton-Ton bu anıyla ürperdi. "Jorge sınırı geçip onları vurdu. Bu yüzden başı büyük belaya da girdi. O, benim şey, hayatımı kurtardı... Ve ben her şeyimi ona borçluyum."

"Jorge sana büyükanneni aramamanı söyledi mi?" dedi Matt.

"Benim doğuştan bir gözetmen olduğumu söyledi. Gözetmenlerin aileleri olmadığını, yalnızca dostlukları olduğunu ve bunun da daha iyi olduğunu çünkü ailelerin insanı terk edip gittiğini söyledi."

"Fakat senin *abuelita* eve dönmediğin için ağlamış olmalı," dedi Fidelito.

"Eve dönemezdim zaten budala!" diye bağırdı Ton-Ton. "Bir köpeğin midesinde olacaktım."

"Tamam Fidelito," dedi Matt küçük oğlana. "Bir gün için bu kadar bahçe temizliği yeter." Ton-Ton'a San Luis hakkında sorular sordu. Ton-Ton bu konuda konuşmaya hevesliydi. Konuştukça kelimelere daha az takılıyordu. Yüzündeki olumsuz ifade silinmişti. Çok daha dinç ve mutlu görünüyordu.

Ton-Ton kenti öylesine kapsamlı betimledi ki, kafasının içinde bir harita açılmış sanırdınız. Her ayrıntıyı hatırlıyordu. Şeftali rengi çiçekleri olan bir zakkum ağacı, paloverde ağaçlarının örttüğü bir kerpiç duvar, bakır bir havuza damlayan bir fıskiye. Sokak boyunca bir kamera gezdirmek gibi bir şeydi bu. Yavaş yavaş çocuk annesiyle babası hakkında konuşacak kadar açıldı; amcaları, teyzeleri, erkek kardeşleri, kuzenleri ve bütün haneyi yöneten küçük *abuelita*'sıyla kalabalık bir evde yaşamıştı. Fakir bile olsalar mutsuz değildiler.

En sonunda Ton-Ton hoş bir yemek yemişçesine gerinip gülümsedi. "Ee, kimseye neden geç kaldığımızı anlatmayacağım," dedi. "Karides toplama makinesinin bozulduğunu söyleyeceğim." Dönüş yolunun büyük kısmında Fidelito'nun kendisiyle birlikte aracı sürmesine izin verdi; ta ki gözetmenlerin lojmanından görülebilecekleri noktaya gelinceye dek.

"Ben bu işi anlamadım," diye fısıldadı Chacho. Karides toplama makinesi paldır küldür geri dönerken, o ve Matt tozdan uzak bir köşeye yürüdüler. "Sen sanki kafasında bir ışık yaktın. Ton-Ton'un bu kadar zeki olduğunu bilmiyordum."

Matt gülümsedi, iriyarı çocuk konusunda haklı çıkmaktan hoşnuttu. "Celia ağır insanların yalnızca çok dikkatli olduklarını söylerdi."

"Celia da kim?"

Matt boş bulunmuştu. Aztlán'a gelmeden önceki hayatıyla ilgili her şeyi özenle gizliyordu aslında. Ton-Ton'un anılarını dinlemek onu dikkatsiz yapmıştı. "Ne, Celia mı?.. O benim a-annem." Bir bakıma bu doğruydu. Celia, tüm o yıllar boyunca kendisini üvey anne olarak düşünmemesi gerektiğini söylemişti ona. Hiç kimse onun kadar üzerine titrememişti. Belki Tam Lin dışında kimse onu o denli sevmemiş ve korumamıştı. Tam Lin de onun babası gibiydi.

Birdenbire yeni hayatında bastırdığı tüm anıları bir sel halinde geri geldiler. Matt, Celia ve Tam Lin hakkında düşünmemek için kendini eğitmişti. Onları düşünmek çok acı veriyordu ve şimdi kendini çaresiz hissediyordu. Zemine çöktü. Gözyaşları yanaklarından aşağı süzülüyordu. Yüksek sesle ağlayıp Chacho'nun gözündeki imajını yıkmamak için kendini sıktı.

Fakat Chacho anladı. "Koca çenemi hiç açmamalıydım," dedi

Matt'ın yanına diz çökerek. "İnsan hazır olana dek asla açılmaması gereken bir konu bu. Lanet olsun! İlk haftalar ağlamaktan gözlerim kan çanağına dönmüştü."

"Hasta mısın?" diye seslendi uzaktan Fidelito.

"Evet hasta," dedi Chacho. "Sen de bir avuç çiğ karides yeseydin sen de hasta olurdun." Ve Matt tekrar kendine gelene kadar, önünde durup onun görünmesini engelledi.

32

YAKALANMA

O gece Jorge güçsüzlüğünü sezip tekrar Matt'a saldırdı. Daha çok itiraf istedi ondan ve Matt kısa sürede kendisini aynı günahları tekrar ederken buldu. Artık ne söylediği pek umurunda değildi.

Matt kendini yara almış gibi hissediyordu. Sanki Jorge ile aynı odada bile değildi, çünkü aklı El Patrón'un malikânesine gitmişti. Celia'nın dairesindeydi. Celia onu her an masaya çağırabilir ve Tam Lin ile oturup yemek yiyebilirlerdi. Acı verici bir yanılsamaydı bu, fakat Matt'ın o anki hayatında bundan daha iyisi yoktu.

"Aristokratımız dinlemiyorsa," diye başladı Jorge yumuşak bir sesle, "onun dalkavuğuyla konuşmak zorundayım."

Matt dalgınlığından uyanıp Fidelito'nun odanın ortasına doğru sürüklendiğini gördü. Küçük oğlanın yüzü korkudan bembeyazdı.

"Yaramazlık ettin değil mi?" diye mırıldandı Jorge.

"Çok kötü değil," dedi Fidelito, değnek dolabına bir bakış fırlatarak.

"Buna karar verecek olan benim, değil mi?" dedi gözetmen.

"Doğru," dedi Fidelito. Matt önündeki sahnenin önemli olduğunu biliyordu. Dikkatini toplamaya çalıştı fakat aklı hep Celia'nın apartmanına gidiyordu.

"Sanırım küçük aristokratımızın davranışlarını neden kontrol etmesi gerektiğini anlaması gerekiyor," dedi Jorge. "İşçi arılar yaptıkları her şeyin kovanın bütününü etkilediğini bilirler. Eğer tembel bir işçi bütün gün uyur ve ceza görmez ise diğerlerine kötü örnek olur. Eğer yeterince işçi onu örnek alırsa kovan ölür."

Fidelito'nun yüzünden bu tezi pek anlamadığı anlaşılıyordu.

"Bu yüzden kötü bir örneği izlemenin eğlenceli olduğunu düşünen küçük zayıf dalkavukları düzeltmemiz gerekir. Öyle değil mi?"

"Bi-bilmem ki."

Matt dikkatini olup bitenler üzerinde toplamaya çalıştı. "Beni cezalandırmak istiyorsan neden bunu yapmıyorsun?" dedi

"Çünkü bu işe yaramıyor," diye cevapladı Jorge. Yüzü zevkten ışıl ışıl olmuştu; sanki herkesle paylaşmak istediği harika bir gerçeği keşfetmiş gibiydi. Matt, bir kez daha Tom'u hatırladı.

"İtiraf ediyorum. Boyun eğiyorum. Cezamı kabul ediyorum," dedi Matt.

"Evet, fakat buna inanmıyorsun," dedi gözetmen. "Hareketleri yapıyorsun fakat yüreğinde hâlâ bir aristokratsın. Uzun zaman kafa patlattım buna. Derken farkına vardım ki bir aristokratı aristokrat yapan bir dalkavuğun varlığıdır. Eğer dalkavuğu ortadan kaldırırsan, puf!" parmaklarını şaklattı. "Aristokrat filan kalmaz. Duvara geç Fidelito."

Matt şoktan donmuştu. Bu kez açıktı ki itirafları küçüğü kurtaramayacaktı. Diğerlerine baktı. Taş kesmişlerdi. Jorge, Fidelito'yu son kez tehdit ettiğinde Matt onun yardımına koşmuştu. Fakat bu kez farklıydı. Sanki gözetmen görünmez bir sınırı geçmişti ve görmek üzere oldukları şey çocukları şoka sokmuştu. Ton-Ton'un hiç sebepsiz dayak yemesi sorun değildi. O büyüktü ve bunu kaldırabilirdi. Fidelito ise küçücüktü, zayıftı ve güçlü ruhuna rağmen kırılgandı. Ve yalnızca sekiz yaşındaydı.

Fidelito diğerlerinden gördüğünü yaptı: Ellerini duvara dayayıp bacaklarını ayırdı. Diğer çocuklar homurdandı. Matt onların söylediklerini duyamıyordu.

Jorge dolaba gitti. Matt kendini odanın üzerinde yüzüyormuş gibi hissetti. Daha önce de işler ters gittiğinde yaptığı gibi, kendi özel krallığına kapanmak istiyordu. Eğer Celia'nın dairesinde olduğunu yeterince yoğunlukla hayal ederse bakarsın gerçekleşirdi bu.

Jorge ileri geri yürüyor, elindeki sopayı sallıyordu. Her an ileri atılabilirdi. Durdu. İlk vuruş için gücünü topladı. İleri fırladı...

Ve Matt gözetmenin üzerine atladı. Jorge'nin midesine bir kafa atıp elinden sopayı aldı. Jorge soluk soluğa geri çekildi. Matt değneği şiddetle omzuna vurarak gözetmeni yere uzanmaya zorladı. Bir anda yanında beliren Chacho da kavgaya katıldı ve Jorge'yi yumruklamaya başladı.

"Küçük çocukları döversin ha!" diye bağırıyordu Chacho, adama vururken. "Artık dayağı hak ettin!" Diğer çocuklar bağırıp tezahürat yapıyorlardı. İleri doğru yürüyüp gözetmenle iki çocuk arasında bir halka oluşturdular. Flaco, Fidelito'yu kavgadan uzaklaştırmıştı.

Matt'ın başı dönüyordu. Jorge tortop olmuştu. Belki ciddi bir şekilde yaralanmıştı. Çocuklar heyecanla bağırıp dans ediyorlardı. Birden Matt onların da kavgaya katılacağını hissetti. "Durun!" diye bağırdı sopayı bırakarak. Chacho'yu tutup geri çekti. "Onu öldürmemeliyiz!"

"Neden olmasın?" diye sordu çocuk. Fakat aklını başına toplaması için bu müdahale yetmişti. Yumruklarını sıkıp öfkeyle yere oturdu. Diğer çocuklar düş kırıklığıyla inlediler, ama Jorge elleriyle dizleri üzerinde kalkıp kapıya seğirttiğinde kenara çekildiler.

Kimse tek kelime etmedi. Chacho zemine oturmuş derin derin nefes alıyordu. Bir köşede Flaco'nun sıkıca tuttuğu Fidelito ağlıyordu. Matt ateşi çıkmışçasına tir tir titriyordu. Bundan sonra ne olacağını hayal bile edemiyordu.

Fakat çok beklemek zorunda kalmadı. Koridordan ayak sesleri gümbür gümbür yaklaştı ve bir gözetmenler ordusu kapıyı vurup açtı. Yirmisi birden odanın içine daldılar. Ellerinde şok silahları vardı. Çocuklar duvara doğru çekildiler. Önce Matt, ardından Chacho ele geçirildi. Elleri arkadan bağlanıp ağızları bantlandı.

"Siz kilit altında tutulacaksınız," diye kükredi Carlos geri kalan çocuklara. "Size ne yapacağımıza yarın karar vereceğiz. Fakat bilin ki böyle kitlesel bir davranışa hoşgörü göstermeyeceğiz. Tekrar ediyorum, göstermeyeceğiz."

"Jorge'nin ne yaptığını bilmek istemez misin?" dedi Flaco.

"Sizin yaptığınız çok daha kötü!" diye bağırdı Carlos.

"Fidelito'yu öldürecekti!"

Carlos bu sözün karşısında sersemlemiş gibiydi. Durup Flaco'nun arkasına gizlenmiş olan küçük çocuğa baktı.

"Yalan söylüyor," dedi Jorge. Bir eliyle yaralanmış omzunu tutuyordu.

"Biz iki yüz kişiyiz," dedi Flaco. "Hepimiz şahidiz buna."

Matt bu sözde örtülü bir tehdit sezdi. Koğuşta iki yüz çocuk vardı. Gözetmenler ne kadar iyi silahlanmış olurlarsa olsunlar, böylesi büyük bir kitleyi kontrol etmeleri imkânsızdı. Bu düşünce Carlos'un da aklına gelmiş gibiydi. Kapıya dönüp diğer adamların kendisini izlemesini işaret etti. Fakat bir grup çocuk, dışarıdaki kurumuş tuz zeminden havalanan bir toz dalgası gibi çıkışı kapatmak için hareketlendi. Şimdi gözetmenler çepeçevre sarılmışlardı.

"Sanırım bizi dinlemelisin," dedi Flaco.

"Bu konuyu yarın konuşabiliriz," dedi Carlos.

'Olmaz,' diye düşündü Matt. 'Ertelemelerine izin verme. Kapıdan çıktıkları an kilidi vuracaklardır. Gerçeği asla dinlemeyeceklerdir.' Hiçbir şey söyleyemedi çünkü ağzı bantla kapatılmıştı.

"Sanırım şimdi konuşsak daha iyi," dedi Flaco.

Carlos yutkundu. Parmağıyla şok silahını yokladı. "Aristokrat hepsini yozlaştırmış," dedi Jorge. "Bu kibirli züppe geldiğinden beri her şey bozuldu. Saldırıyı başlatan oydu ve diğerleri onu izledi. Lider o. Diğerleri onun dalkavukları."

"İşleri daha da kötüleştirme," dedi Carlos. "Revirdeki Luna'nın ilginç bir öyküsü var," diye devam etti Jorge. "Aristokrat oraya götürüldüğünde Luna onun yatağa girmesine yardım etmiş. Çocuğun sağ ayağında bir dövme görmüş."

'Oh hayır! Oh hayır!' diye düşündü Matt.

"Dövmenin üzerinde eski bir yara varmış fakat yazıyı okuyabilmiş: 'Alacrán Malikânesinin Malıdır' yazıyormuş."

"Alacrán mı?" dedi Carlos. "Rüyalar Ülkesi'ni yöneten yaşlı vampirin adı bu."

"Biliyorum" dedi Jorge keyiflenerek. "Nasıl olur da birisi bir malikâneye ait olabilir, eğer orada çalışmıyorsa ya da adi bir kaçak değilse!"

Herkes şaşkınlıktan küçük dilini yuttu. "Bu iğrenç kelimeyi kullanma," dedi Carlos

"Affedersin." Jorge gülümsedi. "Yalnızca çocukların anlayacağını düşündüğüm bir dil kullanıyordum. Bugünkü problem ortaya çıktığında, bu bilgiyi ne yapacağımı düşünüyordum. İtiraf etmelisin ki, bu dalkavukların, senin gerçek bir aristokrat olduğunu zannederken kokuşmuş bir kaçağa –pardon, zombiye– bağlılık yemini etmiş olmaları cidden komik."

'Hayır, hayır, hayır,' diye düşündü Matt. Güçsüzlüğü ortaya çıkmıştı artık. Gözetmen dayak hakkında yanlış bir sonuca varmış olsa da yıkıcıydı bu.

"Buna inanmıyorum," dedi Flaco.

"Neden bakmıyoruz?" diye davet etti Jorge. Flaco ileri çıkıp Matt'ın yanı başına diz çöktü. Başına kaldırıp gözleriyle özür diledi. Matt karşı koyamadı. Bu hiçbir işe yaramazdı. Çocuğun ayağına aşağıya doğru çevirmesine izin verdi ve onun kaçınılmaz tepkisini bekledi.

"Jorge haklı. Gerçekten de 'Alacrán Malikânesi'nin Malıdır,' diyor," dedi Flaco.

Ayaklanmacı çocuklar sakinleşmişti. Boyun eğmeye öylesine alışmışlardı ki, Matt onların teslim olmasının çok kolay olduğunu tahmin etti. Kapıdan uzaklaşıp ağır ağır ranzalara doğru dağıldılar.

"Bek-bekleyin," dedi Matt'ın duymayı hiç ummadığı bir ses. "Her, eee, herkes Rüyalar Ülkesi'nde yakalanabilir. Bu onu kötü bir kişi yapmaz."

"Sessiz ol Ton-Ton," dedi Jorge. "Senin hiçbir şey düşünemeyeceğini biliyoruz."

"Oysa ben, düşünüp duruyordum," dedi irikıyım çocuk. "Anne babalarımız Rüyalar Ülkesi'ne kaçtılar ve zombiye dönüştürüldüler." Bunu açıkça söylemesi çok zor olmuştu.

"Benim babam değil," diye itiraz etti Flaco. "O, Birleşik Devletler'de hayatını yaşıyor. Bir film stüdyosu işletiyor ve yeterince para kazandığında beni istetecek."

"Biz, eee, böyle şeyler anlatıp duruyoruz," diye kekeledi Ton-Ton, "fakat bunlar doğru değil. Bizim anne babalarımız zombiden farksız." Bir grup çocuk Ton-Ton'a çenesini kapatmasını söyledi. "Zavallı anne babalarımız kötü değil, yalnızca şanssızlar," diye devam etti çocuk hiç yılmadan. "Matt da kötü değil!"

"Aa yeter! Yatağına!" dedi Jorge. "Senin saçmalıklarını dinlemek isteyen mi var sanıyorsun? Her zaman budalaydın ve öyle kalacaksın. Şansın varmış ki senin ne kadar budala olduğunu anlayamadan seni Rüyalar Ülkesi'nden kurtardım."

"Ben aptal değilim," diye bağırdı Ton-Ton, fakat kimse onu dinlemedi. Çocuklar sanki pis bir şeymişçesine Matt'tan uzaklaştılar. Gözetmenler onu ve Chacho'yu paldır küldür dışarı çıkardı ve Carlos arkalarından kapıyı sürdü.

Çocukları ufacık bir dolaba tıktılar. İçerisi karanlık ve havasızdı, zemin ise buz gibiydi. Bütün gece boyunca ikisi de sırtını duvara dayayıp oturmak zorunda kaldı. Matt, karanlıkta kaldıkları ve ağızları bantlı olduğu için memnundu. Chacho'nun kendisine zombi demesine ya da kendisinden bir canavardan kaçar gibi kaçmasına dayanamazdı.

33

KEMİKLİK

Genç gözetmenlerden ikisi Matt ile Chacho'yu almaya geldiklerinde, kapının altında solgun bir ışık belirdi. Matt öylesine gergindi ki, onu ayakları üzerine kaldırdıklarında yüzükoyun düşüverdi. "Imf!" diye bir ses geldi Chacho'nun ağzının üzerindeki banttan.

Gözetmenlerin fabrika içerisinde araç gerek taşıdıkları arabalardan birine tıkıldılar. Jorge sürücü koltuğunda sigara içiyordu. Çocukların ayak bileklerini de bantla sıkıca sardı.

Güneş enerjisiyle çalıştığından araba başlangıçta çok yavaş ilerliyordu, ama güneş yükselip tuzlu düzlükleri parlatmaya başlayınca hızlandı. Matt karides tanklarının yanından geçip gittiklerini gördü. Batı tarafındaki çite doğru gittiklerini anladı. Arabanın tekerlekleri kuru zeminde çıtırdıyordu. Tuzu havaya savuran hafif bir sabah esintisi vardı.

Matt susamıştı. Açtı da. Acı bir keyifle Jorge'nin omzunun alçıya alınmış olduğunu gördü. Canının çok acıyor olmasını diledi.

Bir süre sonra araba dönüp daha sert bir zeminde ilerlemeye başladı. Matt çit boyunca yol aldıklarını gördü. Bir grup bembeyaz martının yükselip Kaliforniya Körfezi boyunca daldığını gördü. Tuz yüklü rüzgâr, kuşların çığlıklarını ona kadar getiriyordu.

Araba paldır küldür ilerliyordu. Kuma çakıldığında, kurtarmak için adamlar dışarı çıkıp tekerleklerin altına katran ağacı dalları yerleştiriyorlardı. Araba sonunda durdu ve Matt iki genç gözetmen tarafından dışarı taşındı.

Bir yükseltinin üzerinde ilerlediler. Önlerinde bir zamanlar canlı suyla dolu olan, şimdi ise ölü balinaların bulunduğu geniş bir yatak uzanıyordu. Kemikler devasa dikenler gibi yükseliyorlardı.

"Burası bizim Kemiklik dediğimiz yer," dedi Jorge keyifle.

Matt ilk geldiği gün birinin şöyle dediğini anımsadı: *Küstahlıkların burada sökmez. Kemiklik adını verdiğimiz bir yer vardır ve sorun çıkaran kişi bir kez oradan geçti mi küçük bir kuzu gibi zararsız hale gelir.*

"Bantları çıkartayım mı?" diye sordu gözetmenlerden biri.

"Yalnızca ağzındakini," dedi Jorge.

"Fakat o zaman tırmanıp çıkamaz."

"O beni öldürmeye çalıştı!" diye bağırdı Jorge. "Bir katilin geri gelip bir devrim başlatmasını ister misin?"

"Carlos bundan hoşlanmayacak."

"Sen Carlos'u bana bırak," dedi Jorge.

Matt bandın sökülüp çıkarıldığını hissetti. Dilini yaralanmış dudakları üzerinde gezdirdi. "Şimdi susadığını sanıyorsun," dedi Jorge gülerek. "Hele yarına kadar bir bekle."

"Katil olan o," diye bağırdı Matt, fakat başka bir şey söylemeye vakti olmadı. Adamlar onu fırlatıp attılar. Birden kendini aşağıda buldu, kemikler kayarak onun daha da aşağıya inmesine neden oldu. Düştükçe düştü. Bir o yana bir bu yana savrularak sonunda kafataslarından oluşmuş bir düzlüğe vardı. Bir kemik denizinin ortasında asılı kalmıştı. Mavi gökyüzünü omurgalar ve kaburgalardan oluşan bir çerçeveden görebiliyordu. Başını dikkatle aşağıya çevirdi. Aşağıda karanlık dibini yalnızca tahmin edebildiği bir çukur vardı.

Birkaç dakika sonra Chacho'nun da yakınlarında bir yere düştüğünü duydu. Yığın tekrar oynadı ve Matt birkaç karış daha aşağıya kaydı. Sırtına bir kemiğin battığını hissetti. İnce bir toz ve kum bulutu yüzünü kapladı. Chacho'nun öksürdüğünü duydu. Adamların ayak seslerinin uzaklaştığını, daha sonra arabanın motor sesinin tamamen silinene dek azaldığını duydu.

"İyi misin?" diye bağırdı Chacho.

"İyi derken ne kastettiğine bağlı." Bunu güçsüzce yapıyor olsa da, Matt hâlâ gülebildiğine şaşakalmıştı. "Yaralandın mı?"

"Çok değil. İyi bir kaçış planın var mı?"

"Üzerinde çalışıyorum," dedi Matt. Yüzünü kaplayan tuz ağzına kaçtı. "İçecek bir şey olsa hiç itiraz etmezdim."

"Bu konuda konuşma!" dedi Chacho. "Sanırım keskin bir kemik bulabilirsem bu bandı kesebilirim."

"Sırtıma batan bir tane var," dedi Matt. Neşeyle konuşuyordu. Uzun, acılı bir ölümden kaçmaya değil de on dakika daha fazla uyumanın bir yolunu bulmaya çalışıyor gibiydiler

"Bazı insanlar ne kadar da şanslı." Chacho da umursamazca konuşuyordu fakat Matt onun da en az kendisi kadar korktuğunu düşünüyordu.

Matt vücudunu, bilekleri testere gibi dişli kemiğe dayayana kadar eğip büktü. Sonra ileri geri hareket etmeye başladı, ama birden altındaki kemikler oynadı ve onu daha da karanlık bir yere kaydırdı.

"Matt!" diye bağırdı Chacho panik içinde.

"Buradayım. Olmadı, bu işe yaramadı. Neden sen denemiyorsun?" Aslında Matt'ın yüreği ağzına gelmişti ve kıpırdamaya korkuyordu. Etrafındaki her şey sallanmıştı; dibe kadar düşecek olsa başına neler geleceği hakkında hiçbir fikri yoktu.

"Lanet! Lanet olsun!" diye bağırdı Chacho. Matt onun da aşağı doğru kaydığını duydu.

"Önümüzde koca bir gün var. Acele etmek zorunda değilsin," dedi Matt.

"Kapa çeneni! Sanırım bu çukurda birtakım başka yaratıklar

da var." Matt ince bir ses duyar gibi oldu. Aşağıdaki karanlıkta başka canlıların yaşaması mümkün müydü? Ve ne tür bir yaratık böyle bir yeri mesken tutardı?

"Bunlar yarasa! Korkunç, iğrenç yarasalar!" diye haykırdı Chacho.

"Yarasalar iğrenç değildir," dedi Matt rahatlayarak. Somut bir canlı hayalindeki canavarlardan çok daha iyiydi.

"Şakanın zamanı mı? Kanımızı emecekler!"

"Hayır emmezler," dedi Matt. "Tam Lin ve ben onları defalarca seyrettik."

"Karanlığı bekleyecekler. Bunu bir filmde gördüm. Karanlığı bekleyip yukarı çıkacak ve kanımızı emecekler." Chacho'nun paniği ürpertici ve bulaşıcıydı. Matt da korkmaya başlamıştı.

"Tam Lin onların yalnızca kanatlı fareler olduğunu söylüyor. Onlar da en az bizim kadar korkuyordur."

"Biri bana doğru geliyor!" diye çığlık attı Chacho.

"Kıpırdama! Öylece dur!" diye bağırdı Matt. Aklına korkunç bir fikir gelmişti ve kötü bir şeyler olmadan Chacho'yu uyarmak zorundaydı.

Chacho çığlık atmaya devam ediyordu, ama Matt'ın öğüdünü duymuş olmalıydı çünkü çırpınmıyordu. Bir süre sonra ağlaması kesildi, inlemeye başladı.

"Chacho!" diye seslendi Matt. Çocuk cevap vermedi. İnlemeleri arada hıçkırığa dönüşerek sürüyordu. Matt dikkatlice dönüp bir başka keskin kemik aradı. Aşağıda hemen yakınındaki siyahlıkta küçük yarasalar uçuşup ötüşüyordu. Bu çukur, onlar için bir mağara kadar rahat olmalıydı. Sağa sola uçuşup kemikler arasında denizdeki bir balık gibi geziniyorlardı. Kanatlarından ekşi bir koku yükseldi.

"Chacho?" diye seslendi Matt. "Duyuyor musun? Bak, hâlâ buradayım. Yarasalar sakinleşiyor. Bandı kesmeyi tekrar deneyeceğim."

"Asla çıkamayacağız buradan," diye inledi Chacho.

"Mutlaka çıkacağız," dedi Matt. "Fakat çok, çok dikkatli olmalıyız. Daha fazla aşağıya düşmemeliyiz."

"Öleceğiz," dedi Chacho. "Eğer tırmanmaya çalışırsak kemikler oynar. Tonlarca kemik var burada. Dibe düşeceğiz ve hepsi üzerimizi kaplayacak."

Matt hiçbir şey söylemedi. Onun da aklına gelen tam olarak buydu. Birkaç dakika içi umutsuzlukla karardı. Doğru düzgün düşünemedi. Tam Lin ile Celia'nın ona verdiği yaşama şansının sonu bu mu olcaktı? Ona ne olduğunu asla bilemeyeceklerdi. Kendilerini terk ettiğini düşüneceklerdi.

Matt sesini kontrol edebilecek kadar sakinleşince, "Tam Lin tavşanların çakallar tarafından yakalandıklarında mücadeleden vazgeçtiğini söyler," dedi. "Der ki, onlar hayvan oldukları ve umudu bilmedikleri için ölümü kabullenirler. Fakat insanlar farklıdır. İşler ne kadar umutsuz, kötü görünse de ve hatta bazen her şey onlara karşı olsa da, ölüme karşı savaşır ve kazanırlar."

"Ha ha! Bir milyon yılda bir," dedi Chacho.

"Bir milyonda iki," dedi Matt. "Biz iki kişiyiz."

"Seni budala tavşan," dedi Chacho. Fakat ağlamayı kesti.

Güneş gökyüzünde ağır ağır yol alırken, Matt gittikçe daha çok susadı. Bunu düşünmemeye çalışıyordu ama elinde değildi. Dili damağına yapışmıştı. Boğazına kum kaçmıştı.

"Keskin bir kemik buldum," dedi Chacho. "Sanırım bu bir diş."

Bağlarını bir kaburga kemiğine sürtmekte olan Matt, "Harika," dedi. Bant inanılmayacak kadar esnekti. Kesmeye çalıştıkça uzuyor, bir türlü yırtılmıyordu. Ancak bir süre sonra gevşedi ve Matt ellerini kurtarabildi. "Başardım!" diye seslendi.

"Ben de," dedi Chacho. "Şimdi ayaklarımı kurtarmaya çalışıyorum."

Matt ilk kez gerçekten umutlandı. Bacaklarını dikkatlice yukarı kaldırarak bir parça kemiği banda sürtmeye başladı. Korkunç yorucuydu bu. Daha da derine düşmemek için çok çok yavaş hareket ediyor ve dakika başı durup dinlenmek zorunda kalıyordu. Gücü azalmaya başlamıştı.

Chacho da gittikçe daha uzun süre dinleniyor gibiydi. "Tam Lin kim?" diye sordu molalardan birinde.

Matt bu sefer kelimeleri gevelemeden, "Babam," dedi.

"Annenle babanı isimleriyle çağırmak komik."

"Onlar böyle istedi."

Uzun bir sessizlik oldu. Chacho, "Sen gerçekten bir zombi misin?" dedi.

"Hayır!" dedi Matt. "Öyle olsa böyle konuşabilir miydim sanıyorsun?"

"Fakat onları gördün."

"Evet," dedi Matt. Rüzgâr dinmişti, hava ağır ve durgundu. Sessizlik ürperticiydi; çöl bir şeylerin olmasını bekliyor gibiydi sanki. Yarasalar bile seslerini kesmişti.

"Bana zombileri anlat," dedi Chacho.

Böylece Matt kahverengi giysiler içinde, hiç durmadan tarlalarda çalışan kadın ve erkekleri. El Patrón'un malikânesinin geniş çimenliklerini ellerindeki bıçaklarla düzelten bahçıvanları anlattı.. "Onlara *ebleh* derdik," dedi.

"Orada uzun zaman kalmış gibisin," dedi Chacho.

"Bütün hayatım boyunca," dedi Matt, bir kerecik olsun dürüst olmaya karar vererek.

"Annenle baban... *Ebleh* miydi?"

"Sanırım onlara köle diyebilirsin. Normal zekâlı insanların yapması gereken pek çok iş vardır."

Chacho içini çekti. "Belki de babamın durumu iyidir. O bir müzisyendi. Orada hiç müzisyen var mı?"

"Evet," dedi Matt Bay Ortega'yı düşünerek. Fakat Bay Ortega, Chacho'nun babası olamazdı. Çok uzun zamandır oradaydı.

Güneş artık batıda alçalıyordu. Çukurun ışığı kesiliyordu. Günün bu saati için hava Matt'ın umduğundan daha fazla kararmıştı. Esinti yeniden başlamıştı. Kemikler arasında kaybolmuş bir ruh gibi inliyordu ve şaşırtıcı şekilde soğuktu.

"*La Llorona*'nın sesi gibi," dedi Chacho.

"Bu yalnızca bir masal," dedi Matt.

"Bana onu annem anlattı ve annem asla yalan söylemez." Chacho annesine yöneltilen gerçek ya da hayali her hakarete karşı anında tepki gösteriyordu. Matt onun Chacho altı yaşındayken öldüğünü duymuştu.

"Tamam. Eğer sen yarasaların tehlikeli olmadığına inanırsan, ben de *La Llorona'ya* inanacağım."

"Keşke bu konuyu açmasaydın," dedi Chacho. Daha da şiddetlenen rüzgâr, çukurun üzerine bir toz bulutu taşıyordu. En üsteki kemikler oynadı ve Matt bir anda göz kamaştıran bir ışık gördü, aynı anda bir gürleme duyuldu.

"Bu bir fırtına," dedi Matt şaşkınlıkla. Buz gibi rüzgâr yağmurun kokusunu ona getiriyor, susuzluğunu daha da katlanılmaz kılıyordu. Ağustos ve eylül dışında çölde pek fırtına olmazdı, ama hiç duyulmamış da değildi bu. Birdenbire başlar, her şeyi darmadağın eder ve geldiği gibi gidiverirdi. Bu seferki görkemli bir şey olacak gibi görünüyordu. Gökyüzü bembeyaz kesti, derken şeftali rengine büründü; gün batımında dev bir bulut gökyüzünü kaplarken şimşekler çakmaya başladı. Matt ışıkla gürültü arasındaki zaman farkından uzaklığı hesapladı: Önce bir mil, sonra yarım mil, çeyrek, daha sonra tam tepelerinde. Bulutun dibi açıldı ve kiraz büyüklüğünde dolu taneleri yağmaya başladı.

"Yakala!" diye bağırdı Matt. Fakat fırtınanın gürültüsü öylesine şiddetliydi ki Chacho büyük olasılıkla duymadı. Matt taneleri kemikler arasından kayıp giderken yakalayıp ağzına tıktı. Ardında bardaktan boşanırcasına yağmur yağmaya başladı. Matt ağzını açıp yağmur suyuyla doldurdu. Şimşek çaktığında kemiklere yapışmış yarasaları görüyor, suyun çukurun yanlarından aşağıya aktığını duyuyordu.

Sonra birden hepsi bitti. Gök gürültüsü çölün üzerinden çekildi. Şimşekler zayıfladı fakat çukura su hâlâ akıyordu. Matt gömleğini sıkıp emdi. Yağmur onu kendine getirmişti, ama istediği kadar su içememişti.

Gökyüzü neredeyse kapkaraydı. "Hâlâ görebiliyorken en yakındaki kenara yanaş," diye seslendi Matt, Chacho'ya. "Benim bacaklarım serbest, ya seninkiler?"

Çocuk cevap vermedi.

"İyi misin?" Matt dehşet içinde Chacho'nun şiddetli fırtına sırasında dibe kaymış olabileceğini düşündü. "Chacho! Cevap ver!"

"Yarasalar," dedi çocuk bitkin bir sesle. Hâlâ yakınındaydı.

Matt derin bir nefes aldı. "Sana zarar vermezler," dedi.

"Her yerimi kapladılar," dedi Chacho, o tuhaf sesle.

O söyleyince, Matt da birden bedeninin üzerinde gezinen küçük yaratıkları fark etti. "Benim de," dedi. "Onlar... Sudan uzak durmaya çalışıyorlar," diye kekeledi, bunun doğru olduğunu umarak. "Yuvaları su altında kaldı. Ve sanırım ısınmak istiyorlar."

"Karanlığın basmasını bekliyorlar," dedi Chacho, "sonra kanımızı emecekler."

"Aptallığı keser misin!" diye bağırdı Matt. "Korkuyorlar ve üşüyorlar!" Yine de hayvanların kaçamak kıpırdanışlarından içgüdüsel bir dehşet duyuyordu. Uzak bir şimşeğin ışığında küçük bir yaratığın göğsüne sokulmuş olduğunu gördü. Düz bir burnu ve yapraksı kulakları vardı ve ağzı ince, iğne gibi sivri dişlerle doluydu. Fakat derimsi kanatlarından birinin altında bir de yavrusu vardı. Yavrusunu boğulmaktan kurtarmaya çalışan bir anneydi bu.

"Beni ısırmazsın değil mi?" diye fısıldadı anne yarasaya. Yavaşça döndü, kemikler oynar gibi olunca donup kaldı, daha sonra tekrar kıpırdadı en yakında olduğunu düşündüğü kenara doğru yöneldi. Yarasa karanlığa dalmadan önce bir süre gömleğine yapışıp kaldı.

Tuhaf ve korkunç bir denizde yüzmek gibi bir şeydi bu. Matt ne zaman ileri hareket etse biraz daha aşağıya kayıyordu. Bir yerde kemikler sırtına öyle bir oturdu ki, dehşet içinde kısılıp kaldığını sandı. Vücudunu hafifçe oynatınca, önündeki kemikler ilerlemesi için açıldılar. Fakat ilerledikçe sırtındaki kemiklerin ağırlığı da artıyordu. Kısa bir süre sonra hareket edemez olacak ve tıpkı kehribar içinde hapsolup kalmış bir böcek gibi, ölümün gelip kendisini bulmasını beklemek zorunda kalacaktı.

Elleri kemik yerine kayalara dokunduğunda, çukur kapkaranlık olmuştu. Matt duvara sıkıca tutundu ve kendini, ufak ufak, ayakları taşa değene dek yukarı doğru çekti. Sırtındaki kemikler daha da ağırlaşmış gibiydi, ama bu onları üzerinden atmaya çalıştığı içindi. Sırtını kayaya dayayıp tükenmiş bir şekilde soluklandı. Fırtınadan kalma bir su birikintisi buldu ve onu bir köpek gibi içti. Soğuk ve mineralliydi. Tadı harikaydı.

"Chacho?" diye seslendi. "Sesime doğru gelirsen uçurumun kıyısına ulaşırsın. Burada su var." Fakat çocuk cevap vermedi. "Ne yöne gideceğini bilmen için konuşmaya devam edeceğim," dedi Matt. Açıklanması zor olan şeyleri atlayarak çocukluğundan bahsetti. Celia'nın dairesini ve Tam Lin ile dağlara yaptığı yolculukları anlattı. *Ebleh* ahırlarını ve onları çevreleyen afyon tarlalarını tasvir etti. Aslında Chacho'nun duyduğundan emin değildi. Çocuk bayılmış olabilirdi. Ya da yarasalar gerçekten onun kanını emmişlerdi.

Matt kendini uçurumun kıyısına çekip ıslak toprağa bıraktığında gece yarısı olmuştu. Hareket edemiyordu. Kurtulmak için gösterdiği çabadan sonra tükenmişti. Yüzünün yarısı çamura batmış olarak yerde yatıyordu. Jorge bir gözetmen ordusuyla gelecek olsa bile kıpırdayamazdı.

Bilinci gelip giderken çukurdan tuhaf bir ses geldiğini duydu. Dinleyip, hangi hayvanın böyle bir ses çıkardığını bulmaya çalıştı. Daha sonra anladı: Chacho horluyordu. Çocuk yorgunluktan uyuyakalmıştı. Hâlâ çukurda kıstırılmış durumdaydı fakat yaşıyordu. Yarasalar kanını emmemişlerdi yani.

34

KARİDES TOPLAMA ARACI

Matt ayağa kalktığında gökyüzü koyu maviydi ve çamurda ayaz kokusu vardı. Vücudunda kalan bir parça sıcaklığı muhafaza edebilmek için çömeldi. Çölde dolaşan bir rüzgâr küçük göllerin sularını dalgalandırdı. Pembe sarı bir ışıltıyla gün doğuyordu.

Matt hayatında hiç bu kadar üşümemişti. Dişleri birbirine vuruyordu; vücudu buz kesmişti. Gitgide artan gün ışığında, çukurdan çıkmaya çalışırken giysilerinin pek çok yerinden yırtılmış olduğunu gördü. Kolları ve bacakları çizik içindeydi. Hayatta kalmaya çalıştığı o umarsız dakikalarda bu yaraları fark etmemişti, ama şimdi bütün vücudu sancıyordu.

Gündoğumu öncesi griye dönmekte olan kemik denizine doğru, "Chacho?" diye seslendi. "Chacho!" Esinti Matt'ın sesini taşıdı. "Dışarıdayım. Güvendeyim. Sen de oradan çıkabilirsin. Yalnızca sesime doğru gel."

Yanıt gelmedi.

"Biraz aşağıya doğru kaysan da, bir süre sonra çukurun kenarına varıyorsun. Sana o zaman yardım ederim," diye seslendi Matt.

Yanıt gelmedi. Matt aşağıya bakarak çukurun kıyısında dolaştı. Chacho'nun nerede olduğuna dair sağlam bir fikri olduğu halde onu göremiyordu. "Burada fırtınadan kalma su var. Onu sana getiremem fakat sen ona gelebilirsin. Bu kendine gelmeni sağlar. Lütfen, Chacho! Vazgeçme!"

Fakat çocuk cevap vermedi. Matt bir kaya üzerinde yağmurun doldurduğu bir oyuk buldu ve başı ağrıyana dek içti. Su buz gibiydi. Çukurun kıyısına kadar geri gidip bağırarak, yalvararak hatta hakaret ederek Chacho'dan bir yanıt almaya çalıştı. Hiçbir ses yoktu.

Güneş çölün ufkunu aşıp küçük tümsekleri ve çalılıkları aydınlatmaya başladığında Matt bir kayanın kuytusuna kıvrılıp ağladı. Ne yapabileceğini hiç bilmiyordu. Chacho oradaydı, ama onu bulamıyordu. Onu bulsa bile ona gidemezdi. Çölde işe yarar, bir ip gibi kullanabileceği hiçbir bitki yoktu.

Matt tükenene dek ağladı; çok yorgun olduğundan bu pek uzun sürmedi. Her ne kadar Matt ayağa kalktığı anda rüzgâr vücudunu donduruyor olsa da, güneş havayı birazcık ısıtmıştı. Ne yapabilirdi? Nereye gidebilirdi? Jorge gelip onu bulana dek burada kalamazdı. Fakat Chacho'yu arkada bırakamazdı. Geri gidip çukurun kıyısına oturdu. Konuştu da konuştu. Bazen Chacho'yu sesine gelmesi için ikna etmeye çalışıyor, bazen de çocukluğuna dair bir şeyler anlatıyordu.

El Patrón'dan ve onun fantastik doğum günü partilerinden; Maria ile Furball'dan bahsetti. Boğazı kuruyana dek konuştu; hiç durmadı çünkü bunun Chacho'ya atabileceği tek ip olduğunu biliyordu. Eğer Chacho onu duyabiliyorsa kendini tamamen yalnız hissetmeyecek ve belki hayatta kalmaya çalışacaktı.

Güneş çukurun içini aydınlatacak kadar yükselmişti. Matt pek de aşağıda olmayan bir yerde kahverengi bir leke gördü. Fabrikadaki bütün çocukların giydiği üniformaydı bu. "Seni görebiliyorum Chacho," dedi Matt. "Kenardan çok uzakta değilsin. Denersen başarabilirsin."

Uzakta takır tukur, mekanik bir ses duydu. Bu Jorge'nin arabası değildi, ama gözetmen daha sağlam bir şey ödünç almış olabilirdi. Matt elini gözlerine siper etti. Saklanmak istiyordu ama içi kararak her yerde çamurlu ayak izleri bıraktığını fark etmişti. Birisi gelmeden önce onları silmesine de imkân yoktu.

Umutsuzca gözetmenin gelip kendisini bulmasını bekledi. Ancak büyük bir şaşkınlıkla, çölde patırdı ederek gelen şeyin Ton-Ton'un karides toplama makinesi olduğunu gördü.

Kaportanın üzerinde Fidelito oturuyordu. Matt'ı görür germez yere atmayıp koşmaya başladı.

"Matt! Matt!" diye haykırdı küçük oğlan. "Çıkmışsın! Chacho nerde?" Matt'ın üzerine öyle bir atıldı ki neredeyse onu yere yıkacaktı. "Çok mutluyum! Hayattasın! Çok kaygılandım!" Matt çukurun kıyısında dans etmesine engel olmak için onu sıkıca tuttu.

Karides toplayıcısı durmuştu. "Yardıma ihtiyacınız olabileceğini düşündüm," dedi Ton-Ton.

Matt gülmeye başladı. Ne var ki bu gülmekten çok sinir krizine benziyordu. "Yardım mı?" dedi hırıltılı bir sesle. "Sanırım böyle de denebilir."

"Dedim ya," dedi Ton-Ton, kafası karışmıştı.

Matt titremeye başladı. Kahkahası önüne geçemediği bir ağlamaya dönüştü.

"Ağlama!" diye inledi Fidelito.

"Chacho," diye hıçkırdı Matt. "Kemiklerin içinde. Konuşmuyor. Sanırım öldü."

"Nerede?" dedi Ton-Ton. Matt, Fidelito'yu sıkıca kolundan tutarak kahverengi üniformayı işaret etti. Küçük oğlanın aşağıya düşmesinden çok korkuyordu.

Ton-Ton karides toplama makinesini çukurun kıyısına getirdi. Karides tanklarını kolektörlerin içine yerleştirmek için kullandığı mekanik kolu kemiklerin arasına saldı. Kolun ucunda büyük bir kıskaç vardı. Ton-Ton yavaşça ve işini çok iyi bilen bir uzman gibi, Chacho'nun yüzü görünene dek üstündeki kemik katmanını kaldırdı. Çocuğun gözleri kapalıydı. Ton-Ton Chacho'nun göğsü ortaya çıkana dek daha çok kemiği kaldırdı. Chaco'nun yırtılmış olan üniforması kanlıydı. Fakat çocuk nefes alıyordu.

"Biraz çaba gösterse, işim çok kolaylaşırdı," dedi Ton-Ton. Makineyi ameliyattaki bir cerrahın özeniyle kullanıyordu.

"Kolun üzerine tırmanıp vücuduna bir ip dolayabilir miyim?" Matt ağlamayı kesmişti ama hâlâ titriyordu.

"Ne?" diye homurdandı Ton-Ton. "Ölü bir... Eeee... İneği taşımaya çalışan sarhoş bir moruk kadar, eeee... İşe yarardın." Öylesine ağır ve titiz çalışıyordu ki, Matt haykırmak istiyordu. Ne var ki Ton-Ton'un yaptığı çok mantıklıydı. Yanlış bir hareket Chacho'nun tekrar kemiklerle kaplanmasına yol açabilirdi.

Ton-Ton sonunda vincin kıskaçlarını Chacho'nun bedenine sarmayı başardı. Kıskaçlar bir kayayı parçalayacak kadar güçlüydü. Fakat Ton-Ton, çocuğun bedenini bir yumurta taşıyormuşçasına özenle kaldırdı.

Makineyi geriye aldı. Kol çukurun üzerinde bir yay çizip Chacho'yu zemine bıraktı. Ton-Ton kolu katlayıp kaldırarak depolama pozisyonuna getirdi. Her konuda özenli olan Ton-Ton, bu işi de yarım bırakacak değildi.

Matt, Chacho'nun yanına diz çöküp nabzına baktı. Yavaş fakat güçlüydü. Fidelito yüzüne pat pat vurdu. "Neden uyanmıyor?"

"O, eeee... Şokta," dedi Ton-Ton makineden çıkarken. "Bunu daha önce de gördüm. İnsanlar korkabilecekleri kadar korkar, daha sonra da bir tür... Eeee... Uykuya dalar. Tut onu. Ona biraz sıvı vermem gerekiyor."

Matt, Chaco'yu doğrultup vücuduyla ona destek olurken, Ton-Ton plastik bir şişeden çocuğun ağzına kırmızı bir sıvı damlattı. "Bu çilekli gazoz," diye açıkladı Ton-Ton. "Gözetmenler hep içer bunu. İçinde elektrolitler var. Su kaybı için bire birdir." Matt, Ton-Ton'un tıbbi bilgisine şaşırmıştı. Ancak sonra, 'Elbette,' diye düşündü, 'Ton-Ton duyduğu her şeyi depolar.' Luna revirde su kaybı hakkında bir şeyler söylemiş olmalıydı.

Chacho önce öksürdü, sonra dudaklarını yaladı ve yutkundu. Birden gözleri açıldı. Şişeyi kaptığı gibi içmeye başladı. Delicesine. "Yavaşla!" dedi Ton-Ton şişeyi onun elinden kaparak. "Eğer çok hızlı içersen, eeee... Kusarsın."

"Daha! Daha!" diye inledi Chacho, fakat Ton-Ton onu yudum yudum içmeye zorladı. Chacho birkaç küfür etti fakat koca oğlan bunlara omuz silkti. Chacho'nun yeterince sıvı aldığı konusunda tatmin olana dek, ona çilekli gazoz vermeyi sürdürdü.

Sonra başka bir şişe açıp Matt'a uzattı. Matt, tatlı ve soğuk sıvıyı ağzında dolaştırırken 'Cennet bile bu kadar güzel olamaz,' diye düşündü. Çilekli gazozun tadı El Patrón'un Yukatan'dan gelen moro yengeçlerininki kadar muhteşemdi.

Ton-Ton karides toplama aracını çalıştırarak "Gitsek iyi olur," dedi.

Matt'ın neşesi pat diye sona erdi. "Geriye mi? Jorge bizi öldürmek istiyor. Bunu söylerken duydum."

"Saçmalama," dedi Ton-Ton. "*Abuelita*'mı bulmak için San Luis'e gidiyoruz."

"Bu benim fikrimdi," dedi Fidelito.

"Benim fikrimdi," dedi Ton-Ton sertçe. Matt susturmak için eliyle Fidelito'nun azını kapattı. Ton-Ton yan çizmedikçe kimin fikri olduğunun önemi yoktu.

"Ne kadar uzağa yürüyebilirim bilmiyorum," diye mırıldandı Chacho. Sersemlemiş görünüyordu.

"Karides toplama aracını bu yüzden getirdim," dedi Ton-Ton. "Sen ve Matt tankın içine girebilirsiniz. Fidelito'ysa önde benimle oturabilir."

Ton-Ton için tartışma bitmişti. Matt itiraz etmedi. Ton-Ton yavaşça ve titizlikle firar etmeye karar vermişti ve bunu saatte beş mil hızla yapacaksa, Matt ne dese boştu.

Matt, Chacho'nun metal bir merdivenden tankın içine inmesine yardım etti. Bayatlamış suyu dışarı boşaltsalar da tank çürümüş karides kokuyordu. Matt kusacağını düşündü, hoş içinde kusacak bir şey yoktu ya. En azından yol boyunca karnı acıkmayacaktı.

Chacho ıslak zeminde uyuyakaldı fakat Matt merdiveni tırmanıp yüzünü esintiye verdi.

Saatte beş mil! Matt aşırı iyimser olduğunu fark etti. Fidelito karides toplama aracından daha hızlı sekebilirdi. Ton-Ton kayaların etrafından dolanmak ve çukurlardan uzak durmak zorundaydı. Makine birkaç kere devrilir gibi olduysa da toparlanmayı başardı.

Geniş kemik yataklarının etrafından kuzeye, daha sonra da batıya doğru yol aldılar. Toprak büyük kayalarla doluydu. Yumuşak toprakta ilerleyen araç ara sıra inleyerek yakınıyor; sonra mücadelesine devam ediyordu. En sonunda çitlere vardılar ve Ton-Ton durdu. "Herkes dışarı," diye bağırdı, ama Matt'ın Chacho'yu tanktan çıkarmasına yardım etmek zorunda kaldı. Chacho ayakta duramayacak kadar güçsüzdü. Fidelito etraflarında dans ederken, onu yumuşak bir zemine taşıdılar. Ton-Ton, Fidelito'ya "Burada kal," dedi. "Ciddiyim. Eğer seni aracın yakınlarında bir yerde yakalarsam anandan doğduğuna pişman ederim."

"Aslında yapmaz," diye fısıldadı Fidelito, büyük oğlan uzaklaşırken.

"Gözetmenlerden ne haber?" dedi Matt "Bizi yakalayacaklarından korkmuyor mu?"

"Mümkün değil!" Fidelito heyecandan kıpır kıpırdı. "Lojmanda kilitli hepsi. Pencerelerle kapılar tuz çuvallarıyla örtüldü; tuz çuvallarını dağ gibi yığdılar! Bütün çocuklar yardım etti."

"Gözetmenler onları durdurmayı denemediler mi?"

"Uyuyorlardı," dedi Fidolito. "Ton-Ton ne kadar gürültü edersek edelim uyanmayacaklarını söyledi."

Bunu düşündükçe Matt'ın içine kötü bir duygu çöküyordu, ama Ton-Ton'un o anda yapmakta olduğu şey onu öylesine şaşırtmıştı ki, daha fazla soru sormadı. İrikıyım çocuk, karides toplama aracının kıskacını çitin tellerinden birine takmıştı. Yavaş yavaş geri geldi, teli uğultulu bir gürültü çıkartarak koparana dek çekti. Tel koptu. Ton-Ton başka bir tele, sonra bir diğerine saldırdı. Çiti aşmak gittikçe kolaylaşıyordu. Kısa bir süre sonra, içinden araçla geçip gidebilecekleri büyüklükte bir delik açmayı başarmıştı.

Matt kaygıyla çitin tepesine bakıyordu. Korkmaları gereken

tek kablo hâlâ orada, rüzgârda acayip sesler çıkartarak sallanıyordu. Ton-Ton kablonun yalıtımını bozmadıysa, güvendeler demekti.

Matt, Chacho'ya "Kendini nasıl hissediyorsun?" diye sordu.

Yarı baygın görünen çocuk hafif bir sesle, "Bilmiyorum," dedi. "Sorunun ne olduğundan emin değilim. Dün gece sana ulaşmaya çalıştım, ama üzerimdeki kemikler o kadar ağırdı ki, zar zor nefes alabiliyordum. Bir kayanın altına sıkışmış gibiydim." Durdu. Devam edemeyecek kadar halsiz görünüyordu.

Matt, Chacho'nun neden hiç yanıt vermediğini şimdi anlıyordu. "Göğsün ağrıyor mu?" diye sordu.

"Biraz. Fakat bir yerimi kırdığımı sanmıyorum. Yalnızca... Sanki yeterli soluk alamıyorum."

"Konuşma," dedi Matt. "San Luis'e gider gitmez seni bir doktora götüreceğiz." Çok kaygılanmıştı, ama Chaco'nun sıkıntısının nedenini anlayamamıştı.

Ton-Ton aracı açtığı delikten geçirdikten sonra, Matt'ın Chacho'yu tanka taşımasına yardım etti. Yolculuğun bu kısmı daha iyiydi. Çite paralel bir yol vardı ve karides toplama aracı artık daha hızlı hareket edebiliyordu. Ton-Ton ara sıra durup bacaklarını geriyor ve Fidelito'nun enerjisinin bir kısmını tüketmesine izin veriyordu. "Eğer koltuğun üzerinde bir kez daha zıplarsan, anandan doğduğuna pişman ederim seni," diye homurdandı. Küçük oğlan bir ya da iki dakikalığına susup hareket etmeden oturdu.

Hepsi çilekli gazoz içtiler. Ton-Ton yanına bir kasa gazoz almıştı. Yemek için ara verdiğinde Chacho ile Fidelito'nun daha önce hiç görmediği, peperoni sucukları, peynir, kavanozda zeytin ve krem peynir, kraker gibi harika yiyecekler çıkardı. Yiyeceklerin onları susatmasını hiç sorun etmeden yediler, çünkü içebileceklerinden çok daha fazla çilekli gazozları vardı. Yaldızlı kâğıtlara sarılmış çikolatalarla yemeği bitirdiler.

Fidelito keyifle içini çekerek, "Öyle mutluyum ki uçabilirim," dedi.

Yolculuğun ağır bir tempoda sürmesi Matt'ı kaygılandırıyordu. "Gözetmenlerin kurtulabileceklerinden korkmuyor musun?" diye sordu Ton-Ton'a.

"Ona tuz çuvallarından bahsettim," dedi Fidelito.

"Uyuyorlar," dedi koca oğlan.

"Aradan bunca zaman geçtikten sonra hâlâ uyuyorlar mı?" dedi Matt "Tabii eğer onlara... Ah Ton-Ton! Onlara afyon ruhu vermedin değil mi?"

"Bunu hak ettiler," dedi Ton-Ton, revirde onları savunduğu günkü inatçı tavrıyla.

"Ne kadar?"

"Yeterince."

Matt ondan daha fazla bilgi koparamayacağını anladı.

"Harikaydı!" diye atladı Fidelito. "Ton-Ton sizi kurtaracağımızı, bunun için yalnızca gündoğumunu beklememiz gerektiğini söyledi bize."

"Karides toplama makinesi güneş enerjisiyle çalışıyor," dedi Ton-Ton. "Flaco, gözetmenlerin gerçekten uykuda olup olmadığını kontrol etti. O ve diğerleri gözetmenlerin yemeklerini alıp bulabildikleri bütün tuz çuvallarını binanın etrafına yerleştirdiler."

"Flaco dedi ki, erzak için gelecek olan hovercraft'la birlikte gözetmenlerin kar-kar..."

"Karargâhına gideceğini söyledi," dedi Ton-Ton.

"Evet! Ve Jorge'nin ne yaptığını herkese anlatacak."

"Flaco karargâha güveniyor, ama ben güvenmiyorum," dedi Ton-Ton.

"Ben de," diye homurdandı Chacho, elinde bir şişe sodayla karides toplama aracına dayanmış oturuyordu. Bitkin görünüyordu.

Matt, Chacho'ya bakarak "Belki acele etmeliyiz," dedi.

"Evet," diye onayladı Ton-Ton.

Böylece karides toplama aracı çitin sağa döndüğü köşeye gelene dek paldır küldür ilerledi. Yol bir dizi alçak tepenin göründüğü kuzeye doğru devam ediyordu. Sol tarafta Kaliforniya Körfezi'nin kalıntıları vardı, ancak körfez tamamen yok olmuş, yerini bir kum yığınına bırakmıştı. Aracın etrafını iğrenç kokulu bir hava sarmıştı. Bu Matt'ın *ebleh* ahırlarının yakınındaki terk edilmiş arazide duyduğu kokunun aynısıydı, yalnızca buradaki koku daha keskin ve daha korkutucuydu.

Güneş batıya kaymış, çölde gölgeler uzamaya başlamıştı. Karides toplama aracı tepelerin arasından ağır ağır tırmandı, ancak yolun tamamen gölgeli olduğu bir geçide varınca durdu. "Buraya kadar," dedi Ton-Ton direksiyondan atlayarak. "Şafağa kadar hiçbir yere gidemez."

Matt onun Chacho'yu dışarı çıkarmasına yardım etti. Çocuğu Ton-Ton'un getirdiği battaniyeye sarıp yolun kenarına yatırdılar. Ton-Ton ile Matt geçidin sonuna dek gidip yere çömeldiler. Puslu bir morlukta batan güneşe baktılar. "San Luis ne kadar uzakta?" diye sordu Matt.

"Üç, belki de dört mil," dedi Ton-Ton. "Colarado Irmağı'nı geçmek zorundayız."

"Chacho'nun sabaha kadar bekleyebileceğini sanmıyorum."

Ton-Ton batan güneşe bakmaya devam ediyordu. Aklından neler geçtiğini tahmin etmek zordu. "Ben, annemle babamı Rüyalar Ülkesi'ne dek izlemiştim." Sisi işaret etti.

"Jorge beni köpeklerden kurtardı. Ben... Onun... Harika olduğunu düşündüm, o ise benim yalnızca bir salak olduğumu..."

Ton-Ton başını önüne eğdi. Matt onun ağladığını tahmin etti, ama bunun farkına vardığını göstererek onu utandırmak istemedi. "Buna benzer bir şey benim de başıma geldi," dedi en sonunda.

"Öyle mi?" dedi Ton-Ton.

"Dünyada herkesten çok önemsediğim biri beni öldürmek istedi."

"Yapma!" dedi Ton-Ton. "Bu gerçekten çok kötü."

Bir süre konuşmadılar. Matt, Fidelito'nun Chacho'ya, yıldızlar altında kamp kurmanın ne kadar keyifli olduğunu ve kasırga evlerini söküp aldıktan sonra *abuelita*'sıyla birlikte bunu ne kadar sık yaptıklarını anlattığını duydu.

"Sanırım sen ve Fidelito, San Luis'e kadar yürüseniz iyi edersiniz," dedi Ton-Ton. "Bir doktor bulup onu buraya getirebilirsiniz. Eğer şafak sökene dek dönmezseniz, ben yola devam ederim."

Ton-Ton, Matt ile Fidelito'ya el fenerleri uzattı. Soğuktan korunmaları için battaniye, kokudan ölmemeleri için de limon verdi. "Colarado Irmağı be-be-berbattır," dedi. "Yola ulaşmadan önce bir borunun içinden geçer fakat yine de tehlikelidir. Oradan uzak dur Fidelito," diye uyardı. "Dikkatli ol yoksa seni..."

"Eşek sudan gelinceye kadar döversin," dedi küçük oğlan neşeyle.

"Bu kez ciddiyim," dedi Ton-Ton.

35

*EL DIA DE LOS MUERTOS**

Yokuş aşağı yürümek kolaydı, ama Matt sık sık durup dinlenmek zorunda kaldı. Önceki gün yaşadığı işkence yüzünden her yeri sancıyordu ve vücudundaki bazı çizikler mikrop kapmıştı. Geriye dönüp baktığında Ton-Ton'un geçidin tepesindeki gölgelikten kaygıyla kendilerini izlediğini gördü. Karides toplayıcısının burnu zar zor görünüyordu.

Fidelito elindeki feneri sallayarak zıplayıp duruyordu. "Sence beni görebiliyor mu?"

"Eminim görüyordur," dedi Matt. Fidelito'nun enerjisi bazen onu yoruyordu.

Yürümeye devam ettiler, Fidelito kimi göreceklerine dair sorular soruyordu. Matt ona Maria ile Santa Clara Manastırı'ndan bahsetti. Matt manastırın neye benzediğini bilmiyordu, ama küçüğü eğlendirecek bir şeyler uydurdu. "Tepenin üzerinde bir kale," dedi "her köşesinde kırmızı çatılı bir kule var. Her sabah kızlar bahçede göndere bir bayrak çekiyorlar."

"Gözetmenler gibi," dedi Fidelito.

"Evet," dedi Matt. (Gözetmenler her sabah çocukları sıraya dizer ve fabrikanın üzerine arı kovanı amblemli bir bayrak çekerlerdi. Çocuklar, *Örnek Vatandaşlığın Beş İlkesi ve Sağduyuya Götüren Dört Tutum*'u söyler, sonra plankton yemeği için kafe-

*Ölüler Günü

teryaya doluşurlardı.) "Bu bayrağın üzerinde *Kutsal Meryem*'in bir resmi vardır. Kızlar *Meryem*'in favori şarkısı '*Buenos Dias, Paloma Blanca*'yı söyler, daha sonra kahvaltıda tost ve bal yerler."

Fidelito içini çekti.

Matt ilaçla uyutulmuş olan gözetmenlerin uyanıp uyanmadıklarını merak etti. Yoksa hepsi Furball'ın zavallı ölüsü gibi uzanıp kalmışlar mıydı? Ya Ton-Ton'u cinayetten tutuklarlarsa? "Gözetmenler lojmanda su bulabilirler mi?" diye sordu.

Fidelito güldü. "Flaco, tuvaletten içebileceklerini söyledi," dedi.

Matt, yüzünde acı bir gülümsemeyle 'Zor ama adil,' diye düşündü.

"Bu koku midemi bulandırıyor," dedi Fidelito.

Matt başını kaldırdı. Koku yavaş yavaş arttığından farkına varamamıştı. "Irmağa yaklaşmış olmalıyız," dedi. Bir limonun kabuğunu tırnağıyla çizip Fidelito'nun burnuna tuttu. "Bu kokuyu tamamen ortadan kaldırmaz, ama kusmana engel olur," dedi.

Sol tarafında hışırtılı, gurultulu bir ses duyunca feneri oraya çevirdi. Geniş, simsiyah bir dere, devasa bir mazgalın içinde kayboluyordu. Üzerindeki yağ ışıldıyor, orasında burasında ortaya çıkan biçimler tekrar içe doğru çekiliyorlardı.

"Şu bir balık mı?" diye fısıldadı Fidelito.

"Sanmam," dedi Matt. Işığı akıntıdan çıkıp kıyıya umarsızca yapışmaya çabalayan uzun, yağlı, ahtapot koluna benzeyen bir dokunaca doğru tuttu. "Sanırım Ton-Ton sana bu yüzden ırmaktan uzak durmanı söyledi."

Dokunaç savaşı kaybetti ve korkunç bir emilme sesiyle mazgalın içinde kayboldu.

"Kaçalım," diye yalvardı küçük çocuk.

Geniş ırmak yolun altına dalarken zemini titretiyordu. Matt kokudan neredeyse bayılacaktı. 'Kötü hava... Kötü hava...' diye düşündü deli gibi. Burada bayılacak olurlarsa kimse onları kurtarmaya gelmezdi. "Daha hızlı," dedi Matt soluk soluğa. Aslında yavaş olan kendisiydi. Fidelito bir maymun gibi çevikti.

Bir eğimi tırmandılar. Hafif bir esinti ırmağın kusturucu kokusunu hafifletti ve Matt soluk soluğa yere çöktü. Öksürmeye başladı. Boğuluyor gibiydi. 'Hayır,' diye düşündü. 'Şimdi bir astım krizine yakalanamam.' Opium'dan ayrıldığından beri bu dertten kurtulmuştu, fakat ırmağın kokusu hastalığını geri getirmişti. İki büklüm, ciğerlerini havayla doldurmaya çalıştı.

Fidelito çılgın gibi elindeki limonu kazıyıp Matt'ın burnuna tuttu. "Kokla! Kokla!" diye bağırdı. Fakat bu hiç işe yaramadı. Matt nefes alabilmek için çabalarken ter içinde kalmıştı.

"Yardım bulacağım," diye bağırdı Fidelito kulağına, sanki Matt aynı zamanda sağırlaşmış gibiydi. Dur, bu tehlikeli, demek istedi, ama belki de küçüğün devam etmesi daha iyi olabilirdi. Matt onu korumak için hiçbir şey yapabilecek durumda değildi.

Ne kadar zaman geçtiğini bilemiyordu Matt. Dünya, hayatta kalmaya çalıştığı ufacık bir toprak parçasına indirgenmişti. Birdenbire kendisini kaldıran elleri ve yüzüne yaklaştırılan solutucuyu hissetti. Matt onu kaptığı gibi bütün gücüyle ciğerlerini doldurdu ve kriz bitti. Dünya tekrar genişlemeye başladı.

Derin çizgilerle dolu, kahverengi, yıpranmış bir yüz gördü.

"Bak ırmak ne tükürmüş, *Guapo*," dedi kadın.

Guapo, 'yakışıklı' anlamına geliyordu. Adam yolun kıyısına çömeldi ve neredeyse dişsiz, koca ağzıyla Matt'a güldü. En azından seksen yaşında bir adamdı. "Ufaklık yüzmek için berbat bir yer seçmiş," dedi.

"Şaka yapıyorum," dedi kadın. "Bu ırmakta yüzen hiç kimse hayatta kalamaz. Yürüyebilir misin?" diye sordu Matt'a.

Matt ayağa kalktı. Birkaç kararsız adım atıp başını aşağı yukarı salladı.

"Bizimle kal," dedi kadın. "Annenin bu gece seni eve beklediğini sanmam."

"Bu kaçak bir yetim. Üniformasına baksana," dedi Guapo.

"Bu paçavraya üniforma mı diyorsun?" kadın güldü. "Tasalanma, *nino*. Kimseye söylemeyiz. Biz de gözetmenlerden senin kadar nefret ederiz."

Matt soluk soluğa, "Chacho," diye bağırdı.

"Küçük ondan bahsetti bize," dedi Guapo. "Bak, ambulans yola çıktı bile."

Gökyüzünü işaret edince Matt üstlerinden bir hovercraft'ın geçtiğini gördü. Adamın kolundaki tüyler diken diken olmuştu...

Matt, bir yanında Guapo diğer yanında kadınla (kendini adamın kız kardeşi Consuela olarak tanıtmıştı) yol boyunca yürümeye başladı. Kafası bulanıktı. Her şey gerçekdışı görünüyordu: karanlık yol, yıldızlı gökyüzü ve adımlarını yönlendiren yaşlı adamla kadın...

Derken yüksek bir duvarın önüne geldiler. Consuela bir düğmeye basınca bir kapı öylesine beklenmedik bir sahne çıkardı ki karşısına, Matt 'Yoksa rüya mı görüyorum,' diye düşündü.

İçeride zarif paloverde ağaçlarıyla çevrili göz alabildiğine geniş bir mezarlık vardı. Bütün mezarlar palmiye yaprakları, çiçekler, fotoğraflar, heykeller ve yüzlerce ışıltılı mumla süslüydü. Mumlar kırmızı, mavi, yeşil, sarı ve mor bardakların içinde, sanki zemin üzerinde dans eden gökkuşağı gibi duruyorlardı.

Bazı mezarların üzeri adaklarla doluydu: Meksika gözlemeleri, kâse kâse acı biber, şişe şişe gazoz, şeker ve hamurdan yapılmış bir sürü eşek, at, ve domuz vardı. Bir mezarın üzerinde, pembe şekerden bir burnu ve ayaklarının etrafına kıvrılmış bir kuyruğu olan küçük, güzel bir kedi duruyordu.

Matt gölgelere çekilmiş alçak sesle konuşan insanlar gördü. "Neredeyiz?" diye mırıldandı.

"Burası bir mezarlık *chico,"* dedi Consuela. "Daha önce hiç mezarlık görmedin mi yoksa?"

'Böylesini görmedim,' diye düşündü Matt. Alacránlar, hastanenin yakınındaki mermer bir anıt mezara gömülürlerdi. Bir ev büyüklüğünde olan bu mekân öyle çok sayıda melekle dekore edilmişti ki, kendinizi cennette sanırdınız. Ön kapıdan bakınca her iki tarafta duran çekmeceler görülürdü. Ölen her Alacrán'ın ismi bu uzun çekmecelerin üzerine kazınırdı. Matt, Celia'nın gömleklerini ve çoraplarını koyduğu çekmeceleri açabildiği gibi onları da açabileceğini düşünürdü.

Tabii ki *eblehler* çöldeki toplumezarlara gömülürlerdi. Tam Lin onların mezarlarının araziden ayırt edilemediğini söylemişti.

"Bu bir partiye benziyor," dedi Matt kararsızca.

Birdenbire piknik sepetlerini açmakta olan bir grup kadının arasında beliren Fidelito, "Öyle," diye bağırdı. "Çok şanslıyız! Onca gün arasından buraya gelmek için Ölüler Günü'nü, *El Dia de los Muertos*'u seçtik. Yılın en sevdiğim bayramıdır bu." Sandviçinden bir ısırık aldı.

Matt anlayamamıştı. Celia takvimdeki her bayramı kutlardı, ama bundan hiç bahsetmemişti. Noel geldiğinde, Noel Baba'nın hediye bırakması için ayakkabılarını dışarı çıkarırdı. Paskalya için yumurta boyardı. Şükran Günü'nde hindi rostosu ve Sevgililer Günü'nde de kalp şeklinde kekler yapardı. Matt'ın koruyucu azizi Aziz Mateo ve kendisinin Santa Cecilia'sı için özel kutlamalar düzenlerdi. Ve tabii bir de El Patrón'un doğum günü partisi vardı. Ancak hiç kimse ölüler için bir parti vermeyi aklına getirmezdi.

Oysa burada, Matt her mezarın üzerinde gitar çalan, dans eden ya da küçük plastik arabalarda uçan iskelet heykelleri görüyordu. İskelet anneler iskelet çocuklarını yürüyüşe çıkarmıştı. İskelet gelinler iskelet damatlarla evleniyorlardı. İskelet köpekler elektrik direklerini kokluyor, iskelet atlar sırtlarında Ölüm Meleği'yle dörtnala koşturuyorlardı.

Derken Matt bir kokunun farkına vardı. Duvar her ne kadar ırmağın iğrenç kokusunu kesiyorsa da, havada Matt'ın vücudundaki her siniri geren başka bir koku vardı. Felicia'nın kokusu! Kadının hayaleti önünde yüzüyor ve yüzüne ağır bir viski kokusu üflüyordu sanki. Birdenbire başı dönüp yere çöktü.

"Hasta mısın?" diye sordu Fidelito.

"Guapo, çantamdan bir başka solutucu getirsene," dedi Consuela.

"Hayır... Hayır... Ben iyiyim," dedi Matt. "Buradaki koku bana bir şey hatırlattı da..."

"Ölüler için yaktığımız tütsü sadece," dedi Consuela. "Belki anneni ya da babanı hatırlatmıştır sana, ama üzülme. Bu gece onları ağırlıyoruz. Nasıl olduğumuzu görmeleri ve onlara sevdikleri yemekleri sunmak için."

"Onlar... Yemek mi yiyorlar?" Matt *tamales* ve pembe şekerlerle süslenmiş ekmek somunları gördü.

"Bizim gibi değil şekerim. Yemekleri koklamaktan hoşlanırlar," dedi Consuela. "Bu yüzden bu kadar güzel kokulu yemekler sunuyoruz."

"*Mi abuelita* derdi ki, onlar güvercin ya da fare olarak geri gelirlermiş. Eğer bir şey yemek isterlerse onları kovalamamalıymışım," dedi Fidelito.

"Bu da doğru," dedi Consuela kolunu küçük oğlana dolayarak.

Matt mermer mezarlarındaki Alacránları düşündü. Belki El Patrón da oradaydı. En üsteki çekmecede elbette. Sonra Celia' nın, El Patrón'un bütün doğum günü hediyeleriyle birlikte, bir yeraltı ırmağına gömülmek istediğini anlattığı günü hatırladı. Bu gece onun için yemek adayan var mıydı acaba? Celia, *tamales ve mevido* kâseleri hazırlamış mıydı? Fakat Celia ahırlarda gizleniyordu. Bay Alacrán da bir tanecik bezelye bile hazırlamazdı, çünkü El Patrón'dan nefret ediyordu.

Matt gözyaşlarını tuttu. "İnsan nasıl olur da ölümü kutlar?"

"Çünkü ölüm bizim bir parçamız," dedi Consuela yumuşak bir sesle.

"*Mi abuelita* iskeletlerden korkmamamı söylerdi, çünkü kendi içimde de bir tane taşıyormuşum," dedi Fidelito. "Kaburgalarıma dokunmamı ve onlarla arkadaş olmamı söylemişti bana."

"Senin büyükannen çok bilgeymiş," dedi Consuela.

"Şimdi Fiesta için kasabaya iniyorum," dedi Guapo. Başına güzel siyah bir *sombrero* takmış ve sırtına bir gitar atmıştı. "Çocuklar, sizi bir yere bırakmamı ister misiniz?" Consuela güldü. "Seni yaşlı serseri, tek istediğin kadın peşinde koşmak."

Yaşlı adam kibirle "Hiç kimsenin peşinden koşmak zorunda değilim," diye cevap verdi.

Consuela, adamı öpüp başındaki *sombrero*'yu düzeltirken, "Eve tek parça dön, Guabito. Senin için kaygılanıyorum," dedi.

"Ne diyorsunuz çocuklar? Sizi Chacho'yu görmeye götüreyim mi? O Santa Clara Manastırı'ndaki hastanede."

"Biz de oraya gidiyorduk!" diye bağırdı Fidelito.

"Ya gözetmenler?" dedi Matt.

"Bir parti olduğunda sokaklardan uzak dururlar. Çünkü başa çıkamayacakları kadar kalabalık ve eğlenceli," dedi Consuela. "Yine de ne olur ne olmaz..." Büyük çantasını karıştırıp bir çift maske çıkardı. "Bunları torunlarım için saklıyordum, ama onlara başka bir şey veririm," dedi Fidetilo'nun yüzüne bir maske takarken.

Fidelito'nun çelimsiz bedeninden kendisine bakan kafatasını görünce Matt'ın göğsü sıkıştı. "Sen de tak," diye üsteledi küçük çocuk. Matt hareket edemedi. Gözlerini Fidelito'nun yüzünden alamıyordu.

Guapo, maskesini takarak "Bende de bir tane var," dedi.

"Bu bir ilerleme sayılır, inan bana," dedi Consuela. Guapo siyah *sombrero*'sunu sallayarak sıçradı.

Matt onların kendisini neşelendirmek istediğini anlamıştı, ama tek hissettiği dehşetti.

"Dinle, *Mi vida,*" dedi Consuela. Matt eski ismini duyunca sıçradı. "Başına ne tür kötülükler geldiğini bilmiyorum ama inan bana, bu maskeyi takarsan güvende olursun. Eğer bir kostümün varsa gözetmenler seni rahatsız etmezler."

Matt kadının önerisinin doğru olduğunu biliyordu. Maskeyi istemeye istemeye taktı. Maske ikinci bir deri gibi oturmuştu yüzüne. Gözleri, burnu ve ağzı için delikler vardı. Canlı canlı gömülmek gibi bir şeydi bu. İçinde biriken paniğe karşı savaştı. Derin bir nefes alıp dehşetten kurtulmaya çalıştı.

"*Muchas gracias,*" dedi.

"*Da nada,*" diye yanıtladı Consuela.

36

TEPEDEKİ KALE

Guapo'yu izlerken Matt bütün mezarların altın rengi çiçeklerle süslü olduğunu gördü.

Yola çıktıklarında, bitkilerin mezarlıktan uzanan parlak yapraklarını fark etti.

"Bu ne?" diye fısıldadı Fidelito'ya.

"Cempasuchil çiçekleri. Ölülerin evlerini bulması için."

Matt zarif yaprakları ayaklarıyla çiğneyerek yürürken, elinde olmadan ürperdi.

Yaşlı adamın küçük bir uçan arabası vardı ve aracı havalandırmak biraz vakit aldı. O durumda bile yalnızca birkaç karış yükselebildi zeminden. "Ucuz *antiçekim,*" diye homurdandı Guapo, düğmeler ve kollarla didişirken. "Ucuzluktan aldım. Eminim elektronları karıştırmışlardır."

Araç mezarlığı arkada bırakmış ilk evlere yaklaşmıştı. Her bir evin kapısına uzanan çiçekten bir yol vardı. Matt'ı etkileyen evlerin güzelliğiydi. Televizyonda gördüğü izbelere hiç benzemiyorlardı. Fantastik biçimlere sokulmuş, parlayan bir maddeden yapılmışlardı. Bazıları küçük kalelere, diğerleriyse gemi ya da uzay istasyonlarına benziyordu. Büyük ağaçlara benzeyen bazılarınınsa büyülü balkonları, çatı bahçeleri vardı.

Guapo'nun uçan arabası ilerlerken avlulardaki holografik gösteriler başlamıştı. Roketlerin üzerinde iskeletler uçuşuyorlardı. Çimenlerde rahip ve çiçekçi kızlar eşliğinde bir iskelet düğünü ilerliyordu. Fidelito camdan uzanıp onlara dokunmaya çalıştı.

Matt uzaktan gelen müzik ve havai fişek seslerini dinlerken, Fidelito gökyüzündeki kırmızı ve yeşil kıvılcım sağanağını gösterdi. Yol kısa sürede partiye giden gruplarla öylesine dolup taştı ki, Guapo kımıldayamaz oldu. İyi bir uçan arabayla insanların üzerinden gidebilirdi. Ancak yaşlı adamın elinden, kornasını bağırtmak ve kalabalığın içerisinde kendine yol bulmaya çalışmaktan başka bir şey gelmiyordu. Müzik ve bağırışmalar öyle bir gürültü yaratmıştı ki, kimse korna sesine aldırmıyordu.

Matt büyülenmiş gibi, akıp giden insanları seyrediyordu. Hayatı boyunca bu kadar kalabalığı bir arada görmemişti. Herkes şarkı söyleyip dans ediyordu. Gökyüzünü boyayan havai fişekleri göstermek için, çocuklarını omuzlarına almışlardı. Guapo onlara bağırana dek, eğlenmek için uçan arabayı salladılar. Hele o kostümler! Goriller, kovboylar ve astronotlar yemek dolu masaları işgal etmişlerdi. Zorro önüne kattığı üç uzaylıyı kırbacıyla sürüyordu. *La Llorona* ve *Chupacabras* ellerinde bira şişeleriyle vals yapıyorlardı. İnsanların çoğu iskelet kıyafetindeydi.

Matt, Guapo'nun omzunu kavrayıp bağırdı, "Şu kim?"

Yaşlı adam gözlerini siyah ve gümüş rengi takım elbisesi içindeki adama çevirdi. "O mu? O Rüyalar Ülkesi'nin vampiri." Ve Matt, ürkütücü ölçüde El Patrón'a benzeyen adamın ardı sıra seğirten bir dizi kahverengi giysili ve iskelet suratlı *ebleh* gördü. Koltuğuna çöktü ve şoku atlatabilmek için derin derin nefes almak zorunda kaldı. Anlamsız bir yitirmişlik duygusunun içini kapladığını hissetti. Eğer El Patrón yaşasaydı Matt ölmüş olacaktı.

"Gözetmenler," diye fısıldadı Fidelito.

Matt yolun kenarına dizilmiş bir grup adam gördü. Eğlenenleri süzüyor, sanki şöyle demek istiyorlardı: *Sizi erkek arılar sizi. Kış geldiğinde işçi arılar hepinizi ölmeniz için kara atacak.*

"Onlara dünya haritasını göstereceğim!" diye bağırdı Fidelito, fakat Matt onu sıkıca kavrayıp durdurdu.

"Çocuklar, bırakın güreşmeyi," dedi Guapo. "Manyetik bobinleri kızdırıyorsunuz."

En sonunda iğne atsan yere düşmeyecek *fiesta* alanından kurtuldular. Karnaval çadırları arkada kaldı. Kızarmış et ve bira kokusu gittikçe hafiflerken bir tepenin eteğine vardılar. Yukarılarında nar ağaçlarıyla süslü, sessiz, şirin bir yol uzanıyordu. Belli aralıklarla gaz lambaları yere beyaz, sıcak bir ışık salıyordu.

"Araba yukarıya çıkamaz," dedi Guapo, "fakat tepe çok uzakta değil. Hastanedeki rahibelere derin saygılarımı iletin. Son festivalden sonra beni karşılarına dikip bedavadan bir nutuk çekmişlerdi." Yaşlı adam Matt'a bir kurt gibi sırıttı.

Matt adamın gidişine üzülmüştü. Guapo ve Consuela'yı tanıyalı çok olmuyordu, fakat onlardan çok hoşlanmıştı. Önce kendi maskesini çıkarttı, sonra Fidelito'nun çıkarmasına yardım etti.

Küçük çocuk tepenin ucunu görebilmek için boynunu uzatarak "Maria burada mı yaşıyor?" diye sordu.

Matt'ın yüreği hopladı. Umarsızca Maria'yı bulmak istiyordu. Haftalardır başka bir şey düşünmüyordu neredeyse, ama kız onu görmek isteyecek miydi acaba? Sırf ona acıdığından onunla arkadaş olmamış mıydı? Yine de Matt koşulların kendisini tam anlamıyla güçsüz kıldığını çok iyi biliyordu ve adalet savaşçısı Maria buna karşı koyamazdı.

Eskiden güçsüzdü, ama hiç değilse sevimliydi. Oysa şimdi yüzü sivilcelerle dolmuştu. Vücudu Jorge'nin sopasından kalan morluklar ve Kemiklikte aldığı çiziklerle doluydu. Elbiseleri iğrençti, çürümüş karides kokuyordu. Maria onun görünüşünden utanıp kapıyı yüzüne çarpacaktı belki de.

"Burada yaşıyor," dedi Fidelito'ya.

"Merak ettim, acaba onlar da parti veriyorlar mı?" dedi Fidelito.

Dik tepeye tırmanmaya başlarken 'Ben de,' diye düşündü Matt.

Manastırdaki kızların Emilia'nın düğünündeki nedimeler gibi hoş elbiseler giydiklerini hayal ediyordu. Parmaklarıyla saçını düzeltince tuz ve kalın bir toprak tabakası hissetti. Fidelito tek başına olsa kendi tatlılığıyla idare edebilirdi ama ikisi birlikte, ancak iki uyuz köpek kadar çekiciydiler.

"Bu bir kale," dedi Fidelito hayranlıkla. Santa Clara Manastırı'nın beyaz duvarlarıyla kuleleri mor ve kırmızı begonviller arasından yükseliyordu. Manastırı çeviren duvarların üzerinde de dolambaçlı yolu aydınlatanlara benzer parlak ışıklar vardı. Bina San Luis'deki evlerde kullanılan parlak maddeden yapılmıştı. Matt bunun ne olduğunu bilmiyordu, fakat ipek gibi parlıyordu.

"Kahvaltıda tost ve bal yerler," diye mırıldandı Fidelito. "Acaba bize de biraz verirler mi?"

"Önce kapıyı bulmamız gerekiyor," dedi Matt. Binanın etrafındaki yassı taşlarla kaplı yolu izlediler. Yüksekte pencereler gördüler fakat kapı yoktu. "Bu bir yere varıyor olmalı," dedi Matt. O anda ışıklar yandı ve sanki birisi bir perdeyi çekmiş gibi duvar açıldı. Aydınlık bir avluya varan kemerli bir yol gördüler. Matt derin bir nefes alıp elini Fidelito'nun omzuna koydu.

Küçük çocuk titriyordu. "Bu sihir mi?" diye fısıldadı.

"Hologram," dedi Matt ağaçtaki kameraları işaret ederek. "Güvenlik sisteminin bir parçası. Uzaktan duvarın katı görünmesini sağlıyor fakat projektörlerin ötesine bir kez geçtin mi, hologram kayboluyor."

"Bu sorun olur mu? Yani eğer tekrar açılırsa içeride hapis kalır mıyız?"

Matt güldü. "Korkacak bir şey yok, son derece güvenli. Bunu daha önce yaşadığım yerde görmüştüm."

Fidelito başını kaldırıp ona baktı. "Sen bir zombiyken yaşadığın yer mi?"

"Ah kardeşim!" dedi Matt. "Yoksa Jorge'nin yalanlarına inandın mı?"

"Tabii ki hayır," dedi küçük çocuk, fakat Matt onun rahatladığını sezdi.

Matt, Fidelito'yu kemerli yola yönlendirdi, güvercinleri besleyen Aziz Francis'in beyaz mermerden heykelinin önünden geçtiler. Yolun sonunda bir koridora ulaştılar. Hemşireler ve hademeler ellerinde bandajlar ve ilaçlarla sağa sola koşuşturuyorlardı. Duvarların dibine dizilmiş yataklar, yaralı insanlarla doluydu ve birçoğunun üstündeki kostümler yüzünden, yataklar iskeletlerin istilasına uğramış gibi görünüyordu.

İki çocuğa çarpan şaşkın bir sağlık görevlisi, "Burada ne yapıyorsunuz?" diye sordu.

"Lütfen. Chacho'yu görmeye geldik," dedi Matt.

"Ve Maria'yı," diye ekledi Fidelito.

"Bu gece burada yüz tane Maria var," dedi adam. "Her yıl bu lanet fiestada böyle olur. Herkes içki içip kavga eder. Bunu yasaklamalılar... Bir dakika... Chacho mu dediniz?" Sağlık görevlisi durup dikkatle çocuklara baktı. "Yalnızca bir tek Chacho biliyorum ve o da yoğun bakımda. Aynı yetimhaneden geliyor olmayasınız?"

Matt, temkinli bir biçimde "Olabilir," dedi.

Adam sesini alçalttı. "Dikkatli olsanız iyi edersiniz. Gözetmenler etrafı kolaçan ediyor. Tuzluklarda bir ayaklanma çıkmış galiba."

"Chacho nasıl?" diye sordu Fidelito.

"Pek iyi değil. Dinleyin, sizi oraya özel bir yoldan götüreceğim." Adam depo olarak kullanılıyormuş gibi görünen, kötü aydınlatılmış bir geçide açılan kapıyı araladı. Matt yürürlerken yığınla nevresim ve kutu kutu araç gereç gördü. "Ben de bir yetimdim," dedi sağlık görevlisi. "Şimdi bile bazen uykumdan soğuk terler dökerek uyanıyorum ve kendimi, *Örnek Vatandaşlığın Beş İlkesi ve Sağduyuya Götüren Dört Tutum*'u tekrar ederken buluyorum."

Bir başka ıssız geçide vardılar. "Burası ayılma reviri," diye açıkladı adam. "Burada rahibeler yatan hastaları gözetim altında tutarlar. Chacho sağ tarafta en sondaki odada. Eğer uyuyorsa uyandırmayın." Adam onları bırakıp işine geri döndü.

Matt koridorun sonundan gelen sesler duydu. Fidelito öne fırladı. "Chacho!" diye bağırdı.

"Uyandırma!" dedi Matt. Fakat küçük çocuğun ne kadar gürültü yaptığının hiç önemi yoktu, çünkü odadakiler daha da yüksek sesle bağırışıyorlardı. Matt bir yatağın başında iki rahibe gördü. Karşılarında iki gözetmen ve yanlarında yerde, yumru yumru bir paket gibi sarılmış Ton-Ton duruyordu. Ton-Ton sesini çıkarmadan, sadece dudaklarını oynatarak, "Kaçın," dedi.

"Eğer onu yerinden kıpırdatırsanız, ölür," diye bağırdı rahibelerden biri.

"Biz istediğimizi yaparız Rahibe Inéz," diye hırladı bir gözetmen. Matt bu sesi hemen tanıdı. Bu Carlos'tu, kolundaki alçıya bakılırsa diğeri de Jorge olmalıydı. "Bu çocuklar cinayete teşebbüs etti, anlıyor musunuz?" dedi Carlos.

"Ben sadece bazı adamlarınızın gururunun incindiğini anladım," dedi Rahibe Inéz. "Şimdiye kadar kimsenin utançtan öldüğünü görmedim, ama yerinden oynatılırsa Chacho ölecektir. Buna asla izin veremem."

Carlos, "O zaman sizin izniniz olmadan götüreceğiz onu," dedi. Matt, Rahibe Inéz'in sarardığını gördü, fakat kadın geri adım atmadı.

"Önce bizi geçmeniz gerekir," dedi kadın.

"Bizi de," dedi Matt. Gözetmenler hışımla ona döndüler.

"Bu o kahrolası aristokrat!" diye bağırdı Jorge. Matt'ı yakalamak için atıldı, fakat yalnızca bir kolu işe yaradığından takılıp Ton-Ton'un üzerine düştü. Ton-Ton hemen adamın karnına bir kafa attı.

"Durun! Durun!" diye bağırıyordu Rahibe Inéz, "Burası bir manastır! Burada şiddet kullanamazsınız."

Matt, "Bunu onlara söyle!" diye bağırırken tekme atıp Carlos'un ayağını yerden kesmeye çalışıyordu. Gözetmen Jorge yere düştüğünde kavgaya katılmıştı, ama Matt'ın kazanma umudu yoktu. Yaşadıkları yüzünden zayıf düşmüştü ve adam kendisinden neredeyse yirmi kilo daha ağırdı. Ancak Matt kaçıp gizlenmişti. Gözetmenlerin kolayca kazanmasına izin vermeyecekti. Onlar Tam Lin'in havaya uçurmaktan çekinmeyeceği şişko kurbağalardı. Matt'ın kanı beynine sıçramıştı.

"Hemen kesin şunu!" diyen sert bir ses, Matt'ın zihnini kaplayan kızıl sisi delip geçti. Carlos'un ellerinin üzerinden çekildiğini hissetti. Adamın dizlerinin üstüne düştüğünü hissetti. Fidelito'nun ağladığını duydu.

"Bu ne rezalet!" dedi sert ses.

Matt başını kaldırıp baktı. Durum bu kadar ciddi olmasa gülebilirdi. Rahibe Inéz, Carlos'un saçlarına yapışmış vaziyette donakalmıştı. Diğer rahibe Jorge'nin gömleğinin yakasını kavramıştı ve Jorge'nin tekmesi Ton-Ton'un midesine doğru kalkmıştı. Fidelito sanki çelimsiz bedeni bir işe yarayabilirmiş gibi, korumak için kendini Chacho'nun üzerine atmıştı ve zavallı Chacho gözlerini dikmiş, kapıda bir ejderha belirmişçesine bakıyordu sadece.

Matt, ellerini kalçalarına dayamış, ufak tefek, ama son derece vahşi bakışlı bir kadın gördü. Kadının üzerinde siyah bir elbise vardı ve örülmüş simsiyah saçları başının üstünde bir taç gibi toplanmıştı. Çıtı pıtı bir şeydi fakat tüm varlığıyla itaat görmeye alışık bir kadın olduğu ve itaat etmeyenlerin bundan pişmanlık duyacakları anlaşılıyordu.

Rahibe Inéz'in "Do... Doña Esperanza," diye kekelediğini duyan Matt'ın ağzı açık kaldı. Bu Maria'nın annesiydi! Düşündüğünden daha yaşlı görünüyor olsa da, onu portresinden hatırlamıştı.

"Hepiniz ayağa kalkın," diye emretti Esperanza. Carlos, Jorge, iki rahibe, Fidelito ve Matt hep birlikte ayağa kalkmaya davrandılar. Ton-Ton bile oturuşunu düzeltmeye çalıştı. "Bunun için bir açıklama bekliyorum," dedi Esperanza.

Herkes bir ağızdan konuşmaya başlayıncaya da buz gibi bir sesle, çenelerini kapamalarını ve kendisi konuşmalarını istemedikçe susmalarını buyurdu. Odadaki herkese tek tek baktı ve bakışları yalnızca Chacho'yu gördüğü zaman yumuşadı.

Ton-Ton'u işaret ederek, "Sen," dedi. "Sen bu iğrenç, bu inanılmaz vahşilikteki davranışın nedenini söyle bakalım."

Ve Ton-Ton tek kelimesini atlamadan bütün hikâyeyi anlattı. Fidelito'nun dayak yemeye mahkûm edilmesinden, Matt ile Chaco'nun Kemikliğe atılmasına; yetimlerin bir intikam ordusuna dönüşmesinden, kendisinin karides toplama aracını alıp yardıma gitmesine ve en sonunda Chaco'nun hastaneye kaldırılmasına kadar. Ton-Ton, Esperanza'nın karşısında duyduğu korku yüzünden kekeleyememişti.

Ton-Ton'un anlattıkları sona erdiğinde kimse bir şey söylemedi. Sessizlik uzadıkça uzadı. Matt, Ton-Ton'un hikâyesini desteklemek istiyordu, ama o vahşi siyah gözlere baktığı anda susmanın daha iyi olacağına karar verdi.

Sonunda Jorge, "Lütfen düşüncemi söylememe izin verin Doña Esperanza," dedi. "Bu çocuğun geri zekâlı olduğunu açıklamak zorundayım. Onu yıllarca önce Çiftlik Devriyesinden ben kurtardım. O zamandan beri hiçbir zekâ belirtisi göstermedi."

Esperanza, "Bana zekiymiş gibi geldi," diye karşılık verdi.

"Başkasının söylediğini papağan gibi tekrar eder. Çoğu zaman bir cümleyi toparlayıp söyleyemez."

Ton-Ton, "Bunu ya... yapabilirim," diye mırıldandı.

Esperanza kaşlarını çatarak onu susturdu. Tekrar Jorge'ye döndü. "Asla dayak atmadığınızı mı söylüyorsunuz?"

"Elbette, dayak diye bir şey yoktur. Çocuklar kötü davrandıklarında, yiyeceklerini biraz kısarız, ama fiziksel ceza diye bir şey söz konusu değildir. Bu, gözetmenlerin inandığı her şeye aykırıdır."

"Kemiklik de bir masal, öyle mi?"

"Nasıl olduğunu bilirsiniz," dedi Jorge pek efendice. "Hava karardıktan sonra oğlanlar bazı hikâyelerle birbirlerini korkutmaya çalışırlar. Vampirlerden ve *chupacabras*'tan söz ederler. Bu doğaldır ama bazen ölçüyü kaçırıyorlar."

Matt'ın yüreği hopladı. Esperanza, Jorge ile aynı fikirdeymiş gibi başını sallıyordu. Ancak birden, "Deponun afyon ruhuyla dolu olduğu da masal herhalde," deyiverdi.

Jorge irkildi. "Afyon mu?" dedi.

"Aztlán polisi çoktandır bu ülkede uyuşturucunun nasıl dağıtıldığını merak ediyordu. Tuz madenlerinde buldukları son derece ilgilerini çekti."

"Bu müthiş bir yalan! Birileri gözetmenlerin adına leke sürmek istiyor," diye bağırdı Carlos. "Yetimlerin şımartılmış ev kedileri gibi yan gelip yatmasını isteyen bazı budalaların çıkardığı dedikodular bunlar. İyi vatandaş olmak üzere eğitilene kadar, her birinin küçük, iğrenç bir parazit olduğunu çok iyi biliyoruz biz. Eğer orada afyon bulunursa, bilin ki onları oraya polis koymuştur!"

Esperanza, "Çok güzel. O zaman uyuşturucu testinden geçmeye bir itirazınız olmaz," diyerek bir kenara çekildiği anda, kapıda mavi üniformalı erkeklerin oluşturduğu bir kalabalık ortaya çıktı. Orada uzun süredir bekliyor olmalıydılar. Jorge ile Carlos dışarı çıkartılırken şaşkınlıktan şoka girmiş gibiydiler.

Esperanza, biraz önce önemli bir işi bitirmiş gibi ellerini birbirine sürterek, "Bunu uzun süredir bekliyordum," dedi. "Gözetmenlerin uyuşturucu trafiğini yönettiğini biliyorduk, ama Ton-Ton bize onların lojmanında gördüklerini anlatana kadar, hukuk çerçevesinde bir arama emri çıkarmanın yolunu bulamamıştık." Rahibe Inéz'den bir makas ödünç alıp Ton-Ton'u saran bantları kesmeye başladı.

"Bundan önce, eeee... Kimse beni dinlememişti," dedi Ton-Ton.

"Sana ne kadar feci davrandıklarını anlatabileceğin kimsen yoktu ki," dedi Rahibe Inéz. "Yıllarca yalnız plankton yiyerek yaşamayı düşünebiliyor musunuz? Biz planktonla sadece hayvanları besliyoruz."

Kaderindeki bu hızlı değişim Matt'ı sersemletmişti. Çok uzun zamandır her şey öylesine kötü gidiyordu ki, sonunda işlerin yoluna girebileceğine inanmak çok zordu.

Fidelito utangaç bir sesle, "Chaco'nun yanında kalabilir miyiz?" diye sordu.

Rahibe Inéz, "Bunu hallederiz," dedi. "Ama önce, banyo yapmak isteyeceğinizden eminim." Kadınlar güldüler. Esperanza neredeyse arkadaşça görünüyordu.

Konuşma birden bir çığlıkla kesildi. Beyaz parti elbisesi giymiş bir kız, yıldırım gibi içeri dalarak kendini Matt'ın kollarına attı. "Ah anne! Ah anneciğim! Bu Matt! Sağ ve burada!" diye bağırıyordu.

"Aman Tanrım!" dedi Esperanza. "Kendini biraz kontrol etmezsen, bu elbiseden karides kokusunu asla çıkaramayız."

37

EVE DÖNÜŞ

Matt temiz beyaz çarşafların, yumuşak yastıkların, bahçeden gelen çiçek kokularının keyfine daldı. Rahibe İnéz vücudundaki yaralara baktıktan sonra onu yatırmıştı. Fidelito ve Ton-Ton manastır tarafından yönetilen yatılı okula gönderilmişlerdi, ama her gün Matt ile Chacho'yu ziyarete geliyorlardı.

'Zavallı Chacho,' diye düşündü Matt. Neredeyse birinin ziyaretine geldiğinin bile farkına varmıyordu. Düşlere dalıyor, bazen babasını çağırıyor bazen de yarasaları sayıklıyordu. Rahibe İnéz yaşadığı korkunç deneyimden kurtulması için zamana ihtiyacı olduğunu söylüyordu. Ağır balina kemiklerinin altında ihtiyaç duyduğundan çok daha az soluk alabilmişti. Vücudu oksijensiz kalmış ve basınç birkaç kaburgasını çatlatmıştı.

Matt için günün en güzel vakti Maria'nın ziyaret saatleriydi. Anlatacakları hiç tükenmeyen kızı dinlemekten mutlu oluyordu Matt. Kurtardığı yolunu kaybetmiş kedilerden ya da pasta hamuruna şeker yerine tuz koyduğundan filan bahsediyordu kız. Maria'nın hayatı büyük bir dramaydı. Bahçede açan bir çiçek ya da bir pencereye konan bir kelebek heyecanlanması için yeterliydi. Matt, kızın gözlerinden, dünyanın sonsuz umut dolu bir yer olduğunu görüyordu.

Matt gözlerini hevesle kapıya dikti; çünkü holde Maria'nın sesini duymuştu, ama annesinin de onunla birlikte geldiğini görünce düş kırıklığına uğradı. Esperanza çelik grisi bir elbise giymişti. Matt'a, El Patrón'un doğum günü partileri içi kullandığı güdümlü füzeleri hatırlatıyordu.

"Sana biraz *guava* getirdim," dedi Maria. Yatağın yanındaki masaya bir sepet yerleştirerek. "Rahibe İnéz bunların C vitaminiyle dolu olduğunu söylüyor. Cildinin düzelmesi için bunlara ihtiyacın varmış."

Matt irkildi, yüzündeki yaraların korkunç olduğunu biliyordu. Rahibe İnéz bunun gözetmenlerin plankton yetiştirmek için kullandıkları kirli sudan kaynaklandığını söylüyordu.

"Sağlıklı görünüyorsun," dedi Esperanza.

"Sağ olun," dedi Matt, ama ona güvenmiyordu.

"Ayağa kalkacak kadar sağlıklı."

"Ah anne! En azından bir hafta daha yatakta kalması gerek," dedi Maria.

"Bu genç adamı da bir kötürüme çeviremeyeceksin," dedi Esperanza kızına. "Üç bacaklı kedilerden ve tepetaklak yüzen balıklardan gına geldi artık. Matt genç ve dirençli. Üstelik yapacak çok önemli bir işi var."

'Esperanza şimdi neyin peşinde acaba?' diye düşündü Matt.

"Çok kaygılıyız," dedi Maria.

Esperanza, taviz vermez tarzıyla "Kaygı yeterli kelime değil," dedi. "Opium'da bir şeyler ters gidiyor. Gerçi Tanrı'nın unuttuğu o çöplükte hiçbir zaman hiçbir şey yolunda değildi ya. Yine de El Patrón'un en azından dış dünyayla bağlantıları vardı. O öldüğünden beri hiç kimse oradan haber alamıyor."

"Emilia hâlâ Opium'da," diye açıkladı Maria, "Babam da öyle. Sana kötü davrandıkları için hâlâ öfkeliyim onlara fakat başlarına kötü bir şey gelmesini de istemem." Gözleri dolmuş, bu da Esperanza'yı çileden çıkarmıştı. "Babana ne olursa olsun zerrece umurumda değil. Zırlamayı kes. Aptalca bir alışkanlık bu, zihnini bulandırır. Senin baban kötü bir adam."

"Elimde değil." Maria burnunu çekti. Matt ona mendillerinden birini uzattı. İçinden Esperanza'ya hak veriyordu, ama kalbi Maria'dan yanaydı.

"Opium dışa kapanmış durumda," dedi Esperanza. "Hatırladığım kadarıyla, bu gariplik geçen yüzyıl boyunca üç kez yaşanmış. Bu durumda ülkeye hiçbir şey giremiyor ve dışarı hiçbir şey çıkamıyor."

"Onlar bize ulaşmaya karar verene dek bekleyemiyor muyuz?" dedi Matt.

"Diğer kapanmalar birkaç saatlikti. Bu seferki üç aydır devam ediyor."

Matt bunun anlamının farkına vardı. İmparatorluk içinde paranın dolaşmasını sağlamak için, her gün afyon gemilerinin çıkması gerekiyordu. Afrika, Asya ve Avrupa'daki tüccarlar hayıflanıyor olmalıydılar. Topraklarının en büyük kısmını kokain ve haşhaş üretimine ayırmış olmalarına rağmen, MacGregor ve öteki çiftçiler talebi karşılayamazlardı.

Matt, "Peki, benim ne yapmam gerekiyor?" diye sordu ve Esperanza gülümseyince, tuzağa düştüğünü anladı.

"Gelen tüm hovercraftlar güvenlik sisteminden geçmek zorunda," dedi. "Pilot elini kokpitteki bir kimlik tarayıcıya dayar. Parmak izleri ve DNA imzası kuleye yollanır. Bunlar kabul edildiği takdirde gemi inebilir. Kabul edilmezse..."

"Havaya uçarsın," dedi Maria. "Anne, bu korkunç bir plan."

"Bir kapanma boyunca," diye devam etti Esperanza kızını umursamadan, "hiçbir gemiye geçit verilmez. Yalnızca bir istisnası vardır bunun: El Patrón'un imzası her şeyin üstündedir."

Matt hemen anladı: Parmak izleri ve DNA'sı El Patrón'unkiyle aynıydı. "Sistemin değişmediğini nereden biliyorsunuz?"

"Bilmiyorum," dedi Esperanza. "Alacránların bu sıradışı durumu unuttuklarına güveniyorum. Başları belada olmalı, yoksa kendilerini böyle kapatmazlardı."

'Ne tür bir bela olabilir ki?' diye düşündü Matt. *Eblehler* ayaklanmış ya da Çiftlik Devriyesi başa geçmiş olabilir miydi?

Belki Bay Alacrán, Steven ve Benito'yla bir iktidar mücadelesine girişmişti. "Görebildiğim kadarıyla," dedi Matt, "ben havaya uçacağım. Olur da hayatta kalırsam, Alacránlar yaşlı bir köpek gibi işimi bitirecekler. Eğer unuttuysanız, ben bir klonum. Yani bir hayvan..."

Maria ürperdi. Matt bunu hiç umursamadı. Kendisinden ne istendiğini anlasın istiyordu. Emilia ile babasının güvende olup olmadıkları umurunda değildi. Sonra birden, Maria'nın ağlamamak için yutkunduğunu duydu.

"Tamam, pekâlâ!" dedi öfkeyle. "Yedek parça olarak da bir işe yaramıyorum nasıl olsa. Beni bu işin içine atsanız da olur."

"Seni atmak filan istemiyorum," dedi Maria ağlayarak.

"Hadi derin bir nefes alıp baştan başlayalım," dedi Esperanza. "İlk olarak Matt, sen bir klon değilsin."

Matt öylesine afalladı ki yatakta kalkıp oturdu.

"Aa evet, sen bir klondun. Burası kuşkusuz. Fakat şu anda uluslararası hukuktan bahsediyoruz." Esperanza ders veriyormuş gibi odanın içerisinde ileri geri yürümeye başlamıştı. "Uluslararası hukuk benim uzmanlık alanımdır. Bir kere klon diye bir şey olmamalı."

"Benim için de harika olurdu bu," dedi Matt.

"Fakat eğer varsa, o zaman dediğin gibi hayvan statüsüne girerler. Bu da onların tavuklar ya da öküzler gibi katledilmesini mümkün kılar."

Maria inleyerek başını yastığa bıraktı.

"Aynı kişinin iki versiyonuna aynı zamanda sahip olunamaz," diye devam etti Esperanza. "Onlardan biri, yani kopya olan, yokkişi olarak kabul edilmelidir. Fakat orijinali ölünce kopya onun yerini alır.

"Bu... Ne demek?" dedi Matt.

"Yani sen El Patrón'sun. Onun bedenine ve kimliğine sahipsin. Onun sahip olduğu ve yönettiği her şey senin artık. Yani Opium'un yeni efendisi sensin."

Maria başını kaldırdı. "Matt bir insan mı?"

"Her zaman öyleydi," diye cevap verdi annesi. "Hukuk dediğin klonların organ nakli için kullanılmasını mümkün kılan adi bir kurgudur. Fakat iyi ya da kötü, şimdi biz bu hukuku kendi avantajımıza kullanacağız. Eğer oraya sağ salim inebilirsen Matt, seni yeni uyuşturucu lordu yapabilmek için tüm gücümü kullanacağım. Bu konuda Birleşik Devletler ve Aztlán'ın desteğine sahibim. Yalnızca bana şu konuda söz vermelisin: Kontrolü ele geçirir geçirmez afyon imparatorluğunu yıkacak ve Aztlán'ı, Birleşik Devletler'den onca zamandır ayıran bariyeri ortadan kaldıracaksın."

Matt kaderindeki bu ani değişimi anlamaya çalışırken, gözlerini küçük hırçın kadına dikti.

Esperanza için Opium'u yıkmanın kızlarından daha önemli olduğunu anlıyordu. Maria daha beş yaşındayken, annesi arkasına bile bakmadan çekip gitmişti. Tüm bu yıllar boyunca, onunla hiç temas kurmamıştı. Yalnızca Maria ilk adımı atınca Esperanza dönmüş ve herkesi yönetmeye koyulmuştu.

Matt, amacına ulaşabilmek için kadının kendisini kolayca kurban edebileceğini düşündü. Fakat El Patrón'un yol açtığı onca acıdan sonra böyle bir şeyi nasıl reddedebilirdi ki?

Bunun anlamını kavrıyordu artık. Sorun yalnızca tüm dünya üzerindeki uyuşturucu bağımlıları veya köleliğe yazgılı kanun kaçakları değildi, onların yetim kalan çocukları da vardı. Gözetmenlerden bile ihtiyarın sorumlu olduğu söylenebilirdi. Eğer Matt, El Patrón'a dönüştüyse, her şey elindeydi: Servet, güç... Ve bunları yaratan kötülük.

"Söz veriyorum," dedi Matt.

Hovercraft zemindeki işaret kulesi tarafından taranırken Matt titriyordu. Asık yüzlü pilota baktı. Adam, "Kırmızı ışık yandığında sağ elini kimlik levhasına yerleştir," dedi. Kontrol paneli üzerinde DİKKAT! ZEMİN FÜZELERİ ATEŞE HAZIR, diye bir uyarı yandı.

'Önce ateş edip sonra soru soracaklar,' diye düşündü Matt.

Aztlán ve Birleşik Devletler başkanlarından mesaj getiriyordu, ama havaya uçarsa bunun hiçbir anlamı olmazdı.

"İşaret geldi!" diye bağırdı pilot.

Kimlik tarayıcı yandı. Matt avucunu yerleştirdi. Malikânede gizli geçidin dışındaki ışıltılı akrebe dokunduğu zamankine benzer bir karıncalanma hissetti elinde. Kırmızı ışık solup söndü ve tarayıcının rengi yeşile döndü.

"Başardınız efendim! Bravo!" Pilot çekimin şiddetini inişe ayarladı. Matt içinde ışıltılı bir mutluluk hissetti. Adam ona, "efendim" diye hitap etmişti.

Matt pencereden kaygıyla seyrettiği *estancia*'yı daha önce hiç görmediği bir halde buldu. Su arıtma fabrikası doğu tarafındaydı ve Celia'nın gittiği kilise –acaba bir *ebleh* olarak hâlâ gidebiliyor muydu oraya?– batıdaydı. Arada depolar, ilaç arıtma laboratuarları ve *eblehler* için yemek yapılan bir fabrika bulunuyordu. Hafif kuzeyde gri, özelliksiz hastane duruyordu. Uzaktan bile Matt'ın içini ürpertiyordu. Bitişiğinde Alacránların mermer çekmecelerde uyudukları anıt mezar vardı.

Üzerinden geçerken yüzme havuzu güneş ışığında parlıyordu. Matt aşağıda insanlar aradı. Bir çimenliğe çömelmiş *eblehler*, çamaşır asan hizmetçiler ve çatıyı onaran bir kişi gördü. Kimse yukarı bakmadı. Hiçbiri yere inen hovercraft'a zerrece ilgi göstermedi.

"Karşılama komitesi nerede?" diye mırıldandı. Eskiden olsa, bir koruma mangası ziyaretçileri karşılamak için hemen dışarı fırlardı.

Gemi yumuşak bir iniş yaptı. Pilot ona bir tabanca uzatırken, "Bir silah ister misiniz efendim?" diye sordu. Matt içi kararark bakıtı adama. Bu tür tabancalar Çiftlik Devriyesi tarafından, Chacho, Filaco, Ton-Ton ve diğer yetimlerin anne ve babalarını bayıltmak ve öldürmek için kullanılmıştı.

"Dost görünsem daha iyi ederim herhalde," dedi silahı geri çevirerek.

"Olur da hemen ayrılmak istersiniz diye kalkışa hazır bekleyeceğim burada," dedi pilot.

Matt kapıyı açıp indi. İniş pisti bomboştu. Yalnızca kuşların, çeşmelerin ve çatıyı onaran adamın çekicinin sesi duyuluyordu.

Matt bahçeler arasından kıvrılan bir yolu takip etti. Görevi Alacránları rahatlatıp kapanmayı sona erdirmelerini sağlamaktı. Bulduğunda kapanma sistemini kendisi de devreden çıkartabilirdi. Tam Lin ya da Daft Donald onun yerini bilirlerdi. Daha sonra Esperanza ve her iki ülkenin sınırdaki yüksek bürokratları Opium'a gelecek ve Matt'ın oradaki liderliğini destekleyeceklerdi.

'Kemiklikte şansım daha yüksekti,' diye düşündü Matt. Çimenlerin üzerinden kasılarak bir tavuskuşu geçti. Kırmızı kanatlı bir karakuş sürüsü, bir ağacın üstünden birbirlerine bağırıyorlardı. Bir çeşmenin tepesindeki yavru bir kuş onu izliyordu.

Matt'ın sinirleri gergindi. Bay Alacrán evden her an çıkıp, "Götürün şu yaratığı! Bir an önce kurtulun ondan!" diye bağırabilirdi. Anıların altında ezilir gibi oldu. Celia'yı görürse ne yapacağını bilmiyordu.

Matt salona çıkan geniş merdivenlere doğru yürüdü. El Patrón'un çok uzun zaman önce onu aileye tanıttığı yer işte burasıydı. El Viejo'nun tabutunda açlıktan ölmüş bir kuş gibi uzandığı ve etrafı çiçekçi *ebleh* kızlarla sarılı Emilia'nın, Steven'la evlendiği yer burasıydı. Büyük salon hayaletlerle tıklım tıklım gibiydi. Hepsi beyaz mermer kolonların ardında süzülüp nilüferlerle süslü karanlık gölün üzerinde soluklandılar. Matt antik bir balığın derinlerden yükselip yuvarlak sarı gözüyle ona baktığını gördü. Birden hayata döndü. Donup kalmıştı. Birisi piyano çalıyordu. Her kim ise çok yetenekliydi ama öylesine bir hırçınlıkla çalıyordu ki deliliğin sınırında gibiydi. Matt sese doğru koştu. Ses bir gelgit dalgası gibi müzik odasından yayılıyordu, kulaklarını tıkamak zorunda kaldı.

"Yeter!" diye bağırdı Matt. Fakat adam tepki göstermedi. Matt odayı geçip onun kolunu kavradı.

Bay Ortega dönüverdi. Matt'ı gördüğü anda, dehşet içinde yerinden kalkıp kaçtı. Matt, adamın koridor boyunca giderek hafifleyen ayak seslerini dinledi. "O kadar da kötü bir öğrenci değildim," diye mırıldandı. Bay Ortega mutlaka onun öldüğünü düşünmüş olmalıydı, ve şu anda herhalde evin bir ucundan diğerine koşarak herkesi alarma geçiriyordu. Birinin ortaya çıkması artık yalnızca an meselesiydi.

Matt piyanonun başına oturdu. Elleri tuz fabrikasında çalıştığı günlerden nasır tutmuştu ve ağır çalışmanın parmaklarını hantallaştırmış olmasından korkuyordu. Ancak Beethoven'ın beş numaralı piyano konçertosundan Adagio'yu çalmaya başlayınca, parmaklarının hantallığı kayboldu. Müzik tüm vücudundan geçiyor, onu geçen birkaç ayın dehşetinden uzaklara götürüyordu. Vaha üzerinde havayı kolaçan eden bir şahin kadar hafif hissetti kendini. Bir el omzuna dokunana dek çalmaya devam etti.

Matt döndü, hâlâ müziğin etkisindeydi; sonra üzerinde çok iyi hatırladığı o çiçekli elbisesiyle Celia'yı gördü karşısında. "*Mi hijo!*" diye bağırdı kadın. Ona sımsıkı sarıldı. "Oh aşkım, nasıl da zayıflamışsın! Bunca zaman neler geldi başına? Nasıl geri geldin? Yüzüne ne oldu? O kadar zayıf ve... ve..."

"Sivilceyle kaplı," dedi Matt, soluğunu düzeltmeye çalışarak.

"Ah evet, büyümenin bir parçası bu," dedi Celia. "Doğru beslenirsen geçer." Onu kendisinden uzaklaştırıp yüzüne baktı. "Boyun uzamış, eminim daha uzunsun şimdi."

"İyi misin?" dedi Matt. Kadının aniden karşısında belirmesi onu şaşırtmıştı. Ağlamaktan korkuyordu.

"Elbette, ama Bay Ortega'nın hayatını beş yıl kısalttın bilesin."

"Sen nasıl... Yani Tam Lin dedi ki... Saklanmak için..." Matt daha fazlasını söyleyecek kadar güvenmiyordu sesine.

"Tam Lin. Ah..." Celia birdenbire çok yorgun göründü, Matt'ın gözüne. "Aylardır ülke dışa kapanmış durumda ve dışarıya tek bir mesaj gönderemedik."

"Neden Bay Alacrán ya da Steven bir şeyler yapmadı?" dedi Matt.

"Benimle gelsen iyi edersin." Celia, Matt'ı koridorlardan geçirirken, Matt bir kez daha her yerin bu denli sessiz olmasına şaştı.

Mutfağa vardıklarında Matt sonunda alışılageldik bir şey gördü. İki aşçı yamağı hamur yoğuruyordu ve bir hizmetçi sebze kesiyordu. Tavanda sarmısak ve biberler asılıydı. Odun ateşiyle yanan büyük fırından kızarmış tavuk kokusu geliyordu.

Bay Ortega ve Daft Donald iki dizüstü bilgisayar ve kahve fincanlarıyla masada oturuyorlardı.

Neler oluyordu?

"Gördün mü? Uydurmadım," dedi Bay Ortega. Daft Donald bilgisayarında bir şeyler yazıyordu.

"Küçük bir tavuk gibi dönenip durmuyordum," dedi Bay Ortega ekranı okuyarak. "Omzuna bir hayalet dokunsa, sen de sarsılırdın."

Daft Donald gülümsedi.

Matt gözlerini onlara dikti. Bu iki adamı müzik öğretmeni ve korumalık fonksiyonları dışında düşünmemişti hiç. Onlarla iletişim kurmayı hiç denememişti ve dahası Daft Donald'ın pek zeki olmadığını varsaymıştı hep.

"Başlasam iyi olur," diye iç çekti Celia. Matt'ı iki adamın arasına oturttu ve ona kulplu bardakta sıcak kakao getirdi. Koku öylesine derin anıları geri getirmişti ki, oda Matt'ın gözlerinin önünde dalgalandı, bir anda kendini haşhaş tarlalarındaki küçük evde buldu. Dışarıda fırtına vardı ama ev sıcak ve güvenliydi. Sonra bu sahne gözlerinden silindi ve Matt tekrar mutfağa döndü.

"El Patrón'un hiçbir şeyden vazgeçemeyeceğine dair anlattıklarımı hatırlıyor musun?" diye başladı Celia. Matt başıyla onayladı. "Tam Lin eşyaların da insanlar gibi El Patrón'un ejderha hazinesinin bir parçası olduğunu söylerdi."

'*Söylerdi* mi?' diye düşündü Matt ürpererek. Bütün bunlar ne demek oluyordu?

"Bu yüzden Felicia'nın kaçmasına izin vermemiş, Tom'dan nefret ettiği halde, onu da yakınında tutmuştu. Hepimiz ona aittik; Alacránlar, korumalar, doktorlar, ben, Tam Lin ve sen. Hepsinden önemlisi sen."

38

SONSUZLUK EVİ

Celia ile diğerleri ona öykü anlatırken, Matt o son geceyi zihninde canlandırdı. Kadın teklediğinde Daft Donald bilgisayarıyla devreye giriyor, bazen Bay Ortega ortaya bir fikir atıveriyordu.

O gece Matt vahada yıldızların altına uzanmış yatarken, Tam Lin ile diğerleri nöbetteydi. Celia yoktu, çünkü onun bir *ebleh* olduğunu sanıyorlardı. Bay Ortega ise çağrıyı duymadığı için gitmemişti. Onca yıldır öylesine sessiz sedasız yaşamıştı ki, herkes onu unutmuştu.

Tam Lin ve Daft Donald dahil altı koruma, tabutu hastaneden anıt mezarın ötesine, çöle taşımışlardı. El Patrón'u bir tek kişi de taşıyabilirdi aslında, ama tabut öylesine kalın bir altın tabakasıyla kaplanmıştı ki sekiz kişi yerinden zor kaldırıyordu.

Ebleh çocuklar Madam Butterfly operasından 'Mırıldayan Koro'yu söyleyerek ağır ağır yürüyorlardı. Bu, El Patrón'un gözde şarkılarından biriydi ve *eblehlerin* sesleri ince ve tatlıydı.

"Bunu ahırlardan duymuştum," dedi, Celia gözyaşlarını silerek. "Kötü bir adamdı fakat duysan, müzik senin de yüreğine işlerdi."

Zeminde bir kapı açılmıştı. Bir rampadan mumlarla aydınlatılmış bir yeraltı odasına inmişlerdi. Yerin altına uzanan birçok odanın yalnızca ilkiydi bu. Daft Donald kaç tane olduğunu bilmediğini söyledi.

Tabut bir harikaydı, diye yazdı Daft Donald bilgisayarına. *Kapağında El Patrón'un bir resmi aynen bir Mısır firavununun portresi gibi duruyordu. El Patrón yirmi beşinde gösteriyordu. Görseniz onu tanıyamazdınız, ama...* –Daft Donald başını kaldırıp baktı– *Matt'a bir hayli benziyordu.*

Matt ürperdi.

Herkes odaya indi, diye yazmaya devam etti koruma. *Oda öbek öbek altınla doluydu. Altınların üzerinde bir kumsaldaki kumların üzerinde yürür gibi yürüyordun.* Daft Donald bazı korumaların altınları avuç avuç ceplerine doldurduklarını görmüştü. *Rahip cenaze merasimini yönetti. Daha sonra eblehlerle Çiftlik Devriyesini gönderdiler. Ölüyü bekleyeceklerdi.*

"Ki bu, parti başlıyor, demenin bir başka yoluydu," diye araya girdi Bay Ortega. "Ölenin yaşamış olduğu hayatı kutlarsın –tabii bu durumda kutlanacak sekiz hayat vardı. Senin ise dokuzuncusu olman düşünülüyordu Matt."

Matt bir an dehşete kapıldı.

Herkesin keyfi yerindeydi, yemek, şarap... diye yazdı Daft Donald. *Herkes El Patrón'dan 'yaşlı hayvan' diye söz ediyor, öldüğüne seviniyordu.*

Böyle saatlerce devam etmişti, Tam Lin, El Patrón'un doğduğu gün şişelenmiş olan özel bir şarabı getirinceye dek. Şişe yosun tutmuş, örümcek ağlarıyla kaplı bir kasanın içindeydi ve üzerinde Alacránların akrep işareti vardı. "Bu El Patrón'un yüz ellinci doğum günü için sakladığı şişeydi," diye duyurmuştu Bay Alacrán. "O bunu başaramadığına göre artık cenazesinde içmeliyiz. Yaşlı akbabanın ölümünü kutlamak için bunu içmeyi öneriyorum!"

"Yaşa! Yaşa!" diye bağırıyordu herkes.

Steven ilk şişeyi açıp koklamış ve "Sanki cennetin pencereleri açılmış gibi kokuyor," demişti.

"O zaman bu güruha ait olamaz!" diye bağırmıştı Tom. Herkes kahkahalarla gülmüştü. Kristal bardaklar dağıtılmıştı. Bay Alacrán hepsinin El Patrón'un ölümüne aynı anda kadeh kaldırıp ardından bardakları tabutun üzerine fırlatmaları gerektiğini söylemişti.

Bende de bir bardak vardı, diye yazdı Daft Donald,*fakat Tam Lin bana gelip 'Bunu içme ahbap, bu şarapla ilgili içimde tuhaf bir his var,' dedi. Ben de bu yüzden içmedim.*

Bardaklarımızı şerefe kaldırdık. Bay Alacrán, *'Yarın buraya bir kamyon yollayıp her şeyi çıkartırız! Açgözlülüğe içiyorum!' dedi. Benim dışımda herkes bağrışarak şarabı içti. Bir dakika geçmeden hepsi yere devrildiler. İşte böyle. Sanki birisi içlerine girip düğmelerini kapatmış gibi.*

Matt'ın soluğu kesilmişti. "Ne oldu?" diye sordu.

Birinden diğerine koşup onları uyandırmaya çalıştım fakat hepsi ölmüştü, yazdı Daft Donald.

"Ölmüş mü?" diye bağırdı Matt.

"Çok çok üzgünüm," dedi Celia.

"Tam Lin de mi?"

"Zehir çok etkiliydi. Bunu hissettiğini sanmıyorum."

"Fakat şarapta bir sorun olduğunu biliyordu," diye bağırdı Matt. "Neden içti?"

"Beni dinle," dedi Celia. "El Patrón imparatorluğunu yüz yıl boyunca yönetti. Bütün bu zaman boyunca bir ejderha gibi biriktirdi ve hazinesiyle gömülmek istedi. Maalesef..." Celia durup gözyaşlarını sildi. "Maalesef hazinesine insanlar da dahildi."

Matt ürpererek yaşlı adamın Kalde krallarından ne kadar sık bahsettiğini hatırladı. Yalnızca elbiseleri ve yiyecekleriyle gömülmüyorlardı onlar; ölülerin gölgeli dünyasında binebilmeleri için atları da kurban ediliyordu. Bir mezarda arkeologlar, askerler, hizmetçiler; hatta uyurcasına yere serilmiş dansçı kızlar keşfetmişlerdi. Kızlardan biri öylesine bir telaş içindeydi ki, saçına takması gereken mavi kurdele hâlâ cebinde duruyordu.

Bu plan hep El Patrón'un kafasındaydı herhalde. Krallığını

hiçbir zaman Bay Alacrán'a ya da Steven'a bırakmayı düşünmemişti. Onların eğitimi de Matt'ınki kadar boştu. Hiçbirinin hayatta kalması söz konusu olmayacaktı.

"Tam Lin ne olacağını biliyordu," dedi Celia. "El Patrón ona her şeyi anlatmıştı. İhtiyara belki sen hariç herkesten daha yakındı o."

Vücutlarını yan yana yere yatırdım, yazdı Daft Donald. *Elimden geldiği kadar... Ağlıyordum. Bunu itiraf etmeye çekinmiyorum. Her şey o kadar çabuk olmuştu ki... Öylesine korkunçtu ki... Dışarı çıktım ve depodan dinamit getirdim. Bunu girişteki pasaja bağlayıp ateşledim.*

"Patlamayı duymadım fakat hissettim," dedi Bay Ortega.

"Herkes ne olduğuna bakmak için dışarı fırladı," dedi Celia. "Geçit toprakla örtülmüştü, Donald'ı yerde yatar bulduk. Dehşet içindeydi."

"Patlamayı ben de hissettim," diye mırıldandı Matt. "Şafaktan hemen önce, zemin titredi ve beni uyandırdı."

"Tam Lin bunu *eblehleri* serbest bırakmak için bir şans olarak görüyordu," dedi Celia. "Bu yüzden Daft Donald dışında kimseyi şarap konusunda uyarmadı. Bunun kulağa korkunç geldiğinin farkındayım, ama Alacránların iktidarını başka nasıl kırabilirdi? El Patrón bu ülkeyi yüz yıl boyunca yönetti. Çocukları yüz yıl daha yönetebilirlerdi."

Matt toprak altında kalmış mezarlığı gözünde canlandırdı -kırılmış kadehleri, El Patrón'un tabutun üzerinden bakan portresini, siyah takım elbiseleri içindeki korumaları. Ceplerinde kurdele yerine altın paralar vardı.

Tom da oradaydı, onun o güven veren, yalancı sesi sonsuza kadar susmuştu. Matt kim bilir kaç kez Tom'un yıkılışını düşleyip eğlenmişti. Şimdi bu gerçekleşmişti ama Matt bir şey hissetmiyordu. Tom'un yazgısı da en budala *eblehten* daha fazla elinde değildi.

"Tam Lin yapmak istediği şeyi yaptı," dedi Celia. "Gençken

korkunç bir suç işlemişti ve bu yüzden kendini asla affedemiyordu. Sanırım bu eylemin her şeyi telafi edeceğine inandı."

"Ama etmedi!" diye bağırdı Matt. "Budalanın tekiydi o! Salak, adi bir budala!" diyerek yerinden sıçradı. Bay Ortega onu durdurmaya çalıştı, ama Celia başını iki yana salladı.

Matt ahırlara gelinceye dek koştu. "Bana bir at getirin!" diye bağırdı.

Bir süre sonra Rosa dışarı çıktı. "*Güvenli at* mı efendim?" dedi. Bir an için Matt, Tam Lin'in küheylanını istemeyi düşündü ama ona binebilecek kadar yetenekli değildi.

"*Güvenli at,*" dedi. Kısa bir süre sonra, daha önce defalarca yaptığı gibi tarlalara doğru gidiyordu. Bazıları afyon fidelerinin acı yeşiliyle kaplıydı. Bazıları olgunlaşmış haşhaş çiçeklerinin görkemiyle gözlerini kamaştırıyordu. Mayhoş, acı bir koku asılıydı havada.

Matt ilk işçileri gördü. Ağır ağır yürüyor, küçük bıçaklarıyla tohum başlarını kesmek için öne doğru eğiliyorlardı. Onlar için ne yapacaktı? Onların efendisiydi artık. Bu koca ordunun sahibiydi.

Matt kendini çok bitkin hissediyordu. Nedense her şeyin düzeleceğini ummuştu. Kendini, Maria'yı, Tam Lin'i ve Celia'yı bir gün hep birlikte ve mutlu olarak hayal etmişti. Şimdi her şey mahvolmuştu.

"Seni budala!" diye bağırdı yok olup gitmiş olan Tam Lin'e.

Ebleh ameliyatı geri döndürülebilir miydi? Opium'a yeni doktorlar çekebilse bile bu yıllar alabilirdi. Çiftlik Devriyesini ortadan kaldırmak zorundaydı. Bu adamlar bütün dünyada aranan suçlulardı. Gelip onları tutuklamaları için, polis güçlerini çağırabilirdi. Onların yerine daha az vahşi adamlar bulmak zorunda kalacaktı çünkü *eblehler* emir almadan varolamazlardı.

Bu bezdirici bir sorundu. Başka bir koruma ordusu tutmak zorundaydı. Opium'un serveti suçluları çekiyordu. *Korumalarını her zaman başka bir ülkeden seç,* diye fısıldadı El Patrón, *birleşip sana ihanet etmeleri daha zor olur.*

'Tamam,' diye düşündü Matt. Daft Donald'a bunu danışacaktı yarın. Bir grup İskoç futbol taraftarı işini görürdü.

Atına biraz su içirip dağlara doğru sürdü. Berrak mavi bir gökyüzü, ışığını vahanın üzerine akıtıyordu. Suyun yanındaki toprak hayvanların ayak izleriyle doluydu ve metal sandık hâlâ asmalı kameriyenin altında gizliydi. Matt, Tam Lin'in eski notunu bulana dek karıştırdı sandığı.

Sevgili Matt,

Yazim berbattır oyüzden kısa kesecem. El Patrón onunla gitmem gerektini söylüyo. Başka çarem yok. Bu sandığa malzemeler ve kitaplar kodum. Bunlara ne zaman ihtiyacın olacanı hiç bilemezsin.

Arkadaşn Tam Lin.

Matt notu katlayıp karanlıkta ihtiyaç duyacağı bir fenerle birlikte cebine koydu. Ateş yakıp vahanın seslerini dinlerken ellerini ısıttı. Yüzmek için çok soğuktu.

Tarlalardan haşhaş çiçeklerini söküp normal ürünler yetiştirecekti. *Eblehler* iyileşince Matt onlara evlerine dönmek ya da kendisi için çalışmak arasında bir tercih sunacaktı. Çocuklarını bulmalarına yardımcı olacaktı.

Matt birden dikildi. Tabii ki! Chacho, Fidelito ve Ton-Ton... Kendisiyle yaşamaları için onları davet edebilirdi. Fidelito'nun şaşkınlıktan açılmış gözlerini hayal edebiliyordu. *Burası gerçekten senin mi?* diye bağıracaktı küçük oğlan. *Uydurmuyorsun ya?*

Olur, diyecekti Chacho etkilenmeyi reddederek. Matt ona kendi eski gitarını verebilirdi. Bay Ortega ona müziği öğretebilirdi. Ton-Ton'un kendine ait bir makine dükkânı olabilirdi. Matt'ın yeni çiftliklerini yaratmak için ihtiyaç duyacağı ekipmanın bakımını yapabilirdi.

Maria'yı kalması için davet edebilir, Esperanza'nın başka bir yerlerde bir şeylerle meşgul olmasını umabilirdi. Maria *eblehleri* çocuklarıyla birleştirme işine bayılacaktı. Piknik yapıp ata binerlerdi ve kız istediği kadar üç bacaklı kediyi koruması altına alabilirdi.

Matt gökyüzüne baktı. Gün batımı uzak değildi. Işık altın rengine dönüyor, güneş ışığı dağlardaki bir yarığın üzerinde parlıyor ve vahanın arkasındaki kayalığın üzerine bir ışık demeti iniyordu. Matt bir şeyin ışıldadığını gördü.

Güneş dağların arkasına kaymadan, sıçrayıp oraya koştu. Vardığında dağın gölgesi işareti neredeyse gizlemişti, ama batan güneşin kızıl ışığında parıldayan bir akrep gördü. Elini üzerine bastırdı.

Önündeki yarın üzerinde, sessizce ve yavaş yavaş bir kapı açıldı. Matt kayaya dokundu. Bu taş değildi, çok zekice ve ustaca yapılmış taş taklidi bir maddeydi. Kapı yerin altına doğru inen karanlık bir pasaja açılıyordu. Matt feneri yakıp içeriye tuttu.

Zemindeki altınlar ışıldadı. Daha aşağıda Mısır tanrılarına benzer tuhaf heykeller vardı. Matt sırtını kayaya yasladı, zor nefes alıyordu. Bu, El Patrón'un ejderha hazinesinin bir parçasıydı. El Patrón'un tabutunun ve maiyetinin bulunduğu yere doğru giden yeraltı odalarının ilkiydi.

Yaşlı adamın etrafında, onu ölülerin gölgeli dünyasında koruyacak korumaları bulunuyordu. Sağlığını gözetecek doktorlar vardı. Bay Alacrán onu işlerinden bahsederek eğlendirebilir, Steven haşhaş tarımıyla ilgili fikirlerini kendisine sunabilirdi. El Patrón'un cennetinde mutlaka bir afyon tarlası olacaktı. Felicia, Fani ve Emilia moro yengeçleri ve karamelli pudingle kaplı masalarından ona hayranlıklarını sunabilirlerdi.

Ya Tam Lin? Matt notu cebinden çıkardı: *El Patrón onunla gitmem gerektini söylüyo. Başka çarem yok.*

"Bu konuda bir şey yapabilirdin," diye fısıldadı Matt. "Hayır diyebilirdin." Biraz uzaklaşınca kapı kayarak kapandı. Matt parmaklarını yüzeyin üzerinde gezdirdi. Kapağın nerede olduğu artık belli değildi, ama kırmızı ışıkla onu tekrar bulabilirdi.

O gece geç saatte Matt ateşin yanında otururken, dumanı kıvrılarak yıldızlı gökyüzüne doğru çıkan tatlı baklanın kokusunu içine çekti. Ertesi gün afyon imparatorluğunu yıkma işine girişecekti. Devasa ve dehşetli bir meseleydi bu, ama yalnız değildi. Onu neşelendirmek için Chacho, Fidelito ve Ton-Ton vardı. Tavsiyeleri için Celia ile Daft Donald ve herkesin vicdanı olarak Maria. Ayrıca Esperanza da vardı ama bu konuda ne yapacağını bilmiyordu.

Herkesin yardımıyla bu iş bitecekti.

"Bunu yapabilirsin," dedi Tam Lin ateşin ardındaki karanlıktan.

Matt ona gülümseyerek, "Yapabileceğimi biliyorum," dedi